LEHMANN · GEGENWART DES GLAUBENS

KARL LEHMANN

Gegenwart des Glaubens

MATTHIAS-GRÜNEWALD-VERLAG · MAINZ

ISBN 3-7867-0465-1
Umschlag: A. Plum
Gesamtherstellung: Fränkische Gesellschaftsdruckerei GmbH, Würzburg

DEN FREUNDEN IN MAINZ

INHALT

ABKÜRZUNGEN

Die gängigen theologischen Lexika, Reihen und Zeitschriften werden abgekürzt zitiert nach dem Abkürzungsschlüssel in *Sacramentum Mundi* I, Freiburg 1967, XIII–XXXI, der im wesentlichen demjenigen in *LThK*² I, 16*–48* entspricht. Darüber hinaus bedeuten:

Communio = *Internationale katholische Zeitschrift „Communio“*, Rodenkirchen 1972ff.

HWPh = *Historisches Wörterbuch der Philosophie*, hrsg. v. J. Ritter, Basel und Darmstadt 1971ff.

SM = *Sacramentum Mundi*, Freiburg 1967–1969, 4 Bde.

Die Dokumente des *Zweiten Vatikanischen Konzils* werden nach der allgemein üblichen Praxis mit den Anfangsbuchstaben der ersten beiden Worte zitiert, vgl. etwa *LThK*². *Das Zweite Vatikanische Konzil* III, Freiburg 1968, 735.

VORWORT

Die in diesem Band gesammelten Aufsätze und Beiträge entstammen der Auseinandersetzung zwischen der Überlieferung der Kirche und den vielfältigen Herausforderungen der zeitgenössischen Theologie durch den neuzeitlichen Geist: Aufklärung, historische Kritik, Säkularisierung und ideologiekritische Gesellschaftsanalyse. Dieses anspruchsvolle und schwierige, jedoch für die Sendung der Kirche unerläßliche Gespräch bestimmt heute jede systematische Theologie, sofern diese ihre Aufgabe zureichend begreift. Was die hier vorgelegten Versuche vielleicht von manchen ähnlichen Bemühungen unterscheidet, ist die langsam gewachsene und kritisch bewährte Überzeugung, daß in diesem Streitgespräch zwischen biblisch-christlicher Tradition und modernem Denken die reflektierte »Substanz« des kirchlichen Glaubens auch heute noch ihre ursprüngliche geistige Kraft zur Geltung zu bringen vermag und auch für unsere Zeit hilfreicher ist, als wir oft vermuten.

Von daher erklärt sich sowohl der Titel dieses Buches – Gegenwart des Glaubens – als auch die Auswahl der aufgenommenen Abhandlungen. Umfangreiche Beiträge aus repräsentativen Handbüchern und andere Arbeiten zur Theologie des Amtes, zur Christologie, zur Gotteslehre usw. konnten somit keine Berücksichtigung erfahren. Um den Band in einem annehmbaren Umfang zu halten, mußte z. B. auch auf die thematisch benachbarten Aufsätze zur »politischen Theologie« verzichtet werden.

Alle Beiträge wurden gegenüber der Erstveröffentlichung nochmals durchgesehen. An einigen Stellen wurden kleine Ergänzungen und Verbesserungen vorgenommen. Im übrigen konnte es nicht der Sinn einer solchen Sammlung sein, die einzelnen Beiträge grundlegend zu überarbeiten und ihre ursprüngliche Zweckbestimmung zu verwischen. Von meinen exegetischen Kollegen habe ich gelernt, daß Literatur-Nachträge den damit gegebenen Mangel für die Leser bis zu einem gewissen Grad beheben können.

Manche Arbeiten reichen in die Zeit meiner ersten eigenständigen akademischen Lehrtätigkeit von 1968–1971 in Mainz zurück. Indem ich meinen Bekannten, Freunden und Hörern in Mainz diesen Band widme, möchte ich zur bleibenden Erinnerung an diesen guten Anfang meinen von Herzen kommenden Dank bezeugen. Stellvertretend für viele darf ich in besonderer Verbundenheit nennen: den Bischof von Mainz, Hermann Kardinal Volk, Herrn Staatsminister Dr. Bernhard Vogel

und Frau Staatssekretärin Dr. Hanna-Renate Laurien. – Schließlich verdankt das Buch auch dem Mainzer Matthias-Grünewald-Verlag sein Erscheinen: Ohne das sanfte, aber stetige Drängen von Herrn Verleger Dr. Jakob Laubach und Lektor Josef Wagner wäre es wohl nicht so weit gekommen.
Die Herausgabe dieses Sammelbandes gibt Anlaß, auch an dieser Stelle meinen Mainzer und Freiburger Mitarbeitern zu danken, die in verschiedener Weise am Zustandekommen dieses Bandes beteiligt waren: Frau J. Lunkenheimer, Frau E. Birkenmaier, Frl. M. Müller, den Herren R. Sasowski, P. W. Löser S. J., H. J. Heinz, G. Stitz, U. Ruh. Das größte Verdienst hat jedoch mein Assistent, Herr Albert Raffelt, der seit den Mainzer Anfängen bis heute durch seine selbstlose Bereitschaft und durch seine gründliche Sachkenntnis stets eine unschätzbare Hilfe geleistet hat. Vor allem ihm verdankt dieser Band sein Erscheinen.

Juli 1974 K. L.

HERMENEUTIK UND KRITIK

CHRISTLICHER GLAUBE UND MODERNE GESELLSCHAFT

I.

Theologie und Gesellschaft werden heute in ihrem gegenseitigen Verhältnis ständig reflektiert. Dieses Faktum deutet darauf hin, daß ein verborgenes oder offenes Einverständnis über diese Beziehung zwischen beiden gestört ist. Die angebotenen Lösungsmöglichkeiten erweisen die Hilflosigkeit schon der Diagnose. Sie reichen vom Traum einer vielleicht doch (wieder) erreichbaren naiven und unkritischen Symbiose von Kirche und Gesellschaft, Evangelium und Welt zu revolutionären Programmen, welche Gott nur als Ausdruck der absoluten Diastase zwischen Glaube und Gesellschaft und als Chiffre für den unermüdlichen revolutionären Befreiungskampf verstehen können. Zwischendurch bieten sich mehrere Interpretamente an, um die neuartige Konstellation zwischen beiden verständlich zu machen. Der Prozeß, in dem die Welt entnuminisiert wird und in dem diese und der Mensch aus einer als unveränderlich vorgegebenen, von Gott verfügten Wirklichkeit zum verfügbaren »Material« der schöpferischen Freiheit des Menschen selber werden, erscheint manchem trotz der Möglichkeit einer a-theistischen Interpretation als ein geschichtlicher Vorgang, der im letzten vom christlichen Verständnis von Gott, Welt, Mensch, Geschichte und Kirche selbst gefordert und inauguriert worden ist. Wenn die konkrete Kirche sich auch sehr oft gegen ihr eigenes potentielles Verständnis dieser Entwicklung gesperrt hat und die ihr selbst entlaufenen und nun – oft gegen sie – mündig gewordenen Söhne nicht mehr erkannt hat, so gilt die Distanz zwischen Kirche und profaner Gesellschaft doch als prinzipiell legitim.

Diese Deutung des vielschichtigen Säkularisierungsprozesses hat in der Formel von der »Freigabe der Welt in ihre eigene Weltlichkeit« einen weit verbreiteten und zugkräftigen Ausdruck gefunden. Aber bereits die formale Kennzeichnung als »weltliche Welt« verdeckt zugleich die Tatsache, daß die Theologie zu dem so angebahnten Begriff von »Welt« nur noch schwerlich eine Beziehung findet: Die Welt wird gottlos, und die Theologie verliert ihren Weltbezug. Die dialektisch verstandene »Freigabe« der Welt formuliert nur nochmals den Verlust eines positiven Weltverhältnisses. Vielleicht ist diese tiefe Ambivalenz auch ein Grund, warum die verschiedenen Theologien der Säkularisierung bald ihre Anziehungskraft verloren und sich auf der Suche nach einem neuen Weltverständnis als eher vorläufige und vieldeutige Zwischenphänomene erwiesen. Eine neue Chance bot sich, indem die Welt nicht mehr primär als Kosmos und Natur, sondern radikal als Geschichte und so als gesellschaftlich-politisch verfaßtes Gefüge verstanden wurde. Diese »Welt« wird nun gerade in ihrer vom Menschen geschaffenen Struktur nicht mehr undialektisch und also beziehungslos »freigegeben«, sondern negativ-kritisch unter die eschatologische Botschaft vom Reiche Gottes gestellt: Theologie und Kirche werden als Anwalt des öffentlichen Anspruchs des Evangeliums zum negativen Kriterium der jeweiligen gesellschaftlich-politischen Realität. Die biblische Botschaft wird radikal geschichtlich in dem Sinne vermittelt, daß sie ihre universalen Kategorien nicht unmittelbar, sondern durch eine bestimmte, negative Vermittlung in der Gesellschaft zur Geltung bringt und ihre Transzendenz in kritisch-befreiender Überschreitung bestehender Verhältnisse bezeugt[1].

Es braucht hier nicht gezeigt zu werden, welchen Verlauf die Diskussion um die so verstandene »Politische Theologie« der letzten Jahre nahm und was noch aufzuarbeiten wäre[2]. Nicht zufällig wurde die These von der Kirche als der Institution und dem Träger gesellschaftskritischer Freiheit zu einem Hauptstreitpunkt in diesem Gespräch[3]. Auf die Frage, warum dieses wichtige Thema gegenwärtiger Theologie – auch bei Beachtung aller Wandlungen – ein Stück weit schon wieder auf der Strecke geblieben ist, gibt es sicher viele und wichtige Teilantworten. Aber wahrscheinlich liegt der innere Grund für dieses »Stocken« – wenn ich es einmal so nennen darf – im Fehlen einer historischen und systematischen Fundamentalanalyse des Verhältnisses von christlichem Glauben und moderner Gesellschaft. Beide sind vermutlich über den Tiefgang des geschichtlichen Bruchs und seine Folgen nicht genügend aufgeklärt. Dies könnte der Grund sein, warum die »Politische Theologie« mit ihrem gesellschaftskritischen Ansatz im Kern ihrer Bemühungen zur Zeit in einer Art Sackgasse steht[4].

---

[1] Vgl. z. B. J. B. Metz, *Politische Theologie*, in: *SM* III, 1232–1240.

[2] Vgl. dazu H. Maier, *Kritik der politischen Theologie* = Kriterien 20, Einsiedeln 1970; H. Peukert (Hrsg.), *Diskussion zur »politischen Theologie«*, Mainz/München 1969, 185–216; K. Lehmann, *Die politische Theologie: Theologische Legitimation und gegenwärtige Aporie*, in: J. Krautscheidt/H. Marré (Hrsg.), *Essener Gespräche zum Thema Staat und Kirche* IV, Münster 1970, 90–151.

[3] Vgl. dazu vor allem H. Maier, a.a.O., 12ff.

[4] Die neuere Diskussion und Entwicklung wurde vom Verfasser kritisch verfolgt in

An diesem Ort will der folgende Versuch einsetzen und einige erste Klärungen dieses Verhältnisses vornehmen. Mehr als ein Anfang ist nicht möglich. Es liegt dabei auf der Hand, daß sich die Theologie bei einem solchen Experiment der Hilfe vieler Nachbardisziplinen bedienen muß. Ein solches interdisziplinäres Bemühen ist freilich angesichts der zahlreichen Problemkontakte und der höchst komplexen Verflechtungen tastend und vorläufig und erbittet die hilfreiche Ergänzung und Kritik aus dem Bereich der Philosophie, der Historie, der Soziologie, der Politologie, der Rechtswissenschaften und auch der Literatur.

II.

In allen uns bekannten vorneuzeitlichen Gesellschaften bezieht sich die Funktion von Religion und Glaube auf das *grundlegende* Sinnverständnis menschlichen Zusammenlebens. Die Welt wird religiös erlebt und das Handeln religiös begründet oder durch religiöse Vorstellungen begrenzt. Die einzelnen Lebensbereiche, z. B. Familie, Wirtschaft und Politik, regeln sich zwar bis zu einem gewissen Grad nach eigenen Gesetzlichkeiten, dennoch sind sie als gesellschaftliche Teilsysteme von einer generellen religiösen Deutung der Gesamtwirklichkeit bestimmt[5]. Die neuzeitliche Situation ist aber zusehends mehr und mehr davon geprägt, daß die verschiedenen gesellschaftlichen Teilsysteme sich stärker ausdifferenzieren, ihre Autonomie entfalten und je nach dem Stand der gesellschaftlichen Entwicklung variabel sind. Das Religiöse füllt, was in der modernen Gesellschaft ja ganz offenkundig ist, nicht mehr die ganze Existenz aus, prägt nicht mehr den gesamten Daseinssinn des Menschen, sondern steht in Konkurrenz zu anderen Lebensmächten (vgl. Arbeit, Sport, Kunst, Politik).
Es soll hier nicht untersucht werden, wie weit diese Phänomene mit dem Interpretament »Säkularisierung« zureichend gedeutet werden[6]. Es soll auch nicht nach den Chancen einer außerkirchlichen Religiosität oder neuer Formen von Religiosität überhaupt gefragt werden[7]. Es sollen auch nicht eigentümlich gegenläufig wirkende Tendenzen erhellt

---

Wandlungen der neuen »politischen Theologie«, in: *Communio* 2 (1973) 385–399 und *Emanzipation und Leid*, ebd. 3 (1974) 42–55.

[5] Vgl. dazu N. Luhmann, *Religiöse Dogmatik und gesellschaftliche Evolution*, in: K.-W. Dahm/N. Luhmann/D. Stoodt, *Religion – System und Sozialisation*, Darmstadt 1972, 11 ff., 15 ff.

[6] Vgl. dazu unten 94–108 mit der dort angegebenen Literatur; besonders sei auf den 108 genannten Literaturbericht von G. Kaiser hingewiesen.

[7] Dazu F. X. Kaufmann, *Kirchliche und außerkirchliche Religiosität* in: ders., *Theologie in soziologischer Sicht*, Freiburg 1973, 93–126.

werden, z. B. die Erwartung vieler Menschen, daß die Kirche als letztes moralisches Regulativ den Gesellschaftsprozeß dort hemmt und lenkt, wo die eigengesetzlichen Steuerungsmöglichkeiten versagen. Entscheidend bleibt, daß es die alte, naive Einheit von Kirche und gesellschaftlich-politischer Welt nicht mehr gibt. Zwar kann diese durch gewaltsame Stabilisierungen in ihren Auswirkungen verzögert werden (vgl. die romanischen und skandinavischen Volks- und Staatskirchen), aber der prinzipielle Vorgang dürfte vermutlich doch ein irreversibler Prozeß sein.

Nun werden Religion und Kirche von diesem Prozeß der Säkularisierung erheblich schärfer getroffen als andere Lebensbereiche der modernen Gesellschaft, da der Rückzug auf eine nur *partielle* Beanspruchung für Glaube und Kirche kaum ohne tiefere Substanzgefährdung möglich erscheint. Durch die wachsende Differenzierung werden die einzelnen Teilsystemfunktionen (vgl. Politik, Wirtschaft, Erziehung, Forschung und Familienleben) zu hochgradig selbständigen Bereichen. Dies hat zur Folge, daß die Totalität des Gesellschaftssystems als solche nur noch fall- und situationsweise bedeutsam wird. Die Aufgabe der Gesellschaft besteht im Grund nur darin, die Wechselwirkung der einzelnen Teilsystemfunktionen und ihrer Bereiche zu gewährleisten. Der härteste Schlag gegen Religion und Kirche scheint darin zu liegen, daß es keine zentrale spezifische Funktion für sie mehr gibt zur Bestimmbarkeit von Welt überhaupt.

Was bei der Analyse dieser Situation am meisten Schwierigkeiten verursacht, ist der selbstverständliche und sehr oft wenig reflektierte Gebrauch des Gesellschaftsbegriffs. Es gibt geradezu eine zunehmende Inflation dieses Wortgebrauchs. Benachbarte frühere Bezugsbegriffe wie »Volk« und »Nation«, aber auch der Begriff des »Staates« verlieren an Bedeutung oder wenigstens an geschichtlich prägender Kraft. Viele scheuen darum das Schwammartige und Unfaßliche des heutigen Gesellschaftsbegriffes. Um so wichtiger ist es, dem heute so selbstverständlich gebrauchten Begriff der »modernen Gesellschaft« auf den Spuren zu bleiben. Die Klarheit des Begriffs täuscht. »Die moderne Gesellschaft ist im Bewußtsein und Erleben der ihr angehörenden Menschen zwar sehr konkret präsent, soweit es um die von ihr ausgeübten Zwänge und Kontrollen geht, aber für den modernen Menschen, der diese Zwänge in Schranken zu halten und dem Gefühl der Unechtheit und Absurdität seines Verhältnisses zu ihr zu entgehen sucht, hat sie ihre Sinnerfülltheit, Realität und ihre Freiheitsmöglichkeiten weitgehend verloren«[8]. Ist diese innere Unsicherheit und Ambivalenz nicht

---

[8] A. C. Zijderfeld, *Die abstrakte Gesellschaft. Zur Soziologie von Anpassung und Protest*, Stuttgart 1972, 60.

auch im Widerstand und Protest der jüngeren Generation gegen diese Gesellschaft zum Ausdruck gekommen?

Eine solche Analyse ist nicht nur zur Selbstverständigung der modernen Sozialwissenschaften oder aus historischen Gründen notwendig, sondern sie ist auch im Blick auf das Verhältnis von christlichem Glauben und Gesellschaft unentbehrlich. Im Prozeß der Säkularisierung schwindet nämlich das Religiöse nicht einfach, vielmehr machen Religion und Kirche einen höchst komplexen Formenwandel durch. Darum muß die Theologie, wenn sie ihren Bezug auf die heutige Welt reflektieren will, zugleich die Wandlung in der funktionalen Zuordnung im Verhältnis von Glaube und Kirche zur Gesellschaft mitbedenken. Die frühere Deckungsgleichheit von Gesellschaftssystem und religiösem »Wertekosmos« hat ja sehr oft die spezifische Funktion der Religion bis zu einem gewissen Grad verdeckt[9]. Es gab *latente* Funktionsaufgaben (soziale Kontrolle, Lebenshilfe, Medizin, Bildung), die nicht unmittelbar religiösen Charakter hatten. Wenn es aber zu einer zunehmenden Ausgliederung vieler Lebensbereiche aus der umfassenden Bestimmung durch die Religion kommt, wird eine unumgängliche Reflexion auf die noch verbleibenden *manifesten* Funktionen notwendig. Die spezifisch verbleibenden Aufgaben können dann allerdings (angesichts des faktischen Wandels der Stellung der Religion in der Gesellschaft) nicht mehr in jener »Unbestimmtheit« verbleiben, wie sie einer naiven Symbiose von Gesellschaft und Kirche eigen ist, sondern sie bedürfen der bewußten Thematisierung[10]. Dabei ist freilich auch in Richtung der Gesamtgesellschaft zu fragen, *wer* die ehedem latenten Funktionen übernommen hat oder sie faktisch heute steuert – oder ob ihr Ort »unbesetzt« ist. Wie erfolgt die Orientierung für diese übernommenen Funktionen?

III.

Die Fragen selbst sind damit offenkundig. Die für eine Antwort notwendige Besinnung läßt sich nicht ohne historische Analysen durchführen. Im Rahmen dieses Beitrags ist dies nur durch die Verwendung bereits anderswo erarbeiteter Exempel möglich, die dankbar aufgegriffen werden. Jedoch bleibt auch hier – selbst wenn es über weite Strecken anders zu sein scheint – das Verhältnis von christlichem Glauben und moderner Gesellschaft das erkenntnisleitende Interesse der folgenden Überlegungen.

Als Einstieg und erstes Beispiel sei die Bürgerkriegssituation im refor-

[9] Dazu ausführlicher N. Luhmann, a.a.O., 47ff.

[10] Vgl. dazu die Beiträge in J. Wössner (Hrsg.), *Religion im Umbruch. Soziologische Beiträge zur Situation von Religion und Kirche in der gegenwärtigen Gesellschaft*, Stuttgart 1972.

matorischen Zeitalter gewählt, weil sich darin zeigt, wie sich die politische Welt angesichts der Zerrissenheit der christlichen Glaubensbekenntnisse mit der Frage nach der Stellung und dem Rang der Religion in der Gesellschaft in neuer Weise auseinandersetzen muß[11]. Um nämlich ein Minimum menschlichen Lebens miteinander erreichen zu können, bei dem wenigstens die Waffen schweigen, verzichtet der »Staat« des 17. Jahrhunderts auf die Beantwortung der Wahrheitsfrage im Streit der Konfessionen untereinander. Was die getrennten Christen unter sich nicht vermögen, wird nun auch nicht mehr von außen aufgezwungen. Was vielleicht wahr ist, wird nicht schon deswegen gegenüber allen durchgesetzt. Vielmehr wird die Wahrheitsfrage ausgeklammert, weil man nur um den Preis eines solchen Verzichtes die entscheidende Frage beantworten kann: Wie können die verfeindeten Menschen miteinander ko-existieren? Aus der Gegenüberstellung zum Chaos und Schrecken des konfessionellen Bürgerkrieges wird die Vorstellung eines formellen Friedens gewonnen, der nicht mehr inhaltlich aufgefüllt wird. Frieden heißt Schweigen der Waffen, äußere Ruhe, Erhalt der Lebensbedingungen und Sicherung der politischen Existenz. Dieser formelle Friede ist, ohne daß weiter über eine tiefere Begründung nachgedacht oder öffentlich entschieden wird, bereits in sich ein gerechtfertigtes Gut. Dieser Friede ist selber »nur« Fundament und Voraussetzung für die Erhaltung des gesellschaftlichen Daseins. Aufschlußreich ist in diesem Zusammenhang, wie z. B. Thomas Hobbes[12] die »salus publica« als Aufgabe des Staates definiert: Das öffentliche Wohl besteht 1. in der Abwehr äußerer Feinde, 2. in der Bewahrung des inneren Friedens, 3. im Erwerb von Reichtümern (soweit dies in Übereinstimmung mit der öffentlichen Sicherheit steht), 4. im Genuß der unschädlichen Freiheit. Schon hier wird eine Unterscheidung der politischen Fundamentalgarantien und der gesellschaftlichen Entwicklung sichtbar, was schließlich zur Trennung von Gesellschaft und Staat führt. Mit der Beschränkung auf die unmittelbaren Lebensbedürfnisse ist zwar keineswegs die pure Selbsterhaltung gemeint, vielmehr ein möglichst glückliches Leben[13]. Was aber nun entscheidender wird, ist die Tatsache, daß solche Angelegenheiten im Zwang der beschriebenen

---

[11] Die folgenden Ausführungen verdanken wesentliche Anregungen E.-W. Böckenförde, *Die Entstehung des Staates als Vorgang der Säkularisation*, in: *Säkularisation und Utopie. Ebracher Studien.* E. Forsthoff z. 65. Geburtstag, Stuttgart 1967, 75–94. Zur Sachproblematik vgl. jetzt auch A. Hollerbach, *Aspekte der Freiheitsproblematik im Recht*, in: *Philosophische Perspektiven* 5 (1973) 29–41.

[12] Außer dem genannten Beitrag E.-W. Böckenfördes vgl. dazu B. Willms, *Die Antwort des Leviathan. Thomas Hobbes' politische Theorie* = Politica 28, Neuwied 1970, bes. 160ff.; M. Kriele, *Die Herausforderung des Verfassungsstaates. Hobbes und englische Juristen*, Neuwied 1970.

[13] Vgl. *De cive* 13,4. – Zur gesamten Problemlage ist unentbehrlich R. Schnur, *Die*

Entwicklung der »privaten« Sphäre angehören und frei wählbar sind. Anders formuliert: Indem das Gemeinwesen sich zunächst nur um die elementaren Erhaltungsbedingungen des Lebens kümmert, wird der Bereich des Religiösen bewußt freigegeben. Jedenfalls geht keine religiöse Bestimmung des Menschen in diese Sicht von Staat und Gesellschaft ein. Religion wird damit nicht verneint, sondern sie wird einfach in diesem Kontext nicht näher berücksichtigt. Es gibt im Kern der politischen Ordnung keine direkte Verbindung mehr zur Religion; faktisch hat sich damit eine innere Differenz zwischen Religion und staatlich-gesellschaftlicher Ordnung aufgetan. Es braucht kaum gesagt zu werden, daß dies die Geburtsstunde der modernen Religionsfreiheit und Toleranz ist. Der Staat ist die politische Herrschaftsorganisation zur Sicherung dieser Glaubens- und Religionsfreiheit, so daß er gerade deswegen in seiner eigenen Struktur a-religiös oder a-theistisch sein muß. Wenn er sich auf eines der verschiedenen Bekenntnisse festlegte, würde er ungerecht. Der Staat verweist die Religion in den Bereich der freien Gesellschaft. Die Religion wird zu einer Angelegenheit des Interesses einzelner Bürger. Sie ist kein Bestandteil der staatlichen Ordnung. Die Freigabe der Religion bedeutet zunächst das Freiwerden von Bindungen an den Staat, aber auch das Entlassenwerden und Sichselbstüberlassensein im gesellschaftlichen Raum. Religionsfreiheit enthält nicht nur die Möglichkeit, eine Religion privat und öffentlich zu bekennen, sondern ebenso das Recht, sie nicht zu bekennen.

IV.

Diese Situation wird nun durch das ausdrückliche Auseinandertreten von Staat und Gesellschaft noch verstärkt. Hegels Theorie der bürgerlichen Gesellschaft[14] ist in diesem Zusammenhang auch heute noch lehrreich zur Erfassung der eigentümlichen Strukturen: Der Umfang dessen,

französischen Juristen im konfessionellen Bürgerkrieg des 16. Jahrhunderts. Ein Beitrag zur Entstehungsgeschichte des modernen Staates, Berlin 1962.

[14] Dazu J. Ritter, *Hegel und die französische Revolution*, in: Ders., *Metaphysik und Politik*, Frankfurt 1969, 183–255; M. Riedel, *Bürgerliche Gesellschaft und Staat. Grundproblem und Struktur der Hegelschen Rechtsphilosophie*, Neuwied 1970; Ders., *Studien zu Hegels Rechtsphilosophie*, Frankfurt 1969; W. Oelmüller, *Die unbefriedigte Aufklärung. Beiträge zu einer Theorie der Moderne von Lessing, Kant und Hegel*, Frankfurt 1969, G. Rohrmoser, *Subjektivität und Verdinglichung. Theologie und Gesellschaft im Denken des jungen Hegel*, Gütersloh 1961; W. Marx, *Die Bestimmung der Philosophie im Deutschen Idealismus*, Stuttgart o. J.; J. Ritter, *Subjektivität und industrielle Gesellschaft. Zu Hegels Theorie der Subjektivität*, in: Ders., *Subjektivität*, Frankfurt 1974, 11–35; R. Bubner, *»Philosophie ist ihre Zeit, in Gedanken erfasst«*, in: R. Bubner/K. Cramer/R. Wiehl (Hrsg.), *Hermeneutik und Dialektik* I, Tübingen 1970, 317–342; W. Schulz, *Philosophie in der veränderten Welt*, Pfullingen 1972, 798–810, bes. 804ff.

was »Mensch« heißt, wird in der Perspektive »Gesellschaft« auf die natürliche Bedürftigkeit reduziert. Die Entstehung eines eigenständigen, im gegenseitigen Interesse verwurzelten Beziehungsgeflechtes zwischen den Individuen gründet auf zwei Prinzipien. Diese sind »der selbstsüchtige Zweck in seiner Verwirklichung« und die Bedingung seiner Effizienz, die Allgemeinheit dieser »Selbstsucht«. Der verfolgte Zweck des einzelnen Interesses beruht auf dem inneren Zusammenhang der Zwecke aller Interessen. »Was mit diesem System allseitiger Abhängigkeit und der Kette ihres Zusammenhangs sich herausbildet, ist eben das vom Staate unterschiedene, auf dem Grunde von Bedürfnis und Arbeit erwachsende und in seiner Wirksamkeit sich ständig reproduzierende Beziehungsgeflecht zwischen den ›Privatpersonen‹ (§ 187) – ›Gesellschaft‹ im modernen Sinne des Wortes«[15]. Die Struktur dieser Gesellschaft wird nicht mehr abgeleitet aus der Konstanz eines teleologischen Naturbegriffs oder aus der Geschichtslosigkeit eines Naturzustandes. Sie beruht auf dem Fundament der Arbeit, die eine Befreiung aus der Macht der rohen Natur und gesellschaftlicher, mit dem Schein der »Natürlichkeit« verkleideter Verhältnisse ermöglicht. Die »Natur« wird durch die Arbeit und von ihr durchdrungen; immer mehr wandelt sich diese durch den Menschen selbst hervorgebrachte »Natur« um in das durch die tätigen Bewegungen der Gesellschaft geschaffene *Werk*. Es gibt so eine tiefe Wechselbeziehung zwischen den verschiedenen Bedürfnissen, der Arbeit für ihre Befriedigung und der Beherrschung der Natur. Indem jeder für sich und seinen »Genuß« arbeitet, sorgt er gleichzeitig auch für die Bedürfnis-Befriedigung der übrigen Gesellschaftsmitglieder[16]. Dies schafft gerade angesichts der Gleichheit aller Menschen, die aus derselben Bedürfnisnatur herrührt, die Unselbständigkeit des einzelnen und die Abhängigkeit seines Handelns von dem aller einzelnen.

Die Beschränkung auf das »System der Bedürfnisse« als Basis schafft eine Fülle von Problemen, denen Hegel genauer nachgeht. Die natürlichen Zwecke der Individuen stimmen nicht mit sich und der Erhaltung des gesellschaftlichen Ganzen überein, es sei denn als ein Produkt des Zufalls oder der Notwendigkeit[17], jedenfalls nicht der Freiheit. Die Tendenz des gesellschaftlichen Zustandes auf die »unbestimmte Vervielfältigung und Spezifizierung der Bedürfnisse, Mittel und Genüsse« kennt keine Grenzen mehr[18]; die »sich nach allen Seiten auslassende

---

[15] M. Riedel, *Studien zu Hegels Rechtsphilosophie*, 158f. – Der Hinweis »§ 187« bezieht sich auf G. W. F. Hegel, *Grundlinien der Philosophie des Rechts*. Im folgenden wird nach der Ausgabe von J. Hoffmeister, Hamburg ^{4}1955, zitiert.

[16] Vgl. G. W. F. Hegel, a.a.O., § 190, S. 170f.

[17] Dazu ebd., §§ 184–186, S. 165–167.

[18] Vgl. ebd., § 195, S. 172f.

Befriedigung ihrer Bedürfnisse, zufälliger Willkür und subjektiven Beliebens, zerstört in ihren Genüssen sich selbst und ihren substantiellen Begriff«[19]. Die natürliche Tendenz der bürgerlichen Gesellschaft ist die zu ihrer eigenen Desorganisation[20]. Die unendliche Vervielfältigung der Bedürfnisse und Genüsse – der Luxus – als Richtung des gesellschaftlichen Zustandes schafft »eine ebenso unendliche Vermehrung der Abhängigkeit und Not«[21]. Was Hegel hier über die Anhäufung von Reichtümern, die Konzentration »unverhältnismäßiger Reichtümer in wenigen Händen«[22], das »Herabsinken einer großen Masse unter das Maß einer gewissen Subsistenzweise«[23], die notwendige Suche nach immer neuen Konsumenten[24] sagt, nimmt auch heute noch die meisten Zeitanalysen vorweg.

Hegels Größe besteht gerade darin, daß er seine Theorie der bürgerlichen Gesellschaft nicht auf das in Arbeit und Genuß bestehende Bedürfnissystem reduziert; der gesellschaftliche Prozeß hat zwar das »System der Bedürfnisse« zur Basis, aber seine Tendenz auf Desorganisation seiner selbst wird bei Hegel durch die Rechtspflege, die staatliche Ordnung, die Verwaltungspraxis (»Polizei«) und durch andere Organisationsformen der bürgerlichen Gesellschaft reguliert, welche die Isolierung der Individuen und ihre einzelnen Zwecke aufheben sollen (»Korporation«). Hegel weiß um die Notwendigkeit der »Versittlichung« des Arbeitswesens der bürgerlichen Gesellschaft durch solche Strukturen. Die sittlichen Kräfte und Wurzeln der Gesellschaft kehren durch solche Vermittlungen wieder in die »bürgerliche Gesellschaft« zurück. Diese Gesellschaft wird also durch die rechtlichen, sittlichen und politischen Strukturen zusammengehalten, oder anders formuliert: Die eigentümliche Realität der abstrakt-geschichtslosen bürgerlichen Gesellschaft wird von Hegel nicht einfach von den sittlich-geschichtlichen Mächten getrennt, sondern mit ihnen vermittelt. Nur so vermag Hegel den Emanzipationsprozeß dauerhaft zu retten und als wahren Fortschritt anzuerkennen.

Aber nirgends wird deutlicher, daß Hegel diese Vermittlungsversuche nur bedingt und vielleicht für einen Augenblick der eigenen Gegenwart gelingen. Der Staat erscheint als die »entwickelte und verwirklichte Vernünftigkeit«[25]. Recht und Moralität werden in der Institution des Staates fundiert. Aber es bleibt die Frage, ob Hegels Begriff der bürgerlichen Gesellschaft sich überhaupt noch mit dem Staat vermitteln läßt[26].

---

[19] Ebd., § 185, S. 166.
[20] Vgl. ebd., § 255, S. 206.
[21] Ebd., § 195, S. 172f.
[22] Ebd., § 244, S. 201. [23] Ebd.
[24] Vgl. ebd., § 246, S. 202. [25] Ebd., § 265, S. 218.
[26] Ausführlicher M. Riedel, *Bürgerliche Gesellschaft...*, 78f.

Die Entwicklung nach Hegel bis in unsere Tage kann mit wenigen Strichen skizziert werden: die Gesellschaft rückt in das Zentrum der Analyse und der Betrachtung und wird vielfach dem Staat übergeordnet (Marx); der »politische Staat« droht auszusterben oder zu einer Funktion der industriellen Entwicklungen zu werden; der liberale Rechtsstaat wird zum demokratischen Sozialstaat entwickelt; dieser wird häufig so interpretiert, daß er keinen eigenständigen Bereich mehr darstellt, vielmehr nur noch der organisatorische Schwerpunkt und das Steuerungszentrum der Gesamtgesellschaft ist. Der »Dualismus« von Staat und Gesellschaft soll in einer Theorie der politischen Gesamtverfassung aufgehoben werden. Es kann nicht Aufgabe dieses Beitrags sein, diese Entwicklung hier zu werten. Aber man muß feststellen, daß Hegels entscheidende Voraussetzung, nämlich der Staat als Voraussetzung und Garant des möglichen menschlichen Zusammenlebens, längst nicht mehr die besagte umgreifende Verbindlichkeit besitzt und besitzen kann.

Dies muß man verschiedenen Hegelianern und manchen verdienstvollen Hegeldeutungen von heute ins Stammbuch schreiben. Faktisch ist die Vermittlung von Staat und Gesellschaft nicht geglückt. Ein ungeklärtes Nebeneinander beider nimmt aber die Dringlichkeit und Not der dadurch entstandenen geschichtlichen Situation nicht ernst. Dies gilt um so mehr, weil sich damit die Gesellschaft immer mehr auf das »System der Bedürfnisse« beschränkt, Befriedigung und Glück immer stärker in den privaten Raum hineinschrumpfen, die Undurchsichtigkeit der gesellschaftlichen Superstrukturen wächst. Die eigentümliche Form der Gesellschaft, wie sie früher auf dem Fundament der Arbeit beschrieben wurde, radikalisiert sich, weil sie als das System der ungeheuer multiplizierbaren und künstlich produzierbaren Bedürfnisse (die nun nicht mehr nur »Natur«-Bedürfnisse sind) mehr und mehr zum allmächtigen Subjekt von Natur und Geschichte wird[27]. Durch die Formung der Natur mittels gesellschaftlicher Arbeit erzeugt sich allererst die Menschengattung als das Subjekt der Geschichte. In der Verschmelzung von Wissenschaft und technischer Praxis, welche den modernen Arbeitsbegriff konstituiert, werden von diesem Subjekt »Gesellschaft« alle Weltbezirke von Natur und Geschichte vergegenständlicht und bis zur Ausbeutung genützt. Was nicht unmittelbar dem »System der Bedürfnisse« (was nun freilich unendlich erweitert wird) entspricht, wird zwar nicht verneint; es wird aber auch nicht wirklich »freigegeben«, jedenfalls nicht auf Dauer. »Die Gesellschaft legt das, was das Geistige ist und zu sein hat, je und je aus dem her fest, was es für die

---

[27] Dazu auch K. H. Volkmann-Schluck, *Was ist die moderne Gesellschaft? Versuch einer ontologischen Bestimmung*, in: *Philosophische Perspektiven* 2 (1970) 297–304.

Gesellschaft leistet. Diese Leistung ist jedoch nicht unmittelbar auf die materielle Produktion bezogen, sondern durch mannigfache Bezüge vermittelt. Das Geistige und Kulturelle werden in der Weise vergegenständlicht, daß sie sich durch ihre Leistung für die Gesellschaft zu legitimieren haben. Überall ergeht heute in der Welt die Forderung nach Realisierung des gesellschaftlichen Bezugs von Kunst und Wissenschaft. Diese Forderung meint nicht, Kunst und Wissenschaft beständen zunächst gesondert für sich und sollten nun auch noch in eine Beziehung zur Gesellschaft treten. Der Sinn der Forderung ist vielmehr, daß Kunst und Wissenschaft in diesem Bezug zu der sich selbst als Subjekt erwirkenden Gesellschaft allein den Grund ihres Bestehens haben. Deshalb kann die Gesellschaft auch, je gefestigter ihre Subjektstellung ist, den Künsten und Wissenschaften größere Freiheiten gewähren, sofern sie dessen sicher ist, daß Kunst und Wissenschaft die Wirksphäre der Gesellschaft nicht verlassen können, ohne ins Nichtige des Unwirklichen zu fallen«[28].

Die bürgerliche Gesellschaft hat bis zum heutigen Tag ihre eigene pragmatische Ethik innerhalb des »Systems der Bedürfnisse« entwickelt. Man könnte sie im Anschluß an die angelsächsische Ethik des 17./18. Jahrhunderts mit dem Axiom vom größten Glück der größten Zahl formulieren[29]. Moral wird zur Kunst, die Handlungen der Menschen so zu lenken, daß eine möglichst große Summe von Glück und Wohlfahrt hervorgebracht wird. Die amerikanische Unabhängigkeitserklärung vom 4. Juli 1776 bezeugt dann auch in einem großen politischen und juristischen Dokument, daß das »Streben nach Glück« *(pursuit of happiness)* zu den unveräußerlichen Rechten des Menschen gehört. Freilich richtet sich der »Glücksanspruch«[30] nicht an die »Gesellschaft«, sondern fordert das Recht, die Glückseligkeit *selber* zu erstreben und zu erlangen. Der rein diesseitige Charakter dieses Glücks (gemeint ist Wohlstand, Sicherheit, freie selbständige Ordnung der gesellschaftlichen Angelegenheiten) wird als ein Gottesrecht gesehen, wie ja überhaupt hinter diesen Axiomen die starke und optimistische Glaubensüberzeugung eines aufgeklärten Christentums steht (Glaube an die göttliche Vorsehung, Hoffnung auf ein Endglück, Zuversicht, volle Satisfaktion). Auf die Wandlungen solchen Glücksanspruchs ist hier nicht einzugehen[31].

---

[28] Ebd., 298f.

[29] Dazu historisch G. SCHULZ, *Das Zeitalter der Gesellschaft. Aufsätze zur politischen Sozialgeschichte der Neuzeit*, München 1969, 44f.; W. SCHULZ, a.a.O. (Anm. 14), 743ff.

[30] Dazu D. STERNBERGER, *Wandlungen des Glücksanspruchs in der Neuzeit*, in: *Merkur* 23 (1969) 1102–1107.

[31] Auch auf die unaufgearbeitete theologische Problematik kann nur verwiesen werden, vgl. z. B. H. BUHR, *Das Glück und die Theologie. Wider die Weltflucht*, Stuttgart 1969.

Nun ist nochmals schärfer auf Hegels Aporien in der Begründung der bürgerlichen Gesellschaft zurückzukommen. Die Gesellschaft gehört – im Gegensatz zur Familie und zum Staat – nicht zum strengen Bereich der Sittlichkeit. Fast sarkastisch kennzeichnet Hegel die beschriebene menschliche Bedürfnisnatur als »das Konkretum der *Vorstellung*, das man *Mensch* nennt«[32]. Wenn allein die abstrakte Bedürfnisnatur des Menschen als entscheidende Dimension seiner Zugehörigkeit zur bürgerlichen Gesellschaft begriffen wird, dann emanzipiert sich dieses Verständnis des Menschen von allen Voraussetzungen der geschichtlich überkommenen Lebensordnung. Die Gesellschaft beschränkt sich auf diejenigen Beziehungen, welche die einzelnen in der Bedürfnisbefriedigung durch Arbeit miteinander verbinden. Andere »innerliche« Beziehungen kann es nicht geben. Der Mensch der bürgerlichen Gesellschaft ist aus den geschichtlichen und geistigen Zusammenhängen herausgelöst. Die für sein eigenes Dasein entscheidenden Ordnungen mit ihren geschichtlichen Wirkungen gehen nicht in die Gesellschaft ein. Die wahre Bestimmung der Freiheit und des Selbstseins des Menschen sind diesem selber in seiner Subjektivität anvertraut. Die solchermaßen »abstrakte« Geschichtslosigkeit der modernen Gesellschaft gibt der Subjektivität das Recht zu persönlicher Entscheidung frei. Eine nicht zu unterschätzende Gefahr liegt jedoch schon darin, daß in diesem modernen Gesellschaftsbegriff das »Arbeitswesen« zur einzigen Bestimmung des Menschen wird. Wenn das, was der Mensch *nicht* durch die Gesellschaft ist, nicht wirklich »freigegeben« wird, sondern faktisch oder implizit verneint wird, dann kann es zu einer absoluten Vergesellschaftung des Menschen kommen. Es erübrigt sich, auf die Schrecken fast aller Revolutionen, die modernen Diktaturen und Totalitarismen hinzuweisen. Hegels Blick ist ungeheuer hellsichtig, wenn er z. B. den Übergang von der Familie zur bürgerlichen Gesellschaft beschreibt: »Die bürgerliche Gesellschaft ist ... die ungeheuere Macht, die den Menschen an sich reißt, von ihm fordert, daß er für sie arbeitet und daß er alles durch sie sei und vermittelst ihrer tue«[33]. Der Mensch wird zum »Sohn der bürgerlichen Gesellschaft«[34]. Wenn die Gesellschaft diese Struktur mit ungehinderter Wirksamkeit fortschreibt, kann sie die freigesetzten Mächte des persönlichen Lebens, der Subjektivität und der geschichtlichen Herkunft aus sich verdrängen und bis zu einem gewissen Grad sogar vernichten. Hegel spricht mehrfach von der *Gefährlichkeit* der damit gegebenen Strukturen für die Individuen, für den Staat und die Gesellschaft selbst[35]. Gerade der künstliche Boden

---

[32] G. W. F. Hegel, a.a.O., § 190, S. 171.

[33] Ebd., § 238 (Zusatz), zit. bei M. Riedel, *Studien zu Hegels Rechtsphilosophie*, 193 (das Zitat wurde der modernen Rechtschreibung angeglichen). [34] Ebd., 198.

[35] Vgl. G. W. F. Hegel, a.a.O., §§ 218, 319; S. 188ff., 274ff.

dieser Gesellschaft, der ja nicht die »feste Erde« gewachsener Lebensüberzeugungen ist, kann in seiner Unstabilität kaum überschätzt werden, so »wie ein Funke auf einen Pulverhaufen geworfen eine ganz andere Gefährlichkeit hat, als auf fester Erde, wo er spurlos vergeht«[36]. Damit tut sich das eigentliche Problem auf: Wo sind die Kräfte heute noch verwurzelt, die dieser »abstrakten« Gesellschaft jene Substanz geben, welche diese Gesellschaft konkret-geschichtlich trägt? Wo ist z. B. jenes letzte Minimum ethischer Übereinstimmung, das ein Zusammenleben ermöglicht? Von woher haben Staat und Gesellschaft jene Fundamentalüberzeugungen vom Sinn menschlichen Zusammenlebens, die sie selber nicht gewährleisten? Wie können diese eine »Sittlichkeit« aufbauen, bewahren und fördern, wenn Staat und Gesellschaft sich selbst von den Fragen der Ethik und Religion fast völlig zurückziehen und diese Bereiche »freigeben«? Der säkularisierte Staat und die moderne Gesellschaft leben letztlich von Voraussetzungen, die sie nicht selber garantieren können[37]. Der Staat kann zwar den notwendigen moralischen und religiösen Voraussetzungen den Raum offenhalten, aber er kann sie eigentlich nicht positiv fördern (jedenfalls nicht im Sinne eines Rechtszwanges). Die Freiheit, die der Staat seinen Bürgern gewährt, muß sich von innen her aus der ethischen Substanz des einzelnen und der freien Kräfte in der Gesellschaft regulieren. Wo bietet sich die Möglichkeit einer Rückbindung in ein Gemeinsames?

V.

Diese Frage steigert sich in unseren Tagen nochmals zu erneuter Dringlichkeit. Denn die »Natur« dieser undurchsichtigen Gesellschaft und ihr Unfaßliches, von denen früher schon die Rede war, werden nicht klarer, sondern eher dunkler. Anfälligkeit und Verletzlichkeit dieser Gesellschaft liegen auf der Hand. Man erinnere sich nur an die unstetigen und unberechenbaren Schwankungen des Weltwährungssystems, an die ständige Gefährdung der Versorgungssysteme, an die Hilflosigkeit gegenüber Terrorakten und Attentatsdrohungen, besonders an Verkehrswegen und -mitteln[38]. Aber es handelt sich nicht nur um diese Formen der Verwundbarkeit; nicht zu vergessen sind auch die brutale Durchsetzung von Gruppeninteressen und rücksichtsloses Gewinn-

---

[36] Ebd., § 319, S. 277.
[37] Dies hat besonders nachdrücklich E.-W. Böckenförde herausgestellt, vgl. a.a.O., 93f.
[38] Hinzuzufügen wäre noch die sogenannte »Ölkrise«. Der Beitrag ist in der Hauptsache schon 1972 geschrieben worden und bemüht sich gerade darum, die genannten Krisen und Symptome aus diesen größeren Zusammenhängen heraus verständlich zu machen, ohne freilich in diesen Dingen in Einzelanalysen gehen zu können.

streben, die beide je in ihrer Weise oder zusammen eines Tages die labile Balance der verschiedenen Interessen aus dem Gleichgewicht bringen und »tödlich« wirken könnten. Es geht jedoch nicht nur um unmittelbare Krisen- und Gefahrenherde. Der Jugendprotest z. B. gegen die wertfreie Wissenschaft und ihre mangelnde ethisch-politische Verantwortung – drastisch in dem lieblosen Wort vom »Fachidioten« oder weniger emotional in dem Etikett »Technokraten« zusammengezogen – hat gezeigt, daß die junge Generation die Gefahren des Abgrunds wittert. Wo sich freilich nur Haß und sogar kriminelles Verhalten gegen diese »Gesellschaft« ausbreiten, muß im Namen der Freiheit mit allen Mitteln Widerstand geleistet werden. Dadurch hat man jedoch noch keine geistige Auseinandersetzung mit den Theoretikern und Praktikern der »Systemveränderung« geleistet. Es sind nicht nur Reste romantischer Kultur- und Zivilisationskritik, die hier am Werk sind. Das undurchdringliche Gebilde »Gesellschaft« wird in einem ursprünglichen Sinn »fragwürdig«: Es müßte die Zeit hilfreichen Denkens, nicht von Gewalttaten und Krawallen sein.

Unübersichtlichkeit und Fremdheit sind ein Kennzeichen sogar der Alltagswelt geworden. »Jedenfalls bilden auch in der modernen Gesellschaft die kleinen Ausschnitte der Welt, die über unmittelbar soziale Beziehungen vertraut geworden sind, Inseln im Meer einer unvertrauten und oft bedrohlichen Wirklichkeit«[39]. Der hohe Grad von Rationalität trügt. Niemand kann mehr die vielen Teilbereiche menschlichen Wissens zusammenhalten. Der Experte, der nie sein Fachgebiet von außen sieht, ist sich vielleicht der Lebensgefahr, in der er selber steckt und in die er andere bringt, gar nicht bewußt. Ein überreizt helles Bewußtsein, das sich lichtkegelartig nur auf einen immer kleiner werdenden Ausschnitt von Welt und Wirklichkeit konzentriert, kann unerhört blind machen. Die fachspezifische Abblendung, die den Forscher zum Experten macht, verdeckt die Voraussetzungen und die Folgen wissenschaftlicher Entdeckungen.

Aber auch das System der materiellen Bedürfnisse kommt an seine immanenten Grenzen. Der Bericht des »Club of Rome«[40] zur Lage der Menschheit hat – wie umstritten auch Einzelanalysen sein mögen – einer breiteren Öffentlichkeit die Augen dafür geöffnet; die sogenannte »Ölkrise« hat – was immer noch hinter ihr stehen mag – auch im praktischen Leben eindringlich die Endlichkeit in der Befriedigung unserer Wünsche aufgezeigt. Der Bericht des »Club of Rome« stellt folgende Schlußfolgerungen auf:

---

[39] Th. Luckmann, in: H.-G. Gadamer/P. Vogler (Hrsg.), *Neue Anthropologie* III, *Sozialanthropologie*, Stuttgart 1972, 195.

[40] D. L. Meadows u. a., *Die Grenzen des Wachstums. Bericht des Club of Rome zur Lage der Menschheit*, Stuttgart 1972.

»1) Wenn die gegenwärtige Zunahme der Weltbevölkerung, der Industrialisierung, der Umweltverschmutzung, der Nahrungsmittelproduktion und der Ausbeutung von natürlichen Rohstoffen unverändert anhält, werden die absoluten Wachstumsgrenzen auf der Erde im Lauf der nächsten hundert Jahre erreicht. Mit großer Wahrscheinlichkeit führt dies zu einem ziemlich raschen und nicht aufhaltbaren Absinken der Bevölkerungszahl und der industriellen Kapazität.
2) Es erscheint möglich, die Wachstumstendenzen zu ändern und einen ökologischen und wirtschaftlichen Gleichgewichtszustand herbeizuführen, der auch in weiterer Zukunft aufrechterhalten werden kann. Er könnte so erreicht werden, daß die materiellen Lebensgrundlagen für jeden Menschen auf der Erde sichergestellt sind und noch immer Spielraum bleibt, individuelle menschliche Fähigkeiten zu nutzen und persönliche Ziele zu erreichen.
3) Je eher die Menschheit sich entschließt, diesen Gleichgewichtszustand herzustellen, und je rascher sie damit beginnt, um so größer sind die Chancen, daß sie ihn auch erreicht«[41].
Uns interessieren hier nicht fachwissenschaftliche Einzeleinwände und Alternativen zum Bericht des »Club of Rome«, so notwendig diese grundsätzlich sind[42]. Man wird wohl nicht fehlgehen, wenn man die Bedeutung dieser Studie vor allem darin erblickt, überhaupt ein neues Bewußtsein von den Grenzen der irdischen Güter und vom Ende einer eindimensionalen Wachstumseuphorie geweckt zu haben. »Diese Einsicht reift in einem Zeitpunkt, in dem die ›Stunde der Wahrheit‹ noch von einer ganz anderen Seite her zur Besinnung aufruft. Mehr und mehr werden wir gewahr, daß das, was wir bisher getrieben haben, Verschwendungswirtschaft war. Das verfügbare ›geologische Kapital‹ wurde in rücksichtsloser Weise abgebaut – als ob davon unbegrenzte Mengen erhältlich wären. Nun aber dämmert die Erkenntnis, daß diese Ressourcen knapp sind und daß der Zeithorizont, der ihrer Inanspruchnahme zugrunde lag, äußerst kurz war. Er trug den berechtigten Anliegen der Generationen späterer Jahrhunderte überhaupt nicht Rechnung, sondern kam einem Raubbau gleich. – Außerdem gilt es, sich darüber klar zu werden, daß selbst die gegenwärtige Versorgung der Wirtschaftssubjekte in den reichsten Volkswirtschaften unmöglich allen Erdenbewohnern zuteil werden kann, weil ganz einfach die Umwelt-

---

[41] Ebd., 17.

[42] Vgl. zur Diskussion K. SCHOLDER, *Grenzen der Zukunft. Aporien von Planung und Prognose*, Stuttgart 1973; H. v. NUSSBAUM (Hrsg.), *Die Zukunft des Wachstums. Kritische Antworten zum Bericht des Club of Rome*, Düsseldorf 1973; J. SCHLEMMER (Hrsg.), *Neue Ziele für das Wachstum*, München 1973; G. R. URBAN (Hrsg.), *Können wir unsere Zukunft überleben?* München 1973; D. L. MEADOWS u. a., *Wachstum bis zur Katastrophe? Pro und Contra zum Weltmodell*, Stuttgart 1974.

belastung zu groß wäre, und die Naturschätze dafür nicht ausreichen würden. Selbst abgesehen also von den Ansprüchen unserer Nachfahren wäre eine gleichmäßige Verteilung des jetzigen Wohlstands schon nicht zu verantworten und nicht auf die Dauer zu realisieren. Es müssen daher unausweichlich früher oder später Einschränkungen im Verbrauch unersetzlicher Güter zustande kommen oder angeordnet werden – und dies gegenüber einer Konsumgesellschaft, die vorläufig auf Unersättlichkeit eingeschworen ist«[43].

Zwar wird allseits ein Umdenken gefordert, doch erfahren wir faktisch das Gegenteil. »Sind wir nicht Augenzeugen einer Entwicklung, in der zwar der Leistungswille bereits merklich nachläßt, in der aber die Forderungen an das große Kollektiv immer nachdrücklicher geltend gemacht werden? Ergibt sich nicht eine eigentliche ›Anspruchsinflation‹ daraus, daß die Summe der vorgebrachten Begehren nach Individualgütern und öffentlichen Gütern über das hinausgeht, was die Wirtschaft insgesamt zu bieten vermag? Haben sich nicht als Folge davon die Verteilungskämpfe um den Kuchen des Sozialprodukts unverkennbar verschärft?«[44]

Ganz deutlich ist gerade in den ökonomischen Studien von einem »Zwang zur Umorientierung«[45], von einer utopisch erscheinenden »Kehrtwendung«[46] und einer gewaltigen »Horizonterweiterung«[47] die Rede. Was zuerst überwunden werden muß, ist das traditionelle Denken in Partikularismen und in den herkömmlichen Verabsolutierungen[48]. Es ist auch klar geworden, daß ein solcher Wandel ein ganz außergewöhnliches Maß von Verständnis, Vorstellungskraft und politischem und moralischem Mut braucht. Der Bericht des »Club of Rome« zeigt die Notwendigkeit, »die grundlegenden Wertmaßstäbe in unserer Gesellschaft zu ändern«[49], und betont zugleich, »daß praktisch eine geistige Umwälzung kopernikanischen Ausmaßes für die Umsetzung unserer Vorstellungen in praktische Handlungen erforderlich sein dürfte«[50]. Man kann dasselbe auch mit Worten von G. Picht formulieren: »Wir schicken uns an, unwiderruflich die Erfahrung zu machen,

---

[43] E. Küng, *Die Krise der Wohlstandsgesellschaft und die notwendige Neuorientierung – Grenzen des wirtschaftlichen Wachstums*, in: *Universitas* 27 (1972) 1153–1161, hier 1156f. Zur Sache vgl. auch H. J. Müller, *Wirtschaftswachstum im Spannungsfeld von Theorie pnd Ideologie*, in: B. Külp/W. Stützel (Hrsg.), *Beiträge zu einer Theorie der Sozialuolitik*. Festschrift f. E. Liefmann-Keil z. 65. Geburtstag, Berlin 1973, 311–316.

[44] E. Küng, a.a.O., 1159

[45] Ebd., 1158.

[46] Ebd., 1159.

[47] Ebd., 1160.

[48] Vgl. die Beispiele ebd., 1160f.

[49] D. L. Meadows, *Die Grenzen des Wachstums...*, 167.

[50] Ebd., 175.

daß der Traum von den unbegrenzten Möglichkeiten ein Wahn war. Die technische Welt ist eine Welt der grausam begrenzten Möglichkeiten. Die hungernden Milliarden werden nicht auf einen anderen Stern auswandern können. Die Ressourcen auf der Erde sind nicht unerschöpflich. Die Expansion von Wissenschaft und Technik stößt um so schneller an unüberschreitbare Grenzen, je rascher sie vorangetrieben wird. Der Mensch erobert seine eigene Endlichkeit. Er demoliert den Spielraum der Phantasie. Das muß zu einem ungeheuren Umschlag in seinem Selbstverständnis führen und wird für die innere Situation des Menschen in der Zukunft der technischen Welt der alles beherrschende Tatbestand sein«[51].

So sehen die heutige Technik und Wissenschaft selbst, daß die naive Vorstellung, daß alles, was technisch möglich sei, zugleich auch schon seine Anwendung rechtfertige, sich nicht mehr aufrechterhalten läßt[52]. Die Eigengesetzlichkeiten der modernen Gesellschaft und die moderne Dynamik in der Entwicklung ihrer Sozialstruktur können nicht mehr dem Wachstum allein überlassen werden, sondern bedürfen der Steuerung durch den Menschen. In diesem Zusammenhang taucht in jüngster Zeit aus der amerikanischen Soziologie immer wieder der Begriff »neue Qualität des Lebens« auf. Gemeint ist eine Änderung und Besserung der Lebensbedingungen. Aber es wird nach allen Prognosen nicht ausreichen, nur eine optimale Relation zwischen Wirtschaftswachstum und Belastung der Umwelt, zwischen privatem Wohlstand und den erforderlichen öffentlichen Einrichtungen herzustellen. Denn auch dies könnte nur eine quantitative Steigerung des Konsumwettbewerbs werden und dem Menschen mehr Manipulation als Gewinn an Freiheit einbringen. Was verbessert werden muß, ist also nicht eine Steigerung und Anheizung menschlicher Bedürfnisse[53], sondern die Qualität des Denkens, die Erhaltung der Freiheit des einzelnen und die Menschlichkeit dieser Gesellschaft. Mit der Beschränkung auf die bisherige abstrakte Bedürfnisnatur des Menschen und ihrer Steigerung allein verbessert man nicht das »Leben« – was ist es denn? Sonst bleibt die Forderung nach mehr »Lebensqualität« nichts anderes als eine verführerische Leerformel[54].

---

[51] *Prognose, Utopie, Planung. Die Situation des Menschen in der Zukunft der technisierten Welt*, Stuttgart ²1969, 40,

[52] Beispiele zum Städtebau vgl. bei G. ALBERS, in: *Neue Anthropologie* III (vgl. Anm. 39), 248 ff.

[53] Dazu B. BADURA, *Bedürfnisstruktur und politisches System. Macht, Kultur und Kommunikation in »pluralistischen Gesellschaften«*, Stuttgart 1962, 11–45 (dort weitere Lit.).

[54] Zum Begriff »Lebensqualität« vgl. u. a. H. ACHINGER, *Prolegomena zu einer Theorie der Lebensqualität*, in: B. KÜLP/W. STÜTZEL (Hrsg.), a.a.O. (Anm. 43), 295–310; H. D. ENGELHARDT u. a., *Lebensqualität – Zur inhaltlichen Bestimmung einer aktuellen politischen Forderung*, Wuppertal 1973; H. SWOBODA, *Die Qualität des Lebens. Vom Wohlstand zum Wohlbefinden*, Stuttgart 1973.

VI.

Damit ist der umfassendere Kontext skizziert und der Ort markiert, wo genauer von der Stellung von Glaube, Kirche und Theologie in dieser Gesellschaft und unter ihren Bedingungen die Rede sein kann. Dabei werden Glaube und Kirche nicht von außen eingeschleust, sondern sie partizipieren von ihren eigenen Aufgaben und von der Situation der Gesellschaft her an der geistigen »Leerstelle«, die zur Bewältigung der aufgezeigten Probleme erst richtig sichtbar geworden ist. Es ist dabei völlig klar, daß Glaube, Kirche und Theologie im Blick auf diese Aufgaben weder einen Monopolanspruch anmelden noch einen solchen in irgendeiner Weise erfüllen könnten. Die Wiederbelebung integralistischer Absichten wäre ein Wahn. Wenn eine Bewältigung der aufgezeigten Probleme nach Übereinstimmung vieler nur durch eine Sprengung der Grenzen der Einzeldisziplinen möglich ist, darüber hinaus ein »neues Denken« mit außergewöhnlichen Einstellungsänderungen und erheblichen Konsequenzen für den gesamten Lebensstil des Menschen notwendig wird, dann ist zu erwarten, daß Glaube, Kirche und Theologie, die schon herkömmlicherweise nach dem Ganzen der Wirklichkeit fragen, Sinnerfahrung und Lebensgestaltung zu ihren vornehmlichen Aufgaben zählen, ein – freilich nicht mehr selbstverständliches – Mitspracherecht bei der Lösung dieser Fragen erhalten können. Die alten Antworten allein reichen dabei freilich nicht aus, wenn diese nicht radikal – in Spruch und Widerspruch – vor den Fragemustern des neuen Koordinatensystems umgesetzt und vertieft werden. Die pluralistische Gesellschaft bietet den Kirchen und der Theologie jedenfalls eine echte Chance, im Zusammenwirken mit allen humanen Kräften ein Chaos verhindern zu helfen. Der Politologe W. Hennis hat gerade im Blick auf Zukunftsaufgaben dieser Art das überraschende, aber vielleicht in diesem Zusammenhang verständliche Wort geprägt: »Ich wage die Behauptung, daß nicht die Sprache, nicht die ›materiellen Verhältnisse‹, auch nicht das ›Verhalten‹, sondern die *Religion* das große philosophische Thema für den Rest dieses Jahrhunderts abgeben wird«[55].
Die Aufgaben, die Glaube, Kirche und Theologie bei dieser »Ortung« gestellt sind, lassen sich hier nicht einmal alle nennen. Fünf zentrale Leitgedanken, die im folgenden entwickelt werden, sollen jedoch eine erste konkrete Annäherung an diese Aufgaben darstellen.
1. Es wird entscheidend darauf ankommen, daß der Mensch wieder ursprünglich die Vieldimensionalität von Welt und menschlicher Existenz erkennt. Die Perspektiven der »Bedürfnisnatur« und der funktionalen Dienlichkeit dessen, was ist, müssen in ihrer eindimensionalen

---

[55] Das Zitat findet sich in: *Merkur* 25 (1971) 524, Anm. 20.

Verengung aufgesprengt und erweitert werden. Auf der Suche nach einem neuen Realitätsverständnis muß die Fülle von Wahrheit und Wirklichkeit, die durch partikulare Horizonte immer wieder abgeblendet wird, neu eröffnet werden. Wahrheit soll mehr sein als die Meßbarkeit und quantitative Feststellbarkeit des Vorhandenen. Freiheit besteht nicht nur in der Abwesenheit handgreiflicher äußerer Zwänge. Vieles, was aus dem gesamtgesellschaftlichen Bewußtsein verdrängt wird (man vgl. nur die Realität des Todes, des Schmerzes), gehört unabwendbar zur Wirklichkeit des Menschen[56]. Die geistige Neuorientierung, von der oben die Rede war, kann nur gelingen, wenn eine auch nur annäherungsweise ganzheitliche Betrachtung des Menschen in allen seinen Dimensionen erfolgt – und nicht nur z. B. wirtschaftliche Interessengesichtspunkte und formaler Fortschritt über das Geschick des Menschen entscheiden. Nur wenn man der Vielschichtigkeit des menschlichen Wesens ihr Recht einräumt und alle Bedeutungsschichten zu Wort kommen läßt, kann die Frage nach dem Sinn des menschlichen Lebens überhaupt zureichend gestellt werden. Die gegenwärtige Situation zeigt, daß der Mensch auf die Dauer das Ganze seiner eigenen und der Welt-Wirklichkeit nicht ohne Schaden aus dem Blick verlieren darf. Ein Nationalökonom formuliert dies von seiner Wissenschaft her so: »Es gilt loszukommen von jener Verabsolutierung des Ökonomischen, die aufgrund ihres zu engen Blickwinkels immer falschere Aussagen zutage fördert, wenn im wirklichen Verhalten der Menschen die ökonomischen Gesichtspunkte im Verhältnis zu den übrigen an Bedeutung einbüßen. Es wird notwendig, die Mehrdimensionalität der realitätsbezogenen Fragen anzuerkennen. Nachdem sich das Schwergewicht von der Befriedigung der primären Bedürfnisse auf jene der sekundären und tertiären verlagert, kommt man nicht mehr ohne interdisziplinäre Befruchtungen und Bemühungen aus, die dem Umstand Rechnung tragen, daß der Mensch nicht nur – als homo oeconomicus – Hunger und Durst empfindet, sondern außerdem bestrebt ist, schöner zu leben, schöpferisch tätig zu sein, seinen Gefühls- und Glaubensbedarf zu stillen, Anerkennung zu ernten, im Einklang mit der Natur und der Gesellschaft zu sein usw., kurz: als Wesen mit leiblichen, seelischen und geistigen Strebungen auf seine Rechnung zu kommen«[57]. Der christliche Glaube hat immer versucht, das Ganze dieser Wirklichkeit mit ihren Spannungen zwischen Leib und Seele, Freiheit und Notwendigkeit, Immanenz und Transzendenz, Neigung und Pflicht, Natur

---

[56] Zur neuen Bewertung des »Leidens« in der Theologie vgl. die in Anm. 4 genannten Aufsätze des Verfassers.

[57] E. Küng, a.a.O., 1161. – Dazu theologisch M. Schloemann, *Wachstumstod und Eschatologie. Die Herausforderung christlicher Theologie durch die Umweltkrise*, Stuttgart 1973.

und Gnade zusammenzuhalten. Es ist besonders die Aufgabe der Philosophie in der Theologie, das vielschichtige Wesen des Menschen denkend bewahren zu helfen.

2. Es wird darauf ankommen, daß bei der Suche nach einem neuen Wirklichkeitsverständnis vieles, was nicht ins Konzept gesellschaftlicher Nutzung paßt, seinen Ort behalten kann oder zurückerhält. Der Sinn des Nicht-Funktionalen muß wiederentdeckt werden, denn ohne dieses ist Denken im tieferen Verstand unmöglich. Wenn dies nicht gelingt, dann verliert der Mensch den Sinn für den Rang unverletzlicher Freiheit. Vielleicht läßt sich solche Freiheit überhaupt nur retten, wenn der Mensch über das Verfügbare und Brauchbare hinaus den Umgang mit dem, was mehr ist als »Bedürfnis« und Befriedigung, lernt: Besinnung, Stille, Einsamkeit, Erinnerung, Dank, ein Fest, Kunst, Dichtung und Musik. Wo diese Elemente keine Lebensmöglichkeit mehr erhalten, wo es das mit Absicht »Nutzlose« nicht mehr geben darf, erlahmt die Kraft zur Distanzierung vom Druck dessen, was ist. Mit den Worten von Herbert Marcuse: »Es gibt keine freie Gesellschaft ohne Stille, ohne einen inneren und äußeren Bereich der Einsamkeit, in dem sich die individuelle Freiheit entfalten kann«[58]. Vielleicht kann man von hier aus erahnen, was in Zukunft für den Menschen Meditation, Andacht, Dank, Lob und Gottes-Dienst bedeuten können[59].

3. Es ist noch ungeklärt, wie die Hoffnung beschaffen sein muß, welche die Kraft zur Bewältigung der aufgezeigten Aufgaben hat. Die Größe dieser Hoffnung wird jedenfalls angesichts der übermenschlichen Anstrengungen alle kurzsichtigen Optimismen und egoistischen Berechnungen überrunden müssen. Das Maß dieser Hoffnung wird zur Bedingung des Überlebens. Der Christ wird jedenfalls *aus seiner* Hoffnung viele Impulse zur Bewältigung dieser Überlebensaufgabe schöpfen können: die Schärfung seiner Verantwortung im Angesicht Gottes, sein unablässiges Bemühen um das Gute trotz des Wissens um den unaustreiblichen Hang des Menschen zum Egoismus und zum Bösen, die letzte Unenttäuschbarkeit seiner Zuversicht (auch wenn sie um das Scheitern weiß), die unideologische Nüchternheit und Gelassenheit zur Realität, ohne deswegen schon Einverständnis mit ihr zu bekennen. Das kritische Engagement den gestellten Aufgaben und der Wirklichkeit gegenüber kann deswegen so mutig, geduldig und ausdauernd zugleich sein, weil dieses im Zeichen des christlichen Kreuzes die Vergeblichkeit, den Konflikt mit überlegenen Mächten, die himmelschreiende Ungerechtigkeit und die Bitternis von Leid, Schmerz und Tod kennt. Die Größe der

---

[58] *Über Revolte, Anarchismus und Einsamkeit*, Zürich 1969, 43.

[59] Weitere Hinweise dazu bei K. Lehmann, *Was ist eine christliche Gemeinde? Theologische Grundstrukturen*, in: *Communio* 1 (1972) 481–497, bes. 492f.

Hoffnung ist auch in diesem Sinne eine elementare Bedingung des Überlebens[60].

4. Daraus wird der Christ in einer anderen Weise als bisher die Radikalität seines Heilsauftrags in der menschlichen Gesellschaft wahrnehmen. Zwar kritisieren und relativieren der unendliche Horizont und der Gang der Geschichte auf die absolute Zukunft Gottes hin von ihnen selber her alle planbaren und machbaren Einzelziele des geschichtlichen Menschen, geben ihnen das Stigma des Vorläufigen, Überholbaren und Revidierbaren. Einzelplanungen und Teilziele werden dadurch freilich nicht gleichgültig, sie erhalten sogar gerade so ihr radikales Gewicht und ihren unerbittlichen Ernst, denn nur in ihnen kann der Mensch sein glaubendes und hoffendes Ja zur letzten unverlierbaren Zukunft realisieren. Der Christ der Zukunft wird viel entschiedener lernen müssen, daß im Bejahen und nicht nur in einem welt- und gesellschaftsflüchtigen Fallenlassen geschichtlicher Einzelziele das Ja zur absoluten Zukunft Gottes geschieht. Das Leben im Letzten und das Überleben im Vorletzten werden weniger teilbar sein als früher, weil die konkrete Verantwortung für die Welt und die Menschheit als der Schöpfung Gottes dem Menschen auf die Schultern geladen werden wird. Den größeren Einsatz für Welt und Gesellschaft kann der Christ freilich nur leisten, wenn er noch stärker aus der radikalen Mitte seines Glaubens lebt. Nur die dynamische Intensität seines Glaubens gewährt die Größe und Wirkkraft auch seiner irdischen Hoffnung, will diese nicht vor Widerständen allzu rasch kapitulieren.

Eine besondere Stichprobe wird die Frage sein, in welchem Maß die Personalität des Menschen geschützt und gefördert werden kann. Es wird ein entscheidender Maßstab sein, ob einzelne für den Fortschritt von morgen im Räderwerk der Gesellschaft aufgeopfert werden oder ob sich hier eine unüberschreitbare Schranke zeigt. Vielleicht hat auch hier der Christ eine Erfahrung seines Glaubens, die ihm dabei helfen kann. Der Braunschweiger Physiker A. M. Klaus Müller formuliert sie so: »Nur wenn Gott die Menschen so liebt, daß er sie auf ewig unterscheidet, ist die Identifizierung zum bloßen Exemplar Mensch, zum ›Menschenmaterial‹, ein Verbrechen«[61].

5. Wer aufmerksam den Bericht des »Club of Rome« zur Lage der Menschheit und andere Analysen liest, wird immer wieder Forderungen wie schmerzhafte und langwierige Lernprozesse, Freisetzen eines außergewöhnlichen moralischen Mutes, geistige Umwälzung, grundlegende

---

[60] Dazu M. Mead, *Hoffnung und Überleben der Menschheit. Glaube im 20. Jahrhundert* = Maßstäbe des Menschlichen 4, Stuttgart o. J. [1973].

[61] *Die präparierte Zeit. Der Mensch in der Krise seiner eigenen Zielsetzungen*, Stuttgart 1972, 631. – Auf dieses wichtige und zu wenig bekannt gewordene Buch sei eigens aufmerksam gemacht.

Änderung der Wertmaßstäbe, persönliche Opfer usw. finden. G. Picht spricht von einem »ungeheuren Umschlag im Selbstverständnis«[62]. Andere weisen darauf hin, daß die Zwänge der technischen Welt eine »Demütigung aller menschlichen Eigensüchte«[63] hervorbringen, die zu »katastrophalen Trotzreaktionen Einzelner« führen kann, wenn nicht eine fundamentale Selbstaufklärung dies verhindert. Hier wird der »neue Mensch« gesucht, von dem so viele träumen. Unwillkürlich wird man an das Stichwort vom »Übermenschen« erinnert. Wir müssen uns alle in einen »neuen Menschen« verwandeln, wenn wir Menschen mit der Befähigung für die großen Entscheidungen werden sollen, die überall zu fällen sind. Die Gefahr einer elitären Übersteigerung liegt auf der Hand. Die Dämonie der blonden Bestie hat gezeigt, was z. B. Rassenwahn aus solchem Übermenschtum schaffen kann. Aber mit dem entsetzlichen Mißbrauch ist die Forderung nach der Verwandlung unserer selbst in den »Übermenschen« noch nicht getan. In der merkwürdigen Vision eines solchen Menschen, der das ungeheuer gesteigerte und zugleich gefährdete Dasein des Menschen einzig retten und sogar »verklären« kann, schreibt F. Nietzsche[64] die Worte, welche jenen Übermenschen nach ihm am meisten kennzeichnen: er müsse ein »Caesar mit der Seele Christi« sein. Ein Caesar: ein unermüdlicher Eroberer der Welt und der Himmelsräume, der Sinn hat für Rang, Entscheidungen und Opfer. Der grenzenlose Mut allen wagenden Menschentums, das sich nicht so rasch Grenzen auferlegen läßt und vor Widerstand nicht einfach kapituliert, ist gemeint.

Alles, was an Macht und Kraft, Erleidenkönnen und Hingabefähigkeit dem Menschen möglich ist, wird ihm für seine eigene Zukunft abverlangt. Aber der versierte Technokrat der Macht, der Planungsstratege und das Management allein sind unzureichend, um Freiheit und Menschenwürde zu bewahren. Das unvermeidlich »Caesarische« des zukünftigen Menschen kann nur zum Guten ausschlagen, wenn es zugleich eine innere Wahlverwandtschaft »mit der Seele Christi« eingeht und davon zeugt. In seiner Weise hat M. Heidegger den Grundgedanken des Übermenschen in dieser Kennzeichnung aufgenommen, wenn er schreibt: »Für den Übermenschen fällt gerade das Maßlose, das bloß Quantitative des Immerzu des Fortschritts dahin. Der Übermensch ist ärmer, einfacher, zarter und härter, stiller und opfernder und langsamer in seinen Entschlüssen und sparsamer in seiner Rede«[65].

Es ist nicht allzu schwer, hinter diesen Forderungen die Grundrisse einer künftigen Christologie und christlichen Anthropologie zu sehen. Diese können in diesem Zusammenhang nicht mehr entfaltet werden.

[62] Vgl. den Nachweis in Anm. 51. [63] A. M. K. Müller, a.a.O., 68.
[64] Vgl. zur Sache M. Heidegger, *Was heißt Denken?* Tübingen 1954, 24ff., 63ff.
[65] Ebd., 67.

Aber es ist wichtig zu sehen, daß mit der skizzierten Stellung von Glaube und Theologie in der modernen Gesellschaft keine unbestimmte und blasse Motivationsstruktur irgendwelcher anthropozentrischer Verdünnungen des Christentums gemeint ist. Die ganze Tiefe, Universalität und Härte des unterscheidend Christlichen muß sichtbar werden, wenn die Chance und Größe jener Hoffnung überzeugend zum Vorschein kommen soll, welche das Vorletzte und das Letzte vermitteln kann.

VII.

Von vielem, auf das mancher nicht gerne verzichten mag, müßte noch die Rede sein, z. B. mehr von dem, was Glaube, Hoffnung, Liebe, Gemeinde der Zukunft und wirkliche Kirche Jesu Christi ist. Hier sollte nur ein Ansatz versucht werden zur Beantwortung der Frage, wo Glaube, Kirche und Theologie unter den Bedingungen der modernen Gesellschaft überhaupt einen Ort finden können. Wenn nach der vielzitierten Emigration der Kirche aus der Gesellschaft nun wieder, wenn auch in radikal gewandelter Gestalt, sich eine offene, z. T. unbesetzte und unersetzliche Stelle in der künftigen Gesellschaft abzeichnet, ist das erreicht, was hier versucht sein wollte. Die Leitlinien für eine solche Antwort konnten nicht gefunden werden ohne eine Analyse des Phänomens »moderne Gesellschaft« und ohne die Unterstützung außertheologischer Disziplinen. Vieles steckt noch in den Anfängen, und manches mag auch dilettantisch sein. Aber der gefundene Ort setzt fundamentaler an, als es ein nur gesellschaftskritisches Verständnis von Kirche und Theologie vermag, obgleich diese Funktion von Anfang an mit im Blick steht[66]. Eine umfassende Theologie, die in dieser modernen Gesellschaft ihre Fragen, den Ort und das Ziel des Evangeliums, wenn damit freilich auch noch nicht das letzte Maß ihrer Antwort sieht, muß erst noch gebaut werden.

Ein gewichtiger Einwand darf am Schluß nicht übergangen werden. Ist diese geforderte Stellung von Glaube und Theologie angesichts vieler bedrückend rückständiger Verhaltensweisen der Kirchen nicht eine krasse Utopie? Es mag in vielem noch eine »Utopie« sein. Aber sie ist vom letzten Grund der christlichen Verheißung her nicht ohne Fundierung. Kritik und Reform der Kirche gehören tiefer zu ihrem Wesen als zu dem anderer gesellschaftlicher Größen. »Opposition, Kritik, Protest gehören zum Leben der Kirche selbst, weil sie sich selbst als die pilgernde Kirche, die Kirche der Gerechtigkeit, des Respektes vor der

[66] Dieser Einheits- und Differenzpunkt mit manchen Strömungen der gegenwärtigen Theologie ist damit im Prinzip und als Ansatz klar, bedarf jedoch der Entfaltung im einzelnen.

Würde des Menschen, der Liebe usw. versteht und dieser Kritik von sich selber aus die Waffen in die Hand drückt gegen ihre eigene Unzulänglichkeit. Dort ist gesellschaftliche Kritik an der Kirche selbst kirchlich, wo sie im Namen der Kirche selbst gegen diese protestiert, wo die Kritik als solche getragen ist von dem glaubenden Willen zu ihr. Kritik an der Kirche im Namen der Kirche aber ist immer möglich, weil ihr eigenes Selbstverständnis immer weiter, freier und größer ist als das, was ihre geschichtliche Gestalt tatsächlich realisiert, ja sogar weiter als das, was wir davon in begrifflicher Reflexion schon thematisiert haben«[67].

Weil es diese Kirche gibt und weil sie bei allem Versagen in der Geschichte auf vielfältige Weise einen oft verborgenen, mißverständlichen und ihr selbst manchmal zum Verhängnis gewordenen Dienst an der menschlichen Gesellschaft getan hat und ihn auch gegenwärtig – vielleicht noch unscheinbarer – gerade da tut, wo man am wenigsten von ihm und von ihr redet[68], ist die so begründete Hoffnung nicht nur eine krasse Utopie.

Es macht jedoch das Besondere unserer Situation aus, daß es auch für Glaube und Theologie bei der Frage nach ihrer Stellung in der modernen Gesellschaft nicht nur und nicht in erster Linie um die Kirche gehen darf, obgleich beide ohne sie schlecht denkbar sind. Auch die Kirche weiß seit dem II. Vatikanischen Konzil besser, daß sie das sichtbare und wirksame Zeichen des Heiles für die ganze Welt ist. Von Anfang an übersteigt die Kirche sich selbst auf Gott hin und in jene fremde Welt hinein[69], auf welche sie sich ständig beziehen muß, auch auf die ihr fremde »moderne Gesellschaft«. Die Kirche müßte also auf diese große Aufgabe von ihrem eigenen Selbstverständnis her vorbereitet sein. Vielleicht sieht der sogenannte Laie, der Nicht-Fachmann in Sachen der Theologie und der Kirche, der aber geistesgegenwärtig im Schnittpunkt von Glaube und Welt lebt, diese Aufgabe manchmal schärfer und bedrängender. Darum soll am Ende dieses Versuchs das Wort an den Physiker, Philosophen und Friedensforscher Carl Friedrich von Weizsäcker abgegeben werden: »Die Neuzeit ... gleicht einem großen Experiment, das nicht auf halbem Wege abgebrochen werden kann. Vielleicht werden seine Folgen uns einmal lehren, daß es nicht auf die lieblose Freiheit ankommt, aber auch nicht auf die Anerkennung oder Verehrung der Liebe, sondern nur auf die Liebe selbst«[70].

---

[67] K. Rahner, *Die gesellschaftskritische Funktion der Kirche*, in: *Schriften zur Theologie* IX, Einsiedeln 1970, 569–590, hier 572f.

[68] Ausführlicher dazu K. Lehmann, *Caritas der Gemeinde*, in: *Caritas* 75 (1974) 61–76.

[69] Zum Lebensgesetz dieses Überstiegs vgl. K. Lehmann, *Warum es lohnt für die Kirche zu leben*, in: *Zur Pastoral der geistlichen Berufe*, H. 12 (1974) 11–19.

[70] Ohne Nachweis zitiert bei A. M. K. Müller, a.a.O., 457.

DIE DOGMATISCHE DENKFORM ALS HERMENEUTISCHES PROBLEM

Prolegomena zu einer Kritik der dogmatischen Vernunft

I.

Dogmatische Strukturen gibt es nicht bloß im theologischen Denken. Der Jurist, der ein noch in Kraft befindliches Gesetz verstehen will, entwickelt zur Erfassung des damit gegebenen praktisch-normativen Gehalts eine »Dogmatik«[1], die allerdings wegen der konkreten Applikation auf einen besonderen, vorgegebenen Fall in sich selbst oder neben sich eine juristische Hermeneutik[2] entwickeln muß. Insofern die theologische Dogmatik als das systematische, verstehenwollende, geschichtliche und so »positive« Hören auf Gottes Wort im Mund der Kirche wesentlich die sach- und situationsgerechte Vermittlung dieser bleibenden Botschaft für die konkrete Verkündigung einer bestimmten Gegenwart bildet, weist sie eine eigentümliche Strukturverwandtschaft zur juristischen Dogmatik auf, so daß man mit einigem Recht durchaus von einer gemeinsamen »Denkform«[3] sprechen kann.

Der Begriff der »Denkform«[4] hat freilich von seinem neukantianischen Ursprung her den Nachteil, daß er primär das einheitliche Gefüge eigentümlicher logischer Gesetzmäßigkeiten allein des »immanenten« Den-

---

[1] Vgl. dazu grundsätzlich E. Rothacker, *Die dogmatische Denkform in den Geisteswissenschaften und das Problem des Historismus*, Wiesbaden 1954; zur Rechtsdogmatik vgl. F. Wieacker, *Zur praktischen Leistung der Rechtsdogmatik*, in: R. Bubner/K. Cramer/R. Wiehl (Hrsg.), *Hermeneutik und Dialektik* II, Tübingen 1970, 311–336, bes. 319ff. (mit Lit.).

[2] Dazu H. Coing, *Die juristischen Auslegungsmethoden und die Lehren der allgemeinen Hermeneutik* = Arbeitsgemeinschaft f. Forschung des Landes NRW, Geisteswiss. 84, Köln 1959; Th. Vieweg, *Topik und Jurisprudenz. Ein Beitrag zur rechtswissenschaftlichen Grundlagenforschung*, München [3]1965; F. Müller, *Normstruktur und Normativität. Zum Verhältnis von Recht und Wirklichkeit in der juristischen Hermeneutik* = Schriften zur Rechtstheorie 8, Berlin 1966, 47ff.; Th. Vieweg, *Ideologie und Rechtsdogmatik*, in: W. Maihofer (Hrsg.), *Ideologie und Recht*, Frankfurt 1969, 83–96 (Lit.); vgl. außerdem noch H. Welzel, *Naturrecht und materiale Gerechtigkeit*, Göttingen [4]1962, 236ff.

[3] Zum spezifischen Begriff der dogmatischen Denkform im engeren Sinne vgl. bes. E. Rothacker, a.a.O., 249–258; E. Betti, *Allgemeine Auslegungslehre als Methodik der Geisteswissenschaften*, Tübingen 1967, 100, 239f., 440ff., 458ff., 479, 625.

[4] Zu diesem Begriff vgl. den kurz informierenden Artikel *Denkform* von J. Splett, in: *SM* I, 842–845 (mit umfangreicher Lit.).

kens umschreibt, den gefährlich in sich selbst kreisenden reinen Begriff aber nicht genügend auf jene volle Erfahrung der Wirklichkeit hin aufsprengt, auf die er sich immer schon bezieht. Abstrahiert man von diesem Hang zu einer selbstgenügsamen intellektuellen Introversion, dann enthält das Wort »Denkform« den Hinweis auf ein umfassendes, konkret geschichtliches Weltverhältnis und auf einen jeweils eigenen Stil aktiver Weltgestaltung, die auch wissenssoziologisch durchaus eigene Strukturen aufweisen[5]. Ist man sich dieser geschichtlich unvermeidlichen Problematik des Begriffes bewußt, kann man ihn in Ermangelung eines besseren Wortes und im Zusammenhang der hermeneutischen Fragestellung einstweilen noch durchaus sinnvoll verwenden.

Nun hat der theologische Anwendungsbereich dieser »Denkform« eine spezifische Auszeichnung und zugleich durch das Übergewicht des traditionellen Dogmen-Verständnisses eine eigene Belastung erfahren, besonders wenn dieses – wie in den letzten zweihundert Jahren katholischer Theologie – fast ausschließlich am *formalen* Autoritätsmoment und am Modell unfehlbarer Entscheidungen vor allem des »außerordentlichen« Lehramtes orientiert bleibt[6]. Behauptet sich historisch ein so verstandenes »Dogma« in einer Art Notwehr gegen einen – in sich allerdings nur »abstrakten« – Vernunftbegriff, dann wird es zum klassischen Inbegriff von »Vorurteil« schlechthin. Die Beschränkung auf nur satzhafte Objektivationen und auf den von diesen ausgehenden Zwang verstärkt noch diese Tendenz. »Der Glaube an Sätze, von welchen der Ungelehrte sich weder durch Vernunft noch Schrift (sofern diese allererst beurkundet werden müßte) vergewissern kann, würde zur absoluten Pflicht gemacht (fides imperata), und so samt andern damit verbundenen Observanzen zum Rang eines auch ohne moralische Bestimmungsgründe der Handlungen als Frondienst seligmachenden Glaubens erhoben werden«[7]. Emanzipierte Vernunft kann das so konzipierte Dogma nur noch als »Afterdienst« und »Fetischmachen« be-

---

[5] Der Begriff »Denkform« wird auch von neueren Forschungen gesprengt, die eine Synthese von Strukturalismus und soziologischer Wissenschaftstheorie versuchen; statt vieler Literatur vgl. exemplarisch P. BOURDIEU, *Zur Soziologie der symbolischen Formen*, Frankfurt 1970.

[6] Vgl. dazu W. KASPER, *Dogma unter dem Wort Gottes*, Mainz 1965, 25–57; K. RAHNER/K. LEHMANN, in: *Mysterium Salutis* I, Einsiedeln 1965, 643-656; die neuzeitliche theologische Erkenntnislehre verwendet im Unterschied zur klassischen Glaubensanalyse einen viel zu sehr ekklesiologisch orientierten, formalen Autoritätsbegriff. Genaue historische Untersuchungen zur neueren Geschichte fehlen noch weitgehend.

[7] I. KANT, *Die Religion innerhalb der Grenzen der bloßen Vernunft*, in: *Werke* IV, ed. WEISCHEDEL, Wiesbaden 1956, 835. – Das Ungenügen der Darlegungen von J. NOLTE, *Dogma in Geschichte. Versuch einer Kritik des Dogmatismus in der Glaubensdarstellung* = Ökumenische Forschungen II/3, Freiburg 1971, zeigt vor allem J. RATZINGERS Besprechung in: *ThRv* 70 (1974) 89–96.

greifen. Für die Religionskritik von der frühen Aufklärung bis auf unsere Tage – zwischen Voltaire und den Jahrbüchern des »Club Voltaire« ist nicht gerade oft ein origineller Unterschied – bleibt nur die Aufgabe, »jene nunmehr verworfene Dogmatik abzuleiten, ihre Natürlichkeit und Notwendigkeit aufzuzeigen«[8], das Dogma als »unhaltbares Überbleibsel finsterer Jahrhunderte«[9] auf seine ideologischen Hintergründe hin zu demaskieren.
Die Nachgeschichte dieser Destruktion sucht, vor allem auf Seiten der evangelischen Theologie, die Dogmen als »Auffassungen der christlichen frommen Gemütszustände, in der Rede dargestellt«[10] bzw. als undialektische Selbstobjektivationen ursprünglich existentieller Gegebenheiten[11] zu interpretieren. Auch der neuerdings unternommene, in gewisser Hinsicht berechtigte Versuch, besonders die frühen Dogmen doxologisch zu legitimieren, d. h. als vornehmlich kultisch vollzogenen Lobpreis der bleibenden Herrlichkeit Gottes anzusetzen, hat das tiefere Ärgernis in gewisser Hinsicht eher erbaulich zugedeckt als einer sachlichen Entscheidung zugeführt. Bis zum heutigen Tag bleibt Hegels Warnung an die Theologen vor dem gehaltlosen Denken einer nur formellen Aufklärung höchst bedeutsam, welche die Religion allen Inhalts entleert. »Indem sie [die Theologen] mit der Masse der gleichgültigen Außendinge des Glaubens sich weitläufige Beschäftigungen machen, bleiben sie dagegen in Ansehnung des Gehalts und Inhalts des Glaubens selbst um so dürrer bei dem Namen des Herrn Christus stehen und verschmähen vorsätzlich und mit Schmähen die Ausbildung der Lehre, welche das Fundament des Glaubens der christlichen Kirche ist, denn die geistige, vollends denkende und wissenschaftliche Expansion störte, ja verböte und tilgte den Eigendünkel des subjektiven Pochens auf die geistlose, am Guten unfruchtbare, nur an den bösen Früchten reife Versicherung, daß sie im Besitz der Christlichkeit sich befinden und diese ausschließlich sich zu eigen haben«[12]. Aber auch diese Hilfe bleibt ein verführerischer Sirenengesang, denn die alles begreifende Vernunft muß zuletzt über die bloße *Vorstellungs*weise des Dogmas fortgehen zu Bestimmungen dieser Substanz *als Subjekt* und als *Geist*. Hegels Erben der Rechten und der Linken sind die letzten Vollstrecker seiner Erkenntnisse: Religionskritik zerfetzt die nebulosen Vorstellungen von

---

[8] G. W. F. HEGEL, *Theologische Jugendschriften*, ed. NOHL, Tübingen 1907, 143.
[9] Ebd., 145.
[10] F. SCHLEIERMACHER, *Der christliche Glaube*, ed. REDEKER, I, Berlin 1960, 105.
[11] Vgl. H. JONAS, *Augustin und das paulinische Freiheitsproblem*, Göttingen ²1965, 66–76; kritisch dazu K. RAHNER/K. LEHMANN, a.a.O., 688f.
[12] G. W. F. HEGEL, *Enzyklopädie der philosophischen Wissenschaften im Grundrisse*, ed. NICOLIN/PÖGGELER, Hamburg ⁶1969, 25.

»Dogmen«[13], die liberale Dogmengeschichte F. Chr. Baurs[14] schafft historische Ordnung in der nun schon zur Vergangenheit gewordenen inneren Werkstätte des Geistes. Ideologiekritik und Dogmengeschichte sind die Herren und Richter der Dogmatik geworden. Später tritt im besten Falle an ihre Stelle – von anderen Gestalten einmal abgesehen – die Hermeneutik. Diese besetzt die nun freigewordene Leerstelle, ist selber mannigfaltiger Ausdruck der nun entstandenen Aporie[15] und versucht – immer noch in der Nachfolge Kierkegaards – über die zerbrochene theologische Tradition hinweg[16], dialektisch vermittelte, aber doch auch Unmittelbarkeit suchende »Gleichzeitigkeit« mit dem Ursprung des Glaubens in Jesus Christus herzustellen.

So bleibt als *erste These* die Feststellung: Das Bedürfnis nach kritischer Erkenntnis und der Zwiespalt mit der Religion sind in der europäischen Aufklärung so gewachsen, daß eine Berufung auf unmittelbar verbindliche dogmatische Überlieferung oder eine undifferenzierte Beschwörung angeblich »heiliger« Überlieferung nur noch auf eine ständig schwindende Überzeugungskraft trifft; diese Feststellung ist ein unleugbares Faktum.

II.

Es gehört zu den echten Überraschungen der Geschichte, daß sich solche festgefahrenen Positionen angeblich erledigter Probleme plötzlich wieder in Bewegung setzen, freilich nicht im Sinne eines regressiven Schritts der Geschichte, sondern als eine neueröffnete Konstellation, in deren Kontext diese früheren Problemstellungen nun wieder denkwürdig werden. Die innere Geschichte der neuzeitlichen Philosophie und insbesondere der Hermeneutik offenbart solche unerwarteten Wendungen. So lösen sich z. B. Autorität und Vernunft aus der abstrakten Antithese der emanzipatorischen Aufklärung und erweisen ihre wesenhaft gegenläufige Beziehung. Einmal ist für die wirkliche Autorität, soweit sie überhaupt sittlich erlaubt ist, das Moment der freien Anerkennung notwendig, die ihrerseits nur dann möglich ist, wenn diese Autorität

---

[13] Vgl. dazu K. Lehmann, in: F. X. Arnold u. a. (Hrsg.), *Handbuch der Pastoraltheologie* II/2, Freiburg 1966, 115–180, bes. 116ff., 120ff., 137ff., 147ff., 150, 159ff.

[14] Dazu Genaueres bei F. W. Kantzenbach, *Evangelium und Dogma. Die Bewältigung des theologischen Problems der Dogmengeschichte im Protestantismus*, Stuttgart 1959, 114–161; W. Geiger, *Spekulation und Kritik. Die Geschichtstheologie F. Chr. Baurs* = FGLP X/28, München 1964 (Lit).

[15] Vgl. K. Scholder, *Ursprünge und Probleme der Bibelkritik im 17. Jahrhundert* = FGLP X/33, München 1966; G. Ebeling, *Hermeneutik*, in: *RGG*[3] III, 242–262, bes. 251ff.

[16] Vgl. W. Pannenberg, *Die Krise des Schriftprinzips*, in: Ders., *Grundfragen systematischer Theologie*, Göttingen 1967, 11–21; vgl. auch 123–158; F. W. Kantzenbach, a.a.O., 290 bis 311.

selbst eine gewisse erkenntnismäßige Vorzugsstellung einnimmt bzw. eine solche Überlegenheit ausweist. Anderseits zeigt sich, daß die kritische Subjektivität selbst sich faktisch nicht in jener traditionslosen und bindungsfreien Zone geschichtsüberlegener Freiheit ansiedeln kann, die eine zuletzt über sich selbst noch unaufgeklärte Aufklärung für sich in Anspruch nimmt[17]. Diese Feststellung gilt nicht bloß in dem Sinn, daß die Subjektivität sich mit ihren Denkvoraussetzungen, ihrer Begrifflichkeit und mit ihren Vorurteilen im Vorgang des konkreten Verstehens nie ganz ausschalten kann, sondern daß das Stehen in einem geschichtlich konkret bestimmten Überlieferungsgeschehen selbst prinzipiell eine *Voraussetzung* des Verstehens konstituiert[18]. Die ernsthaft angenommene Einsicht in die radikale Endlichkeit menschlichen Daseins bringt zum Vorschein, daß der Mensch immer schon *vor* aller Zuwendung zum einzelnen Gegenstand und zu sogenannter »objektiver« Erkenntnis von bestimmten geschichtlichen Grunderfahrungen eingenommen ist. Die ontologische Eigenart des menschlichen Daseins verhindert grundsätzlich, solche Bestimmung im Sinne eines historischen »Determinismus« aufzufassen (was nicht ausschließt, daß man Traditionen unkritisch verfallen kann). Vielmehr verlangt die Hermeneutik, die im Verstehen selbst wirksame Geschichte aufzuweisen und als Voraussetzung zu bewußter Anerkennung bzw. Kritik zu bringen. In der so verstandenen Geschichtlichkeit des Daseins liegt also keine Beschränkung des Verstehens oder gar eine Bedrohung der »Objektivität«; sie ist auch nicht das fatalistische Resignationsideal einer Vernunft, die sich angesichts der Übermacht der Geschichte und ihrer Zwänge vor der kritischen Verantwortung flüchtet. Sie ist vielmehr eine potenzierte Form der transzendentalen Reflexion, indem sie immer wieder bewußtzumachende Traditions-Momente in jedem Verstehen aufspürt und als leitende Bedingung konkreten Auslegens aufdeckt. H. G. Gadamer hat im Anschluß an Einsichten des frühen M. Heidegger (vgl. Sein und Zeit, § 27) und im Wiederaufnehmen eines Begriffs von W. Dilthey zur Kennzeichnung dieses hermeneutischen Tatbestandes das Prinzip der »Wirkungsgeschichte« eingeführt. Der wahre Gegenstand des historischen Verstehens ist nicht einfach ein Objekt, das dem denkenden Subjekt »vorhanden« und »fertig« gegenüberliegt, sondern primär »ein Verhältnis, in dem die Wirklichkeit der Geschichte ebenso wie die Wirklichkeit des geschichtlichen Verstehens besteht. Eine sachangemes-

---

[17] Zur historischen Analyse vgl. W. Oelmüller, *Die unbefriedigte Aufklärung. Beiträge zu einer Theorie der Moderne von Lessing, Kant und Hegel*, Frankfurt 1969.

[18] Das Aufdecken dieses grundlegenden Phänomens scheint mir ein unbestreitbares und bleibendes Verdienst des hermeneutischen Grundentwurfs von H.-G. Gadamer, *Wahrheit und Methode. Grundzüge einer philosophischen Hermeneutik*, Tübingen 1960, ³1972, 250–290 zu sein. Vgl. dazu unten Anm. 23.

sene Hermeneutik hätte im Verstehen selbst die Wirklichkeit der Geschichte aufzuweisen«[19]. Die moderne Hermeneutik kommt zu dem anstößigen Ergebnis, daß »die wirkungsgeschichtliche Bestimmtheit auch noch das moderne, historische und wissenschaftliche Bewußtsein beherrscht – und das über jedes mögliche Wissen von diesem Beherrschtsein hinaus«[20]. Wir sind grundsätzlich mehr, als wir von uns wissen. Dieser Satz gilt auch da, wo man sich im Bereich der sogenannten absoluten »Voraussetzungslosigkeit« wissenschaftlicher Forschung wähnt – ein in sich dunkler Begriff, der bekanntlich seinem Ursprung und noch mehr seinem Pathos nach der kulturkämpferischen Ära angehört[21]. Dieser Grundansatz einer philosophischen Hermeneutik müßte in den einzelnen Dimensionen vor allem durch eine Auseinandersetzung mit dem viel zu wenig beachteten Werk »Allgemeine Auslegungslehre als Methodik der Geisteswissenschaften« von E. Betti[22] differenziert und bewährt werden. Die jüngste kritische Beschäftigung mit dem hermeneutischen Grundentwurf H. G. Gadamers[23] offenbart zwar gewisse

---

[19] H.-G. GADAMER, a.a.O., 283.

[20] Ebd., XX (Vorwort zur 2. Aufl. 1965); zum Begriff und zur Problematik der Hermeneutik unter diesem Gesichtspunkt vgl. K. LEHMANN, *Hermeneutik*, in: *SM* II, 676 bis 684, bes. 680ff. (Lit.).

[21] Dazu immer noch E. SPRANGER, *Der Sinn der Voraussetzungslosigkeit in den Geisteswissenschaften*, Heidelberg ²1963; zur Begriffsgeschichte vgl. J. v. KEMPSKI, »*Voraussetzungslosigkeit*«, in: DERS., *Brechungen. Kritische Versuche zur Philosophie der Gegenwart*, Reinbek bei Hamburg 1964, 140–159.

[22] Außer dem genannten Hauptwerk (vgl. Anm. 3) vgl. DERS., *Die Hermeneutik als allgemeine Methodik der Geisteswissenschaften*, Tübingen 1962; zu E. Betti vgl. G. FUNKE, *Problem und Theorie der Hermeneutik. Auslegen, Deuten, Verstehen in Emilio Bettis Teoria Generale della Interpretazione*, in: *Zeitschrift für philosophische Forschung* 14 (1960) 161–181. Gadamers Auseinandersetzung findet sich in *Wahrheit und Methode*²/³, XIIIff. (3. Aufl.: XVff.), 246, 482ff., 489; vgl. dazu noch J. VANDENBULCKE, *Betti-Gadamer: een hermeneutische kontroverse*, in: *Tijdschrift voor filosofie* 32 (1970) 105–113.

[23] Die erste umfangreichere Kritik lieferte in dieser Hinsicht J. HABERMAS, *Zur Logik der Sozialwissenschaften* = PhR, Beiheft 5, Tübingen 1967, 149–180. Die sich daran anschließende Diskussion zwischen Habermas und Gadamer ist nun (einschließlich des eben genannten Beitrags) am besten zugänglich in: K.-O. APEL u. a., *Hermeneutik und Ideologiekritik*, Frankfurt 1971. – Die Diskussion, die sich seit 1969 intensivierte, kann leider in diesem Zusammenhang nicht voll berücksichtigt werden. Vgl. zur ersten Phase: W. LÖSER, *Hermeneutik oder Kritik? Die Kontroverse zwischen H.-G. Gadamer und J. Habermas*, in: *StdZ*, Bd. 188 (1971) 50–59; ferner besonders C. v. BORMANN, *Die Zweideutigkeit der hermeneutischen Erfahrung*, in: K.-O. APEL u. a., a.a.O., 83–120; A. WELLMER, *Kritische Gesellschaftstheorie und Positivismus*, Frankfurt 1969, 42–53; die Replik von J. HABERMAS, *Der Universalitätsanspruch der Hermeneutik*, in: *Hermeneutik und Dialektik* I (vgl. oben Anm. 1) 73–103, bes. 96ff., jetzt auch in K.-O. APEL u. a., a.a.O., 120–159, bes. 150ff., zeigt zweifellos Schwächen der Gadamerschen Position auf, ohne diese jedoch m. E. grundsätzlich in Frage stellen zu können. Eine weitere Diskussion muß auch die Arbeiten von L. KRÜGER, K.-O. APEL, R. WIEHL, W. SCHULZ, E. TUGENDHAT, H. BRAUN (alle in: *Hermeneutik und Dialektik* I/II) miteinbeziehen. Vgl. auch GADAMERS *Nachwort* zu *Wahrheit und Methode*³, 513–541 (Lit.!), sowie außerdem P.

Zweideutigkeiten und Spannungen in den leitenden Hauptbegriffen, kann aber den herausgestellten Befund nicht leugnen, vielmehr will sie diesen zunächst eben anders deuten. In unserem Zusammenhang kommt es aber zunächst nur auf den Gesichtspunkt an, daß die volle und unverkürzte hermeneutische Erfahrung sich nicht allein durch die Setzungen einer abstrakten Subjektivität des Bewußtsein erklären läßt. Es wäre übrigens leicht, konvergierende Tendenzen zu dieser Einsicht aus E. Husserls Phänomenologie, aus den Ergebnissen der vielfältigen philosophischen Bemühungen um die Sprache, der philosophischen Anthropologie und einer wie immer gearteten Theorie der gesellschaftlichen Realität beizubringen[24].

Abschließend sei folgendes als *zweite These* zusammengefaßt: Gesteigerte hermeneutische Reflexion bringt gegen das Axiom von der »Voraussetzungslosigkeit« allen wissenschaftlichen Denkens zum Vorschein, daß die vom Subjekt nicht ablösbare Zugehörigkeit zu einem vielfältig verschlungenen Überlieferungsgeschehen zur Voraussetzung allen Verstehens gehört.

III.

In diesem Zusammenhang interessiert die *theologische* Relevanz dieses Satzes. Diese ist besonders deshalb von einer fundamentalen Tragweite, weil die hermeneutische Fragestellung theologisch bisher fast ausschließlich auf die konkrete vereinzelte Subjektivität und auf die existentiale Interpretation des Neuen Testaments allein bezogen wurde[25]. Natürlich kann eine Konfrontation der dogmatischen Denkform mit einer solchermaßen erweiterten hermeneutischen Problematik im Bereich heutiger katholischer Theologie nicht einen Rückfall in die unkritisch-unmittelbare Bejahung von »Tradition« (einschließlich des »Dogmas«)

KRAUSSER, *Kritik der endlichen Vernunft. Wilhelm Diltheys Revolution der allgemeinen Wissenschafts- und Handlungstheorie*, Frankfurt 1968; P. RICOEUR, *Le conflit des interprétations. Essais d'herméneutique*, Paris 1969, dt.: *Hermeneutik und Strukturalismus*, München 1973, und: *Hermeneutik und Psychoanalyse*, München 1974. – Eine geraffte Übersicht der Problematik gibt nun nochmals H.-G. GADAMER, *Hermeneutik*, in: *HWPh* III, 1061–1073.

[24] Vgl. dazu einige Andeutungen bei K. LEHMANN, *Transzendentalphilosophie*, in: *LThK*² X, 315f.

[25] Eine Ausnahme bildet W. PANNENBERG, *Hermeneutik und Universalgeschichte*, in: DERS., *Grundfragen systematischer Theologie*, Göttingen 1967, 91–122, vgl. auch 131ff., 142ff. Doch bedürfen die philosophischen Implikationen dieser Konzeption (ähnlich wie der Geschichtsphilosophie in praktischer Absicht bei J. Habermas) einer kritischen Reflexion. Die Einwände der Kerygma-Theologie treffen nur zum Teil zu. Vgl. dazu W. PANNENBERG, *Stellungnahme zur Diskussion*, in: J. M. ROBINSON/J. B. COBB (Hrsg.), *Theologie als Geschichte* = Neuland in der Theologie 3, Zürich 1967, 285–351; vgl. auch J. MOLTMANN, *Perspektiven der Theologie*, München 1968, 128–146, bes. 135ff., 139ff.

zur Folge haben. Wenn die Voraussetzungen der Aufklärung einfach umgekehrt werden, wie z. B. im Traditionalismus, dann hat dies nur die paradoxe Tendenz der Restauration zur Folge. Nicht durch Beschwörung dessen, was man einmal auf Treu und Glauben hin von den Vätern übernommen hat, sondern nur im ungescheuten Durchgang durch die Fragen und die Erfahrungen der kritischen Subjektivität können sich »Dogma« und Überlieferung heute geltend machen[26]. Es besteht kein Zweifel, daß auch in diesem Verhältnis zur Tradition die »naturwüchsige« Substanz der überkommenen Geschichte eigentümlich gebrochen wird und daß keine Rezeption erfolgt, ohne daß solche Überlieferung darin auch verändert wird. Man kann sich angesichts dieser Situation nicht auf das sogenannte »ungebrochene Fortleben« der Tradition berufen, mit der man sich in einer fraglosen Einigkeit und selbstverständlichen Identität weiß[27].

Aber – und dies ist die andere Perspektive – es ist nicht einzusehen, daß im Vorgang der kritischen Reflexion, die faktisch Maßgebendes im bisherigen Verstehen aufdeckt und mit anderen Möglichkeiten konfrontiert, solches nur – nun »durchschaut« – als unwirklich aufgelöst und endgültig verworfen werden müßte. Im Grunde wäre eine solche Emanzipation ja doch nur die Rückkehr zu einer abstrakten Subjektivität und zu einer Aufklärung, die nachweislich gerade in den großen Gestalten (Lessing, Hamann, Kant und Hegel) sich als zutiefst unbefriedigt erfährt[28]. Das Mißtrauen in diesem Bereich bezieht sich übrigens auch bei Kant nicht auf ein »dogmatisches Verfahren« als solches, sondern auf den »Dogmatism(us)«, d. h. auf eine Erkenntnisweise »ohne vorangehende Kritik ihres eigenen Vermögens«[29]. Im Prozeß der Bewußtmachung geschichtlich wirksamer Überlieferung kann mittels der Reflexion *wissend* auch das *positiv* angenommen werden, was die Geschichte im verstehenden Bewußtsein an bleibenden Erfahrungen erwirkte und als »Tradition« – wenn vielleicht auch zunächst verhärtet und zumeist unverstanden – faktisch heute noch entgegenbringt. Auch hier wird Überlieferung, die ein »Wirkungsmoment des eigenen Seins« (H.-G. Gadamer) darstellt, nicht einfach reproduziert oder unter den früheren Bedingungen nur nachbildend restituiert. Es ist sogar nicht

---

[26] Vgl. dazu W. Oelmüller, *Religionsphilosophie*, in: *SM* IV, 238–253; Ders., *Die unbefriedigte Aufklärung* (vgl. Anm. 17), 23ff., 88ff., 264ff.; G. Picht, *Aufklärung und Offenbarung* in: Ders., *Wahrheit – Vernunft – Verantwortung. Philosophische Studien*, Stuttgart 1969, 183–202.

[27] Vgl. dazu J. Ratzinger, *Das Problem der Dogmengeschichte in der Sicht der katholischen Theologie* = Arbeitsgemeinschaft f. Forschung des Landes NRW, Geisteswiss., 139, Köln 1966 (dort bes. die Auseinandersetzung mit J. Pieper, 35ff., 42ff.).

[28] Zum Ganzen vgl. W. Oelmüller, *Die unbefriedigte Aufklärung*.

[29] I. Kant, *Kritik der reinen Vernunft*, in: *Werke* II, ed. Weischedel, Wiesbaden 1965, 36 (B XXXVI).

ausgeschlossen, daß solche Überlieferung allen Anschein des Vertrauten verliert und sich als ein beinahe total Fremdes oder Fremdgewordenes enthüllt bzw. sich in Unverständlichkeit verhüllt. Auch eine solche Fremdheit macht ein produktives Verstehen noch nicht absolut unmöglich. Wenn nämlich in den offenen Horizont des Verstehens eine »neue« Erfahrung[30] eintritt, die nicht in die schon bekannten Erfahrungstendenzen eingeordnet werden kann, dann stößt diese das bisherige Vorverständnis um, setzt ein solches Vor-Urteil der kritischen Klärung aus, nimmt an-eignend in dieser Bewußtseinsweiterung das Fremde auf und bereichert so das bisher gültige Weltverständnis. Freilich, dieses Fremde oder Fremdgewordene muß solange kritisch – aber das schließt die Offenheit zur Selbstkritik ja nicht aus, sondern ein – mit allen Mitteln und aller List der Erkenntnis belagert werden, bis es seinen Namen offenbart, sein Geheimnis preisgibt und sich dann vielleicht sogar als ein Segen herausstellt, der uns gerade in seiner Fremdheit und Andersheit etwas wirklich »Neues« sagen kann. Dieses »Neue« kann etwas sein, was wir zwar noch nicht oder nicht mehr wissen, das aber gerade deswegen hilft, weil es uns auch von uns selbst befreit. Hier wäre an Hegel zu erinnern, obgleich im Vollzug dieser Einsichten bei ihm tiefe Zweideutigkeit herrscht: ». . . nicht das Leben, das sich vor dem Tode scheut und von der Verwüstung rein bewahrt, sondern das ihn erträgt und in ihm sich erhält, ist das Leben des Geistes«[31].
In diesem Sinne kann als *dritte These* gesagt werden: Wenn (normative) Überlieferung als solche im Verstehen erkannt wird und diese sich nicht vor den Erfahrungen der kritischen Subjektivität scheut (diese allein aber auch nicht schon alle Antworten auf ihre Fragen zu besitzen glaubt!), ist im weit genug eröffneten Horizont einer recht verstandenen Hermeneutik in besonderer Weise eine positive Aneignung kritisch rezipierter Tradition und Autorität möglich.

IV.

An dieser Stelle erhebt sich aber gerade von der Hermeneutik her eine nicht zu unterschätzende Gefahr für jedes »normative« und so auch für das dogmatische Denken: Wenn Hermeneutik nur frühere, sich ablösende Weltentwürfe »erinnert« – und geschehe dies noch so sachbezogen und »werbend« –, dann bleibt sie einer nur-retrospektiven und heute auf die Dauer fast unausweichlich historischen Geschichtsbetrachtung verhaftet, so daß sie gerade den unbedingten Herrschaftsanspruch der

[30] Dazu H.-G. Gadamer, *Wahrheit und Methode*, 330ff.; K. Lehmann, *Erfahrung*, in: *SM* I, 1117–1123; Ders., *Hermeneutik*, in: *SM* II, 676–684, bes. 680ff.
[31] G. W. F. Hegel, *Phänomenologie des Geistes*, ed. Hoffmeister, Hamburg [6]1952, 29.

Botschaft Jesu Christi an die konkrete Gegenwart kaum mehr vermitteln kann. Auch Hermeneutik kann – wie eine gewisse »Dogmatik« – zum Grab des christlichen Glaubens werden, darin er seinen universalen Anspruch verliert. Mit anderen Worten: Gerade der normativ-dogmatische Charakter der christlichen Botschaft kann verhindern, daß Hermeneutik nur Vergangenes »erinnert«. Damit verstärkt die dogmatische Denkweise aber nur einen der rechtverstandenen hermeneutischen Bewegung selbst durchaus eigenen Zug. Nur die Überzeugung von der *sachlichen* Bedeutung der Überlieferung rettet nämlich vor einem prinzipiellen Relativismus, weil solche Überlieferung bei aller Verwandlung im Vorgang kritischer Prüfung als solche unter Umständen anerkannt und angeeignet werden kann und nicht in eine von aller Gegenwart entfernte museale Vergangenheit abgedrängt wird. Historische »Objektivität« allein, wie notwendig sie ist und wie sehr sie immer wieder erstrebt werden muß, wird nicht selten auch erkauft mit der gleichgültigen Attitüde gegenüber der Überlieferung, so sehr der einzelne Historiker persönlich in seinen »Gegenstand« verliebt sein mag. Man kann nicht die Bedeutung der Überlieferung für das eigene Selbstverständnis rühmen, ohne zugleich solche Tradition *aktiv* mit der eigenen Gegenwart zu vermitteln, in die jene hereinsteht. Die Dringlichkeit dieses Problems wächst in dem Grad, in dem eine Überlieferung ihren radikalen und universalen Anspruch behauptet und als Angebot an die Realisation menschlicher Freiheit auch durchzusetzen versucht. Das paulinisch verstandene Verhältnis von »Geist« und »Buchstabe« bleibt darum die fundamentale hermeneutische Anstrengung des christlichen Glaubens. Das Wort der Botschaft muß gerade deswegen immer wieder neu gesagt werden, damit es das alte Wort in seiner Ursprünglichkeit bleiben kann. Wäre das »Dogma« als konkrete Auslegung des Sinnes des »Wortes Gottes« nicht geschichtlich, könnte es seine ursprüngliche Funktion in keiner Weise erfüllen.

In der hier notwendigen Kürze sollen folgende *drei* Momente genannt werden, die in je verschiedener Weise die hermeneutische Bewährung dieses normativen Anspruchs leiten, führen und in gewissen Grenzen kritisch sichern:

1. Aller dogmatische Anspruch findet seine nicht mehr übersteigbare Norm (norma normans, non normata) in der Heiligen Schrift[32]. In ihr hat das Offenbarungsereignis in Jesus Christus seinen literarischen Niederschlag gefunden, der gerade in seiner Schriftlichkeit die vollendete Einmaligkeit dieser Geschichte für alle Male bekundet, aber als Kerygma ständig einen Überhang konkreter Offenbarungswirklichkeit

---

[32] Genaueres bei K. Rahner/K. Lehmann, in: *Mysterium Salutis* I, 661–686, 727ff., 738ff.; J. Ratzinger, a.a.O. (Anm. 27), 26ff.; vor allem aber F. Hahn, *Das Problem »Schrift und Tradition« im Urchristentum*, in: *EvTh* 30 (1970) 449–468.

über den Buchstaben hinaus lebendig bewahrt, welche sich im Wort (und Sakrament) der konkreten Kirche vermittelt. Die Schrift selbst ist keine selbstverständliche Größe, weil in ihr »fremde« Wirklichkeitsauslegungen vorgegeben sind, welche die Deutemittel lieferten, mit deren Hilfe in der damaligen Zeit zu sagen versucht worden ist, was sich endgültig in Geschichte, Verhalten und Schicksal Jesu bzw. in seiner und der von ihm zeugenden Verkündigung ereignet hat. Aber darin bleibt die in der Schrift niedergelegte und im Geist verbürgte bzw. von ihm gewährte Offenbarung das letzte Maß allen dogmatischen Denkens, daß durch die eschatologische Bedeutung des geschichtlichen Heilsmittlers Jesus Christus Gottes Anspruch an die Welt in einer einmaligen, endgültigen und unüberbietbaren Weise ergangen ist; dieser Anspruch – das »Evangelium« – und die damit eingetretene, besonders qualifizierte Situation bleiben jedem menschlichen Vorverständnis gegenüber souverän und brechen – wenn auch nur begrenzt, weil sie selbst Wort Gottes im menschlichen Mund bleiben – radikal die verschiedenen geschichtlichen Weltauslegungen, auf die sie treffen[33]. Wenn das dogmatische Denken nicht bleibend auf diesen maßgebenden »Anfang« zurückbezogen bleibt und alle weiteren Erkenntnisse nicht kritisch daran mißt, verfehlt es nicht bloß sich selbst, sondern entzieht sich auch jegliche Legitimation.

2. Die Schrift ist in verschiedener Hinsicht auslegungsbedürftig. Der Geist, der die Jünger in »die ganze Wahrheit« einführen wird, ist die durchbrechende Kraft zur Erschließung der vollen Christus-Wirklichkeit. Insofern diese jetzt schon den Glaubenden freimachen kann für die Zukunft, ist diese Vergegenwärtigung des Geistes wesentlich »Erinnerung«; da dieses Wort aber zugleich die neu wirksam werdende Ursprünglichkeit seiner selbst in eine andere Situation realer Zukunft mit sich bringt, ist eine solche »Erinnerung« zwar keine »Ergänzung«, nach dem Evangelisten Johannes aber doch eine »neue und wahre Erkenntnis«[34]. Die wirklich belehrende Funktion des Parakleten ist nicht bloß ein »Festhalten« alles dessen, was Jesus schon die Jünger gelehrt hat, nicht bloß reproduzierende Interpretation, sondern wirkliche, »produktive« Erkenntnis, auch wenn alles Weiterführen des Parakleten in sich nichts anderes ist als ein tieferes Zurückführen zu Jesus.

---

[33] Dabei ist besonders die hermeneutische Stoßkraft des ursprünglichen theologischen Denkens aufschlußreich, das die benutzten religionsgeschichtlichen Interpretamente in seiner Weise auswählt, kombiniert und sich dienstbar macht. In einer vertieften Interpretation religionsgeschichtlicher Analysen wäre dann gerade das eigene *Denken des Glaubens* (»habet enim fides oculos suos«, wie Augustinus sagt) zur Sprache zu bringen. Vorläufig vgl. dazu K. Lehmann, *Rechenschaft des Glaubens. Überlegungen zum Problem der Glaubensbegründung heute*, in: E. Hesse/H. Erharter (Hrsg.), *Rechenschaft vom Glauben*, Wien 1969, 74–96, bes. 78 ff.

[34] O. Michel, in: *ThWNT* IV, 681.

Von hier aus müssen Sinn, Funktion und Grenze der dogmatischen Tradition im Wandel der verschiedenen Weltverständnisse begriffen werden. Insofern sich in dieser Geschichte selbst ein theologisch relevanter Erkenntnisprozeß und ein realer Erkenntnisgewinn ereignen bzw. ergeben, verlangt der normative Anspruch der so erst gefundenen Sache selbst die schöpferische Bewahrung solcher Einsicht. Daß solche theologische Tradition sich immer wieder von der Wahrheit der Schrift her überfragen und aufbrechen lassen muß, gehört zu ihrem Wesen. Diese geschichtliche Bewegung der Auslegung der Christusbotschaft ist notwendig, denn das Phänomen der »Häresie« ist in nicht seltenen Fällen die Fortsetzung einer falschen Sprache, die zu ihrer Zeit vielleicht einmal richtig war[35]. Die neu gewonnene »richtige« Sprache (z. B. des Konzils von Nicaea) entbehrt freilich sehr oft nicht der Einseitigkeit[36]. Die dogmatische Tradition ist die durch die Geschichte erfahren gewordene Sprach- und Denkschule des christlichen Glaubens. Der gängige Einwand gegen das philosophisch-spekulative Element im dogmatischen Denken, nämlich der »Überfremdung«, gilt in einer Hinsicht sicher nicht: Wo ursprünglich und selbständig *theologisch gedacht* wurde, konnten bei der kritischen Rezeption von außen kommender Denksysteme grundlegende Irrtümer vermieden werden. Viele wurden nur deshalb zu »Häretikern«, weil sie als Theologen mangelhafte Denker waren, z.B. Arius[37]. Eine einzelne Entscheidung der dogmatischen Lehrtradition muß immer nach ihrem funktionalen Stellenwert innerhalb der ganzen Geschichte dieser Überlieferung befragt werden, womit ein solches »Dogma« schon sehr oft seine einseitige Profilierung verliert. Mehr und Genaueres wäre zu sagen in einer vertieften Darlegung des heutigen katholischen Verständnisses der sogenannten Dogmenentfaltung bzw. Dogmengeschichte als einer wahren *Geschichte* des Glaubens[38].

3. Wenn die Hermeneutik die Wirksamkeit gelungener geschichtlicher

---

[35] Beispiele dafür aus der Dogmengeschichte sind der Subordinatianismus (vgl. W. Marcus, *Der Subordinatianismus*, München 1963) und der Monophysitismus. Zum selben Problem in urchristlicher Zeit vgl. H. Köster, *Häretiker im Urchristentum als theologisches Problem*, in: E. Dinkler (Hrsg.), *Zeit und Geschichte*, Tübingen 1964, 61–76, bes. 69ff. und 76 (weitere Einzelheiten bei K. Rahner/K. Lehmann, a.a.O., 674–676).

[36] Ein sehr gutes Beispiel dafür bietet immer noch J. A. Jungmann, *Die Stellung Christi im liturgischen Gebet*, Münster ²1962.

[37] Zusammenfassend hat F. Ricken, *Nikaia als Krisis des altchristlichen Platonismus*, in: *ThPh* 44 (1969) 321–341, den Bruch des Konzils mit dem spätantiken Seinsverständnis herausgearbeitet (dort weitere Lit.).

[38] Vgl. dazu J. Ratzinger, a.a.O., 25–30; K. Rahner/K. Lehmann, a.a.O., 727–787, bes. 731ff. u. ö.; P. Schoonenberg, *Geschichtlichkeit und Interpretation des Dogmas*, in: Ders. (Hrsg.), *Die Interpretation des Dogmas*, Düsseldorf 1969, 58–110 (Lit.); Z. Alszeghy/M. Flick, *Dogma auf dem Wege* = Theologische Brennpunkte 15, Bergen-Enkheim 1968 (vor allem wertvoll wegen der vielen Beispiele).

Entscheidungen in der Gegenwart zur Anerkennung bringen will, diese aber gerade deshalb nicht als »ungebrochene Tradition« weiterleben, sondern nur in einem beständig vom bleibenden Ursprung ausgehenden, ununterbrochenen Brückenschlag zur jeweiligen Gegenwart hin den eschatologischen Anspruch einer konkreten geschichtlichen Lebenswelt vermitteln können, dann wird eine neue und nicht weniger wichtige Dimension sichtbar, von der eigens die Rede sein muß: Dogmatische Aussagen müssen zugleich im Medium der jeweiligen menschlichen Wirklichkeitserfahrung ausgelegt und auf deren konkrete Realität hin verifiziert werden. Diese Dimension dogmatischen Denkens ist zutiefst im Wesen der christlichen Offenbarung begründet, die den Hörer der Botschaft in einer menschlichen, freien und radikalen Weise in Anspruch nimmt und deshalb auch auf seine unvermeidlichen Fragen antworten *muß*. Das Selbstverständnis des Menschen – selbst wenn es »atheistischer« Perspektive entstammt – in seiner spezifisch geschichtlichen Ausprägung ist ein unentbehrlicher »locus theologicus« und nicht nur »Anknüpfungspunkt«, »Ausgangsort«, bloßes Moment missionarischer Rücksicht[39]. Von hier aus gesehen ist ein geschlossenes dogmatisches »System«, das nur noch glasperlenspielartig grandios in sich reflektiert, absurd und eine tödliche Bedrohung der ursprünglichen Aufgabe wahrer Glaubensvermittlung. Ein ähnliches Mißverständnis wäre es, wenn solche Bewährung des Glaubens an der Wirklichkeitserfahrung in einer mindestens halbseitig gelähmten »Anpassung« bestehen würde. »Die Theologie hat trotz und in ihrer eigenen Geschichtlichkeit auch eine durchaus kritische Funktion gegenüber dem ›Zeitgeist‹. Sie verändert die Begriffe, die sie aufnimmt und zur eigenen Aussage verwendet, sie muß den Mut haben zu widersprechen, ideologische Verabsolutierungen an sich richtiger Erkenntnisse zu bekämpfen. Die Theologie muß allerdings dabei immer selbst kritisch bedenken, daß es gar nicht selbstverständlich ist, daß sie selbst die Sündigkeit des Zeitgeistes immer leicht, überall und an den wirklich entscheidenden Stellen erkennt; sie muß bedenken, daß sie selbst auch immer in Gefahr ist, unbemerkt bloß im Namen einer früheren geschichtlichen Situation gegen eine kommende zu protestieren. Sie muß dabei wissen, daß auch der Widerspruch zu einer zeitbedingten Ideologie nochmals die Geschichtlichkeit der Theologie offenbart, die sich ihre Gegner nicht selbst wählen kann und in seltsamer Weise noch durch den Widerspruch unter das Gesetz des Gegners gerät«[40]. In dieser beständigen hermeneutischen Auseinandersetzung fungiert die wirkliche dogmatische Theologie auch

[39] Dazu H. Bouillard, *Logik des Glaubens* = QD 29, Freiburg 1966, 41–53; E. Schillebeeckx, *Offenbarung und Theologie*, Mainz 1965, 316–350, bes. 320ff.

[40] K. Rahner, *Zur Geschichtlichkeit der Theologie*, in: *Schriften zur Theologie* VIII, Einsiedeln 1967, 88–110, Zitat 102f.

als Anwalt des konkreten geschichtlichen Menschen; in prophetischer Fürsprache und in sorgevollem Widerspruch lebt sie von den kritisch geläuterten Erfahrungen, welche sie mit dem bleibenden geschichtlichen Ursprung des Glaubens und dessen Vermittlung durch den Gang der Jahrhunderte machen kann.

Die drei Interpretationsmomente bilden nicht verschiedene, voneinander säuberlich trennbare Prüfungsinstanzen, die nebeneinander herlaufen. Sie durchdringen sich gegenseitig, und die jedem zunächst eigene Problematik kehrt jeweils in jedem einzelnen Moment wieder.

Summarisch kann als *vierte These* gefolgert werden: Der »normative« Anspruch der christlichen Botschaft vermittelt sich dann sach- und situationsgerecht, wenn der bleibend maßgebende Ursprung der Schrift, die Geschichte der Überlieferung des Glaubens und die radikal-unerbittliche Konfrontation mit dem geschichtlichen Welt- und Daseinsverständnis des Menschen sich zu dem jeweils notwendigen Gefüge (System) und der fälligen konkreten Gestalt des christlichen Glaubens zusammenfinden; dieses nicht übersteigbare, gleichursprüngliche, wenn auch nicht in jeder Hinsicht gleichrangige Ineinanderspiel von »normativer« Überlieferung und der Bewegung des Verstehenden selbst ist der wahre Ort der dogmatischen Denkform als eines hermeneutischen Problems.

V.

Der Verdacht bleibt, als sei der hermeneutische Sinn der Dogmatik im Grunde doch nur die Unterwerfung unter die gegebene Geschichte, der zwar der Fortschritt als vergangener genehm, als zukünftiger aber nachdrücklichst unerwünscht sei[41]. In der Tat könnte Dogmatik auch in diesem Sinn ideologisch zur bloß restaurativen Reparation gebrochener Tradition mißbraucht werden. Solches geschieht bis auf den heutigen Tag. Eine gewisse Gegenwehr gegen das vorgetragene Argument liegt in den beiden eben dargestellten Richtpunkten: Der Rückgang auf den eigenen Ursprung mit Hilfe der historisch-kritischen Methode, wie er in der Exegese erfolgt, führt der Kirche nicht bloß unverdeckt und unzensuriert die Wirklichkeit ihres Anfangs vor Augen, sondern enthält mit Recht ein dynamisches, kirchenpolitisches Element positiv aufbauender Kritik, indem die Hindernisse und Widerstände beim Namen genannt werden müssen, die dem Kommen

---

[41] Mit diesem Einwand wird eine fundamentale Kritik der Ideologiekritik, aller Philosophien gesellschaftskritischer Praxis und der »politischen Theologie« aufgenommen, wobei in diesem Zusammenhang nur die Fragestellung innerhalb des Problems »dogmatische Denkform« verfolgt werden kann. Vgl. dazu auch Anm. 56 und oben Anm. 25.

des Evangeliums quer in den Weg gestellt werden[42]. Es liegt im innersten Wesen der Dogmatik, daß sie mit Hilfe der exegetischen Wissenschaften diesen eigenen Ursprung wach hält, nicht um ihn in einer romantischen Rückwendung zu imitieren (»Biblizismus«), sondern um sich von ihm wieder fundamentale Handlungsorientierungen für die immer fällige Reform von Theologie und Kirche vorgeben zu lassen. Der nicht weniger bedeutsame Gesichtspunkt, daß sich der Anspruch christlicher Botschaft immer wieder von der menschlichen Daseinserfahrung neu befragen lassen müsse, dient ebenfalls dem Bemühen, Dogmatik vor der Versuchung zu bewahren, ein verkapptes Plädoyer nur für das Geltende und Bestehende zu halten. Um nun dem Gewicht dieses Einwandes zu entsprechen, sei außerdem noch eigens nach der *Verbindlichkeit* der theologischen Tradition gefragt, sofern sie sich *nicht* mit der maßgebenden Ursprungszeit des neutestamentlichen Offenbarungsempfangs selbst deckt[43].

Zunächst muß einmal deutlich der hermeneutische Vorzug herausgestellt werden, der darin liegt, daß die traditionelle Theologie sehr ausdrücklich über den verschiedenen Verbindlichkeitsgrad kirchlicher Traditionen reflektiert. Die ausgebaute Lehre der sogenannten »theologischen Qualifikationen«[44] (von einer »unfehlbaren« Lehrentscheidung bis zum Verbindlichkeitswert der gewöhnlichen Predigt eines Pfarrers) zeigt, daß die Tradition wenigstens prinzipiell durchaus nicht nur konservierend und positivistisch alles in ihrer eigenen Geschichte undifferenziert und global glorifiziert, nur weil es einmal gültig war. Die dogmatische Überlieferung hält also selbst durchaus traditions*kritische* Mittel bereit, wenn sie nur ihr eigenes, meist unverstandenes hermeneutisches Instrumentarium richtig zu benützen versteht. Leider kann hier nicht auf Einzelheiten eingegangen werden; ich möchte aber in diesem Zusammenhang gerade auf die jüngste kon-

---

[42] Vgl. dazu E. Käsemann, *Vom theologischen Recht historisch-kritischer Exegese*, in: *ZThK* 64 (1967) 259–281; J. Blank, *Das politische Element in der historisch-kritischen Methode*, in: P. Neuenzeit (Hrsg.), *Die Funktion der Theologie in Kirche und Gesellschaft*, München 1969, 39–60; L. Strauss, *Die Religionskritik Spinozas als Grundlage seiner Bibelwissenschaft*, Berlin 1930; W. Oelmüller, *Die unbefriedigte Aufklärung*, 44ff., 172ff.

[43] Insofern die theologische Tradition immer schon als Auslegung auf das Ausgelegte, d. h. auf die Schrift, zurückbezogen und in der umfassenden Einheit der bisherigen Dogmengeschichte gesehen werden muß, ist sie von vornherein strukturell verschieden von sonstiger »Überlieferung«. Dieses traditionskritische Element im theologischen Traditionsbegriff ist bis jetzt kaum untersucht.

[44] Historisch vgl. dazu A. Kolping, *Qualifikationen, theol.*, in: *LThK*² VIII, 914–919 (Lit.); neuerdings vor allem P. Fransen, *Einige Bemerkungen zu den theologischen Qualifikationen*, in: P. Schoonenberg (Hrsg.), a.a.O. (Anm. 38), 111–137 (Lit.), doch bedarf dieses klassische hermeneutische Instrumentarium einer Neuinterpretation; M. Löhrer, *Überlegungen zur Interpretation lehramtlicher Aussagen als Frage des ökumenischen Gesprächs*, in: J. B. Metz u. a. (Hrsg.), *Gott in Welt* II, Freiburg 1964, 499–523.

krete Beurteilung der Enzyklika »Humanae vitae« durch die Theologie und die Gesamtkirche hinweisen, was freilich einer sorgfältigen Untersuchung bedürfte. Man sollte auch nicht vergessen, daß die Frage der »Rezeption« kirchlicher Lehräußerungen in diesem Zusammenhang ein äußerst kompliziertes und in vielem noch offenes Problem markiert, das allerdings haum historisch und noch weniger systematisch fruchtbar gemacht ist.

Noch diesseits solcher Erwägungen läßt sich aber grundsätzlich über den Sinn kritischer Bewahrung von dogmatischer Tradition einiges sagen. Gerade weil solche Aussagen streng auf die Schrift selbst zurückbezogen *bleiben,* wird ihr Charakter *als* Vermittlung deutlicher. Vermittlung heißt aber hier nicht einfach nur eine äußerliche Harmonisierung zwischen bereits bestehenden Positionen, sondern bezeichnet den aktiven Vorgang, daß die verschiedenen geschichtlichen Gegebenheiten streng *als* Mittel und in ihrer konkreten *Funktion* erfaßt werden, so daß sie auch je nach ihrem geschichtlichen Standort bei aller Vermittlungskraft und bei aller Funktionstüchtigkeit ihren begrenzten Rang zum Ausdruck bringen. Faktisch aber impliziert diese Deutung, daß der dogmatische Theologe die theologische Tradition nicht als nun einmal Gegebenes hinzunehmen braucht, sondern sie in einem beständigen »Prozeß« erst einmal wirklich kritisch prüft und mit ihr rechnet[45]. Daß es dabei im Verlauf der Geschichte des Glaubens unverlierbare und von der *Sache* – nicht unbedingt von der *begrifflichen* Entfaltung her[46] – unwiderrufliche Entscheidungen geben kann, ist eine Grundüberzeugung katholischer Theologie, die hier leider nicht weiter begründet oder wenigstens verständlich gemacht werden kann[47]. Das Dogma »bedeutet aber nicht das Ende des Bedenkens, sondern

---

[45] Eine erste Aufgabe ist zunächst einmal die historisch-kritische Erforschung der Ursachen, des Sinns und der Grenzen einer ergangenen dogmatischen Definition. Gerade die neuere dogmengeschichtliche Arbeit hat immer wieder in dieser Hinsicht Überraschungen gezeitigt. Ein Beispiel bietet die *Doctrina de sacramento ordinis* des Konzils von Trient (1563), vgl. Einzelheiten bei K. Lehmann, *Das dogmatische Problem des theologischen Ansatzes zum Verständnis des Amtspriestertums,* in: F. Henrich (Hrsg.), *Existenzprobleme des Priesters* = Münchner Akademie-Schriften 50, München 1969, 123–175, bes. 135–150. Neuerdings auch P. Fransen, *Das Konzil von Trient und das Priestertum,* in: A. Descamps (Hrsg.), *Priester – Beruf im Widerstreit?* Innsbruck 1971, 101–137; W. Breuning, *Amt und geschichtliche Kirche. Probleme der lehramtlichen Aussagen über das Priestertum,* in: *Catholica* 24 (1970) 37–50.

[46] Daß dies auch und gerade von den Aussagen des I. Vatikanischen Konzils gilt, zeigt H. J. Pottmeyer, *Der Glaube vor dem Anspruch der Wissenschaft* = FreibThSt 87, Freiburg 1968, 431–456, bes. 451 ff.

[47] Zu den Grundlagen vgl. K. Rahner, *Kirche und Parusie Christi,* in: *Schriften zur Theologie* VI, Einsiedeln ²1968, 348–367, bes. 351 ff., 359 ff.; Ders., *Das kirchliche Lehramt in der heutigen Autoritätskrise,* in: *Schriften zur Theologie* IX, Einsiedeln 1970, 339 bis 365, sowie die Weiterführung dieser Gedanken in mehreren Arbeiten der *Schriften zur Theologie* X, Zürich 1972, bes. 241—323.

die Erhebung des Gedachten, Nachgedachten, Durchgedachten und jetzt und hier Zu-Ende-Gedachten in das unbestreitbar und unverlierbar Denkwürdige«[48]. Im übrigen gehört es heute zu den fundamentalen Einsichten einer Hermeneutik des katholischen Dogmenverständnisses, daß auch definitive kirchenamtliche Lehräußerungen noch eine wahre Geschichte nach vorne haben können[49].

Wenn also solche Vermittlungen im strengen Sinne nicht nur als »Material« historischer Neugierde interessieren und prinzipiell *nicht* den Sinn haben, wahren Erkenntnisfortschritt zu verhindern[50], so besteht ihr hermeneutischer Grundsinn in der Funktion, das jeweils gegenwärtige theologische Denken genügend witterungsfähig zu machen für die Erfassung eines in der Geschichte der Kirche und des Glaubens schon erreichten und heute noch produktiven Erkenntnisgewinns. Es gibt ja durchaus auch eine unaufgeklärte Regression hinter das Niveau des erreichten theologischen Problembewußtseins. Wer heute z. B. meint, sich mit der Formel »Gott wohnt im Menschen Jesus« begnügen zu können (was unter gewissen Bedingungen durchaus möglich ist), kann zuerst nochmals in die Schule der Auseinandersetzungen um die nestorianischen Wirren gehen, bevor er seine angeblich neue Einsicht als der Weisheit letzten Schluß proklamiert, derweil er im Grunde nur eine Unterbietung des bereits erreichten Erkenntnisstandes dokumentiert. Die Kenntnis der dogmatischen Tradition hat die Funktion, empfindlich zu machen *gegen* eine solche geschichtslose Regression und zugleich einen konkreten Instinkt zu wecken für das Finden einer Wahrheit, die auf ihre eigene Entdeckung zumeist noch wartet[51]. Die Wege der theologischen Traditionen decken sich ja nicht mit den kirchenamtlichen Dokumenten allein und dem üblicherweise gesammelten Material unserer Handbücher. Zu diesen Überlieferungen zählen nicht

---

[48] H. SCHLIER, *Was heißt Auslegung der Heiligen Schrift?* In: DERS., *Besinnung auf das Neue Testament. Exegetische Aufsätze und Vorträge* II, Freiburg 1964, 35–62, Zitat 60f.

[49] Vgl. dazu die in Anm. 38 und 40 genannte Literatur.

[50] Dabei kann es geschehen, daß ein fast schon sicher erscheinender Konsens der Theologen durch die konkrete Lehrentwicklung der Kirche ganz unerwartete Veränderungen erfährt, was faktisch trotz intensiver Traditionsbildung doch die Unvorhersehbarkeit wenigstens gewisser Entfaltungstendenzen beweist. Als Beispiel vgl. Z. ALSZEGHY, *Die Entwicklung in den Lehrformulierungen der Kirche über die Evolutionstheorie*, in: *Concilium* 3 (1967) 442–445.

[51] Das Vertrautmachen der Theologiestudenten mit einer sachkritisch verstandenen Tradition in diesem Sinn bringt bei der Fülle des historischen Materials außergewöhnliche didaktische Probleme, die noch kaum diskutiert sind. Die Last der allzu vielen Aussagen, die sich im Laufe der Geschichte angesammelt haben, kann ja auch den christlichen Glauben ersticken. Ist eine Sache, die nur durch eine Unzahl umständlicher Interpretationen erreicht werden kann, nicht als solche schon zu einer geschichtlichen Ohnmacht verurteilt? Die Antwort darauf wird kein einfaches Ja sein können (vgl. oben im Text), aber das Gewicht der Frage kann niemand übersehen.

weniger die ungeschriebene Geschichte zurückgewiesener Theologien, die Ketzergeschichte und manche Gedanken, die unwirksam am Rande der großen Straßen der Geschichte gleichsam liegengeblieben sind. Traditionen können durchaus in einem guten Sinn *gefährlich* sein[52]. Nur wenn die Dogmatik sich vor ihnen nicht scheut, wird sie den Sternstunden ihrer eigenen großen Geschichte wieder gerecht[53].
So kann abschließend als *fünfte These* stehen bleiben: Auch wenn Dogmatik auf Erinnerung angewiesen bleibt, braucht sie keine Apotheose der faktischen Geschichte zu leisten; Aufgabe der Bemühung um die dogmatische Tradition ist es vielmehr, in aller kritischen Auseinandersetzung den Sinn dafür auszubilden, daß eine leicht erinnerungs- und geschichtslose Gegenwart nicht hinter einen wirklich erreichten Fragestand zurückfällt; ein solcher Instinkt schützt den »Fortschritt«, der sich auf die Dauer als solcher erweist.

VI.

Noch vieles wäre zu sagen. Am Ende soll nicht ein runder Abschluß geboten werden, sondern eine noch offene Frage zu weiterem Bedenken Raum bekommen. Die Hermeneutik will jene unheilvolle Kluft zwischen der gegenwärtigen Wirklichkeit und ihrer Herkunft korrigieren, indem sie die geschichtslose Abstraktheit der modernen Gesellschaft als eine Fiktion erklärt und sie durch die Einholung der diese selbst noch bestimmenden Überlieferung aufklärt und ergänzt[54]. Eine solche Ana-

---

[52] J. B. Metz hat inzwischen diese Einsicht ausführlicher dargestellt in seiner »memoria-These«, vgl. *»Politische Theologie« in der Diskussion*, in: H. Peukert (Hrsg.), *Diskussion zur »politischen Theologie«*, Mainz/München 1969, 267–301, hier 284–296; kritisch dazu H. Maier, *Noch einmal: Politische Theologie*, in: *StdZ*, Bd. 185 (1970) 145–171, bes. 153ff., jetzt auch in: Ders., *Kritik der politischen Theologie* = Kriterien 20, Einsiedeln 1970, 49–103, bes. 65ff. – Den erwähnten Grundgedanken hat E. Bloch schon früher in seiner Hegel-Kritik umrissen, vgl. *Subjekt-Objekt. Erläuterungen zu Hegel* = Gesamtausgabe 8, Frankfurt 1962, 473–488.

[53] Es sei nicht verschwiegen, daß in dieser Konzeption des Sinnes der theologischen Tradition das Verhältnis des denkenden Geistes zur Geschichte im Sinne Hegels anklingt. In der Tat scheint mir eine solche Sicht das zu sein, was – nun als unendliche Aufgabe des endlichen Menschen verstanden – von Hegel auch heute noch zu lernen ist. Vgl. dazu H.-G. Gadamer, *Wahrheit und Methode*, 432ff.; wichtige Einsichten verdankt der Verf. O. Marquard, *Hegel und das Sollen*, in: *PhJ* 72 (1964) 103–119, jetzt auch in Ders., *Schwierigkeiten mit der Geschichtsphilosophie*, Frankfurt 1973, 37–51 u. 153–167. Zum Thema vgl. auch R. Bubner, *»Philosophie ist ihre Zeit, in Gedanken erfaßt«*, in: *Hermeneutik und Dialektik* I (vgl. Anm. 1), 317–343.

[54] Vgl. dazu H.-G. Gadamer, *Die Stellung der Philosphie in der heutigen Gesellschaft*, in: Ders. (Hrsg.), *Das Problem der Sprache. Achter Deutscher Kongreß für Philosophie, Heidelberg 1966*, München 1967, 9–17. In diesem Zusammenhang wäre an die Arbeiten von J. Ritter, aber auch an die Metaphysikkritik M. Heideggers zu erinnern. Wichtig in diesem Zusammenhang ist auch H. F. Fulda, *Das Recht der Philosophie in Hegels*

lyse geht von der Überzeugung aus, daß es in der Geschichte des Denkens eine der Gegenwart vielleicht überlegene Wahrheit gibt oder wenigstens geben kann, von der auch wir noch zu lernen haben. Wo Humanität gerettet werden soll, erscheint eine solche Einsicht unverzichtbar. Aber wie weit haben Aufklärung und Reflexion nicht doch schon geltende Tradition *faktisch* durch ihre Macht »zersetzt«? Dies bleibt eine besonders bedrängende Frage für alle Theologie, zumal sie auch eine eigene Gewissenserforschung herausfordert, ob denn nicht bis zum heutigen Tag zu viel Gedankenscheu in der Dogmatik haust. Es ist kein anderer Ausweg sichtbar, als den Weg der Aufklärung konsequent einmal zu Ende zu gehen[55]. Aber auch dies genügt noch nicht, denn es erhebt sich ein radikaler Zweifel, von dem mindestens noch die Rede sein muß. Kommt Hermeneutik allein nicht schon zu spät? Eine vorläufige und erst noch zu bedenkende Antwort könnte lauten: Indem die Kraft der christlichen Botschaft nicht mit ihr identifiziert werden darf, sondern in eins die Macht eines bergeversetzenden Glaubens, einer mutigen und geduldigen Hoffnung gegen alle Hoffnung und einer weltverändernden Liebe in sich birgt, gibt es keinen Grund, eine letzte Skepsis oder geheime Resignation zu begünstigen. Für das Problem der dogmatischen Denkform beginnt damit allerdings nochmals ein neues, nicht minder wichtiges Kapitel[56], von dem freilich hier nicht mehr die Rede sein kann.

Es kann – will man nicht einen Popanz aufbauen – allerdings auch nicht ohne solche Prolegomena zu einer Kritik der dogmatischen Vernunft begonnen werden.

Philosophie des Rechts, Frankfurt 1968; ferner M. Theunissen, *Gesellschaft und Geschichte. Zur Kritik der kritischen Theorie*, Berlin 1969, 28–40.

[55] Je radikaler dies geschieht, um so deutlicher werden die entstehenden Aporien (vgl. W. Oelmüller, *Die unbefriedigte Aufklärung*). In anderer Weise vgl. dazu Th. W. Adorno/M. Horkheimer, *Dialektik der Aufklärung*, Amsterdam 1947, Neudruck Frankfurt 1969; ähnliches wäre in wiederum anderer Weise aufzuzeigen an den Spätphilosophien von Fichte und Schelling, vor allem aber am philosophischen Entwurf des jungen M. Blondel.

[56] Vgl. vorläufig meinen Beitrag *Die politische Theologie: Theologische Legitimation und gegenwärtige Aporie*, in: J. Krautscheidt/H. Marré (Hrsg.), *Essener Gespräche zum Thema Staat und Kirche* IV, Münster 1970, 90–151, vgl. auch ebd. 155ff., 160, 162ff., 167f., 176ff., 182ff., 192ff., 197f.

DER HERMENEUTISCHE HORIZONT DER HISTORISCH-KRITISCHEN EXEGESE

I. Zum Begriff der historisch-kritischen Methode

Ein Blick auf die Geschichte der Erforschung des Alten und des Neuen Testamentes macht deutlich, daß es »die« historisch-kritische Methode nur in bedingter Weise gibt: Sie befindet sich seit dem Beginn ihrer Geschichte in einem ständigen Prozeß der Selbstreinigung von implizit vorausgesetzten Axiomen, die eine Revision erfahren; ihre dynamische Leistungsfähigkeit, die vor allem zum Ausweis ihrer Stärke geworden ist, drängt zu einer unaufhörlichen Reform ihres eigenen methodischen Instrumentariums; die potenzierte Gewissenhaftigkeit der Textbefragung verfeinert immer wieder die Einteilung der Formen und Gattungen. Die historisch-kritische Methode befindet sich also selbst in einer unabgeschlossenen hermeneutischen Bewegung. Diese prinzipielle Offenheit ihrer selbst macht es auch fast unmöglich, über sie generelle und abstrakte Aussagen außerhalb ihres Vollzugs zu machen. Ihre Wahrheit und ihre Unwahrheit sind konkret und kommen nur im Detail ans Licht. Dennoch mag es unter Voraussetzung dieser Einsicht erlaubt sein, die hermeneutischen Implikationen der historisch-kritischen Methode eigens zur Sprache zu bringen. So notwendig die Kleinarbeit am umgrenzten Einzelproblem sich nämlich differenziert, so leicht kann sich dafür auch die Täuschung einschleichen, der instrumentelle Horizont, in dem exegetisch gearbeitet wird, sei ganz »selbstverständlich« und funktioniere stets reibungslos. Die erlernbare Technik der historisch-kritischen Methode im engeren Sinne macht leicht vergessen, daß die Ausbildung der Bibelkritik sich ganz bestimmten geistesgeschichtlichen Umständen verdankt und trotz aller Wandlungen bis heute von diesen Voraussetzungen bestimmt bleibt.
Auch ein formaler Vorbegriff der historisch-kritischen Methode impliziert einen umfassenden hermeneutischen Grundentwurf des Zusammenhangs von menschlichem Verstehen, Geschichte und Bibelglauben. Als Beispiel dafür sei eine Bestimmung von U. Wilckens angeführt: »Eine wissenschaftlich verantwortbare Auslegung der Bibel ist allein diejenige Untersuchung der biblischen Texte, die unter methodisch konsequenter Anwendung der historischen Vernunft nach dem gegenwärtigen Stande ihrer Kunst nachverstehend zu erkennen und zu beschreiben sucht, welchen Sinn diese Texte im Zusammenhang der urchristlichen

Überlieferungsgeschichte gehabt haben. Das Ziel dieser Untersuchung der biblischen Texte ist die Erkenntnis der urchristlichen Geschichte als der Ursprungsgeschichte des Christentums, dem wir heute zugehören«[1]. Es bleiben die Fragen nach der Struktur und dem Recht der »historischen Vernunft«, zu der spätestens seit W. Dilthey auch deren eigene »Kritik« gehört, und nach der inneren Legitimation einer christlichen Ursprungs- und Überlieferungsgeschichte. Die historisch-kritische Methode hat sich in der Theologie durchgesetzt, so daß heute – anders als noch bei E. Troeltsch[2] – unbefangener von ihren Voraussetzungen und somit auch von ihren Problemen die Rede sein kann. Die folgenden Überlegungen haben ohnehin nur den Sinn, die immer wieder faszinierende Durchschlagskraft dieser Methode zu klären und den exegetisch Interessierten hermeneutisch mit jener kritischen Wachsamkeit auszurüsten, welche die sachgerechte Handhabung der »Kritik« selbst verlangt.

II. Das historische Selbstverständnis

Die hermeneutischen Implikationen der historisch-kritischen Methode lassen sich nicht zureichend begreifen ohne eine Besinnung auf den Ursprung allen Verstehens, die Eigenart der biblischen Botschaft und die schicksalhafte Geschichte ihrer Auslegung, die nicht unabhängig ist von außerbiblischen Faktoren.

1. Voraussetzungen der modernen Bibelkritik

Verstehen[3] vollzieht sich meist unthematisch, d. h. unauffällig. Dies gilt für die alltägliche Lebenserfahrung, für das zwischenmenschliche Verhältnis und (in bestimmten Grenzen) sogar für die wissenschaftliche Weltdeutung. Erst wenn ein solches Einverständnis, das notwendig immer auch intersubjektive Aspekte besitzt, gestört wird oder sogar ausbleibt, kommt es gewöhnlich zu einer eigenen Reflexion auf den Verstehensvorgang. Eine »normative« Überlieferung (Gesetze, Schultraditionen, Heilige Texte) muß dabei besondere Sorge tragen für eine unverletzliche Weitergabe des Tradierten. Deshalb kommt es zur Sicherung vor Entstellungen und Verfälschungen, aber auch zum Erreichen

---

[1] *Über die Bedeutung historischer Kritik in der modernen Bibelexegese*, in: W. Joest u. a., *Was heißt Auslegung der Heiligen Schrift?* Regensburg 1966, 85–133, Zitat 133.

[2] Vgl. *Über historische und dogmatische Methode in der Theologie*, in: *Gesammelte Schriften* II, Tübingen 1913, 729–753, jetzt leicht zugänglich in G. Sauter (Hrsg.), *Theologie als Wissenschaft* = ThB 43, München 1971, 105–127.

[3] Zum Begriff des Verstehens und der Hermeneutik vgl. zur ersten Information K. Lehmann, *Hermeneutik*, in: *SM* II, 676–684 (dort ausführliche Bibliographie).

der jeweils notwendigen Aktualisierungen, zur Ausbildung eines Komplexes fester Regeln für den sachlichen Umgang mit verbindlichen Texten bzw. Traditionen. Eine solche *regionale* Hermeneutik setzt die Gültigkeit einer vorgegebenen und normgebenden Überlieferung voraus und steht ihrerseits meist im Dienst der konkreten Anwendung dieser anerkannten »Autorität« (vgl. z. B. die Regeln rabbinischer Schriftauslegung). – Erst wenn es sich nicht mehr um einzelne »Irrtümer« oder gelegentliche »Mißverständnisse« handelt, sondern wenn ein so vorgegebener, bislang »selbstverständlich« akzeptierter Verstehenszusammenhang in eine prinzipielle innere Krise kommt, bricht eine radikale hermeneutische Fragestellung durch, weil nun – soll überhaupt »Verstehen« sein – ein neues Verständnis zu der gebrochenen Tradition gefunden werden muß. Ein erstes Beispiel für eine tiefgreifende Problematik dieser Art findet sich im Verhältnis des frühen Christentums zur alttestamentlichen Offenbarungsgeschichte[4]. Bereits das Neue Testament zeigt die Vielschichtigkeit eines solchen hermeneutischen Brückenschlags (radikaler Abbruch, Erfüllung – Verheißung, Christen als »Erben« des alten Bundes, Überbietungsmotiv usf.)[5]. Längere Zeit hindurch hält das frühe Christentum seine spezifische Eigenart dadurch geschichtlich wirksam, daß es die Schriften des Alten Testaments neu, d. h. im Lichte des Christusereignisses, verständlich machen kann[6]. Die lebendige Gegenwart des Kyrios im Geist bleibt auch nach der Schriftwerdung des Neuen Testaments das entscheidende hermeneutische Regulativ (vgl. die Unterscheidung von »Geist und Buchstabe« bei Paulus und in der alten Kirche). Die innere Vieldimensionalität der Schrift und der Reichtum ihres vielstimmigen Sinngefüges[7] führen zu einer subtilen Auslegungskunst, die freilich vor allem durch das Einbezogen-

---

[4] Eine beachtenswerte Vorstufe bildet die alttestamentliche Frage nach der Dauer des jeweils verheißenen Bundes zwischen Gott und seinem Volk. Die Ablösung ziemlich heterogener Bundestheologien mit auch inhaltlich differierenden Grundvorstellungen wird eindrucksvoll dargestellt in den neueren Arbeiten von W. Zimmerli, G. Fohrer, N. Lohfink u. a. Vgl. besonders L. Perlitt, *Bundestheologie im Alten Testament* = WMANT 36, Neukirchen 1969 (Lit.).

[5] Vgl. dazu C. Westermann (Hrsg.), *Probleme alttestamentlicher Hermeneutik* = ThB 11, München 1960; P. Grelot, *Sens chrétien de l'Ancien Testament*, Paris 1962; Ph. Vielhauer, *Paulus und das Alte Testament* in: L. Abramowski/J. F. G. Goeters (Hrsg.), *Studien zur Geschichte und Theologie der Reformation.* Festschrift f.E. Bizer, Neukirchen 1969, 33–72 (mit neuerer Lit.).

[6] Vgl. dazu H. v. Campenhausen, *Die Entstehung der christlichen Bibel* = BHTh 39, Tübingen 1968.

[7] Zur Einführung vgl. immer noch H. de Lubac, *Der geistige Sinn der Schrift*, Einsiedeln 1952; Ders., *Exégèse médiévale* = Théologie 41, 42, 59, Paris 1959–1964; ders., *Geist aus der Geschichte*, Einsiedeln 1968 (vgl. dort das außerordentlich wichtige Vorwort von H. U. v. Balthasar). Eine verkürzte Ausgabe der *Exégèse medievale* erschien unter dem Titel *L'Écriture dans la Tradition*, Paris 1966.

sein des Schriftverständnisses in den lebendigen Glaubensraum der Kirche und unter den früheren geistesgeschichtlichen Bedingungen keine eigenständige wissenschaftliche Selbstbegründung sucht. Dennoch steht bei den großen Schrifttheologen hinter den vielen Einzelregeln eine ausgeprägte Analyse des Schriftverstehens, die uns allerdings kaum mehr verständlich ist und erst wieder entdeckt werden muß. – Die Reformation schafft dann eine einschneidende Zäsur, indem sie nämlich *gegen* die Autorität der mittelalterlichen Kirche, die sich als Hüterin und Auslegerin der Schrift wußte, ursprünglichere und kritische Impulse des Neuen Testaments zum Einsatz und Durchbruch bringt[8]. Dieser Vorgang wirft schließlich selbst die Frage auf, von welcher Instanz her das neue Verständnis die Schrift »authentisch« auszulegen vermag. Luther begegnet der Schriftauslegung des kirchlichen Lehramtes mit der Berufung auf die Selbstevidenz der biblischen Texte[9]. Die durch sich selbst auszulegende Schrift[10] will Christus, den Ursprung und Inhalt der christlichen Überlieferung, in einer neu gewonnenen Eindeutigkeit als das letzte Maß aller Interpretationen wirksam werden lassen. Bereits hier legt sich das Problem »Sachkritik« der Schrift nahe (vgl. Luthers Stellung zum Jakobusbrief). Im weiteren Verfolgen dieser Tendenz kamen dabei zwei hermeneutische Prinzipien in Anwendung (freilich nicht ohne Vorstufen in der mittelalterlichen Exegese), die für die künftige Geschichte des Schriftverständnisses und für die Ausbildung der historisch-kritischen Methode bis zum heutigen Tag fundamentale Gültigkeit erlangt haben:

a) Die authentische Auslegung der biblischen Texte, die den »sensus historicus« erhebt, muß sich an die Intention der apostolischen Verfasser halten.

b) Das Zeugnis des Heiligen Geistes schafft im Verstehenden jene hermeneutische Entsprechung, in welcher sich der Sinn der einzelnen Schriftstelle aus dem Ganzen der Bibel vermittelt und in welcher die notwendige innere Korrespondenz von objektiver Schriftbedeutung und personal-affektiver Glaubenserfahrung wurzelt[11] (Anfänge des »hermeneutischen Zirkels«)[12].

---

[8] Vgl. dazu K. Holl, *Luthers Bedeutung für den Fortschritt der Auslegungskunst*, in: *Gesammelte Aufsätze zur Kirchengeschichte* I, Tübingen 1921, 414–450; ferner die Luther-Arbeiten von G. Ebeling, vorläufig zusammenfassend: *Luther. Einführung in sein Denken*, Tübingen 1964.

[9] Vgl. dazu vor allem F. Beisser, *Claritas Scripturae bei M. Luther*, Göttingen 1966.

[10] Die Heilige Schrift ist »per sese certissima, facillima, apertissima, sui ipsius interpres, omnium omnia probans, iudicans et illuminans« (WA 36, 505f.).

[11] »Nullus enim loquitur digne nec audit aliquam scripturam, nisi conformiter ei sit affectus« (WA 3, 549; vgl. auch 4, 305).

[12] Vgl. dazu schon K. Holl, a.a.O., 436ff.

2. *Anfänge der historisch-kritischen Methode*

Solange die dafür notwendige fundamentale Übereinstimmung von objektivem Schriftsinn und subjektiver Auslegung in der *dogmatisch* begründeten Einheit des biblischen Kanons prinzipiell noch rückgegründet war, wurde die innere Virulenz dieses hermeneutischen Neuansatzes nur am Rand und gleichsam »zufällig« offenkundig[13]. Je weniger aber die kirchliche Überlieferung in der bisherigen Form den Auslegungskontext abgeben konnte, um so mehr wurde die Schrift ab dem 17. Jahrhundert als historische »Quelle«[14] betrachtet, die nach der Ansicht der Verfasser z. Zt. ihrer Entstehung und unter der Beachtung des zeitgenössisch-umweltlichen Lebenszusammenhanges verstanden werden müßte[15]. Der Rückgang auf die so »historisch« verstandene Schrift

---

[13] Deswegen erhebt sich bis heute immer wieder die Frage, ob die Reformatoren bzw. ihr Schriftverständnis mehr in ihrer Gesamtstruktur oder aber in den vorwärtsweisenden Tendenzen verbindlich sind. Die Frage, wer Luthers Schriftverständnis »besser« begriffen hat, ist allerdings nur eine der vielen Berufungen auf Luther, die oft ganz andere Wege gegangen sind (z. B. Feuerbach). Zum Ganzen vgl. H. Bornkamm, *Luther im Spiegel der deutschen Geistesgeschichte. Mit ausgewählten Texten von Lessing bis zur Gegenwart*, Göttingen ²1970; für die frühere Zeit vgl. E. W. Zeeden, *Martin Luther und die Reformation im Urteil des deutschen Luthertums. Studien zum Selbstverständnis des lutherischen Protestantismus. Von Luthers Tode bis zum Beginn der Goethezeit*, 2 Bde., Freiburg 1950–1952.

[14] Zu diesem Begriff vgl. H.-G. Gadamer, *Wahrheit und Methode*, Tübingen ²1965, 474. Zur Entstehung der Quellenkritik vgl. W. G. Kümmel, *Das Neue Testament. Geschichte der Erforschung seiner Probleme*, Freiburg ²1970, 92f., 99f., 109, 166, 171, 177ff., 180ff., 187ff., 191 u. ö.; H.-J. Kraus, *Geschichte der historisch-kritischen Erforschung des Alten Testaments*, Neukirchen ²1969, 26, 40, 59f., 99f. u. ö. (vgl. Reg.). Aufschlußreich ist dabei der Wandel von einer normativen Ursprungsbedeutung *(fons)* zur Bezeichnung einer literarisch-historischen Größe.

[15] Vgl. dafür die in Anm. 14 genannten Standardwerke von H.-J. Kraus und W. G. Kümmel; außerdem R. Koselleck, *Kritik und Krise*, Freiburg ²1969, 81ff. (zum Begriff der »Kritik«); K. Scholder, *Ursprünge und Probleme der Bibelkritik im 17. Jahrhundert* = FGLP X/33, München 1966; G. Hornig, *Die Anfänge der historisch-kritischen Theologie* (J. S. Semler) = FSThR 8, Göttingen 1961; K. Scholder, *Herder und die Anfänge der historischen Theologie*, in: *EvTh* 22 (1962) 425–440; L. Strauss, *Die Reli-. gionskritik Spinozas als Grundlage seiner Bibelwissenschaft. Untersuchungen zu Spinozas Theologisch-Politischem Traktat*, Berlin 1930; S. Zac, *Spinoza et l'interprétation de l'Écriture*, Paris 1965; H.-J. Kraus, *Die Biblische Theologie. Ihre Geschichte und Problematik*, Neukirchen 1970; W. Pannenberg, *Die Krise des Schriftprinzips*; *Hermeneutik und Universalgeschichte*; *Über historische und theologische Hermeneutik*, in: Ders., *Grundfragen systematischer Theologie*, Göttingen 1967, 11–21, 91–122, 123–158; H. Grass, *Theologie und Kritik*, Göttingen 1969, 9–27, 52–70; T. Rendtorff, *Kirche und Theologie. Die systematische Funktion des Kirchenbegriffs in der neueren Theologie*, Gütersloh 1966; G. Gloege, *Verkündigung und Verantwortung. Theologische Traktate* II, Göttingen 1967, 263–292 (Lit.); W. Oelmüller, *Die unbefriedigte Aufklärung. Beiträge zu einer Theorie der Moderne von Lessing, Kant und Hegel*, Frankfurt 1969, 43ff., 51ff., 54ff., 88, 159, 172; B. Willms, *Die Antwort des Leviathan – Thomas Hobbes' politische Theorie* = Politica 28, Neuwied 1970, 195ff.

diente zunächst der Distanzierung gegenüber einer ihrem geschichtlichen Ursprung entfremdeten kirchlichen Gegenwart. Auch die Wortführer der neuen Schriftauslegung waren zunächst noch auf längere Zeit hin davon überzeugt, daß die biblische Wahrheit an sich selbst unwandelbar und göttlich sei. Historische Schriftauslegung bedeutete für sie den Auftrag, die ewige und in sich selbst stehende Wahrheit Gottes von aller geschichtlich-zeitbedingten Verhüllung zu befreien. Die geschichtslos-absolute Wahrheit Gottes, die man bis in die Aufklärungszeit hinein als den eigentlichen *Lehrgehalt* der Schrift voraussetzte, wurde in ihrer kritischen Funktion gegenüber der zeitgenössischen Kirchenlehre und den mannigfachen Traditionen herausgearbeitet. Sachlich bedeutete dies, daß die historische Schriftauslegung als solche bei aller »Kritik« positiv einer der Sache des christlichen Glaubens gewissen Applikation untergeordnet blieb. In der Folgezeit wandte sich die historisch-kritische Methode intensiver gegen diese in ihr selbst wirksamen »dogmatischen« Elemente. Je weiter nämlich die historische Analyse voranschritt, um so eindeutiger kam zum Vorschein, daß z. B. das ganze Neue Testament, auch in seinem »Kern« und bis in die Mitte des »eigentlich Wesentlichen«[16], einen durch und durch geschichtlichen Charakter trägt. Der prinzipielle Zweifel, die Berichte könnten möglicherweise doch das wirkliche Verstehen verdecken, gelangt in der Aufklärungszeit als fundamentale Voraussetzung historischer Bibelkritik zur Herrschaft. Trotz vieler Ungereimtheiten (vgl. z. B. die Hypothesen des H. S. Reimarus[17]) ist die Grundtendenz der hermeneutischen Fragerichtung unaufhaltsam: Die Wahrheit und die historische Ursprünglichkeit des biblisch Bezeugten können nicht einfach vorausgesetzt, sondern müssen allererst erwiesen werden. Auf diesem Wege kommt es zur ausdrücklichen Quellenforschung an den Evangelien und zur Einzelkritik z. B. der Berichte über die Wunder Jesu.

3. Radikalisierung der Kritik

Hatten die Rationalisten immer noch vorausgesetzt, als »Kern« der Schriftaussagen ergäben sich Wahrheiten, die in unmittelbarer Übereinstimmung mit allgemeinen Vernunftgründen oder mit Grundsätzen der natürlichen Religion bzw. Moral stünden[18], so hat das 19. Jahrhun-

---

[16] Das Schicksal der »Biblischen Theologie« ist von Anfang an mit dieser Problematik verbunden, vgl. dazu H.-J. Kraus, *Die Biblische Theologie* . . ., 307–395; zur Sache auch H. Schlier, *Über Sinn und Aufgabe einer Theologie des Neuen Testaments*, in: Ders., *Besinnung auf das Neue Testament. Exegetische Aufsätze und Vorträge* II, Freiburg 1964, 7–24.

[17] Vgl. dazu W. G. Kümmel, a.a.O., 105ff. (Zum Einfluß der Deisten ebd., 55f.).

[18] Vgl. dazu U. Wilckens, a.a.O. (Anm. 1), 91–100.

dert in radikaler Weise den prinzipiellen Zeitenabstand des Auslegenden gegenüber der Schrift zur Erfahrung gebracht. Die Vorstellungswelt der biblischen Autoren wurde z. B. nicht mehr primär unter »rationalistischen« oder – im negativen Gegenhalt – »supranaturalistischen« Aspekten, sondern in ihrer »mythischen«[19] Andersartigkeit gesehen: Das Material (z. B. der Evangelien) erschien in seiner *eigenen* Vorstellungswelt. Erst damit tat sich die volle historische Differenz zwischen dem Urchristentum und der eigenen Gegenwart auf, die in den früheren Vorstufen der historisch-kritischen Methode nicht mit dieser Deutlichkeit zum Bewußtsein kam. Aber auch die radikalisierte Kritik dachte im 19. Jahrhundert weitgehend noch mit Hilfe des Schemas »zufällige Geschichtstatsachen – notwendige Vernunftwahrheiten«: Mag auch die Wirklichkeit mancher berichteter Tatsachen, genau überprüft, auf ihre historische Faktizität hin angezweifelt werden, so bieten sie dennoch einen in sich selbst ungeschichtlichen, ewig bestehenden »Kern«[20]. Indem aber dieser »Kern« im Gefolge der Philosophie des Deutschen Idealismus wesentlich als »Idee« begriffen wird (vgl. D. F. Strauss[21]), führt die solchermaßen betriebene historische Kritik im Zusammenhang der nachhegelschen Auflösung des Idealismus zu einem fast unversöhnbaren Widerstreit zwischen der Hl. Schrift und ihrer historischen Erforschung, zwischen der in ihr verbürgten Offenbarung und ihrer zugleich aufgehellten Geschichtlichkeit. In dieser Krise ist, vor allem bei F. Chr. Baur[22], neben der bisher stark hervortretenden negativ-destruktiven Wirkung das konstruktiv-positive Element der historisch-kritischen Methode sichtbar geworden: Die Geschichte des Urchristentums spiegelt nicht eine ewige »heilige Lehre« wider, die den Schalen eines zeitbedingten Ausdrucksmaterials zu entschlagen wäre, sondern ist selbst ein Moment der geschichtlichen Selbstentfaltung des (an Hegel angelehnten) absoluten Geistes. Die vielfältige und widersprüchliche *Geschichte* des Urchristentums *ist* die Bewegung der *Offenbarung* selbst. – Indem nun der Ertrag der Exegese nicht mehr unter einem »Lehrbegriff«, sondern als Offenbarungs*geschichte* (z. B. des Urchristentums) konzipiert wurde, änderte sich grundlegend der Rahmen

---

[19] Vgl. dazu CHR. HARTLICH/W. SACHS, *Der Ursprung des Mythosbegriffs in der modernen Bibelwissenschaft*, Tübingen 1952.

[20] Ähnlich stellen sich auch Hegel und Kierkegaard zur historischen Kritik.

[21] Dazu W. G. KÜMMEL, a.a.O., 147ff., 177ff.; E. WOLF, *Die Verlegenheit der Theologie. David Friedrich Strauß und die Bibelkritik*, in: *Libertas Christiana*. Festschrift für F. Delekat, München 1957, 219–239; G. BACKHAUS, *Kerygma und Mythos bei David Friedrich Strauß und Rudolf Bultmann*, Hamburg 1956; G. MÜLLER, *Identität und Immanenz. Zur Genese der Theologie von D. F. Strauß*, Zürich 1968.

[22] Genaueres bei W. G. KÜMMEL, a.a.O., 155ff., 177ff., 201ff.; W. GEIGER, *Spekulation und Kritik. Die Geschichtstheologie F. Chr. Baurs* = FGLP X/28, München 1964 (Lit.).

aller »biblischen Theologie«[23]. Eine weitere Radikalisierung der historisch-kritischen Methode ergab sich durch die Entwicklung des religionsgeschichtlichen Vergleichs[24], durch den Abhängigkeiten und Einwirkungen der biblischen Botschaft in Beziehung zu anderen Religionen deutlich an den Tag kamen. Der biblische Glaube ist dadurch in seiner ihm eigenen geschichtlichen Gestalt immer mehr zugunsten eines dichten Geflechts zahlreicher »synthetischer« Elemente entschwunden[25].
Diese Entwicklung hatte schon beim Übergang vom 19. zum 20. Jahrhundert das Verhältnis von christlichem Glauben und historisch-kritischer Methode vor schwerste Belastungen geführt. Das Ziel, das die Bibelkritik im 18. Jahrhundert mitkonstituiert hat, verschwand mehr und mehr aus ihrem eigenen Blick. Das Neue Testament als Dokument der Wahrheit Gottes hatte sich in eine Sammlung der hauptsächlichen Quellen zur Geschichte des Urchristentums verwandelt. Zwei bedeutende und große Exegeten zogen aus diesem Befund rückhaltlose Konsequenzen[26]. F. Overbeck[27] erblickte zwischen der wissenschaftlichen Auslegung der Bibel und ihrer gläubigen Verwendung innerhalb einer lebendigen Religion einen unversöhnlichen Gegensatz. Theologie kann des Christentums auf historischem Weg nicht gewiß werden, und gläubiger Umgang mit der Schrift kann nicht mit wissenschaftlicher Kritik einhergehen. W. Wrede[28] sah die einzige Lösung darin, daß die wissenschaftliche Kritik ihren eigenen Weg konsequent weitergeht. Dies bedeutete aber, daß das Verhältnis zwischen dem traditionellen Offenbarungscharakter der Schrift und der historischen Kritik als prinzipiell unlösbar erschien. Dem Neuen Testament ist keine Lehre zu entnehmen, die für die Gegenwart irgendeine »normative Autorität« darstellen könnte. Der Exeget braucht zur Erfüllung seiner Aufgabe die

---

[23] Näheres bei H.-J. Kraus, *Die Biblische Theologie* ..., 52ff., 107ff., 144ff., 156ff., 309ff. u. ö.

[24] W. G. Kümmel, a.a.O., 259–414 (Lit.); H. Schlier, *Religionsgeschichtliche Schule*, in: *LThK*[2] VIII, 1184–1185 (Lit.).

[25] Die hier skizzierte Sicht muß aus Raumgründen die großen Entdeckungen der historischen Kritik und ihre Sternstunden übergehen (vgl. dazu die Darstellungen bei W. G. Kümmel und H.-J. Kraus. [vgl. Anm. 14]). Besonders die Herausbildung der formgeschichtlichen Methode wäre ein glänzendes Beispiel dafür, daß die historische Kritik auch immer wieder zur Eigenart der Bibel zurückfindet. Lehrreich hierzu ist W. Klatt, *H. Gunkel* = FRLANT 100, Göttingen 1969. Ein weiteres Exempel bietet W. M. De Wette (dazu H.-J. Kraus, *Geschichte der historisch-kritischen Erforschung*..., 174f.).

[26] Vgl. W. G. Kümmel, a.a.O., 250–258, 362–368, 377–382, 385f., 388–392.

[27] Neben den bei W. G. Kümmel, a.a.O., 253ff., 256ff. abgedruckten Texten vgl. auch F. Overbeck, *Selbstbekenntnisse* = Sammlung Insel 21, Frankfurt 1966 (Literaturhinweise 149–153).

[28] Besonders aufschlußreich ist der Text aus dem Vortrag *Über Aufgabe und Methode der sogenannten Neutestamentlichen Theologie* (1897) bei W. G. Kümmel, a.a.O., 389–391.

völlige Freiheit der »Kritik«. Solange der Exeget noch z. B. auf eine neutestamentliche Theologie hinarbeiten soll, zwingt man ihn zur Preisgabe seiner historischen Methode, und darum gibt es nur eine urchristliche Religionsgeschichte. Die Exegese als solche kann also in keiner Weise den »kirchlichen Lebensbedürfnissen« Rechnung tragen[29].

III. »Kritik« und »Theologie« zu Beginn des 20. Jahrhunderts

Der Aufweis der historischen Differenz zwischen dem biblischen Glauben und der jeweiligen Gegenwart hatte in einer schicksalhaften Entwicklung dahin geführt, daß der Interpret sich bewußt nicht mehr »naiv« mit dem Gehalt und mit dem Sinn des Textes identifizieren konnte. Damit wurde die *Sache* des christlichen Glaubens in sich zutiefst problematisch. F. Overbecks Werk und Leben ist dafür heute noch ein mahnendes Dokument, an dem niemand rasch vorbeigehen kann. So stellte sich zu Beginn des 20. Jahrhunderts die Frage, ob die konsequent historische Sicht der Bibelkritik selbst als theologisch sinnvoll erhellt werden kann[30]. Vor allem die systematische Theologie war durch die überaus zugespitzte Situation grundlegend herausgefordert[31].

1. Der Ruf nach »theologischer Exegese«

Der frühe Karl Barth, getrieben von der Not der Predigt, greift mit seiner programmatischen theologischen Meditation über den Römerbrief (1919) das Problem auf[32]. Offenbarung ist nur so möglich, daß von Gott nur Gott selbst sprechen kann. Vor solcher Selbstkundgabe Gottes, der einzig ein gehorsames Hören entsprechen kann, muß alle menschliche Anstrengung zunichte werden. Das in solcher Selbst-

---

[29] Das Problem existiert freilich bis auf den heutigen Tag (vgl. die Bekenntnisbewegung *Kein anderes Evangelium*); wichtige Beispiele bei E. Käsemann, *Exegetische Versuche und Besinnungen* II, Göttingen 1964, 268–290; G. Klein/W. Marxsen/W. Kreck, *Bibelkritik und Gemeindefrömmigkeit* Gütersloh 1966; aus dem offiziellen kirchenamtlichen Gespräch vgl. H. Schnell (Hrsg.), *Kranzbacher Gespräch der Lutherischen Bischofskonferenz zur Auseinandersetzung um die Bibel*, Berlin 1967.

[30] Im folgenden wird im Wissen um die große Vereinfachung des Bildes nur auf K. Barth und R. Bultmann zurückgegriffen. Doch vgl. Genaueres bei W. G. Kümmel, a.a.O., 286ff., 310ff., 358ff., 394ff., 439ff., 466ff.; Ders., *Das Erbe des 19. Jahrhunderts für die neutestamentliche Wissenschaft von heute*, in: Ders., *Heilsgeschehen und Geschichte*, Marburg 1965, 364–381.

[31] Die Reaktion der stärker systematisch orientierten Theologen und der großen Historiker muß hier leider unberücksichtigt bleiben (vgl. z. B. M. Kähler, A. Schlatter, A. v. Harnack).

[32] Die wichtigsten Materialien sind leicht zugänglich bei J. Moltmann (Hrsg.), *Anfänge der dialektischen Theologie* I = ThB 17, München 1962, 77–152, 197–218.

offenbarung ergehende Wort Gottes ist der einzige Gegenstand aller Theologie. Der Ausleger erfüllt seine theologische Aufgabe erst dann, wenn er das in der Schrift bezeugte Wort Gottes selbst hört und in der Predigt weiterverkündet. Historisch-kritische Schriftauslegung, für welche die Schrift ein menschliches Dokument wie andere Urkunden ist, ist darum nur ein erstes Stück auf dem Weg zum Text. Bibelkritik ist eine äußere, durchaus ernste Voraussetzung, aber sie stößt nicht hindurch durch das Historische in den Geist der Bibel, welcher der Geist Gottes ist.

Die »dialektische Theologie« der zwanziger Jahre hat das unbestreitbare Verdienst, die historisch-kritische Exegese wieder bewußt mit der Frage ihrer theologischen Bedeutung konfrontiert zu haben. Gegenüber dem Historismus und dem Psychologismus wollte Karl Barth die eigentliche theologische Dimension zurückgewinnen. »Bis zu dem Punkt muß ich als Verstehender vorstoßen, wo ich nahezu nur noch vor dem Rätsel der *Sache,* nahezu nicht mehr vor dem Rätsel der *Urkunde* als solcher stehe«[33]. Die Möglichkeit einer »theologischen Exegese« (als eines »notwendigen Korrektivs«, nicht als eigentlicher Methode) ergibt sich, wenn der Ausleger sich auf die Sachfragen des Textes einläßt[34].

2. *Kritische Interpretation in theologischer Absicht: »Existentiale Interpretation«*

R. Bultmann teilt das *theologische* Anliegen K. Barths, insofern auch für ihn die eigentliche Sache des Neuen Testamentes das Wort Gottes darstellt, in dem Gott selbst zum Menschen spricht[35]. Freilich weist Bultmann Barths Geringschätzung der historisch-kritischen Forschung

---

[33] Ebd., 112.

[34] Vgl. ausführlicher zu K. Barth: W. G. Kümmel, *Das Neue Testament* ... 466ff.; F. Schmid, *Verkündigung und Dogmatik in der Theologie Karl Barths. Hermeneutik und Ontologie in einer Theologie des Wortes Gottes* = FGLP X/29, München 41–57; die m. E. bedeutsamsten Ausführungen stammen von R. Smend, *Nachkritische Schriftauslegung,* in: *Parrhesia.* Festschrift f. K. Barth, Zürich 1966, 215–237; zum berühmten Briefwechsel zwischen K. Barth und A. v. Harnack (1923) vgl. D. Braun, *Der Ort der Theologie,* ebd. 11ff.; E. Fascher, *Frage und Antwort,* Berlin 1968, 201ff.; zusammenfassend jetzt W. Lindemann, *Karl Barth und die kritische Schriftauslegung* = Theologische Forschung 54, Hamburg Bergstedt 1973.

[35] Die frühesten Texte R. Bultmanns vgl. bei J. Moltmann (Hrsg.), *Anfänge der dialektischen Theologie* II = ThB 17, München 1963, 9–22. Die Bibliographie dieser Jahre findet sich bei R. Bultmann, *Exegetica,* Tübingen 1967, 486–492. Aus der uferlosen Literatur zu Bultmann verweise ich nur auf W. Schmithals, *Die Theologie R. Bultmanns,* Tübingen 1966; G. Hasenhüttl, *Der Glaubensvollzug. Eine Begegnung mit Rudolf Bultmann aus katholischem Glaubensverständnis* = Koinoina 1, Essen 1963; eine eingehende Auseinandersetzung mit der neueren Literatur bietet G. Bornkamm, *Geschichte und Glaube* I, München 1968, 172–275, vgl. auch ebd. 157–172; Ch. W. Kegley (Hrsg.), *The Theology of Rudolf Bultmann,* New York 1966.

und dessen »Biblizismus« zurück. Historische Dokumente können erst dann wirklich verstanden werden, wenn das geschichtliche Existenzverständnis, das sich jeweils in ihnen ausspricht, durchsichtig und durch die eigene Entscheidung des Auslegers in die konkrete Existenz aufgenommen worden ist. Die historische Interpretation der neutestamentlichen Texte ist nicht bloß die Darstellung bestimmter urchristlicher Glaubensgedanken in ihren zeitgeschichtlichen Bedingtheiten, sondern sie geht als Anwalt des neuzeitlichen Adressaten der Botschaft zugleich in eine Kritik am neutestamentlichen Weltbild über. Historische Kritik ist also nicht bloß äußere Zurüstung (wie bei K. Barth), sondern sie ist durch die Interpretation »mythologischer« Vorstellungen der Weg des Verstehens der Sache, welche von den Texten bezeugt wird. Die Forderung der »Entmythologisierung«[36] muß erhoben werden, sollen die neutestamentlichen Aussagen für den heutigen Menschen überhaupt noch einen Sinn haben.

Diese »Entmythologisierung« wird positiv in der »existentialen Interpretation« durchgeführt, welche die bleibende Bedeutung des urchristlichen Kerygmas in der Denkweise heutiger existentialer[37] Kategorien zum Ausdruck bringt. »Metaphysik« und »Supranaturalismus« sollen durch diesen philosophischen Ansatz der Interpretation ausgeschaltet werden. Für die Fassung z. B. des Gottesbegriffes bedeutet dies, daß alle Rede über Gott zugleich als Rede über den Menschen aufzufassen ist. Diese näherhin noch unbestimmte und gewissermaßen »neutrale« anthropologische Bestimmung theologischer Aussagen[38] führt dazu, daß der Glaube als neues, eschatologisch qualifiziertes »Selbstverständnis«[39] des menschlichen Daseins bestimmt werden kann. Das »Vorverständnis«, das der Mensch immer schon in diese Begegnung mitbringt, wird im Vorgang des Verstehens der kritischen Klärung ausgesetzt und in gewisser Weise korrigiert. Wie immer dieses Vorverständnis formal und material strukturiert ist, es bedeutet die Eröffnung des Fragehorizontes, in dem Verstehen allein möglich ist, und es

---

[36] Inwieweit dieses Anliegen den frühen Barth mit dem frühen Bultmann verbindet, zeigt E. Hübner, *Entmythologisierung als theologische Aufgabe*, in: *Parrhesia* (vgl. Anm. 34), 238–260.

[37] Der Begriff des »Existentialen« kann hier leider nicht diskutiert werden. Vgl. F. Mayr/K. Rahner, *Existential*, in: *SM* I, 1295–1300 (Lit.). Zur Problematik des Begriffs beim frühen Heidegger vgl. K. Lehmann, *Christliche Geschichtserfahrung und ontologische Frage beim jungen Heidegger*, in: O. Pöggeler (Hrsg.), *Heidegger* = Neue wissenschaftliche Bibliothek 34, Köln 1969, 140–168, bes. 159 ff. (Lit.).

[38] Vgl. dazu die scharfe Polemik von E. Peterson, *Theologische Traktate*, München 1951, 21 ff.

[39] Zur Abwehr einer fälschlichen Identifizierung mit »Selbstbewußtsein« vgl. den wichtigen Aufsatz von H.-G. Gadamer, *Zur Problematik des Selbstverständnisses*, in: *Kleine Schriften* I, Tübingen 1967, 70–81.

bietet damit – vielleicht in Form des Widerspruchs – einen Anknüpfungspunkt für die jeweilige Sache an und ist so Voraussetzung des Verstehens. Wenn das Vorverständnis einer größtmöglichen Offenheit zur Begegnung mit der Geschichte oder mit der Sache des Textes dient, dann muß es sich freilich von dem auf es zukommenden Anspruch bis zu einem gewissen Grad auch zerbrechen lassen und im Widerstreit mit dem Text andere Bewegungen des Verstehens mitmachen[40]. Das Verstehen historischer Texte muß sich also in einer lebendigen Auseinandersetzung auch mit dem Vorverständnis des Auslegers vollziehen, bis deutlich wird, worum es beiden Teilen geht. So ist auch der Adressat in gewisser Weise ein Wahrheitskriterium der neutestamentlichen Aussage. Indirekt zielt alle historisch-kritische Exegese auf das aktuelle Ereignis der Annahme solchen Glaubens im Akt des Hörens.

»Existentiale Interpretation« der Texte, die uns etwas von Gott zu sagen haben, *und* die historisch-kritische Analyse dieser Dokumente stehen in einer wechselseitigen Abhängigkeit, damit die unter vergangenen Bedingungen formulierte Botschaft verantwortlich von ihrem heutigen potentiellen Hörer verstanden werden kann und damit aus der Mitteilung dieser Botschaft, die in jenen Texten ihren Niederschlag gefunden hat, nicht nur menschliche Erfindungen oder Träume herausblicken.

Man hat weitgehend übersehen, daß sich mit diesem Grundentwurf Bultmanns eine fundamentale hermeneutische Problematik formuliert, die der historisch-kritischen Methode tatsächlich schon seit dem 18./19. Jahrhundert innewohnt. Durch die formell »kritische« Intention ist nämlich der Wahrheitsgehalt der biblischen Schrift faktisch immer schon am eigenen Verständnis von Selbst und Welt gemessen und dadurch auch vom eigenen Glaubensvermögen her begrenzt worden. Die innere Zuspitzung der Geschichte der historisch-kritischen Methode, wie sie bisher in äußerster Skizzenhaftigkeit verfolgt wurde, hat aber Bultmann dazu gedrängt, die unvermeidliche Fragestellung konsequenter und programmatischer aufzugreifen.

Geschichtlich bedingt in diesem theologischen Entwurf ist vor allem die Interpretation der neutestamentlichen Botschaft am Leitfaden eines in bestimmter Hinsicht philosophisch vorgeprägten »*Existenz*verständnisses«, das sich freilich – gegen eine verbreitete Ansicht – kaum auf die genuine Fragestellung von Martin Heideggers *Sein und Zeit* berufen kann[41]. Die Verengungen und Beschränkungen der von Bultmann

---

[40] Ob Bultmann das von ihm gewählte »Vorverständnis« (auf der formal-philosophischen Ebene) genügend von der Schrift korrigieren läßt, bleibt freilich die entscheidende Frage an seine Theologie. Sie offenbart primär die Grenzen des rezipierten philosophischen Existenzverständnisses.

[41] Eine genauere Analyse des Verhältnisses Bultmann-Heidegger steht noch aus.

durchgeführten »existentialen Interpretation« sind heute evident: Einklammerung der Leibhaftigkeit, der Kommunikationsstruktur und der Sozialität der menschlichen Existenz; reduktive Verwendung des Begriffs des »Daseins« im Sinne der idealistisch eingefärbten »Subjektivität« Kierkegaards; Unverständnis für die öffentlich-gesellschaftliche Dimension des Evangeliums; Verzicht auf jede Frage nach »Kontinuität« in der Glaubensgeschichte (radikaler Aktualismus); Vernachlässigung »räumlicher« Momente in der »existentialen Interpretation« usw. Es ist noch eine unentschiedene Frage, ob diese Schwächen prinzipiell mit dem Anliegen einer »existentialen Interpretation« (in einem »idealen« Vollsinne genommen, der hier nicht entwickelt werden kann) verbunden sind oder ob sie weitgehend auf die Bultmann eigene Reduktion existentialer Strukturen zurückgehen, die nämlich gegen Heideggers philosophische Grundstellung aus dem Horizont einer Philosophie der Subjektivität heraus verstanden werden. Bis heute ist jedenfalls trotz dieser unverkennbaren Schwächen kein ähnlicher Entwurf gelungen, der in analoger Weise die tiefen Aporien der historisch-kritischen Methode ernstnimmt und aus ihnen herauszuführen versucht[42].

IV. Neuere gesamthermeneutische Entwürfe der evangelischen Theologie

Keine heutige Bemühung kann ohne Aufnahme und Diskussion der Bultmannschen Konzeption zu einem ernsthaften Ergebnis kommen beim Versuch, die historisch-kritische Methode theologisch zu legitimieren. Dabei unterscheidet sich die gegenwärtige Situation von früher

---

[42] Die theologische Situation der Kerygma-Theologie nach dem großen Programm R. Bultmanns kann im Rahmen dieses beschränkten Aufsatzes nicht erläutert werden (vgl. die Arbeiten von G. Ebeling, E. Fuchs, E. Käsemann, M. Mezger, H. Braun). Vgl. dazu Th. Lorenzmeier, *Exegese und Hermeneutik. Eine vergleichende Darstellung der Theologie Rudolf Bultmanns, Herbert Brauns und Gerhard Ebelings*, Hamburg 1968. Die konkrete exegetische Arbeitsweise von E. Fuchs und seine großen hermeneutischen Schriften sind leider bis jetzt nicht eingehend untersucht, vgl. zuletzt E. Fuchs, *Marburger Hermeneutik* = Hermeneutische Untersuchungen zur Theologie 9, Tübingen 1968; dasselbe gilt für einige einzelne Entwürfe wie F. Mildenberger, *Die halbe Wahrheit oder die ganze Schrift. Zum Streit zwischen Bibelglauben und historischer Kritik* = BEv Th 46, München 1967; H. Barth, *Existenzphilosophie und neutestamentliche Hermeneutik*, Basel 1967. Von katholischer Seite vgl. auch G. Stachel (Hrsg.), *Existentiale Hermeneutik* = Unterweisen und Verkünden 6, Einsiedeln 1969; G. Hasenhüttl, *Gefährdet die moderne Exegese den Glauben?* Graz 1970 (allgemeinverständlich geschrieben). Zur hermeneutischen Situation vgl. noch J. M. Robinson, *Die Hermeneutik seit Karl Barth*, in: J. M. Robinson/J. B. Cobb (Hrsg.), *Die neue Hermeneutik* = Neuland in der Theologie 2, Zürich 1965, 13–108; vgl. auch F. Zellinger, *Neue Hermeneutik*, in: *ThPQ* 118 (1970) 130–140.

dadurch, daß die »Kritik« einerseits unbestrittene Erfolge aufweisen kann und deshalb heute – wenn auch mit gewissen Modifikationen – zum unverlierbaren Instrumentarium der Schriftauslegung in fast allen Kirchen und Konfessionen gehört, daß sie anderseits aber gerade durch ihre Resultate theologische Probleme von einem Ausmaß aufgeworfen hat, die sie selbst in keiner Weise mehr zu beantworten vermag. Darum ist es nicht zufällig, daß die fragmentarischen Ansätze zu einer Neubestimmung der Funktion der historischen Kritik vor allem von seiten jener systematischen Theologie stammen, welche die kritische Methode prinzipiell akzeptiert, aber auch zugleich vom Ganzen einer jeweiligen Theologie her zu verstehen sucht.

1. »Kritik« und Reformation

G. Ebeling[43] sieht in der historisch-kritischen Fragestellung kein formal-technisches Methodenproblem, sondern eine grundsätzliche Entscheidung theologischen Denkens. Indem diese Methode von ihren Denkvoraussetzungen her eine kritische Auseinandersetzung mit der Überlieferung verlangt, ist sie wesenhaft mit »Sachkritik« verbunden. Durch die prinzipielle Entscheidung für die historisch-kritische Methode hat der Protestantismus im 19. Jahrhundert faktisch die reformatorische Option des 16. Jahrhunderts festgehalten und bekräftigt. Wie immer auch ein Zusammenhang zwischen der Reformation und dem Aufkommen des neuzeitlichen Geistes (vgl. schon Dilthey und Troeltsch) näherhin gefunden werden mag, feststeht, daß zwischen der Rechtfertigung »sola fide« und der Ablehnung aller vorfindlichen Sicherungen zur Vergegenwärtigung der christlichen Botschaft eine innere Beziehung obwaltet. Der Glaube ist darum zutiefst der Anfechtbarkeit des Historischen ausgesetzt. Daß die historisch-kritische Methode eine solche Macht über die Schrift erhalten kann, liegt an der inneren Differenz von »Schrift« und »Offenbarung«, »Gesetz« und »Evangelium«[44]. Darin ist aber auch das Vertrauen begründet, daß die historische Kritik die Wahrheit des christlichen Glaubens zutiefst nicht erschüttern kann. Die »Kritik« bleibt »ein unentbehrliches Mittel, um die Kirche an die in der iustificatio impii wurzelnde Freiheit zu erinnern«[45].

---

[43] *Die Bedeutung der historisch-kritischen Methode für die protestantische Theologie und Kirche*, in: Ders., *Wort und Glaube* [I], Tübingen 1960, 1–49.

[44] Vgl. dazu G. Ebeling, *Wort Gottes und Tradition* = Kirche und Konfession 7, Göttingen 1964, 91–174.

[45] *Die Bedeutung der historisch-kritischen Methode* ..., 48.

2. *Überbrückung des Zeitabstands durch theologische Überlieferungs- und Universalgeschichte*

Wenn im Gang der unvorhersehbaren Entdeckungen der historisch-kritischen Methode bei jedem neuen Verstehen des Überlieferten wieder auf dem Spiele steht, *was* für eine Bedeutung das frühere Geschehen für die Gegenwart hat, dann wird das Problem des hermeneutischen Brückenschlags zwischen Vergangenheit und Gegenwart fundamental wichtig. W. Pannenberg[46] versucht die Diskrepanz zwischen historisch-kritischer Forschung und der dogmatischen Theorie dadurch zu überwinden, daß er die Geschichte der *Sache* des christlichen Glaubens selbst – im Unterschied zu aller geschichtsenthobenen »Lehre« – zum umfassendsten Horizont aller Theologie macht. In diesem Entwurf des Gesamtgeschehens findet auch die historische Einzelforschung ihren Ort; auf ihn hin ist das überlieferte Material jeweils zu befragen. Nur so kann die Kluft zwischen Faktum und Bedeutung, Kerygma und Historie, neutestamentlichem Text und gegenwärtiger Welt überbrückt werden. Das Medium, darin sich diese verschiedenen Denkhorizonte einigen, ist der Gesamtzusammenhang der christlichen »Überlieferungsgeschichte«[47]. Diese hat universalgeschichtliche Ausmaße, weil die theologische Reflexion von der urchristlichen Apokalyptik her das Ganze der Geschichte zu denken versteht; dieses Ganze ist jetzt schon proleptisch denkbar, weil die Zukunft und die Vollendung dieser Geschichte im Geschick Jesu Christi für die Menschheit vorweggenommen sind. Die historischen Differenzen verschwinden durch diesen Entwurf nicht, sie werden in ihm überhaupt erst überbrückbar. Geschehenszusammenhänge im Horizont der Universalgeschichte zu sehen, erlaubt es, vom Text her die Gegenwart des Auslegers zu erreichen. Eine Diskussion dieses theologischen Programms und der Stellung der historisch-kritischen Methode in ihm überschreitet freilich den Rahmen dieses Beitrags[48]. Es geht zuerst darum, prinzipielle Antworten der Theologie auf die Verlegenheiten sichtbar zu machen, wie sie durch die historisch-kritische Methode geschaffen wurden.

---

[46] Vgl. W. Pannenberg, *Grundfragen systematischer Theologie*, 11–158.

[47] Dieser Begriff, der aus der alttestamentlichen Exegese übernommen wurde, ist ein gutes Beispiel dafür, wie systematische Grundfragen von Ergebnissen der historisch-kritischen Methode befruchtet werden. Literatur zum Thema vgl. bei K. Lehmann, *Auferweckt am dritten Tag nach der Schrift* = QD 38, Freiburg ²1969, 117, Anm. 303.

[48] Vgl. dazu J. M. Robinson/J. B. Cobb (Hrsg.), *Theologie als Geschichte* = Neuland in der Theologie 3, Zürich 1967 (Pannenbergs Antwort: 285–351).

3. *Historische Forschung als Erinnerung an unabgegoltene Hoffnung*

J. Moltmann[49] hat sich in Auseinandersetzung mit K. Barth und R. Bultmann gefragt, ob die in der historisch-kritischen Methode durchschnittlich vorausgesetzte Deutung der Geschichte im Sinne eines »geschlossenen Wirkungszusammenhangs« und einer »Gleichartigkeit« des Geschehens der befragten Wirklichkeit selbst entspricht. Durch eine solche kosmologische Geschichtsauffassung bringt sich das historische Bewußtsein in eine Krise seiner selbst. Die Antwort kritisiert den damit gegebenen Positivismus, der die Geschichte als »vorhandene Substanz« betrachtet, diese aber nicht in ihrem Prozeßcharakter und ihrer eschatologisch-universalen Verbindlichkeit zu entdecken vermag. Geschichte ist in ihrem Wesen nicht eine stillgelegte Faktenreihe, sondern das Noch-im-Prozeß-Befindliche, das noch unabgeschlossene, offene Werden, ein Geflecht von Prozessen in einer noch unfertigen Welt. Alle Ereignisse müssen darum auf *ihre* Zukunft hin entworfen werden. Die Geschichte ist der Spielraum der Offenbarung, in welcher der Rechtsprozeß um die Wahrheit des Evangeliums erst noch zur Entscheidung kommt. Darum ist die Schrift immer nur etwas, was sie zusammen mit dieser letzten Apokalypsis und mit ihrer eigenen Zukunft ist. Historisch-kritische Erforschung der Schrift erfolgt nicht bloß rückschauend zur Gewinnung eines Verständnisses der Vergangenheit unter den Bedingungen des gegenwärtigen Geistes. Schriftauslegung wird steril, wenn sie nicht *künftige* Wahrheit des Menschen von Gott her auch für die Praxis des Lebens eröffnet. Historische Kritik hat das zu erhellen, was in den Texten und den bezeugten Ereignissen an Zukunft angebrochen ist. Darum ist die Bibel sinnvoll nur als Dokument einer Verheißung von Freiheit, die sich erst noch bewähren muß. Auch historische Kritik dient wie alle Theologie solcher künftiger Freiheit. Als »Kritik« kämpft sie zunächst gegen alle Verhinderung derartiger Freiheit. Das Alte und das Neue Testament werden mit Hilfe der historisch-kritischen Methode nach solchen schriftgewordenen Anweisungen und Verheißungen eschatologischer Zukunft und Hoffnung befragt. »Das Interesse an ihrer historischen Erforschung [der eschatologischen Geschichte] entspringt der Hoffnung, die mit ihr erinnert wird«[50]. Dieser Hinweis auf Moltmanns Theologie genügt in diesem Zusammenhang, wenn daran der Funktionswechsel der historisch-kritischen Methode im Ganzen der Theologie erkannt werden kann.

---

[49] *Exegese und Eschatologie der Geschichte*, in: Ders., *Perspektiven der Theologie.*, München 1968, 57–92, vgl. auch 93ff., 113ff., 128ff.

[50] Ebd., 89f.

4. *Exemplarische Bedeutung für eine Theorie des neuzeitlichen Christentums*

Für T. Rendtorff[51] sind im Sieg der historisch-kritischen Methode neuzeitliche Emanzipation und Freiheitsbewußtsein für das christliche Denken gewonnen. Indem die historische Kritik der einzig wissenschaftlich anerkannte Weg geworden ist, auf dem wirklich traditionskritische Arbeit geleistet und angenommen worden ist, hat sich in ihr die neuzeitliche Autonomie, unabhängig von allen Antwortbedürfnissen der dogmatischen Theologie, durchgesetzt: Tendenz nach einer autoritätsfreien Christlichkeit und ein ihr entsprechendes kritisches Grundverhalten. Besonders die methodische Offenheit, die keine endgültigen und abschließenden Antworten liefert, setzt sich für die Position des unablässig Fragenden ein. Sie entzieht damit jenen kirchlich-dogmatischen Traditionen den Boden, die früher durch ihren Autoritätsanspruch alle Fragen nach dem Wesen des Christentums vorentschieden hatten. Die historische Kritik gibt den Problemen keine eigentlich lösende Antwort, sondern vermittelt sich in ein beständig offenes, problematisches Bewußtsein, in dem das Verhältnis zur Überlieferung und zur eigenen Gegenwart zum Austrag kommt. Aber gerade in dieser eindrucksvollen Dokumentation ihrer höchsten Möglichkeiten erweist sich auch die Begrenzung der Bibelkritik: Sie kann zwar sagen, was *»damals«* unter bestimmten Bedingungen christlich *war,* aber sie kann nicht erläutern, wie man sich *heute* denkend und handelnd in der christlichen Überlieferung bewegen soll. Die exemplarische Bedeutung der Schriftforschung bleibt auf die Kenntnis jener Bedingungen eingeschränkt, unter denen sich der christliche Glaube einst entfaltet hat. In diesem Horizont stellt die neuzeitliche Schriftauslegung durch eine solche Begrenzung doch nur eine Teilantwort dar. Die Theologie als ganze muß auf das Niveau kommen, auf dem sie in einer eigens durchgebildeten wissenschaftlichen Verfahrensweise nach den spezifischen Bedingungen neuzeitlichen Christentums fragen kann. Eine solche »Theorie des Christentums«, die von der vorauslaufenden Pionierarbeit der Schriftkritik lernt, ist eine Fragestellung vom selben Rang wie die historische Forschung. Indem eine solche »Theorie des Christentums« auf einen Begriff von Theologie unter den Bedingungen neuzeitlichen Christentums zielt, relativiert sich die bisherige außerordentliche Sonderstellung der historisch-kritischen Methode, die oft dazu geführt hat, im Horizont moder-

[51] *Historische Bibelwissenschaft und Theologie. Ihr Verhältnis im Zusammenhang des neuzeitlichen Christentums,* in: H.-J. Birkner/D. Rössler (Hrsg.), *Beiträge zur Theorie des neuzeitlichen Christentums.* Festschrift f. W. Trillhaas, Berlin 1968, jetzt auch in: T. Rendtorff, *Theorie des Christentums,* München 1972, 41–60; vgl. auch Ders., *Kirche und Theologie* ... (s. Anm. 15).

nen Denkens Theologie überhaupt mit kritischer Schriftauslegung zu identifizieren. Das Problem der historisch-kritischen Methode stellt sich damit nicht mehr isoliert, sondern im größeren Zusammenhang des neuzeitlichen Christentums überhaupt. Es kann damit auch nur vom Ganzen der Theologie her beantwortet werden.

5. Lehren

Bei der kritischen Betrachtung dieser Neuentwürfe, so imposant sie sein mögen, kann die moderne Schriftauslegung immer wieder ihre unvermutete Stärke erweisen: Trotz aller Berufung auf das Primärdatum »Geschichte« herrscht hier jeweils ein gewalt-tätiger »Systemzwang«. Man wählt sich jene biblischen Themen oder jene Exegeten aus, die am ehesten »systemkonform« sind; andere Texte werden abgeblendet, ungefügige Motive werden zurückgestellt; unpassende Traditionsstränge fallen aus. Ein Blick auf die Ergebnisse der wissenschaftlichen Schriftauslegung bezeugt gerade hier, wie souverän die Vielfalt der Schrift bleibt, wie leicht jede systematische Einheitskonzeption willkürlich wird und wie schwer es auch der aufgeschlossenen systematischen Theologie fällt, unvoreingenommen (was kritische Wachsamkeit gegenüber der Exegese nicht ausschließt!) sich der historisch-kritischen Forschung zu stellen. Die systematische Theologie verfährt hier immer noch zu »großspurig«; sie muß sich stärker auf die »empirische« Seite der Exegese einlassen, wenn sie deren Einseitigkeiten entdecken und aufbrechen will. Streng gedacht werden muß auch hier vom Exegeten, so daß alle spekulative Überlegenheit über das Kärrnerdasein der Exegese ihre Hochnäsigkeit ablegen sollte. Die »Theorie« kommt in diesem Fall eher zu früh als zu spät. Sie muß erst lange ihre bodennahen Erfahrungen machen[52].

V. Die verborgenen hermeneutischen Aporien

Die Problemgeschichte der historisch-kritischen Methode hat rückhaltlos den Umkreis ihrer Begründungsschwierigkeiten ans Licht gebracht. Diese sind nun eigens in einigen Hinsichten genauer darzustellen.

---

[52] Der Verfasser hat darum in dem Anm. 47 genannten Werk am konkreten Objekt eines Glaubensartikels des Credo und der Thematik vom Triduum mortis einen solchen Versuch des unmittelbaren Gesprächs zwischen Exegese, philosophischer Hermeneutik und systematischer Theologie unternommen (vgl. das Vorwort zur ersten Auflage, 1968, S. 6).

1. Tief verwurzelte geschichtliche Herkunft

Der heutige Exeget hat gewöhnlich wohl den Eindruck, als handele es sich bei der historisch-kritischen Methode um eine moderne Errungenschaft, die aber eigentümlich geschichtslos aufgefaßt wird. Indessen hängt die Ausbildung der Methode als solcher an spezifischen geistesgeschichtlichen Voraussetzungen, die weitgehend beinahe »vergessen« sind. R. Simon[53] glaubte noch, daß die Kritik, mit der die Zufälligkeiten und die Überlagerungen in der Entstehung des Alten Testamentes aufgezeigt werden konnten, das protestantische Schriftprinzip für hinfällig und eine kirchliche Tradition für notwendig erklären könnte, zumal die Regeln der Kritik unabhängig vom Glauben seien. Ähnlich ging es auch den protestantischen Begründern der historisch-kritischen Methode im 17. und 18. Jahrhundert: »Kritik« war ein Dienst am ursprünglichen Glauben und für die wahre Kirche. Tatsächlich aber hatte sich dadurch indirekt das Kriterium für die Wahrheit der Offenbarung in das klare und vernünftige Denken verlagert. So war der erste Schritt getan zu einer später stärker ausgebauten Front zwischen Vernunft und Offenbarung. Was anfangs als legitime Spannung zwischen beiden erschien, wurde später (vgl. P. Bayle) zu einer »Kritik«[54], welche beide Bereiche völlig voneinander zu trennen unternahm. Durch die schon früher einsetzende gemeinsame Reaktion der Kirchen gegen einen großen Teil der »kritischen« Schrifterforscher in ihren eigenen Reihen gewann das Wort »Kritik« einen polemischen Sinn.

In unserem Zusammenhang kommt es nicht auf eine nähere historische Analyse an, sondern auf die grundsätzliche Übernahme der geistesgeschichtlichen Situation, die sich – ob gewollt oder ohne eigene Einsicht – mit der Rezeption der historisch-kritischen Methode mitvermittelt. Die Entwicklung des neuen Weltbildes, die verlorene Einheit von Schrift und Weltbild, die Auseinandersetzung um die Autorität der Schrift, die im Streit der Konfessionen immer weniger lösbare Frage der Glaubensgewißheit und die durch den Humanismus und Cartesianismus heraufgeführte Vermittlungsmöglichkeit der menschlichen Vernunft, die durch das Pochen auf die notwendige Selbstversicherung des menschlichen Wissens und die Erweiterung der rationalen Kritik ihren Machtanspruch anmeldete, waren auf die Dauer mächtiger als die traditionell-dogmatischen Bindungen (wenigstens zunächst für die reformatorischen Kirchen). Was die historisch-kritische Methode tatsächlich impliziert,

---

[53] Vgl. R. Koselleck, a.a.O. (Anm. 15), 87f., 90, 102; W. G. Kümmel, a.a.O., 41–50 u. ö.; H.-J. Kraus, *Geschichte der historisch-kritischen Forschung*..., 40f., 65ff. u. ö.; J. Steinmann, *Richard Simon et les origines de l'exégèse biblique*, Paris 1960; vgl. außerdem Anm. 15.

[54] Dazu R. Koselleck, a.a.O., 5ff., 81–103, 188ff., 191ff.

wurde erst im geschichtlichen Prozeß ihrer immer stärkeren Radikalisierung deutlich.
Faktisch wird aber bis heute das Geflecht der geistesgeschichtlichen Voraussetzungen, die mit zu ihrer Ausbildung beitrugen, eher ignoriert, und zwar sowohl in der historischen Erforschung ihres Ursprungs (von wenigen Ausnahmen abgesehen) als auch im Versuch einer sachlichen Wertung ihrer inneren Geschichte. Naive Apologetik und beflissene Anpassung haben bis zur Stunde die Anforderungen an eine sachgerechte Auseinandersetzung auf breiter Basis unterbrochen.

2. *Voraussetzungslosigkeit?*

Eine Aporie der historisch-kritischen Methode, die inzwischen offenkundig ist, liegt in der Frage nach ihrer wissenschaftstheoretischen Begründung. Solange sie freilich nur als formale Technik betrachtet wird, verdeckt sich diese Ursprungsproblematik jedoch selbst. Solange »Voraussetzungslosigkeit« bedeuten soll, daß der Ausleger die eigenen Vormeinungen unter Kontrolle bringt, daß er nicht unversehens fremde Voraussetzungen unbedacht mit ins Spiel bringt, versteht sich diese Forderung von selbst. Klar ist auch, daß sich der Forscher jeweils die richtigen, d. h. die den historischen Gegenständen entsprechenden Voraussetzungen erwerben muß, die ihn instandsetzen, relativ weit entfernte Bereiche, wie die kanaanäische Religion, die hellenistische Weisheitsspekulation, den johanneischen Dualismus und die apokalyptische Bilderwelt in den Horizont unseres eigenen Erkennens und Verstehens einzubeziehen. Aber man kann sich nicht verhehlen, daß das Postulat absoluter Voraussetzungslosigkeit der »Kritik«, die alle Verbindlichkeit nur in die *zukünftige* Ermittlung der Wahrheit setzte und damit im »Fortschritt« des Erkennens sah, sich in vielfacher Hinsicht als Illusion erwies. Dies gilt nicht bloß in dem Sinn, daß es dem Verstehen nie ganz gelingt, sich mit seinen Vorurteilen, seiner Begrifflichkeit und seinen Denkvoraussetzungen ganz auszuschalten. Vielmehr hat gerade die jüngste Entwicklung der Philosophie und der modernen Hermeneutik gezeigt[55], wie tief und verborgen in jedem noch so radikalen Willen zum reinen Verstehen sich Überlieferung, eine bestimmte Sprachlichkeit und ein bestimmtes »Denken« im endlichen Bewußtsein eingeschrieben haben. Die Wege der historischen Forschung, die sich selbst als Schritte zu einer totalen geschichtlichen Aufklärung verstanden haben, mußten die Dialektik solcher Aufklärung[56] oder die Endlosigkeit dieses Weges

---

[55] Vgl. außer der in Anm. 3 genannten Lit. in diesem Band 35–53 sowie H.-G. GADAMER, *Hermeneutik*, in: *HWPh* III, 1061–1073, bes. 1065ff.
[56] Dabei droht der historisch-kritischen Methode heute eine neue Gefahr: Das erforschte Material und die entsprechende Literatur wachsen ins Unübersehbare, so daß

eingestehen. Das Postulat einer Selbstdurchdringung des geschichtlichen Geistes mußte erkennen, wie sehr es selbst von kontingenten philosophischen Weltentwürfen bestimmt war und wie es von geheimen Voraussetzungen abhängig blieb (vgl. z. B. die Anschauung von der inneren Unendlichkeit und der fast göttlichen Selbstgegenwart des forschenden Geistes).

Es braucht nicht betont zu werden, daß sich das Aufdecken solcher Begrenzungen nicht gegen den radikalen Erkenntniswillen, nicht grundsätzlich gegen die Notwendigkeit von »Kritik« richtet oder die Resignation gegenüber der Aufgabe der Reflexion begünstigen möchte. Im Gegenteil, wo sich solche tiefe Gefährdung anzeigt, ist noch größere Gewissenhaftigkeit der Methode notwendig. Aber man muß sich doch unverhohlen den inneren Schock vergegenwärtigen, den die neuere Hermeneutik faktisch für die »Sicherheit« der historisch-kritischen Methode darstellt:

a) Jedes Verstehen steht in einem Überlieferungsgeschehen, das selbst im Interpretationsprozeß wirksam ist. Die Wirksamkeit solcher »Wirkungsgeschichte« muß erst bewußt gemacht und zur Anerkennung gebracht werden.

b) Die historisch-kritische Methode hat offenbar nicht die ganze Wirklichkeit der geschichtlichen Erfahrungen zur Anschauung bringen können, da sie diese latente Wirkungsgeschichte der Überlieferung nicht in den Blick bekam. In diesem Sinne blieb sie »naiv«.

c) Der historische Objektivismus bzw. Positivismus hat darin geirrt, daß er zwar die geschichtliche Bewegtheit des Objekts erkannte, nicht aber dieselbe Seinsart des verstehenden Subjekts.

d) Philosophisch blieben die ontologischen Prämissen des neuzeitlichen Subjektivitätsbegriffs verborgen. Aller Zeitenabstand war zumeist schon überbrückt durch eine zutiefst ungeschichtliche Subjektivität. Erst beim Zusammenbruch des Idealismus und nach dem Aufdecken seiner latenten Nachwirkungen (z. B. im Lebensbegriff Diltheys) radikalisierte sich die Frage nach dem Medium, in dem die historischen Differenzpunkte im Blick auf den Abstand zwischen Autor und Ausleger überbrückt werden können. Wenn keine metaphysische Größe, keine Instanz übergeschichtlicher Art, nicht eine allgemeine Menschennatur, keine abstrakte Sprachkunst und auch nicht die individuelle »Existenz« Bezugspunkte sein können, auf denen sich der Brückenschlag der historisch-kritischen Methode aufbauen läßt, wie ist dann »Verstehen« überhaupt möglich?

---

sich das Problem stellt, wie die Masse des kritisch Reflektierten überhaupt noch im Kontrollbereich der Vernunft einbehalten werden kann, ohne daß es neue undurchschaute Gegenständlichkeit (nun gleichsam zweiter Potenz) wird. Vernünftiges bzw. Widervernünftiges entgleitet der Reflexion wieder in das Fremde und Unmittelbare.

Für uns ist heute die ideologische Imprägnierung mancher Etappen der historisch-kritischen Methode selbstverständlich geworden: das Bild des Moses, die Konzeption des Prophetentums, die Darstellung Jesu – sie bezeugten alle eine tiefe Entwicklung von Sprache, Geist und Weltanschauung der jeweiligen Zeit. Daß ein solcher Zusammenhang mit der Gegenwart existiert, ist zunächst nicht verwunderlich. Die Auslegung kann nur im Raum eines gegenwärtigen Denkens angeeignet werden, aber darf unser Wirklichkeitsverständnis (letzte) »Norm« der Bibelinterpretation werden? Uns ist z. B. heute viel begreiflicher, daß sich das Evangelium nicht in »Existenz«-Beschreibung auflösen läßt. Die Widerständigkeit vieler Elemente und Aussagen der Schrift hat die historisch-kritische Methode oft zum Widerspruch gegen ihre Annahmen gereizt. Daß die Orientierung an der Wirklichkeit ihres Objekts zum ständigen Motor ihres Erkennens wird, gehört zu ihrer unbestreitbaren Größe.

VI. Katholische Theologie und historisch-kritische Methode

1. Rezeption

Nirgends wird klarer, daß die historisch-kritische Methode keine homogene Größe ist, als beim Versuch einer Antwort auf die Frage, wie die katholische Theologie sich zu ihr stellt. Das Schicksal des französischen Oratorianers R. Simon zeigt bereits das ganze Ausmaß der Spannungen zwischen der offiziellen Kirche und der entstehenden Bibelwissenschaft. Inzwischen sind viele Ergebnisse und Methoden der historischen Kritik auch im Bereich der katholischen Theologie heimisch geworden. Der dornenvolle Weg bis zu diesem heutigen Stand der Dinge braucht hier nicht nachgezeichnet zu werden. Für viele setzt sich sogar nur auf diesem Weg untergründiger Einigung langsam echte Ökumene in allen Lagern durch[57].

---

[57] Vgl. E. Käsemann, a.a.O. (Anm. 29), 12: »Gerechtigkeit verpflichtet uns zuzugeben, daß die moderne katholische Exegese zumindesten in Deutschland und seiner näheren Umgebung ein Niveau erreicht hat, das dem der protestantischen Arbeit im allgemeinen nicht mehr nachsteht, sie an Sorgfalt sogar nicht selten übertrifft. Dieser Vorgang beweist, daß die historisch-kritische Methode grundsätzlich Allgemeingut geworden ist. Sie kennzeichnet nicht mehr ein theologisches Lager der Exegese, sondern scheidet faktisch nur noch Wissenschaft von Spekulation oder Primitivität. Die Angleichung der verschiedenen Fronten ist vielleicht das charakteristische Merkmal unserer Epoche« (1957!). Zur ökumenischen Dimension der modernen Exegese vgl. G. Harbsmeier, *Historisch-kritische Exegese und personale Existenz*, in P. Ascher (Hrsg.), *Evangelium und Geschichte in einer rationalisierten Welt*, Trier 1969, 102–112, bes. 111f. Die Zeugnisse könnten beliebig vermehrt werden.

2. *Tendenz zur Versachlichung*

Diese Rezeption geschah unter bestimmten Voraussetzungen. Auf seiten der historisch-kritischen Methode hat eine große Gesamtreinigung stattgefunden, die eine Entlastung von fragwürdigen philosophisch-weltanschaulichen Axiomen bedeutete. Statt dessen dominierten Abgrenzungen im kleinen, die Ausbildung exakter Subtraktionsverfahren, minutiöse Einzeluntersuchungen usw. So haben heute vor allem Zweckmäßigkeit und Erfolg der historisch-kritischen Methode zur Anerkennung verholfen. Dieser pragmatische Gesichtspunkt konkreter Bewährung und eines begrenzten Anspruchs hat deswegen auch seinen guten Sinn, weil sich das Recht der jeweiligen Methoden zuletzt in ihrer faktischen Leistungsfähigkeit ausweist. Es ist ein großes Verdienst gerade der katholischen Exegese, daß sie die Befreiung der historisch-kritischen Exegese von »ideologischen« Elementen vorwärts getrieben und so zugleich ihre technisch-funktionale Zweckdienlichkeit gefördert hat. Dies mag vielerorts mit zu viel apologetischem Eifer geschehen sein. Aber anders als durch nüchterne Kleinarbeit, welche die großen Thesen auf ihre faktische Stichhaltigkeit hin überprüfen mußte, hätte die historisch-kritische Methode kein Heimatrecht in der katholischen Kirche erhalten. Eine solche Arbeit ist »undankbar«, sie ist wenig »genial« und hinterläßt nicht gerade einen »originellen« Eindruck. Solche Exegese »hinkt« immer »nach«. Die verborgene Geschichte der selbstlosen Kärrnerarbeit vieler katholischer Exegeten vornehmlich dieses Jahrhunderts ist leider noch nicht geschrieben.

3. *Grenze zum leeren Kritizismus*

Es gibt eine schlechte Attitüde des »Kritischen«, die darin besteht, das Maß des »Neuen«, Extravaganten und Radikaleren zum Ausweis vernünftiger Kritik zu machen. Aber das Sich-Überschlagen permanenter Hypothesenbildungen, die Neukreation auch baren Unsinns und die Aufstellung privater Sondertheorien ist für sich allein kein Garant wissenschaftlicher Erkenntnis. Gewiß muß die Exegese auf Grund ihrer Struktur immer in neu zu entdeckende Bereiche vorlaufen und darin auch mutig Hypothesen wagen. Aber solche »Progressivität« ist noch nicht identisch mit wissenschaftlicher Kritik. Es gibt auch einen sterilen, weil gehaltlosen Kritizismus, der seine eigene Frageweise ritualisiert und die Krise des Glaubens nur nochmals institutionalisiert. Wer den exuberanten Wucherungen Einhalt gebietet, leicht hingesetzten Thesen ihre ungeprüften Voraussetzungen nachweist und damit einen nur formalen Progressismus an seine Grenzen erinnert, ist in Wahrheit »kritisch«. Die Etiketten »progressiv« und »konservativ« verlieren rasch ihren Sinn. Ein wirklicher »Fortschritt« ist nur dort erreicht, wo eine Hypothese sich auf die Dauer bewährt. Vorlaufende Exegese muß auch gelegentlich zurückblicken, wenn sie ihres Weges sicher sein will.

4. Einzelkorrekturen

Man wird im Blick auf diese Gefahren die stärkere Beschränkung auf die formal-technische Methodik zunächst durchaus begrüßen. Man kann in der Exegese in gewisser Hinsicht gar nicht experimentell und empirisch genug arbeiten. Jede Beschäftigung mit den Ergebnissen der kritischen Exegese wird darum auch zuerst nach der Korrektheit und der Sorgfalt der verwendeten Methoden fragen. Sodann wird man auch unerkannte Voraussetzungen und unzulässige Grenzüberschreitungen der exegetischen Arbeit aufdecken, sofern diese nämlich über die sachliche Kompetenz des betreffenden Fachmannes hinausgehen. Der Alttestamentler wehrt sich z. B. mit Recht dagegen, daß er die tridentinischen Aussagen über die Erbsünde bereits in der Schrift des Alten Bundes finden könne, aber er verläßt seine Zuständigkeit, wenn er urteilt, *deswegen* sei die klassische Lehre der »Erbsünde« im ganzen völlig unbegründet. Einzelne kritische Rückkontrollen können aber auf die Dauer nicht verhindern, daß nur eine eigene hermeneutische Reflexion die Fragen nach dem Verhältnis von historischer und systematischer Theologie prinzipiell klären kann. Die fast heillose Verwicklung exegetischer, dogmengeschichtlicher, philosophischer, hermeneutischer und dogmatischer Momente wird z. B. bei den Fragen nach der Begründung einer neutestamentlichen Theologie, nach den Anfängen der »Christologie«, nach den Strukturen des kirchlichen »Amtes«, nach dem Ort der »Sakramente« im Neuen Testament usw. sofort mit Händen greifbar.

5. Die unerläßliche Grundfrage

Auch aus diesem Grund bleibt die Frage offen, ob man im Blick auf die geistesgeschichtlichen Ursprungsbedingungen der Neuzeit, die Problemgeschichte und die heute offenen Fragen die kritische Methode weitgehend auf eine historisch-philologische Exegese reduzieren kann. Nach den positiven Gründen für die Beschränkung auf das Handwerklich-Technische (nicht in einem abschätzigen Sinne!) müssen auch die Verlustpunkte notiert werden. Man kann die Erfolge der historisch-kritischen Methode nicht ohne eine gewisse Solidarisierung mit ihrer eigenen Geschichte für sich buchen. Verleugnet man diese Herkunft (die je zugleich die eigene Abkunft ist!), dann nimmt man der historisch-kritischen Methode auch ihren radikalen Mut zum unaufhörlichen Fragen, was ja schließlich – wenn auch auf Umwegen – zu den großen Entdeckungen führte. Außerdem verdeckt eine solche Domestizierung eine Vielzahl unsichtbarer Implikationen im konkreten Auslegungsprozeß. Nicht einmal die Auswertung einer wortstatistischen Erhebung erfolgt so ohne Voraussetzungen, wie es ein ahnungsloser Positivismus vorgibt. Die allein »technische Bezähmung« der kritischen Methode bleibt zwiespältig. In belanglosen Dingen mag es wenig darauf ankommen, ob die historische Kritik bewußt ihren größeren hermeneutischen Horizont mitreflektiert. Problematischer wird die Lage schon, wenn man die Exegese selbst so sehr ausschließlich »philosophisch« und »historisch« begreift, daß ihr Verhältnis zur systematischen Theologie völlig unbefragt bleibt. Mehr oder minder bewußt bzw. unbewußt wird die Exegese dann in vielen Fällen doch im Schatten irgendeiner systematisch-dogmatischen Theologie betrieben, die nicht mehr kritisch reflektiert wird. Eine solche Orientierung an der auch systematisch aufgefaßten »Sache« der Schrift braucht den exegetischen Blick nicht unbedingt zu verdunkeln, sondern kann den Auslegenden auch in einem positiven Sinne stutzig und selbstkritisch machen, was der Exegese nur zugute kommt. Nur darf eine solche Abhängigkeit auf die Dauer nicht im Dunkeln bleiben oder verwischt werden. Nicht selten erklärt sich der Exeget bei der Analyse theologisch besonders problemgeladener Texte für eine sachlich abschließende und klärende Antwort *auch innerhalb seines eigenen Horizontes* für unzuständig. Dies kann so weit führen, daß die einzelnen theologischen Disziplinen überhaupt nicht mehr in einem gegenseitigen Disput leben, sondern dialog- und konfliktlos in jeweils luftdicht abgeschlossenen Kammern dahinarbeiten. Ein solches gleichgültiges Nebeneinander, das nicht einmal mehr die Kraft zur Provokation aufbringt, verdeckt natürlich erst recht den verborgenen Horizont, dem die historische Kritik entstammt, und das explosive Potential, das sie fördert. Der Tod in den elfenbeinernen Silos der Spezialisten bedroht vielleicht heute die Theologie am meisten, auch die historischen Wissenschaften. Man kann auch an einem faulen Frieden sterben.

6. Bedingungen einer zureichenden Theorie

Bis heute fehlt in der katholischen Theologie eine grundlegende Reflexion auf die historisch-kritische Methode[58], mindestens vor einem größeren geistesgeschichtlich-hermeneutischen Hintergrund. Betrachtet man die großen Probleme, die sich einer umfassenden Theorie entgegenstellen, wird man angesichts dieses Mangels etwas gelassener, was frei-

[58] Vgl. allerdings einzelne Aufsätze und wertvolle Bauelemente in den bekannten Arbeiten z. B. von K. Rahner, E. Schillebeeckx, P. Schoonenberg, J. Ratzinger u. a., von exegetischer Seite K. H. Schelkle, A. Vögtle, R. Schnackenburg, F. Mussner

lich nicht mit Säumigkeit verwechselt werden darf. Jedenfalls darf die geforderte hermeneutische Grundlagendiskussion nicht *äußerliche* Anleihen bei der evangelischen Theologie machen, so gemeinsam viele Fragen sind und so viel noch immer zu lernen ist, sondern sie muß aus den mannigfach verborgenen, noch weithin unartikulierten, eigenen inneren Bauelementen und Strukturprinzipien speziell katholischer Theologie eine Antwort finden. Deshalb hilft auch das Herantragen fertiger hermeneutischer Systeme an die katholische Theologie von außen nicht viel (freilich muß man sie kennen und Nutzen daraus ziehen). Eine Erhebung eigener *Erfahrungen* mit der Schrift und der Exegese im Lichte der heutigen hermeneutischen Fragen tut not.

Ob die geforderte gesamthermeneutische Reflexion – was zu vermuten ist – sich weit in ökumenische Bereiche hinein zu öffnen vermag, muß der Zukunft überlassen bleiben. Das Gelingen eines solchen Grundentwurfs ist aber über konfessionsspezifische Differenzen hinweg maßgeblich dadurch bedingt, in welchem Grad eine solche hermeneutische Reflexion sich den philosophischen Fragen des neuzeitlichen Geistes stellt und sich auf die »Kritik« einläßt. Der Gestaltwandel des europäischen Geistes im 17. Jahrhundert und dessen Bedeutung für die christliche Theologie der Neuzeit müssen trotz vieler vorzüglicher Einzeluntersuchungen erst noch erhellt werden.

VII. Die theologische Relevanz historisch-kritischer Exegese

Weil eine umfassende Theorie der historisch-kritischen Methode aus den angegebenen Gründen für die katholische Theologie gegenwärtig nicht zur Verfügung steht, sollen im folgenden in lockerer Form einige Perspektiven und Bausteine zu einer größeren systematischen Reflexion kurz skizziert werden. Die Unabgeschlossenheit der »Notizen« und die Erfahrungsstruktur dieser Leitsätze machen zugleich darauf aufmerksam, unter welchen Bedingungen eine solche »Theorie« nur zustandekommen kann[59].

---

usw. Am gewichtigsten scheinen mir immer noch die Arbeiten von H. Schlier zu sein, vgl. bes. *Was heißt Auslegung der Heiligen Schrift?* In: *Besinnung auf das Neue Testament*, 35–62; mehr Beachtung verdient auch H. U. v. Balthasar, *Verbum Caro. Skizzen zur Theologie* I, Einsiedeln 1960, 11–90.

[59] Zum folgenden vgl. vor allem E. Käsemann, *Vom theologischen Recht historisch-kritischer Exegese*, in: *ZThK* 64 (1967) 259–281; J. Blank, *Die Interpretation der Bibel als theologisches Problem*, in: Ders., *Schriftauslegung in Theorie und Praxis*, München 1969, 15–29; Ders., *Das politische Element in der historisch-kritischen Methode*, in: P. Neuenzeit (Hrsg.), *Die Funktion der Theologie in Kirche und Gesellschaft*, München 1969, 39–60; vgl. aber auch O. Kuss, *Schrift und Kirche*, in: Ders., *Auslegung und Verkündigung* II, Regensburg 1967, 1–31.

1. Ansatz

Von der Funktion und der Eigenart der historisch-kritischen Methode her kann es nicht darum gehen, *neben* ihr einen Ort für die theologischen Fragen ausfindig zu machen. Es gibt zwar mit Recht auch noch andere Wege zur Wahrheit der Schrift[60], aber im Horizont der theologischen Wissenschaft kann es keine nebenkritischen Reservate geben (vgl. vor allem die Forderung einer »pneumatischen Exegese«). Vielmehr muß die *theologische Relevanz* der historisch-kritischen Methode in der konkreten Arbeit am bestimmten Text und in ihr selbst zum Vorschein kommen. Nur so kann verhindert werden, daß die historisch-kritische Methode einem sterilen Neopositivismus verfällt; nur so kann eine letzte unaufgebbare Einheit von kritischer Exegese und hermeneutischer Fragestellung gewahrt bleiben[61].

Weil die Wahrheit der Methode sich zunächst nur in der Einzeluntersuchung bewährt, darf die *kritische Offenheit ihr selbst gegenüber* nicht verdeckt werden. Die historisch-kritische Methode bezeugt in ihrer Geschichte viele Umwege, Kurskorrekturen, Irrwege und »Retraktationen«. Ständig werden neue methodische Aspekte in den Vordergrund gebracht (vgl. z. B. heute den Einfluß der sprachwissenschaftlichen Linguistik[62]); lang geübte Disziplinen, wie z. B. die klassischen Einleitungswissenschaften, werden in manchem problematisch[63]; ganze

---

[60] Über Einzelheiten kann in diesem Zusammenhang nicht gehandelt werden. Vgl. jedoch E. Käsemann, *Vom theologischen Recht...*: »Historische Kritik ist keineswegs der einzige Zugang zu ihr [der Schrift]. Denn Geschichte kann mehr oder minder naiv auch vom sogenannten Laien entdeckt werden, und in einer immer stärker den Spezialisten ausgelieferten Welt sollte man sogar den Dilettantismus als verbleibende Möglichkeit relativer Selbständigkeit energisch ermutigen« (262).

[61] Zu den Gefahren der Überfremdung durch eine unzureichende Hermeneutik, die nicht genügend »Erfahrung« bleibt, vgl. E. Käsemann, ebd., 272–279. Es läßt sich jedoch auf Grund von nicht weniger Erfahrung, die einer Bilanz der Geschichte der historisch-kritischen Methode entspringt, feststellen, daß gerade bei den großen Fragen der Exegese immer schon eine Einheit von einem umfassenden gesamthermeneutischen theologischen Konzept und der konkreten Auslegung besteht, gleichgültig, ob man darum weiß oder nicht.

[62] Vgl. J. Barr, *Bibelexegese und moderne Semantik. Theologische und linguistische Methode in der Bibelwissenschaft*, München 1965; G. Friedrich, *Semasiologie und Lexikologie*, in: *ThLZ* 94 (1969) 801–816; E. Güttgemanns, *Offene Fragen zur Formgeschichte des Evangeliums. Eine methodologische Skizze der Grundlagenproblematik der Form- und Redaktionsgeschichte* = BEvTh 54, München 1970 (Lit.). Aus dem philosophischen Vorfeld vgl. W. Luther, *Sprachphilosophie als Grundwissenschaft*, Heidelberg 1970; E. Leibfried, *Kritische Wissenschaft vom Text*, Stuttgart 1970.

[63] Vgl. zum AT: H. Donner, *Das Problem des Alten Testamentes in der christlichen Theologie. Überlegungen zu Begriff und Geschichte der alttestamentlichen Einleitung*, in: *Beiträge zur Theorie...* (Anm. 51), 37–52; zum NT: M. Rese, *Zum gegenwärtigen Stand der neutestamentlichen Einleitungswissenschaft*, in: *Verkündigung und Forschung* 12 (1967) 29 bis 38.

religionsgeschichtliche Felder, die bisher vernachlässigt wurden, werden neu entdeckt (vgl. die Apokalyptik[64]); grundlegende Leitbegriffe müssen ständig neu durchdacht werden (vgl. »Formel«, »historischer Jesus«, »Theophanie« als Gattung, Differenzierungen im Begriff des »Autors« usw.). Ohne eine solche ständige Revisionsbereitschaft wird historisch-kritische Methode rasch »reaktionär«. Immer wieder ist der Ausleger überrascht, in welchem Maß »feste« und »endgültige« Ergebnisse wieder überprüft und modifiziert werden müssen.

In dieser Funktion liegt auch eine wichtige Beschränkung des »Methodencharakters«: Historische Kritik garantiert von sich aus noch keine echte Interpretation; freilich leitet sie dazu an, dabei Fehler zu vermeiden. Ihre »Technik« kann zwar gelernt werden, dennoch gibt es im Umgang mit ihr im letzten eigentlich doch keine »Routine« im üblichen Sinn. Diese Eigenschaften beweisen in einem sehr hohen Maß den *experimentellen* Charakter der historisch-kritischen Methode, sofern man sie damit in der Grundausrichtung ihrer eigenen Erkenntnisweise kennzeichnet (weswegen Gewißheit in Einzelfragen nicht ausgeschlossen wird).

2. *Aufgabe: Primat von Geschichte und Wirklichkeitsnähe*

Die eben verdeutlichte Erfahrungsstruktur der historisch-kritischen Methode besitzt aber eine tiefe theologische Legitimation. Weil der alttestamentliche und der neutestamentliche Glaube »geschichtliche Religionen«[65] darstellen und – in freilich verschiedener Weise – an der geschichtlichen Einmaligkeit der Offenbarung orientiert bleiben, muß geschichtliches Verstehen den entsprechenden Zugang zu den Ursprungsereignissen offenhalten. Damit ist nicht gesagt, daß nur »Historie« (im spezifischen Sinn neuzeitlicher Geschichtswissenschaft) christlichen Glauben zu eröffnen vermag, aber im Medium wissenschaftlicher Reflexion gewährt sie – bei aller Anfälligkeit – den relativ zuverlässigsten Weg. Weil die biblische Religion keine überzeitliche Idee und keine außergeschichtliche Größe darstellt, versagen vor ihr alle Erkenntnisweisen ausschließlich metaphysisch-spekulativer Art. Das geschichtliche Element bringt gegenüber dem menschlichen Begreifenwollen bei aller Beziehungsmöglichkeit des Denkens doch eine letzte »Faktizität«, »Positivität« und »Okkasionalität« mit ins Spiel, die im Bereich des Glaubens von besonderer Bedeutung sind. Offensichtlich besteht ein innerer Zusammenhang zwischen der Unableitbarkeit der so verstan-

---

[64] Vgl. die neueren Arbeiten von P. Osten-Sacken, J. M. Schmidt, J. Schreiner, O. Plöger, D. Rössler, K. Koch u. a.

[65] Dieser Begriff kann hier nicht eigens behandelt werden, geht aber in einem rohen Umriß wohl deutlich genug aus dem folgenden Kontext hervor.

denen geschichtlichen Ereignisse und der Einsicht in die Gnadenhaftigkeit des darin erscheinenden Heilshandelns Gottes. Das Verhältnis von Glaube und Geschichte ist darum – je verschieden im Alten Testament und Neuen Testament – ein elementares Konstitutivum biblischer Religiosität[66]. Wenn das menschliche Denken zu dem glaubensbegründenden Ereignis der Offenbarung einen diesem entsprechenden Zugang gewinnen möchte, muß es also in ein solches denkendes Verhalten zu diesem kommen, daß es diesen Vorsprung unableitbarer Geschichte zu wahren vermag. Ohne die im Denken vermittelte, aber in ihm auch bewahrte »Positivität«[67] (was etwas anderes ist als die positivistische Erforschung von »facta bruta«!) gibt es keinen Glauben im biblischen Sinn.
Diese Grundaufgabe, die dem theologischen Denken anvertraut ist, wird in der geistesgeschichtlichen Situation der Neuzeit vor allem von der »Historie« übernommen. Im einzelnen ergeben sich dabei, thesenhaft formuliert, folgende theologische Dimensionen der historisch-kritischen Erkenntnisweise in Anwendung auf die Schrift:
a) Die historisch-kritische Methode macht auf einen unaufgebbaren Primat der Offenbarungsgeschichte aufmerksam, indem sie vorab auf den historischen Abstand der biblischen Dokumente aufmerksam macht. Gegenüber einer ungeschichtlichen Abstraktion nur der ideellen Bedeutung des Offenbarungsereignisses tritt sie auch für den theologischen Vorsprung der Offenbarungszeugnisse ein, wie er sich in den schriftgewordenen Offenbarungsurkunden manifestiert.
b) Dies bedeutet freilich nicht, daß die historisch-kritische Methode sich nur auf »objektive Heilstatsachen« richtet. Sofern sie selbst hermeneutisch an einem objektivistischen Erkenntnisideal und in profangeschichtlichen Methodenzielen orientiert war, hat ihr der innere Ablauf ihrer eigenen Geschichte ein solches Konzept von »Heilswirklichkeit« gründlich verdorben. Form-, Traditions- und Redaktionsgeschichte haben demgegenüber eine eigentümliche Verklammerung von Glaube und Geschichte, Evangelium und Situation, Offenbarung und menschlicher Umwelt an den Tag gebracht[68]. Theologisch bedeutet dies, daß die Bibel

[66] Mit dem Begriff »Heilsgeschichte« wird man sparsam umgehen, weil er in eine heillos verzerrte und polemisch entstellte Diskussion führt. Für eine vorsichtige Annäherung vgl. K. Lehmann, *Auferweckt am dritten Tag*..., 286–290 (vgl. auch Reg.).

[67] Die historisch-kritische Methode leidet mit der neuzeitlichen Philosophie daran, daß kein ausreichender Begriff von »Positivität« in dem oben beschriebenen Sinn begrifflich und strukturmäßig erarbeitet ist. Die Dualität von Vernunftwahrheiten/zufälligen Geschichtswahrheiten, Faktum/Bedeutung, transzendental/kategorial leistet die notwendige Vermittlung auf unableitbare Faktizität hin nicht. Hier braucht es philosophisch ganz neue Horizonte.

[68] Zu den methodischen Überlegungen vgl. auch R. Pesch, *Neuere Exegese – Verlust oder Gewinn?* Freiburg 1968; Ders., *Grundsätze zur Auslegung des Neuen Testamentes*, in: O. Loretz/W. Strolz (Hrsg.), *Die hermeneutische Frage in der Theologie*, Freiburg 1968,

Absender

Vorname ....

Name ....

Beruf ....

Ort (Leitzahl) ....

Straße ....

Bitte deutlich schreiben

Senden Sie auch Prospekte an:

....

....

....

....

....

Matthias-Grünewald-Verlag

65 Mainz

Postfach 3080

als historisches Dokument kein vom Himmel gefallenes Buch ist, das rein übernatürliche Mitteilungen enthält, sondern daß göttliche Offenbarung von ihrem Grund her auf die konkrete menschliche Welt zielt und durch Menschen vermittelt wird[69].

c) Die dadurch prinzipiell erreichte Einsicht in die Differenz von Offenbarung und »Schrift«[70] (beide können voneinander nicht getrennt, aber auch nicht identifiziert werden!) wird durch die Ergebnisse der historischen »Kritik« anschaulich gemacht: Zeitgeschichtliche Einwirkungen, umweltgebundene Interpretamente, weltbildliche Abhängigkeiten usw. Die spezifische Eigenart des biblischen Offenbarungsglaubens ergibt sich aber gerade daraus, *wie* die außerbiblischen Denkmuster und Ausdrucksformen durch die ursprünglich formgebende Kraft des geschichtsmächtigen »Wortes Gottes« eine eigene und neue »Gestalt« gewinnen; dieser Glaube stellt trotz aller Verflechtungen und Abhängigkeitsmomente in der Bewegungsrichtung der vielfältigen Kombinationen und in der die Einzelelemente versammelnden Sinnspitze des »Synkretismus«[71] mindestens dadurch eine eigene Größe dar, daß er sich gegenüber allen Fragen des Menschen geschichtlich bewährt und so seinen Offenbarungsanspruch durchsetzt[72]. Die historisch-kritische Methode macht damit offenbar, daß die Offenbarungsgeschichte trotz ihrer Bindung an die geschichtliche Welt nicht in eine Objektivität versetzt werden kann, die von der Glaubensbereitschaft der ersten Offenbarungsempfänger vollkommen getrennt werden könnte.

d) Dadurch löst die historisch-kritische Methode die objektivistisch zementierte Geschichtswelt, die sich in sich selbst abschließt und in fal-

---

240–289 (umfangreiche Lit.), vgl. dort auch die Arbeiten von C. WESTERMANN, R. MAYER, J. SCHREINER, H. L. GOLDSCHMIDT, R. SCHÄFER und O. LORETZ; J. B. BAUER (Hrsg.), *Evangelienforschung*, Graz 1968; J. GNILKA, *Jesus Christus nach frühen Zeugnissen des Glaubens*, München 1970; J. ROHDE, *Die redaktionsgeschichtliche Methode*, Hamburg 1966.

[69] Genaueres dazu vorläufig bei K. LEHMANN, *Rechenschaft des Glaubens*, in: E. HESSE/H. ERHARTER (Hrsg.), *Rechenschaft vom Glauben*, Wien 1969, 74–96 (Lit.).

[70] Näheres bei K. RAHNER/K. LEHMANN, in: *Mysterium Salutis* I, Einsiedeln 1965, 622–707 (Lit.).

[71] Methodisch vgl. dazu G. KLEIN, *Rekonstruktion und Interpretation*, München 1969, 262–301 (Lit.), doch bedarf das Problem philosophisch-hermeneutisch einer grundsätzlichen Neubesinnung.

[72] Eine solche Aussage klingt in der Kürze zu »systematisch« und täuscht einen zu simplen Begriff historischer »Kontinuität« vor. Wie ernst die Frage ist, kann man daran sehen, daß die Schrift unbeschadet der grundsätzlichen Gültigkeit der gemachten Aussage eben auch Gestalten wie Hiob und die Theologie des Kohelet zu Wort kommen lassen kann. Die Exegese kann in ihrer Einzelauslegung solche Stationen der Offenbarungsgeschichte ganz anders ins Gespräch bringen als der systematische Theologe, der mit dem Blick auf ein Ganzes nur allzu leicht das Konkrete aus dem Blick verliert. Ob eine größere Orientierung an exemplarischen Texten für den Systematiker eine Hilfe wäre, kann dahingestellt bleiben.

scher Weise zur Norm wird, immer wieder auf, weil sie zeigt, wie der Offenbarungsanspruch in eine bestimmte, nämlich von ihrem damaligen Gegenwartsbezug geprägte Welt eingeht. Die vermeintliche oder am falschen Ort gesuchte Eindeutigkeit des biblischen Buchstabens wird durch die entsprechenden Analysen aufgelockert und in sich differenziert. Positiv gewendet bedeutet dies: Die historisch-kritische Methode führt auf den Weg, wo der Glaube nach dem wirklichen Grund seiner Gewißheit gefragt werden muß; sie zählt auf die menschliche Wirklichkeit als den Ort der Ankunft göttlicher Offenbarung; sie zerbricht alle vorgegebenen Traditionen auf das in ihnen Gemeinte hin.
c) Diese antiidealistische Angriffsspitze der historisch-kritischen Methode drängt danach, die Korrelation zwischen Glaubensbotschaft und geschichtlicher Situation nicht vergessen zu lassen. Sie wehrt sich damit gegen eine unreflektierte und unmittelbare Annahme theologischer Aussagen, auch der Schrift; Wahrheitsanspruch ist für sie nur möglich unter Voraussetzung der Erkenntnis der geschichtlichen Vermitteltheit religiöser Aussagen und der Einsicht in den historischen Interpretationsprozeß, dem jede Überlieferung anheimgegeben ist.
f) Indem die historisch-kritische Methode in gewisser Weise jede Tradition bricht und an die Wirklichkeitsnähe der Glaubensbotschaft erinnert, plädiert sie mittelbar dafür, die früher gesagte Wahrheit Gottes heute so zu übersetzen, daß es zu einer verantwortlichen Konfrontation mit dem ursprünglichen Wort Gottes kommt. »Entmythologisierung« liegt also im innersten Zug ihrer historisch-kritischen Arbeit, wenn diese konsequent vollzogen wird. Strittig bleibt nur, in welchem Maß die Befreiung von der vergangenen Sprachwelt und die Umsetzung in ein gegenwärtiges Weltverständnis ohne Substanzverlust in der Sache möglich sind.

3. Der gewonnene Nutzen für die Schriftauslegung

Im konkreten Umgang mit der Schrift führt diese methodische Einstellung zu folgenden Phänomenen:
a) Die Vielgestaltigkeit, Variationsbreite und »Widersprüchlichkeit« der verschiedenen Schriftaussagen werden schonungslos offengelegt; dies hat eine methodische Vorsicht gegenüber jeder vorschnellen Systematisierung und Vereinheitlichung bei der Schriftinterpretation zur Folge[73].

---

[73] Dieses Problem einschließlich der Kanonfrage und einer theologischen Sachkritik kann hier nicht eigens diskutiert werden. Zur Auseinandersetzung vgl. nun den Sammelband von E. Käsemann (Hrsg.), *Das Neue Testament als Kanon. Dokumentation und kritische Analyse zur gegenwärtigen Situation*, Göttingen 1970, W. Trilling, *Vielfalt und Einheit im Neuen Testament*, Einsiedeln 1968, 9ff., 32ff.; Ders., *Die Schrift*

b) Die Texte werden durch die in ihnen erscheinenden historischen Bedingtheiten und Abwandlungen auf ganz neue Art lebendig; darum wehrt sich die historische Kritik gegen jenes systematische Denken und gegen solche traditionelle Anschauungen, die den Reichtum und die komplexe Vollgestalt der Schriftaussagen nicht ausdrücklich respektieren.
c) Wenn die Glaubensbotschaft vernehmlich werden soll, muß nach ihr kritisch gefragt werden können; deswegen betrachtet die historische Methode die Hl. Schrift (zunächst) als Dokument einer menschlichen Geschichte. Sie stellt sich damit gegen jede theologische Reflexion, welche den Buchstaben der Schrift als »heiliges Buch« tabuisiert und dadurch die Schrift einem tieferen menschlichen Verstehen und einem angemessenen Hörenkönnen auf die Wahrheit Gottes entzieht. Um diesen Weg der Suche nach einer Antwort auf die Fragen der menschlichen Wirklichkeit in der Schrift ganz gehen zu können, hat die historisch-kritische Forschung Umwege und Abwege auf sich genommen. Sie bewahrt damit trotz der Katastrophen und Tragödien ihrer Geschichte ein Stück jener Unruhe in sich, welche notwendig ist, damit aus dem Fragenden ohne Verkürzung der menschlichen Wirklichkeit ein wahrhaft Glaubender werden kann. Nichts anderes aber will die Schrift.

4. Theologische Fernwirkungen

Aufgrund der kritischen Einstellung bildet die historische Schriftauslegung eine »Mentalität« aus, die eine eigene geistige Sensibilität erzeugt:
a) Offene Fragen, ungelöste Probleme, Mut zu Hypothesen und ein unbefangener Wechsel der Antworten erhalten gegenüber dogmatisch verfestigten Thesen einen methodischen Vorrang.
b) Die kritische Frageweise schwächt jedes direkte Autoritätsargument; sie deckt die Begrenztheit jeder menschlichen Autorität auf; sie setzt den christlichen Glauben in ein ursprüngliches Verhältnis zur menschlichen Freiheit und zur Selbstverantwortung.
c) Besonders empfindsam ist die historische Kritik, wenn der Zeitenabstand zwischen dem Neuen Testament und der gegenwärtigen Kirche durch eine ekklesiologische »Vereinnahmung« der Schrift illegitim überbrückt wird; demgegenüber verweist sie auf das bleibende kritische Gegenüber zwischen Jesus Christus und der Kirche und stellt sich gegen jede naiv-autoritäre Identifizierung beider[74].

---

allein. Moderne Exegese und reformatorisches Auslegungsprinzip, Stuttgart 1970, 18ff., 26ff. (Sachkritik); zum Problem der theologischen Einheit der Schrift vgl. auch K. Rahner/K. Lehmann, a.a.O. (Anm. 70), 668–686; A. Stock, *Einheit des Neuen Testaments. Erörterung hermeneutischer Grundpositionen der heutigen Theologie*, Einsiedeln 1969.

[74] Vgl. dazu die in Anm. 59 genannten Arbeiten von E. Käsemann und J. Blank.

d) Dasselbe Verhältnis zeigt sich angesichts kirchlich-dogmatischer Überlieferungen: Diese sind in ihrem Gültigkeitsanspruch streng mit der Schrift zu konfrontieren, wobei allerdings kein ungeschichtlich verstandenes Urchristentum »normativ« sein kann; die kritische Einstellung richtet sich gegen jedes formale und legalistische Verständnis von Tradition, ohne daß damit der hermeneutische Sinn von Überlieferung grundsätzlich bestritten oder gar negiert werden müßte.
e) Daraus folgt ein Ansturm auf alle Verabsolutierungen institutioneller Strukturen und Gesetzmäßigkeiten in der Kirche; nicht nur weil die Kirche die Legitimation der kritischen Theologie lange bestritten hat, sondern aus der inneren Nähe zum Evangelium als dem einzigen Garanten der christlichen Freiheit und aus der Übernahme der Anwaltschaft menschlicher Selbstverantwortung ist der historisch-kritischen Methode von Anfang an ein kirchenreformerischer Impuls zu eigen. Fromme Selbstbestätigung, Selbstvergessenheit, Verleugnung der Reinheit des Evangeliums, Unaufrichtigkeit und verfälschende Tendenzen werden radikal bekämpft. Die guten Tugenden gewissenhafter Schriftauslegung erzeugen im Blick auf die Institution Kirche ein eigenes Drängen nach Erneuerung des Menschen und der Kirche aus dem Geist des Evangeliums.
f) Die historisch-kritische Methode möchte gegenüber allen institutionellen Selbstbeharrungstendenzen die Souveränität des Wortes Gottes zum Ausdruck bringen; darum überläßt sie die Bibel auch nicht der Tradition, sondern befragt die Schrift selbst im Blick auf das gegenwärtige Wirklichkeitsverständnis und erblickt in ihr den »Ruf der Freiheit«[75].

5. Historische und dogmatische Methode

Die Angriffsspitze der kritischen Methode lag historisch vor allem im Bereich der Dogmatik. Dieses Dilemma ist, wie in den gegenwärtigen Grundentwürfen evangelischer Theologie heute noch sichtbar wird (vgl. oben IV, 1–4), im Grunde noch nicht ausgetragen. Darüber können viele positive Neuansätze nicht hinwegtäuschen.
Die Frage nach der Legitimität der dogmatischen Methode hängt primär davon ab, ob man zuläßt, daß das Offenbarungsgeschehen in allen seinen Aspekten nicht bloß in seinem Ursprungsverständnis, wie es in den

---

Neben der Differenz von Jesus Christus/Kirche darf jedoch trotz des bleibenden kritischen Gegenübers beider eine Einheit zwischen ihnen auch hermeneutisch nicht unterschlagen werden, wie es doch zumeist geschieht. Vielmehr muß Einheit in Differenz und umgekehrt Differenz in Einheit gedacht werden. Dogmatisch vgl. dazu J. Ratzinger, *Das neue Volk Gottes. Entwürfe zur Ekklesiologie*, Düsseldorf 1969, 231–245.
[75] Vgl. das gleichnamige Buch *Der Ruf der Freiheit* von E. Käsemann, Tübingen [3]1968.

biblischen Büchern niedergelegt ist, unter den heutigen Bedingungen durchdacht wird, sondern daß der Sachverhalt der Schrift selbst über seine historische Ursprungsrelation hinaus aus ihm selbst reflektiert werden kann und muß. Dabei wird vorausgesetzt, daß diese kirchlich bestimmte Glaubensreflexion sich nicht grundsätzlich von der Offenbarungswahrheit entfernt, sondern diese näher bedenkt. Die katholische Theologie schließt in ihrem Selbstverständnis die Bejahung einer solchen dogmatischen Denkweise prinzipiell ein. Vor allem durch die historisch-kritische Methode sind aber die Verfallstendenzen, der ideologische Mißbrauch und die ungeschichtliche Arbeitsweise dessen, was man gewöhnlich »Dogmatik« nennt, offenkundig geworden. Darum ist eine tiefgreifende Revision der dogmatischen Denkweise notwendig. Diese Reform, die nur im Ganzen der Theologie durchgeführt werden kann, braucht hier nicht mehr im Horizont der dogmatischen Arbeit reflektiert zu werden, zumal an anderer Stelle ausführlicher darüber gehandelt wird[76]. Von der historisch-kritischen Methode her sind immerhin Anforderungen an eine solche Revision indirekt sichtbar geworden.

VIII. Ungeklärte hermeneutische Grundprobleme

Heute, wo die historisch-kritische Methode nicht mehr um ihre grundsätzliche Legitimation kämpfen muß, kann vielleicht auch deutlicher von ihren Grenzen die Rede sein. Einmal ist sie über sich selbst hermeneutisch – trotz aller gegenteiligen Versicherungen – noch reichlich unaufgeklärt, zum anderen leidet sie da, wo sie nicht bloß philologisch-technisch verstanden wird, im Blick auf die Sache des Glaubens an tiefen Aporien, von denen man nicht wird sagen können, sie wären schon überstanden.

1. Vernunft und Offenbarung

Einerseits ist die Schrift als Wort Gottes und als Zeugnis vom Handeln Gottes »norma normans« aller anderen Autorität, anderseits soll sie mit den Mitteln menschlicher Vernunft erforscht werden wie andere literarische Zeugnisse. Die damit gegebene Aporie hat sich eher verfestigt, als daß sie sachlich überwunden wäre. Der Widerstreit kann freilich nur einen gewissen Ausgleich erfahren, wenn die Begegnung

[76] Außer meiner Mainzer Antrittsvorlesung, in diesem Band 35–53, vgl. W. Kasper, *Die Methoden der Dogmatik*, München 1967; neben den einschlägigen Arbeiten von K. Rahner, B. Welte u. a. vgl. noch G. Sauter, *Vor einem neuen Methodenstreit in der Theologie* = ThEx NF 164, München 1970, bes. 15–49, 88 ff.; B. Casper/K. Hemmerle/P. Hünermann, *Theologie als Wissenschaft* = QD 45, Freiburg 1970.

von Christentum und neuzeitlichem Geist (Aufklärung) entschieden ausgetragen wird. Die heutige Diskussion um den »Kanon im Kanon« und um Exegese als »Sachkritik« der Schrift wird zuletzt von den ungelösten Problemen dieser Grundfragen bestimmt.

2. Das Recht »theologischer Exegese«

K. Barths »theologische Exegese« läßt sich nicht repristinieren. Aber die übliche Polemik liegt doch einige Zoll unter dem Niveau der Fragen, die durch K. Barths theologiegeschichtliches Dilemma und besonders durch R. Bultmanns theologischen Grundentwurf mutig aufgegriffen worden sind. Beide haben das »böse Gewissen der neueren Theologie« (für Barth waren dies Feuerbach und Strauß) ungewöhnlich ernst genommen. Das Lebensinteresse des Glaubens an der Wahrheit der Schrift verlangt doch, daß die historisch-kritische Methode, ohne sie in ihrem wissenschaftlichen Rang anzufechten, in den Dienst einer Art von »Selbstauslegung« der biblischen Texte gestellt wird. In der heute schon etwas verblaßt und pathetisch wirkenden Sprache von H. J. Iwand[77] lautete das Problem: »Wenn ihr nicht gewillt seid, darauf Rücksicht zu nehmen, in wessen Bereich der Wirklichkeit ihr eintretet, wenn ihr euch nicht von der Bibel an die Hand nehmen laßt, dann freilich werdet ihr die Sache der Bibel nicht begreifen. Ihr werdet sie zerschlagen und auseinandernehmen wie eine Uhr in viele, viele kleine Teilchen, ihr werdet diese Teilchen genau untersuchen und studieren, aber ihr werdet sie nicht wieder zusammensetzen können und das Uhrwerk – der ihm eigentümliche Gang und Stundenschlag – wird vernichtet sein. Aber es kommt ja nicht darauf an, daß wir das Räderwerk im einzelnen studieren, sondern daß wir auch erkennen, wie es ineinandergreift und eine Bewegung alles erfüllt und in Gang hält. Jede Auslegung der Heiligen Schrift will uns in das Ganze dieser Bewegung hineinnehmen, die nichts anderes ist als die Bewegung, der Aufbruch des Volkes Gottes zu dem ihm gesteckten Ziel«. Eine solche Frage nach Einheit, Sinn und Zusammenhang der biblischen Texte kann heute unbefangener wieder gestellt werden, weil sie nicht vorkritisch und diesseits der unverkennbaren Erfolge historisch-kritischer Methode bleiben will, sondern an jene Aufgaben einer gesamthermeneutischen Besinnung erinnert, die es erst noch zu finden gilt[78].

---

[77] *Glauben und Wissen*, in: *Nachgelassene Werke* I, München 1962, 272; vgl. dazu O. Weber, *Der Ort der historisch-kritischen Methode in der Selbstauslegung der Heiligen Schrift*, in: Ders., *Die Treue Gottes und die Kontinuität der menschlichen Existenz* I, Neukirchen 1967, 68 ff.

[78] Es ist das frühe Verdienst G. Ebelings, schon im Jahre 1949/1950 auf die Einheit der Grundfragen der historischen und dogmatischen Methoden aufmerksam gemacht zu

3. Einsicht in die eigene Kontingenz

Die historisch-kritische Methode, deren Notwendigkeit heute vielfach – gerade von Nichtfachleuten – mehr deklamatorisch-pathetisch als wissenschaftlich überzeugend propagiert wird, wird nicht selten in die Versuchung einer Selbsteinschätzung gebracht, als ob Kritik weder einen auch heute noch in Pflicht nehmenden historischen Ursprung noch eine respektable Kehrseite ihres Fortschritts bekennen könnte. Die geschichtslose Attitüde muß sich aber auch fragen lassen, warum die Kirche siebzehnhundert Jahre lang auf andere Weise und hoffentlich doch nicht ganz umsonst die »Sache« der Wahrheit Gottes in der Schrift verstehen konnte. Eine Rehabilitation anderer Schriftauslegungen scheint heute unumgänglich zu sein; keineswegs um diese zu imitieren, sondern um den Stilwandel und den Reichtum des Schriftverständnisses in der Geschichte der Kirche klarzumachen. Dabei könnte es gerade dann, wenn man radikal modern hermeneutisch denkt, Überraschungen geben (vgl. vor allem das Problem der allegorisch-typologischen Exegese)[79]. Durchdenkt man ferner die innerste Verflechtung des neuzeitlich-kritischen Selbstbewußtseins mit der historischen Methode und vergißt dabei nicht das sachliche Ergebnis im Bewegungsgang des sich emanzipierenden Geistes[80], dann erhebt sich die Frage, unter welchen besonderen geistesgeschichtlichen Bedingungen solche »Kritik« entstanden ist. Wie wandelte sich die neuzeitliche »Vernunft«, nachdem sie im Verlauf einer bis ins Äußerste potenzierten Kraft zur Kritik auch die eigene Ohnmacht und Endlichkeit entdecken mußte? Wie weit reicht das Maß wissenschaftlicher Verfremdung und historischer Objektivation im »Verstehen«? *Was* wird durch den Ansatz dieser »Methode« zuvor, d. h. vor aller Zuwendung zum »Gegenstand«, im Ganzen des Phänomens »ausgelassen« oder »abgeblendet«? Ist der Vorraum des Verste-

---

haben, vgl. *Die Bedeutung der historisch-kritischen Methode...* (Anm. 43), 46–49; vgl. nun Ders., *Wort und Glaube* II, Tübingen 1969, 56ff., 99ff., vgl. auch Anm. 81.

[79] Neben den schon in Anm. 7 genannten theologischen Arbeiten wären die Überlegungen H.-G. Gadamers, W. Benjamins u. a. zu berücksichtigen. Vgl. auch E. Peterson, *Theologische Traktate*, 39f.

[80] Außer den schon genannten hermeneutischen Arbeiten (vgl. Anm. 3, 14, 35, 42, 55, 58, 62, 68) vgl. H. Rombach, *Die Gegenwart der Philosophie. Eine geschichtsphilosophische und philosophiegeschichtliche Studie über den Stand des philosophischen Fragens* = Symposion 11, Freiburg 1962; im Blick auf die »Transzendentalphilosophie« vgl. *LThK*² X, 315f. (Lit.); damit zu konfrontieren wäre das Festhalten der Kirche am rationalen Charakter der Glaubensbegründung, vgl. in Richtung der hier verhandelten Probleme H. J. Pottmeyer, *Kirchliche Lehrautorität und Wissenschaft – ein Gegensatz?* In: *MThZ* 20 (1969) 85–103; Ders., *Der wissenschaftliche Charakter der Theologie nach dem I. Vatikanum*, in: *Catholica* 24 (1970) 194–204; Ders., *Die historisch-kritische Methode und die Erklärung zur Schriftauslegung in der dogmatischen Konstitution »Dei Filius« des I. Vatikanums*, in: *Annuarium Historiae Conciliorum* 2 (1970) 87–111.

hens, wie ihn der Horizont der »Kritik« dem Glauben anbietet (z. B. die Prinzipien der Gleichartigkeit allen Geschehens, der »Innerweltlichkeit«, innergeschichtlicher Kausalität), für das, was sich als ein Anderes dem Verstehen zeigen will, flexibel, weit und offen genug? Kommt das »historische Bewußtsein« mit seinem Wirklichkeitsverständnis nicht an eine Grenze, wenn es z. B. mit der Auferstehung Jesu Christi konfrontiert wird? Entspricht die historisch-kritische Methode einem bestimmten, also auch wandelbaren Wahrheitsverständnis, das auch noch andere Weisen des Entdeckens und des Wahrseins außer sich haben kann? Wie verhalten sich »Wahrheit *und* Methode« im exegetischen Verstehen?
Niemand darf erwarten, daß die Antworten auf diese Fragen schlicht *gegen* die historisch-kritische Methode ausfallen werden. Dies wäre nur ein Zeichen für die Verkennung ihrer Erfolge und ein Beweis für vorkritische Geisteshaltung[81]. Aber vielleicht könnte es sich überzeugender erweisen, daß die historisch-kritische Auslegung der Schrift nur *eine* Frageweise und *eine* Dimension des Verstehens des Wortes Gottes ist[82]. Freilich auch ein »nachkritisches« Zeitalter, das nochmals die Kritik der Kritik bedenkt, wird unablässig von der historisch-kritischen Methode und mit ihr lernen.

---

[81] Vgl. dazu G. Ebeling, *Memorandum zur Verständigung in Kirche und Theologie*, in: *ZThK* 66 (1970) 493–521, bes. 504f. Vgl. aus Ebelings Sicht ebd. 505: »Die Verarbeitung dieser Probleme begegnet vielen Schwierigkeiten und verursacht schmerzhafte Wunden. Das ist beschämend, aber auch begreiflich. Vor allem stiftet ein falsches Autoritätsverständnis (verbunden mit entsprechenden Auswirkungen auf das Offenbarungs- und Glaubensverhältnis) Verwirrung. Dies ist ein besonders deutliches Beispiel dessen, daß eine Auffassungsweise, die jener Ära der geschlossenen kirchlichen Welt entstammt, mit dem Anspruch der Orthodoxie eine sachgemäße Begegnung des christlichen Glaubens mit der Neuzeit zu blockieren droht. Wird dagegen mit der Historizität ernst gemacht, so gibt dies Anstoß zu einer Revision des Autoritätsverständnisses. Ob sie dem christlichen Glauben gemäß erfolgt, hängt selbstverständlich von gesamttheologischer Einsicht ab. Und die ergibt sich nicht automatisch aus der historischen Arbeit, wenn auch nicht ohne oder gar gegen sie. In negativer Hinsicht konvergieren aber in der Tat das rationale Urteil, das für die Methodik bestimmend ist, und das theologische Urteil. Der Bibel kommt ihrem eigenen Sinne nach nicht in jeder beliebigen Hinsicht Autorität zu. Und auch in der ihr gemäßen Hinsicht beansprucht sie nicht Autorität äußerlich-formaler Art, sondern übt eine Autorität aus, die sich Geltung verschafft und deshalb zum Phänomen der Evidenz Beziehungen aufweist. Sache des theologischen Urteils ist es, die Geltungshinsicht und Wirkungsweise biblischer Autorität positiv zu bestimmen, und das heißt: das Grundthema sowie die spezifische Überzeugungsweise biblischer Texte als Kriterium sachgemäßen Umgangs mit ihnen zu artikulieren«. Die Lösungsrichtung muß freilich erst noch differenziert werden. Aber damit sind Ansatz und Alternativen vorgezeichnet, mit denen sich eine Fundamentalhermeneutik katholischer Theologie auseinandersetzen muß. Zugleich ist das Niveau angesprochen, auf dessen Problemstand die Frage nur sinnvoll erörtert werden kann.

[82] Das Problem ist jüngst auch von J. Ratzinger, *Theologie und Verkündigung im Holländischen Katechismus*, in: Ders., *Dogma und Verkündigung*, München 1973, 65–83 präg-

4. *Im Dienst der Schriftauslegung*

Dieser Beitrag sollte den Wirkungskreis jener Implikationen abschreiten, die geistesgeschichtlich und hermeneutisch zum historisch-kritischen Schriftverständnis gehören. Dabei war das Ziel, den exegetisch Arbeitenden wach und sensibel zu machen für die latenten Probleme seiner Methoden. Es sollte keine Geschichte der Exegese geboten werden, wenn auch an einige problemhaltige Stationen des Werdens historisch-kritischer Methode erinnert werden mußte. Auch konnte das Verhältnis von »Schrift« und Kirche nicht mehr zureichend im Rahmen dieser Erörterungen einer Lösung zugeführt werden, wenn auch einige Abgrenzungen vorgenommen wurden. Der exegetisch Interessierte wird sich am allerwenigsten wundern, wenn die Fragen weitergehen.

Alle kritische Exegese steht im Dienst der Schriftauslegung. Vielleicht sollte man sich als Theologe dieser primären Zielsetzung öfters erinnern. Die historisch-kritische Methode rückte dann von selbst in einen größeren Horizont des Schriftverständnisses überhaupt ein. Über dieses teilt H. Schlier[83], selbst zusammenfassend, immer wieder bedenkenswerte Erfahrungen mit: »Aufs Ganze gesehen erweist sich die eigens ins Werk gesetzte und verantwortlich dem Verständnis dienende Auslegung der Heiligen Schrift als ein mühsamer, aber bedeutungsvoller Vorgang. Mühsam ist schon die methodische Aufhellung und Übersetzung der zur Schrift gewordenen Sprache des Offenbarungsereignisses. Sie steht ja im tiefen Raum der abständigen Geschichte in ferner und fremder Eigenheit. Nicht weniger mühsam, ja noch mühsamer ist das hörende Sich-Einlassen auf den Offenbarungsanspruch, den der Ausleger in, mit und unter seinem methodischen Vorgehen vernehmen muß, da solches Vernehmen entscheidende hermeneutische Bedeutung hat. Der immer schon stattfindende Auslegungsdialog innerhalb des Erfahrungshori-

---

nant formuliert worden: »Die Schrift ist durch die historisch-kritische Forschung neu eröffnet und freilich auch neu verschlossen worden. Sie ist neu eröffnet: Wir vernehmen dank der Bemühungen der Exegese das Wort der Bibel ganz neu in seiner historischen Ursprünglichkeit, in der Vielfalt einer werdenden und wachsenden Geschichte mit ihren Spannungen und Gegensätzen, die zugleich ihr unvermuteter Reichtum sind. Aber Schrift ist so auch neu verschlossen: Sie ist zum Objekt der Fachleute geworden, über das der Laie, ja auch der Fachtheologe, der nicht Exeget ist, gar nicht mehr zu sprechen wagen kann, so daß es zusehends auch der gläubigen Lektüre und Besinnung entzogen scheint, weil alles doch nur als dilettantisch wirken muß, was so sich ergibt. Fachgelehrsamkeit wird zur Umzäunung der Schrift, die dem Nichtfachmann nicht zugänglich ist. Zugleich aber erhebt die nicht mehr im Kontext der Tradition, sondern ganz aus sich selbst gelesene Bibel in neuer Weise ihren Totalanspruch an die Theologie, vor dem diese sich bewähren muß, auf den sie einzugehen hat und aus dem sie nicht unverändert hervorkommen kann« (68).

[83] H. Schlier, *Besinnung auf das Neue Testament*, 61 f.; vgl. auch A. Vögtle, *Was heißt »Auslegung der Schrift«?* In: *Was heißt Auslegung ...* (Anm. 1), 29–83.

zontes der Offenbarung kann der jeweiligen Auslegung im allgemeinen Hilfe sein, zuweilen freilich auch kräftiges Hindernis ihres Verstehens. Und doch muß trotz aller Mühsal Auslegung der Schrift sein. Denn wenn sie auch nichts anderes darstellt als einen immerwährenden Aufhellungsprozeß, einen immer wieder durch neue Fragen, immer neuen und doch die alten Antworten erfragenden, nie zu Ende kommenden Dienst, so öffnet doch gerade sie, wenn sie sich recht versteht und ihre Zeit nicht mit Unnützem vergeudet, den in der Geschichte geschehenen und in der Schrift für alle Gegenwart erhobenen Anspruch der Wahrheit Gottes und hält ihre Herrschaft in der Welt und für die Welt offen. Im offenen und alles öffnenden, alle Zukunft Gottes einlassenden Anspruch Gottes leben, wer wollte das nicht in einer Welt, die nicht weiß, wie sie morgen aussieht«.

Nachtrag

Die Diskussion um die Methoden der biblischen Exegese wurde in den letzten Jahren sehr intensiv geführt. Die Anstöße dazu kamen sowohl aus der Fachexegese als auch aus den systematisch-theologischen Fächern sowie den historischen, philosophischen und literarwissenschaftlichen Randfächern. Ein bibliographischer Hinweis auf die für das Thema des voranstehenden Aufsatzes wichtigste Literatur sei deshalb nachgetragen.

M. v. Esbroeck, *Hermeneutik, Strukturalismus und Exegese*, München o. J. [franz. 1968]; W. Richter, *Exegese als Literarwissenschaft. Entwurf einer alttestamentlichen Literaturtheorie und Methodologie*, Göttingen 1971; P. Stuhlmacher, *Neues Testament und Hermeneutik. Versuch einer Bestandsaufnahme*, in: *ZThK* 68 (1971) 121–161; U. Gerber / E. Güttgemanns (Hrsg.), *Linguistische Theologie. Biblische Texte, christliche Verkündigung und theologische Sprachtheorie* = Forum Theologiae Linguisticae 3, Bonn 1972, – Der Band enthält eine 1096 Nummern umfassende *Bibliographie zur »linguistischen« Theologie* von R. Breymayer / D. Ellena (197–248); F. Hahn, *Probleme historischer Kritik*, in: *ZNW* 63 (1972) 1–17; H. Harsch / G. Voss (Hrsg.), *Versuche mehrdimensionaler Schriftauslegung*, Stuttgart/München 1972; J. M. Hollenbach / H. Staudinger (Hrsg.), *Moderne Exegese und historische Wissenschaft*, Trier 1972; P. Stuhlmacher, *Thesen zur Methodologie gegenwärtiger Exegese*, in: *ZNW* 63 (1972) 18–26; ders., *Zur Methoden- und Sachproblematik einer interkonfessionellen Auslegung des Neuen Testaments*, in: *EKK-Vorarbeiten* IV, Zürich/Neukirchen 1972, 11–55 (vgl. die Beiträge von R. Schnackenburg und A. Stock und die Diskussion über diese Referate im gleichen

Band); F. BEISSER, *Irrwege und Wege der historisch-kritischen Bibelwissenschaft. Auch ein Vorschlag zur Reform des Theologiestudiums,* in: *NZSTh* 15 (1973) 192–214; C. CHABROL / L. MARIN (Hrsg.), *Erzählende Semiotik nach Berichten der Bibel,* München 1973; M. HENGEL, *Historische Methoden und theologische Auslegung des Neuen Testaments,* in: *KD* 14 (1973) 85–90; X. LÉON-DUFOUR (Hrsg.), *Exegese im Methodenkonflikt*, München 1973; H.-I. MARROU, *Über die historische Erkenntnis*, Freiburg 1973; TH. MICHELS / A. PAUS (Hrsg.), *Sprache und Sprachverständnis in religiöser Rede. Zum Verhältnis von Theologie und Linguistik* = Forschungsgespräche des Internationalen Forschungszentrums f. Grundlagen der Wissenschaften, Salzburg 12, Salzburg 1973; P. G. MÜLLER, *Die linguistische Kritik an der Bibelkritik,* in: *Bibel und Liturgie* 46 (1973) 105–118; J. GNILKA, *Methodik und Hermeneutik. Gedanken zur Situation der Exegese,* in: DERS. (Hrsg.), *Neues Testament und Kirche.* Für R. Schnackenburg, Freiburg 1974, 458–475; A. GRABNER - HAIDER, *Historisch-kritische Theologie und Glaube. Versuch einer forschungslogischen Kritik,* in: *Communio* 3 (1974) 110–128.

PROLEGOMENA ZUR THEOLOGISCHEN BEWÄLTIGUNG DER SÄKULARISIERUNGSPROBLEMATIK

»Säkularisierung« ist heute oft das zentrale Stichwort, mit dem theologisch die Grundsituation der neuzeitlichen Welt und das Verhältnis des christlichen Glaubens zu dieser beschrieben wird. Dieses Faktum besteht noch unabhängig davon, wie »Säkularisierung« als Interpretationskategorie verwendet wird, z. B. als gott-loser Fluch oder als die langersehnte Befreiung von Welt und Mensch zu Mündigkeit und Freiheit. Dabei fällt auf, daß der Begriff selbst – trotz gewisser formaler und inhaltlicher Vorklärungen – oft ziemlich unreflektiert und unkritisch als selbstverständlich hingenommen wird. Der folgende Beitrag setzt an diesem Punkt ein und möchte eine hermeneutische Differenzierung im theologischen Wortgebrauch von »Säkularisierung« erreichen. Dabei bleibt ein solcher Versuch weitgehend noch im Vorraum einer theologischen Bewältigung der Säkularisierungsproblematik stehen. Es geht eigentlich nur darum, die Weichen dafür richtig zu stellen.

I. Der vielschichtige Bedeutungssinn von »Säkularisierung«

Die Wort- und Begriffsgeschichte von Säkularisierung, Säkularisation, Säkularismus ist einigermaßen geklärt[1]. Terminologisch gibt es vorwiegend drei Bedeutungen:

1. Das Wort erinnert historisch an das lateinische *saeculum, saecularizatio* (= Erlaubnis für eine Ordensperson, aus ihrem Kloster auszuscheiden, die Ordenstracht abzulegen und in der »Welt« ein geistliches Leben zu führen). Dieser kanonistische Begriff von Säkularisation scheint aber erst im 19. Jahrhundert fester Sprachgebrauch zu werden. Genau besehen geht die heutige Verwendung nach unseren gegenwärtigen Erkenntnissen auf einen staatsrechtlichen Vorgang zurück: Bei den Vorverhandlungen zum Westfälischen Frieden benutzte der französische Gesandte im Jahr 1646 den Terminus »séculariser« erstmals als Bezeichnung für die Einziehung von Kirchengut. Somit ist historisch

[1] Vgl. H. Lübbe, *Säkularisierung. Geschichte eines ideenpolitischen Begriffs*, Freiburg 1965; noch wichtiger die wenig bekannte Arbeit von H. Zabel, *Verweltlichung – Säkularisierung*, Diss. phil., Münster 1968 (Rotaprintdruck); ergänzend dazu H. Raab, *Säkularisation*, und A. Keller, *Säkularisierung*, in: *SM* IV 353–360 bzw. 360–372 (Lit.).

ursprünglich die Umwandlung geistlicher Besitztümer und Einrichtungen in solche weltlicher Herren gemeint (vgl. vor allem im Zusammenhang des Reichsdeputationshauptschlusses von 1803).
2. Der Entzug oder die Entlassung einer Sache, eines Territoriums oder einer Institution aus kirchlich-geistlicher Aufsicht und Herrschaft wird auch in *übertragener* Bedeutung verwendet, indem man einen bestimmten Prozeß der Verallgemeinerung von Begriffen, Verhaltensweisen und Erfahrungen meint, die früher einzig einen konkret biblisch-dogmatischen Sinn hatten (z. B. Wortschatz-Anleihen, formale Übertragungen, strukturelle Anregungen aus der religiösen Sprache usw.).
3. Der Sprachgebrauch weist eine noch radikalere Bedeutung auf: der Prozeß der Herauslösung der Welt aus den Zusammenhängen eines religiösen Sinngefüges überhaupt; die »säkulare« Welt bedarf keiner göttlichen Sinngebung mehr, sondern versteht sich aus sich selbst. Gemeint ist dann das Vordringen einer »diesseitigen« Wirklichkeitsauffassung und Lebenshaltung, die eine völlige Emanzipation vom Christlichen im Blick haben. In England gibt es bereits um die Mitte des 19. Jahrhunderts die Wortbildung *secularism* in einem solchen Sinne[2].
Die formale Begriffsgeschichte verdeckt natürlich nur allzu leicht den ideenpolitischen oder gar ideologischen Hintergrund von fast selbstverständlich mitgegebenen Assoziationen beim Sprachgebrauch von »Säkularisierung«. Der Bedeutungssinn schließt in seiner konkreten Verwendung meist das Moment der Rechtmäßigkeit oder Unrechtmäßigkeit des Säkularisierungsprozesses ein. Bei der Übertragung kirchlicher und geistlicher Herrschaft und Eigentumsrechte an weltliche Gewalten wird dann z. B. das Moment der Enteignung und des darin liegenden Rechtsbruches besonders herausgestellt. Indem die Identifizierbarkeit des enteigneten Gutes, die Rechtmäßigkeit des primären Eigentums und die Einseitigkeit des Entzuges als Elemente solcher Enteignung erscheinen, schwingen die Annahme oder sogar die Gewißheit der Illegitimität eines solchen Vorgangs mit. Umgekehrt erblickt man auf der Gegenseite in der Ablösung der politischen Ordnung von ihrer geistlich-religiösen Bestimmung und Durchformung einen Akt der Legitimität und der Emanzipation. Auch bei der analogen Verwendung in geistesgeschichtlicher Hinsicht stellen sich solche Wertungen mit ein: Die Verwandlung ursprünglich religiöser Vorstellungen und Einsichten in solche der vom Glauben unabhängigen, allgemein menschlichen, »säkularen« Vernunft wird entweder als Vorgang der Entkirchlichung und des Glaubensverlustes nur negativ gedeutet, oder aber man sieht in

---

[2] R. G. Smith, *Christlicher Glaube und Säkularismus*, in: *ZThK* 63 (1966) 33–48; vgl. auch F. Delekat, *Über den Begriff der Säkularisation*, Heidelberg 1958; M. Stallmann, *Was ist Säkularisierung?* Tübingen 1960; F. Gogarten, *Verhängnis und Hoffnung der Neuzeit. Säkularisierung als theologisches Problem*, Stuttgart 1953.

der Ausweitung und Übertragung ursprünglich nur religiöser Elemente ins »Profane« einen Zuwachs an »weltlichem Gewinn«[3].

Durch ein immer weiteres Ausgreifen des ursprünglichen Bedeutungssinnes von »Säkularisierung« und durch die Verbindung mit Legitimität bzw. Illegitimität als Wertungen solcher geschichtlicher Ereignisse wird »Säkularisierung« zu einem tragenden geschichtsphilosophischen, kulturdiagnostischen und manchmal kulturkritischen Leitwort, das sehr stark von den jeweiligen Voraussetzungen oder Vorurteilen – meist unerkannt und ungewußt – eingefärbt bleibt[4]. Mit diesem Sprachgebrauch wird zugleich die Möglichkeit eröffnet, diesen Begriff als eine grundsätzliche Interpretationskategorie zu verwenden, welche die geistige Signatur einer ganzen Zeit gleichsam stichwortartig in sich zusammenzieht.

II. Epochalgeschichtliche Differenzen in den Säkularisierungsprozessen

Wenn man nun aber die verschiedenen Motive, Einzelinterpretamente, Wertungselemente usw., welche den Begriff Säkularisierung tragen, aus den Augen verliert, wird der Säkularisierungsbegriff sehr rasch durch zunehmende Geschichtslosigkeit abstrakt und fast unbrauchbar. Im Gegensatz dazu muß man sehen, daß die Geistesgeschichte immer wieder Umbrüche kennt, in denen z. B. ursprünglich religiöse Aussagen in Vernunfteinsichten umgeschmolzen werden (vgl. z. B. das Verhältnis der frühgriechischen Denker zur überkommenen Volksreligion, Platos Kampf gegen den inspirierten und gottbegeisterten, aber nicht wirklich »einsichtigen« Dichter, Platos mehrschichtige Beurteilung und Deutung des Mythos). Die Kirchengeschichte kennt neben Vorgängen der Sakralisierung immer auch wieder überraschende Gegenbewegungen der Säkularisierung (z. B. die »Entsakramentalisierung« der Fürstenweihe, der Investitur, der Königssalbung, das Recht zum Tyrannen-Widerstand usw.)[5]. Der Investiturstreit[6] des Mittelalters mit dem großen

[3] Vgl. dafür die im theologischen Bereich der Säkularisierungsthese offenbar kaum bekannte Arbeit von A. Schöne, *Säkularisation als sprachbildende Kraft. Studien zur Dichtung deutscher Pfarrersöhne* = Palaestra 226, Göttingen ²1968 (mit vielen anschaulichen Beispielen); H. Schöffler, *Protestantismus und Literatur. Neue Wege zur englischen Literatur des 18. Jahrhunderts*, Göttingen ²1958.

[4] Vgl. dazu auch H. Blumenberg, *Die Legitimität der Neuzeit*, Frankfurt 1966, Kap. 1: *Säkularisierung – Kritik einer Kategorie des geschichtlichen Unrechts* (9–74).

[5] Vgl. dazu A. Mirgeler, *Rückblick auf das abendländische Christentum*, Mainz 1961; F. Heer, *Aufgang Europas*, Wien/Zürich 1951; E. Eichmann, *Die Kaiserkrönung im Abendland* I, Würzburg 1942, 105ff., 109ff.; *Sakralisation und Säkularisation in der Geschichte der Kirche*, in: *Concilium* 5 (1969) 497–571 (= Heft 8/9).

Kampf zwischen dem Sacerdotium und dem Imperium brachte mit der Auflösung des »reichskirchlichen Weltganzen« (A. Mirgeler) und der Trennung von »geistlich-weltlich« die Voraussetzungen für eine spätere prinzipielle Säkularisation z. B. der Politik. Die faktisch durch die Unterscheidung »geistlich-weltlich« eingetretene Säkularisierung bedeutete freilich nicht die Entlassung aus dem Bereich religiöser Fundierung (wohl aus dem Bereich des Sakralen und Geheiligten im Sinne einer unmittelbaren Transzendenzorientierung), aber es war in diesem Vorgang geistig mehr entschieden, als sich direkt geschichtlich und politisch auswirken konnte[7].

Der Säkularisierungsprozeß der Neuzeit, z. B. gerade die Entstehung des modernen Staates, offenbart Strukturelemente, die in den gewöhnlichen Säkularisierungsthesen kaum berücksichtigt werden. Einige Andeutungen müssen hier genügen. Die europäische Christenheit zerfleischte sich im 16./17. Jahrhundert durch konfessionelle Bürgerkriege, in denen sich politische und religiöse Interessen, Eintreten für den wahren Glauben und politische Machtbehauptung fast untrennbar überkreuzten. Der Streit um die Wahrheit duldete keinen Kompromiß; die Obrigkeit hatte auch ihrerseits für die Reinheit des Evangeliums zu sorgen. Die Christenheit selbst war durch diese Einstellung nicht in der Lage, einen politisch wirksamen Frieden zu finden. Die konkrete politische Vernunft mußte angesichts dieser ausweglosen Situation selbst einen Frieden suchen, der zuerst einmal Schweigen der Waffen, äußere Ruhe und Sicherheit des Lebens bedeutete. Gegenüber dem Kampf um die Wahrheit ist die Sorge um diesen Frieden, der in unmittelbarer Konfrontation mit dem Leid und Schrecken der Bürgerkriege gewonnen werden muß, in sich ein gerechtfertigtes Gut. Der König kann die Wahrheitsfrage nicht entscheiden, er gibt Gewissensfreiheit. Er muß viel eher dafür Sorge tragen, daß seine Untertanen sich nicht in blutigem und mörderischem Starrsinn vernichten. Die Religion ist damit kein Element der politischen Ordnung mehr; die Vielzahl der Konfessionen wird eine kirchliche Angelegenheit; die Autonomie der Politik setzt sich hier fast unbemerkt durch (vgl. z. B. in diesem Zusammenhang die Bedeutung des Ediktes von Nantes im Jahr 1598).

Es geht hier nicht um Einzelbegründungen oder gar um eine Ausfaltung

[6] Außer der eben genannten Literatur vgl. F. Kempf, in H. Jedin (Hrsg.), *Handbuch der Kirchengeschichte* III/1, Freiburg 1966, 421 ff., 497 ff.

[7] Für die Folgezeit vgl. vor allem J. Lecler, *Geschichte der Religionsfreiheit im Zeitalter der Reformation*, 2 Bde., Stuttgart 1965 (z. B. I, 148 ff., 240–252, 439 ff.; II, 530 ff.); R. Schnur, *Die französischen Juristen im konfessionellen Bürgerkrieg*, Berlin 1962; Ders., *Zur Geschichte der Erklärung der Menschenrechte*, Darmstadt 1964; M. Kriele, *Die Herausforderung des Verfassungsstaates*, Neuwied/Berlin 1970; H. H. Hofmann (Hrsg.), *Die Entstehung des modernen souveränen Staates*, Köln 1967.

dieses Prozesses. Die Überführung eines jeweils prinzipiell Entschiedenen in die Wirklichkeit vollzieht sich ohnehin nur allmählich und in einem ungleichzeitigen Nebeneinander traditioneller und neuer Strukturelemente. Durch diese Hinweise sollte nur grundsätzlich ein Sinn geweckt werden für 1. die geschichtliche Differenziertheit, 2. die innere Vielschichtigkeit, 3. die relative Notwendigkeit, 4. die jeweils eigengesetzliche Abfolge der Ereignisse im Säkularisierungsvorgang, 5. die innere Kontinuität und Logik eines im Grunde früh angelegten, vielstufigen Säkularisierungs*prozesses*. Das abstrakte Stichwort »Säkularisierung« in den gegenwärtigen Theologien der säkularen Welt läßt ja davon kaum etwas ahnen. Die Grundlagen der Moderne liegen, was die entscheidende Prägung angeht, weiter zurück, als wir denken. Wenn wir nicht gründlich die Wurzeln und Ursprungsbedingungen des Säkularisierungsprozesses, die ganz in die elementaren Strukturen unseres Gesellschaftssystems eingegangen sind, kennenlernen, geht jeder Versuch einer theologischen Deutung dieses Phänomens von Anfang an ins Leere.

III. Die Bestreitung von »Säkularisierung« als zureichender Interpretationskategorie

Während die Theologie zur Standortbeschreibung des gegenwärtigen Zeitalters immer noch relativ unbekümmert das Interpretament »Säkularisierung« benützt, zweifelt die Religionssoziologie schon länger an der Brauchbarkeit dieser Kategorie. Was soeben mehr aus geistesgeschichtlich-historischer Sicht erhellt wurde, zeigt sich in ähnlicher Weise aus dem Blickwinkel der empirischen Verhältnisbestimmung von Gesellschaft und Religion. Natürlich erfolgt die Bestreitung der Tragfähigkeit dieser Deutekategorie wiederum von ganz verschiedener Seite und aus unterschiedlichen Motiven.

Die Infragestellung setzt dabei zumeist an einer verborgenen Voraussetzung der Säkularisierungsthese an, da nämlich vor allem die explizite, institutionelle Religion den Ausgangspunkt der Erörterung bildet. »Säkularisierung« wird darum meist als »Entkirchlichung« verstanden. »Kirchenbesuch« wird zum Primärdatum, an dem Religiosität gemessen wird. Außerkirchliche oder kirchlich nicht gebundene Religiosität, die bestimmten institutionellen Formen und expliziter Kirchlichkeit ihre Zustimmung verweigert, wird in einer solchen Optik nicht erfaßt. Die durchschnittlichen Säkularisationstheorien sind weitgehend blind gegenüber der Möglichkeit, daß ganz neue religiöse Formen außerhalb der gewohnten Institutionen sich ausbilden können oder daß sich die Funktion der religiösen Verhaltensweisen wandelt oder verschiebt.

Schließlich wird auch darauf hingewiesen, daß die Säkularisierungstheorien empirisch zu wenig fundiert seien, weil z. B. allein durch das fehlende Vergleichsmaterial aus früheren Zeiten eine genauere Verifikation der empirischen Behauptungen außerordentlich erschwert sei (so D. Martin, A. Greeley).

Endlich macht man auf die Beirrungsmöglichkeit durch eine bestimmte Form »offizieller Säkularität« aufmerksam: Es gibt ein öffentlich als Standard angenommenes Weltbild, das in besonderer Weise durch die jedem Menschen vertraute durchschnittliche Erziehung und noch viel mehr durch die Aufklärung der Massenmedien vermittelt wird. Viele religiöse Handlungen früherer Zeiten werden dabei ausdrücklich oder unausdrücklich als Reste von Infantilität, Ideologie oder psychisch kranker Erscheinungen abgewertet. Zugleich wird durch eine solche Aufklärungs-Attitüde, die nämlich sehr oft gar nicht zu einer wirklich eigenständigen kritischen Reflexion führt, weitgehend verdeckt, daß es inmitten dieser »rationalen« Entlarvungen und des vernünftigen allgemeinen Weltbildes archaische Schichten und Verhaltensweisen gibt, die heimlich und gleichsam unterirdisch noch ganz massive Formen offiziell unterdrückter Religiosität (diese nun im weitesten Sinne verstanden) bergen. Verschiedene Untersuchungen haben gezeigt, wie sehr noch bei unseren aufgeklärten Zeitgenossen Hexenglaube, magische Praktiken, Astrologie, mythologische Vorstellungen, Ersatz für ehemals religiöse Rituale usw. eine Rolle spielen. Nicht ohne Ironie hat man von einer »ewigen Wiederkehr der Steinzeit« gesprochen. Eine Analyse der Hippie-Bewegung, der neueren Jugendkultur usw. kann diese Hypothese[8] bestätigen.

So gibt es mindestens Anzeichen dafür, daß die Säkularisierung gar nicht so umfassend ist und daß Religiosität in einem sehr allgemeinen Sinn in inoffiziellen Subkulturen weiterlebt. Es zeigt sich außerdem eine eigentümliche Diskrepanz zwischen der artikulierten Übereinstimmung mit dem Geiste der Gegenwart und einer im Grunde sehr viel komplizierteren und differenzierteren Einstellung zur Welt. Zugleich hat sich in den aufgezeigten Beispielen erwiesen, wie wenig für eine umfassende Analyse damit gewonnen ist, wenn die Säkularisierungsthese nur am Vorkommen und an der Frequenz kirchlich gebundener Religiosität gemessen wird.

Meist wird die Säkularisierungsthese in engstem Zusammenhang mit anderen Deutekategorien der modernen gesellschaftlichen und tech-

[8] Eine ausführliche Analyse steht wohl noch aus; vgl. zur Sache W. Hollstein, *Der Untergrund. Zur Soziologie jugendlicher Protestbewegungen*, Neuwied/Berlin 1969 (Lit.); G. Scherer, *Anthropologische Hintergründe der Jugend-Revolte*, Essen 1968; P. L. Berger/R. J. Neuhaus, *Protestbewegung und Revolution oder die Verantwortung der Radikalen*, Frankfurt 1971.

nischen Zivilisation gebraucht: Pluralismusproblematik, Übergang vom vorindustriellen zum großindustriellen Zeitalter, Funktionalisierung und Autonomwerden der großen institutionellen Bereiche, Segmentierung der verschiedenen Lebensbereiche, Verstädterung, wachsende Mobilität, Entdivinisierung der Natur, Entstehen einer technologieverbundenen Wissenschaft, Entlarvung menschlicher Autoritäten usw. Zweifellos bedingen sich nun z. B. Säkularisierung und Pluralismus[9]. Aber einmal verliert durch eine solche Ausweitung, in der die Säkularisierungsthese beinahe mit sozialem Wandel und sozialer Differenzierung (einschließlich deren Folgen) oder mit den Änderungen gesellschaftlicher Autoritätsstrukturen gleich- oder parallelgesetzt wird, diese an epochaler Bestimmtheit und damit auch an konkreter Überprüfbarkeit. Anderseits sind solche globalen Kausalverknüpfungen (z. B. Säkularisierung einfachhin als Folge der Industrialisierung) empirisch kaum verifizierbar. So muß der Religionssoziologe zur Säkularisierungsthese feststellen: »Geht man ins Detail, verliert sie freilich schnell an Plausibilität. In der Kategorie Industrialisierung, von der hier ausgegangen wird und mit der sich zumeist die globale Unterscheidung von vorindustrieller und industrieller Gesellschaft verbindet, werden nicht minder diffuse und heterogene Elemente in einen Zusammenhang scheinbarer Notwendigkeit gebracht wie in der analogen Prozeßkategorie Säkularisierung, und wiederholt ist gerade neuerdings bezweifelt worden, ob die mit der Kategorie Industrialisierung zumeist implizit oder explizit verbundene These von der Zwangsläufigkeit und vor allem von der interkulturellen Konvergenz der modernen gesellschaftlichen Entwicklung aufrechtzuerhalten ist. Zwar entstehen mit der Industrialisierung als einem zunächst technologischen Prozeß bestimmte zentrale Sozialstrukturen, die ›unvermeidlich‹ und in allen industriellen Gesellschaften ähnlich sind. Doch kann von einer durchweg einheitlichen determinierenden Kraft der Industrialisierung auf allen Gebieten des gesellschaftlichen Lebens und gleichermaßen in allen industriellen Gesellschaften ernsthaft keine Rede sein. Die neuere kirchensoziologische Forschung, die zunächst weithin von der Plausibilität des Kausalzusammenhangs von Industrialisierung und Säkularisierung fasziniert gewesen ist, beginnt mehr und mehr herauszuarbeiten, daß eine derart einseitige und direkte Korrelation nicht haltbar ist. Schon die verbreitete Vorstellung, die bäuerlich-agrarische Lebensweise gehe notwendig mit hoher, die industriell-städtische Lebensweise mit niedriger Kirchlichkeit und Religiosität Hand in Hand und die Ablösung der ersteren durch die letztere mache ein wichtiges Moment des Säkularisierungs-

---

[9] Vgl. dazu P. L. Berger/Th. Luckmann, *Secularization and Pluralism*, in: *Internationales Jahrbuch für Religionssoziologie* 2 (1966) 73–84.

prozesses aus, hält einer genaueren sozialgeschichtlichen und kirchensoziologischen Analyse nicht stand«[10]. Dieses eine konkrete Beispiel kann schon verdeutlichen, wie wenig stichhaltig die gängigen Kausalverknüpfungen in den verschiedenen Säkularisierungsthesen sind.
Noch aus einem ganz anderen Motiv wird die Tragfähigkeit des Säkularisierungsbegriffs zur Beschreibung des Verhältnisses von christlicher Religion und moderner Gesellschaft bestritten. Die Säkularisierungsthese setzt in ihrem theologischen Gebrauch ja immer bei einem Gegensatz zwischen Glaube und Kultur ein und nimmt ihre Wertung vom Standort der Kirche aus vor. Man versucht dann z. B. eine (vom Glauben her gesehene) »legitime« Säkularisierung von einem »illegitimen« Säkularismus zu unterscheiden. Die »weltliche Welt« ist dabei »an sich neutral« gedacht. Aber auch diese Unterscheidung zeigt, daß man grundsätzlich einen »illegitimen« und einen »legitimen« Bereich der Säkularisierung nach dem Maße differenziert, wie weit dem Säkularisierungsvorgang seine Legitimation vom christlichen Glauben und von der Kirche zugeschrieben wird. Auch die entlaufenen Kinder der Säkularisierung kann man ja noch im Schutzmantel von Kirche und Theologie verständlich machen. Hans Blumenberg[11] greift von diesem Befund aus die Säkularisierungsthese an. Er stellt sich gleichsam auf die andere Seite des Gegensatzes, den die Säkularisierungsthese im Dienst der gegenwärtigen Theologie verständlich machen soll, und fragt kritisch nach der Rechtmäßigkeit einer solchen Ableitung der Neuzeit aus christlichen Anstößen. »Wenn die Neuzeit ihrem geschichtlichen Bestand nach Säkularisat wäre, dann hätte sie sich als einen Inbegriff von dem zu verstehen, *was ›der Sache nach‹ nicht sein sollte.* Dann gäbe es so etwas wie jene *objektive Kulturschuld,* und es läge in der Konsequenz der angewendeten Theorie, nach der Schuldanerkenntnis und nach der Schuldrestitution zu fragen oder sie gar zu fordern«[12]. Die Kritik Blumenbergs richtet sich vor allem auch gegen den Rechtscharakter des Säkularisierungsbegriffs, der den Vorgang als Enteignung und somit als einen Rechtsbruch erscheinen läßt. Indem die moderne Welt weitgehend nach dem Enteignungsmodell als Ergebnis einer Säkularisierung des Christentums verstanden werden soll, enthält für Blumenberg die Säkularisierungsthese ein »zumindest latentes *ideologisches* Moment«[13]. Dadurch trägt man aber nach Hans Blumenberg zum wirklichen Ver-

---

[10] J. Matthes, *Religion und Gesellschaft. Einführung in die Religionssoziologie* I, Reinbek bei Hamburg 1967, 82f. (Lit.).
[11] Vgl. seinen ersten Beitrag »*Säkularisation*«. *Kritik einer Kategorie historischer Illegitimität,* in: H. Kuhn/F. Wiedmann (Hrsg.), *Die Philosophie und die Frage nach dem Fortschritt,* München 1964, 240–265 und das in Anm. 4 genannte spätere ausführliche Buch.
[12] H. Blumenberg, *Die Legitimität der Neuzeit,* 73.
[13] Ebd.

ständnis der Konstitution der Neuzeit überhaupt nichts bei. Mit der Säkularisierungsthese übernimmt man ein letztes Theologumenon, das den Erben der Theologie für den Eintritt in die neue Epoche ein gewisses Schuldbekenntnis und ein an der Gegenwart empfundenes Unbehagen auferlegen will. In einer Umkehrung allzu beflissener theologischer Versuche, »Säkularisierung« monokausal theologisch zu deuten, formuliert Hans Blumenberg zugespitzt: »Säkularisierung ist eine theologisch bedingte Unrechtskategorie«[14].
Die Diskussion über diese Thesen ist noch im Gange oder muß überhaupt erst noch intensiviert werden[15]. Hier ging es nur darum, die innere Problematik der Säkularisierungstheorien zu veranschaulichen. Ähnliches ließe sich vermutlich auch für die Kategorie der »Entsakralisierung«[16] und die von Max Weber eingeführte Kategorie der »Entzauberung« darlegen.

IV. Die Frage nach der Irreversibilität des Säkularisierungsprozesses

Diese Einwände können natürlich nicht für eine – möglicherweise sogar integralistisch verstandene – Abwendung von der Säkularisationsthese im ganzen und zur Vermeidung der daraus unumgänglich notwendigen Konsequenzen führen. Restaurationsbewegungen traditioneller kirchlicher Religiosität werden dadurch auf lange Sicht jedenfalls nicht wirklich gefördert. Dennoch erhebt sich hier ein weiteres Problem, ob nämlich der Säkularisierungsprozeß einfach weitergeht. Gewöhnlich ist die Irreversibilität dieses Vorgangs unumstritten. Die Konsequenzen aus einer Überprüfung dieser Prämisse müssen genau bedacht werden. Geht die Säkularisierung weiter, dann stellt sich die Frage, ob damit die Religion gesellschaftlich noch mehr an Wirksamkeit und öffentlicher Relevanz verliert. Unter der Voraussetzung einer ungebrochenen Fortdauer wären auch alle Anpassungsstrategien der christlichen Religion an die moderne Gesellschaft letztlich zum Scheitern verurteilt. »Man

---

[14] Ebd. – Vgl. auch 19ff.
[15] Vgl. die Beiträge von D. Rössler und U. Wilckens, in: H.-J. Birkner/D. Rössler (Hrsg.), *Beiträge zur Theorie des neuzeitlichen Christentums*, Berlin 1968, 91–100 und 127–152. K. Löwith/H. -G. Gadamer, in: *PhR* 15 (1968) 195–209; L. Oeing-hanhoff, *Psychotherapie des philosophischen Bewußtseins*, in: *PhJ* 76 (1968/69) 429–439; wichtige Überlegungen zu Blumenbergs Konzeption finden sich auch bei W. Pannenberg, *Gottesgedanke und menschliche Freiheit*, Göttingen 1972, 114–128.
[16] Dazu die Literaturberichte von E. Syndicus, *Entsakralisierung*, in: *ThPh* 42 (1967) 577–590; E. J. Lengeling, *Sakral – profan. Bericht über die gegenwärtige Diskussion*, in: *Liturgisches Jahrbuch* 18 (1968) 164–188; H. Mühlen, *Entsakralisierung. Ein epochales Schlagwort in seiner Bedeutung für die Zukunft der christlichen Kirchen*, Paderborn 1971.

kann sogar weitergehen und feststellen: Wenn die Säkularisierungstheorie stimmt, dann werden die meisten gängigen Versuche, Religion und Kirche ›relevant für den modernen Menschen‹ zu machen, nur den Prozeß, in dem diese an den Rand des modernen Lebens gedrückt werden, beschleunigen. Diese Feststellung beruht wieder auf recht einfachen Beobachtungen: Die meisten Relevanz-Unternehmungen dieser Art bestehen aus einem Angebot nichtreligiöser Waren (politischen, psychotherapeutischen oder sonstwie modernen Inhalts) in einer religiösen Verpackung. Um die Kirche zu solchen Unternehmungen überhaupt fähig zu machen, müssen traditionelle Vorstellungen und Praktiken beschleunigt abgebaut werden. Das hat einen doppelten Effekt innerhalb der Kirchen: diejenigen Gruppen, die noch an die Traditionen gebunden sind, werden von der Kirche entfremdet und gehen in eine Art innere Emigration oder gar in schismatische Reaktionen – diejenigen Gruppen aber, die ohnehin nur mehr schwache Bindungen an die Traditionen haben, werden in diesen Bindungen noch weiter geschwächt. Beide Effekte reduzieren den noch bestehenden Halt der Kirche über die zugehörige Bevölkerung. Damit werden noch relativ traditionsgebundene Gruppen einem verstärkten Risiko der Säkularisierung ausgesetzt. Die schon stark säkularisierten Gruppen ihrerseits werden durch dieses Manöver keineswegs zu einer festeren Bindung an die Kirche zurückgeführt – da ja die nichtreligiösen Waren, die ihnen da von der Kirche angeboten werden, genauso gut (und wenn man will ›billiger‹) auch anderswo und ohne religiöse Verpackung zu haben sind«[17].

Diese Prognose, nicht ganz ohne Ironie, zeigt das Gewicht der Frage nach einer eventuellen Umkehrbarkeit des Säkularisierungsprozesses. Im allgemeinen rechnen die Religionssoziologen damit, daß die Religion und die Kirchen in einem progressiv ihnen weniger günstigen sozial-kulturellen Milieu existieren werden müssen. Eine optimistische Prognose für die Entwicklung religiöser Institutionen wird nicht gewagt. Vieles spricht dafür, daß die Säkularisierung im ganzen unumkehrbar ist. Dennoch sind vielleicht Modifikationen der Säkularisierungstheorie notwendig. Peter L. Berger ist z. B. der Ansicht, daß die Irreversibilität der Säkularisierung keineswegs schon bewiesen ist[18]. »Es ist vorstellbar, daß ein sich vertiefender politischer und kultureller Pessimismus einer traditionellen Religiosität neue Chancen gibt, aber auch, daß neue religiöse Formen dieser geistigen Haltung entsprechen

---

[17] P. L. Berger, *Soziologische Betrachtungen über die Zukunft der Religion. Zum gegenwärtigen Stand der Säkularisierungsdebatte*, in: O. Schatz (Hrsg.), *Hat die Religion Zukunft?* Graz 1971, 49–68, Zitat 60f.

[18] Ebd., 67. – Vgl. auch P. L. Berger, *Auf den Spuren der Engel. Die moderne Gesellschaft und die Wiederentdeckung der Transzendenz*, Frankfurt 1970.

werden. Die amerikanische Jugendkultur, in der sich ein zutiefst pessimistisches Bewußtsein zu institutionalisieren im Begriff zu sein scheint, geht eher in die letztere Richtung. Passive Erlösung durch Drogen, orientalisch ausgerichtete Mystik und astrologischer Fatalismus entsprechen diesem Pessimismus gegenüber der sozialen Wirklichkeit. Es ist aber auch denkbar, daß religiöse Symbole, und vielleicht sogar ihre institutionellen Träger, in einer Zeit sozialer Wirren zum Sammelpunkt für politische Kräfte, die für eine Erneuerung oder eine radikale Veränderung der Gesellschaft wirken wollen, werden könnten«[19].

Falls der Säkularisierungsprozeß auch nur in bestimmten Grenzen modifiziert oder in einigen Sektoren umkehrbar wird, dann läßt sich die Form der künftigen Religion nicht irgendwo von vornherein ideologisch festlegen. Aus diesen Erwägungen heraus ist auch die oft selbstverständlich vollzogene Gleichsetzung von Modernität und Säkularität problematisch oder sogar ein Irrtum. Die Säkularisierung kann auch rückwärts gehen, indem längst für überwunden gehaltene Positionen massiven Aberglaubens wieder auftreten. Der wissenschaftlich garnierte Aberglaube (vgl. science-fiction) ist dabei mitgemeint.

Befreit man sich einmal von der Gleichsetzung kirchlich gebundener Religiosität mit Religiosität schlechthin, dann wird eine exakte Beurteilung der Säkularisierungsthese jedenfalls komplizierter. Transzendenzschrumpfung ist noch nicht identisch mit Transzendenzverlust. »Solange wir uns auf die Betrachtung der industriellen Gesellschaften beschränken, verbinden sich tiefgreifende Veränderungen mit ganz augenfälligen Kontinuitäten. Vom Ende des Christentums kann ebensowenig die Rede sein wie vom völligen Verlust der Transzendenz oder dem Schwund des Sakralen ... Das Christentum ist in die Gesamtkultur eingeschmolzen; die institutionell spezialisierten Kirchen werden weiterbestehen, allerdings unter schon jetzt merklichen ›inneren‹, daß heißt thematischen Veränderungen und bei noch viel gewichtigeren Funktionsverschiebungen. Noch weniger kann vom Ende der Religion die Rede sein. Transzendenzbezogene Themen werden subjektiv zur Integrierung des eigenen Lebens übernommen, verwandelt und sogar intersubjektiv neu aufgebaut – oft erst nach der Primärsozialisierung. Es dürfte jedenfalls kurzsichtig sein, die Zukunft der Religion unter das Motto ›Alles ist hin‹ zu stellen, wie es manche Säkularisationstheorien tun«[20].

Mag auch der Haupttrend des Säkularisierungsprozesses unumkehrbar sein und sich sogar noch verstärken, so können doch die möglichen

[19] P. L. Berger, *Soziologische Betrachtungen ...*, 66f.

[20] Th. Luckmann, *Verfall, Fortbestand oder Verwandlung des Religiösen in der modernen Gesellschaft?* In: O. Schatz (Hrsg.), a.a.O., 69–82, Zitat 82. – Vgl. auch A. Gehlen, *Religion und Umweltstabilisierung*, ebd., 83–97, bes. 95ff.

Modifikationen für eine theologische Verwendung dieser Deutungskategorie in ihrer Tragweite nicht übersehen werden.

V. Einige abschliessende theologische Thesen

Die wichtigsten Thesen der katholischen Theologie zum Säkularisierungsprozeß dürfen als bekannt vorausgesetzt werden[21]. Sie brauchen darum hier auch nicht wiederholt zu werden. Dafür sollen abschließend einige Leitsätze formuliert werden, die sich auf Anmerkungen zum theologischen Gebrauch der Interpretationskategorie »Säkularisierung« beschränken.

1. Daß die biblische Offenbarung eine Entgötterung und Entmythologisierung des Kosmos bedeutet und damit die Welt potentiell für ihre Weltlichkeit freigibt, ist unbestreitbar und schon fast allgemein anerkannt. Aus diesem Grundsatz darf jedoch keine monokausale Ableitung der Moderne allein aus ursprünglich christlichen Anstößen erfolgen.

2. Weil die Theologie für die ganze Wirklichkeit Verantwortung trägt und nicht auf das geistesgeschichtlich-soziologische Modell nur einer Epoche verschworen ist, darf die Säkularisierung nicht einfach als »Entkirchlichung« und als Phänomen des Glaubensschwundes gedeutet werden. Eine gegenchristliche Wirkungsabsicht oder die Abwertung und Zerstörung des bisherigen Modells durch Errichtung eines Gegenbildes ist jedenfalls in vielen Fällen nicht das eigentliche Ziel. Die »Säkularisate« halten vieles von dem, was ursprünglich an Bedeutungsgehalten und Wirkungsenergien in sie eingegangen ist, fest und bringen es in einen anderen Sinnbereich mit. So eignet den Säkularisaten eine eigene Fähigkeit zur »Bewahrung«, wenn sie auch funktional in einem neuen Sinnzusammenhang einen anderen Ausgleich zu erfüllen haben. Die unsichtbare Mitgift enthält ein schwer berechenbares Potential von Überfremdungselementen, Ansprüchen und neuen Verwandlungsmög-

---

[21] Vgl. vor allem K. Rahner, in: F. X. Arnold u. a. (Hrsg.), *Handbuch der Pastoraltheologie* II/1, Freiburg ²1970, 222f., 242ff., 267ff.; Ders., *Theologische Reflexionen zur Säkularisation*, in: *Schriften zur Theologie* VIII, Einsiedeln, 1967, 637–666; J. B. Metz, *Zur Theologie der Welt*, Mainz 1968, 11–45; O. Semmelroth, *Säkularisierung als Frage an die Theologie*, in: *StdZ*, Bd. 182 (1968) 388–398; vgl. auch den Literaturbericht von M. Ruiz Jurado, *Saecularismus, saecularizatio, desacralizatio*, in: *Periodica de re morali, canonica, liturgica* 60 (1971) 157–196; vgl. ferner G. Ebeling, *Profanität und Geheimnis*, in: Ders., *Wort und Glaube* II, Tübingen 1969, 184–208; zu D. Bonhoeffers »religionslosem Christentum« vgl. neuerdings E. Bethge, *Christologie und »religionsloses Christentum« bei Dietrich Bonhoeffer*, in: Ders., *Ohnmacht und Mündigkeit*, München 1969, 56–80, vgl. auch S. 114ff., 170ff., sowie E. Feil *Die Theologie Dietrich Bonhoeffers*, München/Mainz 1971, 86ff., 223–396 (Lit.).

lichkeiten. Vielleicht gibt es »Säkularisierung« überhaupt nur deshalb, weil die überkommenen religiösen Kräfte neuen geistigen Anforderungen und funktional notwendigen Leistungen einer anderen Zeit von sich selbst her nicht mehr genügen. Säkularisierung ist immer auch ein Zeichen dafür, daß eine Religion alt geworden ist. – Daß gleichsam »strukturell« Christlichkeit in eine neue und andere Zeit eingebracht und verwahrt wird, ist ein kaum zureichend analysiertes Phänomen[22].

3. Die »Weltlichkeit der Welt« ist nur eine formale Problemanzeige, die auf die Eigenstruktur der Welt aufmerksam machen will. Darum kann diese Formel auch keine Antwort sein. Sie täuscht dann eine geschichtslose, abstrakte Neutralität vor, die es so nicht gibt. Die verschiedenen Säkularisierungstheologien leiden daran, daß sie keinen Welt*bezug* mehr formulieren können. Die Folge davon ist, daß der Glaube weltlos und die Welt gott-los werden. Demgegenüber müssen die (heils-)geschichtliche Verfaßtheit auch der säkularisierten Welt, die tiefe Zweideutigkeit der »Verweltlichung« und auch das bleibende Elend jeder Weltgestalt theologisch zur Sprache kommen. In der zu ihrer eigenen Freiheit und in ihre eigene Mündigkeit[23] entlassenen Welt sind neue Dämonisierungen möglich[24]. Wo diese Elemente nicht in den Blick kommen können, verfehlt die Säkularisierungstheologie grundsätzlich das theologische Wirklichkeitsverständnis.

4. Der kritische Punkt des Säkularisierungsprozesses ist die Betrachtung des Menschen. Am jeweiligen Bild vom Menschen kommt heraus, was Säkularisierung konkret heißt. Wo er nur nach den unmittelbaren Lebensbedürfnissen, nach seinem Konsumverhalten, nach der Reaktion auf jedwede Form von Propaganda, nach seinen Leistungen allein beurteilt wird, verfällt die säkularisierte Wirklichkeit einer verhängnisvollen Eindimensionalität des Menschen. Eine zureichende Analyse der säkularisierten Gesellschaft und vor allem des säkularisierten Staates wird immer wieder auf die uneingelöste Paradoxie aufmerksam machen, daß diese von Voraussetzungen leben, die sie selbst nicht garantieren können[25]. Die Theologie vermag auch sich selbst nicht mehr

---

[22] Vgl. dazu H. R. Schlette, *Strukturen des Christentums, philosophisch*, in: Ders., *Aporie und Glaube*, München 1970, 102–121, vgl. auch *Die Auswirkung der Säkularisierung auf »die Kirche«*, ebd., 325–353; T. Rendtorff, *Christentum außerhalb der Kirche*, Hamburg 1969; Ders., *Von der Kirchensoziologie zur Soziologie des Christentums*, in: Ders., *Theorie des Christentums. Historisch-theologische Studien zu seiner neuzeitlichen Verfassung*, Gütersloh 1972, 116–139; Ders., *Christentum zwischen Revolution und Restauration*, München 1970; Ders., *Christentum*, in: O. Brunner/W. Conze/R. Koselleck (Hrsg.), *Geschichtliche Grundbegriffe* I, Stuttgart 1972, 772–814.

[23] Vgl. die Literatur zu D. Bonhoeffer in Anm. 21.

[24] In dieser Hinsicht sind die überraschenden Aussagen von E. Bloch, *Aufklärung und Teufelsglaube*, in: O. Schatz (Hrsg.), a.a.O., 120–134, bedenkenswert.

[25] Da dies niemand deutlicher analysiert hat als Hegel, wird man sich immer wieder

zu begründen, wenn es ihr nicht gelingt, das Nicht-Funktionale innerhalb der modernen Gesellschaft positiv in seiner Notwendigkeit aufzuweisen. Eine »weltliche Welt«, worin es nur Verfügbares und zu Gebrauchendes gäbe, aber nichts, dessen man sich zweckvergessen freuen kann: keine Besinnung, keine Erinnerung, kein Dank, kein Fest, keine große Dichtung und Musik (was ja etwas anderes ist als Wissenschaft, Forschung, Unterhaltung, Kurzweil ...) – eine solche Welt wäre nicht bloß trostlos und zum Verzweifeln, sondern sie würde auch nicht mehr die Möglichkeit bieten, das oft harte Hier-und-Jetzt der jeweils geschichtlichen Aktualität immer wieder einmal zu überschreiten in den größeren und selbst wahrhaft befreienden Daseinsraum hinein. Wo nicht mehr die Elemente von Überschuß und Überschwang, von Nicht-Rechnen und fast von Verschwendung leben können – das mit Absicht »Nutzlose« –, kann auch vielleicht am Ende keine wahre Freiheit des Menschen mehr existieren, weil die Kraft zur Distanzierung vom Druck des Bestehenden erlahmt. Der künftige Sinn von Anbetung und Gottesdienst könnte darum anthropologisch *auch* darin bestehen, dem Menschen einer säkularisierten Welt einen letzten Daseinsort zu retten, darin er eine wirklich freie, nicht manipulierte Erfahrung der vollen Dimension seiner Freiheit machen kann[26].

Das Phänomen der Säkularisierung muß theologisch vermutlich nochmals neu aufgegriffen werden. Sobald man an die Deutung konkreter Symptome der Säkularisierung kommt, zeigen sich enorme Schwierigkeiten[27]. Die nichttheologischen Wissenschaften müssen hier freilich Pate stehen und Hilfe leisten, da es hier der Theologie verwehrt ist, sich nur mit sich herumzutreiben[28]. In dieser Auseinandersetzung wird die Theologie sich nicht durch Anbiederung und totale Anpassung ver-

---

mit ihm auseinandersetzen müssen. Vgl. dazu die verschiedenen Arbeiten von J. Ritter, G. Rohrmoser, O. Marquard, L. Oeing-Hanhoff, W. Oelmüller, W.-D. Marsch, M. Riedel, R. Bubner, M. Theunissen, H. F. Fulda, E. Weil (von letzterem besonders: *Die Säkularisierung der Politik und des politischen Denkens in der Neuzeit*, in: *Marxismusstudien* IV, Tübingen 1962, 145–162).

[26] Hierzu einige Bemerkungen bei E. K. Scheuch, *Massenmedien und Religion in der Freizeitgesellschaft*, Essen 1971, bes. 31–39; J. Messner, *Moral in einer säkularisierten Gesellschaft*, in: *Communio* 1 (1972) 137–158; vgl. zur Sache immer noch W. Kamlah, *Der Mensch in der Profanität*, Stuttgart 1949; J. Friese, *Die säkularisierte Welt*, Frankfurt 1967.

[27] Als kleines Beispiel dafür siehe meinen Beitrag *Der Christ und die Kirche vor dem modernen Berufs- und Arbeitsverständnis*, in: F. X. Arnold u. a. (Hrsg.), *Handbuch der Pastoraltheologie* IV, Freiburg 1969, 350–375 (Lit.).

[28] Ein methodisches Vorbild hat man in E. W. Böckenförde, *Die Entstehung des Staates als Vorgang der Säkularisation*, in: *Säkularisation und Utopie*. Ebracher Studien. E. Forsthoff zum 65. Geburtstag, Stuttgart 1967, 75–94; vgl. auch K. S. Guthke, *Die Mythologie der entgötterten Welt. Ein literarisches Thema von der Aufklärung bis zur Gegenwart*, Göttingen 1971.

lieren, sondern aus der Kraft zugleich von Distanz und Hingabe ein neues Weltverhältnis gewinnen müssen. Zwar redet man viel *über* die Notwendigkeit interdisziplinärer Forschung in der Theologie, aber die Sache selbst wird erstaunlich wenig seriös praktiziert. Mit Treibgut und Schwemmsand läßt sich auch in diesem Bereich nicht zuverlässig bauen. Äußerste Anstrengung ist die minimalste Voraussetzung für ein gutes Gelingen. Und auch hier wird es jetzt schon, aber auch auf Dauer ein einziges Kriterium geben: An ihren guten Früchten werdet ihr sie erkennen.

Nachtrag

Aus der umfangreichen Literatur, die nach Abschluß dieses Aufsatzes erschien, seien noch folgende Titel genannt: Ch. Duquoc, *Ambiguïté des théologies de la sécularisation. Essai critique*, Gembloux 1972 (Lit.); J. Morel, *Glaube und Säkularisierung. Kann Säkularisierung den Glauben fördern?* Innsbruck 1972; R. Tilman, *Sozialer und religiöser Wandel*, Düsseldorf 1972; J. Wössner (Hrsg.), *Religion im Umbruch. Soziologische Beiträge zur Situation von Religion und Kirche in der gegenwärtigen Gesellschaft*, Stuttgart 1972; M. Xhaufflaire, *Feuerbach und die Theologie der Säkularisation*, München/Mainz 1972; D. Baker (Hrsg.), *Sanctity and Secularity. The Church and the World*, Oxford 1973; P. L. Berger, *The Homeless Mind*, New York 1973; G. Krüger, *Religiöse und profane Welterfahrung*, Frankfurt 1973; P.M. Zulehner, *Säkularisierung von Gesellschaft, Person und Religion*, Wien 1973; besonders zu nennen ist der Literaturbericht, den G. Kaiser als Vorwort der zweiten Auflage seines wichtigen Buches *Pietismus und Patriotismus im literarischen Deutschland. Ein Beitrag zum Problem der Säkularisation*, Frankfurt ²1973, beigegeben hat.

GLAUBENSBEKENNTNIS UND KURZFORMELN DES GLAUBENS

BEDARF DAS GLAUBENSBEKENNTNIS EINER NEUFASSUNG?

Eine solche Frage, wie sie mit dem Titel dieses Beitrags gegeben ist, duldet keine Ausflüchte. Sie ist eindeutig, so daß der Verfasser am Ende dieser Tagung[1] sich fast wie der letzte Spieler vorkommt, der endlich in die Falle gegangen ist und unversehens den schwarzen Peter in der Hand hält. Man kann einer solchen Frage direkt begegnen oder durch entferntere Vermittlungen hindurch auf eine Antwort zusteuern. Wir wählen den zweiten Weg, weil unser Problem bei aller bedrohlichen Verschärfung, die es heute gewonnen hat, im Grunde eine »alte« Frage ist. Wenn das freilich auch nicht heißt, daß die alte Antwort heute unverändert unserer Frage entspricht, so ist doch zu vermuten, daß unser Suchen durch das Gespräch mit der Geschichte unseres Glaubens zugleich entschiedener, mutiger und auch bescheidener wird. Ein solcher Zugang zur Sache ist schon durch die Erkenntnis legitimiert, daß viele theologische Probleme und pastorale Verlegenheiten der Gegenwart weiter in die Geschichte zurückreichen, als wir uns meist vorstellen. Wir sind bis in die innerste Mitte unseres Wesens vom Tiefgang der Geschichte erfaßt, mit deren Fragen und Nöten gezeichnet und geschlagen. Eine für die Gegenwart gültige Antwort wird uns nur geschenkt, wenn wir die Last dieser Vergangenheit nicht einfach abschütteln oder beiseite schaffen, sondern sie geduldig aufnehmen *und* schöpferisch verwandeln.

Als Beispiel in unserer Sache kann ein bald fünfzig Jahre alter Satz des evangelischen Kirchenhistorikers Karl Holl dienen: »Heutzutage, darf man ruhig sagen, gibt es keinen Theologen, auch keinen Gläubigen aus der Gemeinde mehr, der das apostolische Symbol in seinem wirk-

[1] Der obige Text stellt die erweiterte Fassung eines Referates dar, das im März 1968 bei einer gemeinsamen Tagung der Evangelischen Akademie Tutzing und der Katholischen Akademie in Bayern gehalten wurde. Dies ist darum für das Verständnis wichtig, weil gleichzeitig andere Referenten über Wesen und Funktion des Bekenntnisses, über Schwierigkeiten mit dem Apostolicum und Glaubensformeln im Neuen Testament sprachen. Darum bleiben diese Sachverhalte weitgehend ausgespart. Vgl. dazu die Veröffentlichung der Referate in: P. Brunner/G. Friedrich/K. Lehmann/J. Ratzinger, *Veraltetes Glaubensbekenntnis?* Regensburg 1968.

lichen Sinne sich anzueignen vermöchte«[2]. Wie vertauschbar die Fronten sind und wie wenig sie sich fein säuberlich auf »liberal« und »konservativ« verteilen lassen, offenbart der Streit um das Apostolicum im 17. Jahrhundert[3]. Die Einwände gegen die »Summe des Glaubens« kamen zunächst nicht einmal so sehr von Gegnern, sondern von den Verfechtern der Unverletzlichkeit des überkommenen Glaubens her: Als die liberalen Ireniker die altkirchlichen Symbole zur Basis für Unionsverhandlungen mit Rom machen wollten, verweigerte die lutherische Orthodoxie dafür ihre Zustimmung mit der Begründung, daß im Apostolicum das wirklich reformatorische Erbe fehle, z. B. jeder Hinweis auf die Erbsünde und auf die Rechtfertigung allein aus Glauben. Durch das Aufkommen der historischen Kritik an der Bibel, durch die pietistisch motivierte Bevorzugung des »Herzensglaubens« gegenüber dem worthaften Bekenntnis und durch die aufklärerische Glaubenskritik wurden die grundlegenden Vorwürfe noch radikaler formulierbar: der unevangelische Vorrang »historisch« verstandener »Heilstatsachen« als Fundament des Glaubens (»fides historica«), das dadurch bedingte Zurücktreten des *Heils*glaubens, die Herrschaft von Begriffen aus der griechischen Metaphysik und die Existenz überholter räumlicher Vorstellungen[4].

Das sind zutiefst auch heute noch die Grundschwierigkeiten des apostolischen Glaubensbekenntnisses, die jetzt, nach einer langen Inkubationszeit nur in den Köpfen der Gebildeten, virulenter geworden sind und auch in einer breiteren Öffentlichkeit Antwort verlangen.

---

[2] Vgl. K. Holl, *Zur Auslegung des 2. Artikels des sogenannten apostolischen Glaubensbekenntnisses*, in: Ders., *Gesammelte Aufsätze zur Kirchengeschichte* II, Tübingen 1928, 115–122, Zitat 121.

[3] Vgl. dazu G. Hoffmann, *Die altlutherische Orthodoxie vor 250 Jahren im Kampf wider das Apostolikum*, Gießen 1912; vgl. auch die Zeugnisse bei C. H. Ratschow, *Lutherische Dogmatik zwischen Reformation und Aufklärung* I, Gütersloh 1964, § 4: *Von den Symbolen*, 63–67; F. Kattenbusch, *Das Apostolische Symbol. Ein Beitrag zur Symbolik und Dogmengeschichte*, 2 Bde., Leipzig 1894–1900, Nachdruck Hildesheim 1962, I, 7f., 14f.

[4] Zu dieser Entwicklung vgl. vor allem K. Scholder, *Ursprünge und Probleme der Bibelkritik im 17. Jahrhundert* = FGLP X/33, München 1966; G. Hornig, *Die Anfänge der historisch-kritischen Theologie. Johann Salomo Semlers Schriftverständnis und seine Stellung zu Luther* = FSThR 8, Göttingen 1961; F. W. Kantzenbach, *Evangelium und Dogma. Die Bewältigung des theologischen Problems der Dogmengeschichte im Protestantismus*, Stuttgart 1959, 39ff., 49ff., 69ff.; E. Wolf, »*Kerygma und Dogma?*« In: *Antwort.* Festschrift f. Karl Barth, Zollikon 1956, 780–807, bes. 782ff.; W. Schmittner, *Kritik und Apologetik in der Theologie J. S. Semlers* = ThEx NF 106, München 1963; K. Scholder, *Grundzüge der theologischen Aufklärung in Deutschland*, in: *Geist und Geschichte der Reformation.* H. Rückert zum 65. Geburtstag = Arbeiten zur Kirchengeschichte 38, Berlin 1966, 460–486; J. Wallmann, *Pietismus und Orthodoxie*, ebd. 418–422 (Lit.).

I.

Man muß sich angesichts dieser Situation zunächst unverhohlen den *Wandel im Verständnis der geschichtlichen Herkunft des Apostolicum* klarmachen: Seit Ambrosius zuerst um 390 den Ausdruck »Symbol der Apostel« in seiner Auslegung des Glaubensbekenntnisses verwandte und Rufinus (ca. 404) die Entstehung der ihm schon bekannten zwölf Artikel auf die prophetische und inspirierte Schaffung am Pfingstfest durch je einen der zwölf Apostel zurückführte[5], glaubte die Christenheit mehr als zwölfhundert Jahre an diesen wörtlich verstandenen apostolischen Ursprung des Symbols[6]. Erzbischof Markos Eugenikos von Ephesus[7] hatte auf dem Unionskonzil von Ferrara-Florenz schon im Jahre 1438 diese direkte apostolische Herkunft offen in Frage gestellt mit den Worten: »Wir (im Osten) besitzen dieses Glaubensbekenntnis der Apostel nicht und haben es niemals gesehen. Die Apostelgeschichte hätte es sicher erwähnt, wenn es existiert hätte.« Als einige Jahre darauf der italienische Humanist Laurentius Valla (1443) in einer mündlichen Disputation[8] und später Erasmus[9] den apostolischen Ursprung bezweifelten, wurde der eine von der Inquisition verfolgt und der andere von der Pariser Theologischen Fakultät zensuriert. Das Konzil von Trient, der Catechismus Romanus, die weitverbreiteten Katechismen des Kardinals Bellarmin und des Petrus Canisius und die Reformatoren selbst hielten aber an der Herkunft von den Aposteln

[5] Vgl. dazu S. AMBROSIUS, *Explanatio Symboli:* CSEL 73, 1–12; der Begriff »symbolum apostolorum« findet sich schon bei Ambrosius *Ep.* 42, 5: MPL 16, 1174; die *Expositio Symboli* des RUFINUS findet sich in CChr SL XX, 125–182; zu der erwähnten Legende vgl. C. P. CASPARI, *Ungedruckte, unbeachtete und wenig beachtete Quellen zur Geschichte des Taufsymbols und der Glaubensregel,* 3 Bde., Christiania 1866–1875, Nachdruck Brüssel 1964, I, 24f., II, 88f., 96 Anm. 69; vgl. auch J. N. D. KELLY, *Altchristliche Glaubensbekenntnisse. Geschichte und Theologie,* Göttingen 1972, 9–14; F. KATTENBUSCH, a.a.O., II, 3–24.

[6] Es war nicht Aufgabe *dieses* Referates zu zeigen, warum trotz des relativ späten Entstehens unseres heutigen Apostolicum-Textes mit Recht noch von einem *»apostolischen* Ursprung« die Rede sein kann. Vgl. dazu das Referat von P. BRUNNER, *Wesen und Funktion von Glaubensbekenntnissen,* in: P. BRUNNER u. a., *Veraltetes Glaubensbekenntnis?* 7–64.

[7] Vgl. J. QUASTEN, *Symbolforschung,* in: *LThK*² IX, 1211; J. N. D. KELLY, a.a.O., 12ff.; vgl. auch die Angaben in den Anm. 8 und 9. Zur näheren historischen Erläuterung dieser Situation vgl. bes. J. GILL, *Konstanz und Basel-Florenz* = Geschichte der ökumenischen Konzilien 9, Mainz 1967, 270–278 (Hinzufügung des *filioque* zum Glaubensbekenntnis). Vgl. auch unten Anm. 36.

[8] Vgl. dazu D. G. MONRAD, *Die erste Kontroverse über den Ursprung des apostolischen Glaubensbekenntnisses. Laurentius Valla und das Konzil von Florenz,* Gotha 1881; über die Beziehung zu Markos Eugenikos ebd., 173.

[9] Außer der genannten Literatur vgl. besonders noch F. KATTENBUSCH, a.a.O., I, 4f. (1–4 über L. Valla). Weiteres z. B. über Bischof Reginald Pecock (1458) bei J. N. D. KELLY, a.a.O., 12, über G. J. Vossius (1642) bei F. KATTENBUSCH, a.a.O., I, 6ff.

fest[10]. Die gelehrte Theologie des Hochmittelalters war selbst zum Teil zurückhaltender und vorsichtiger mit dieser Anschauung umgegangen[11]. Das Apostolicum[12] kann aber auf keinen Fall zeitlich so früh fixiert werden. Bis heute läßt sich seine Entstehung in seiner ältesten Form als altrömisches Taufsymbol (R) frühestens um die Mitte, spätestens in den letzten Jahrzehnten des zweiten Jahrhunderts ansetzen. Unter starkem morgenländischem Einfluß wurde es allmählich inhaltlich angereichert, kam in dieser Form (T) im gallisch-fränkischen Raum ab dem siebten Jahrhundert mehr in Übung und setzte sich im Zug der karolingischen Liturgievereinheitlichung durch (wenigstens als Taufbekenntnis). Die apostolische Herkunft läßt sich nicht vorschnell durch den Hinweis festhalten, die einzelnen Aussagen seien fast wörtlich unmittelbar Bestimmungen des Neuen Testaments selbst[13]. Man muß sich ein wenig vergegenwärtigen, welche Einschübe, Erweiterungen und in diesem Sinne auch schon »Neufassungen« im Laufe der ersten Jahrhunderte erfolgten: Im vierten Jahrhundert erfolgte die dogmatisch genauere Interpretation der Messiasgeburt durch die Unterscheidung von Zeugung und Geburt: »*Empfangen* vom Hl. Geist, *geboren* aus Maria« (qui *conceptus* est *de* Spiritu, *natus ex*); auf der 5. Synode von Sirmium (359) in den arianischen Wirren erfolgte durch Vorschlag des syrischen Theologen Markus von Arethusa eine erweiternde Interpretation der Sterbensaussage: »Abgestiegen in die Unterwelt« (descendit ad inferos); aus der mailändischen Kirche stammt die Ergänzung des Leidens Jesu (»passus est«) als Ergebnis der Auseinandersetzung mit dem Patripas-

---

[10] Dabei ist freilich eine Abschwächung dieser Legende festzustellen: oft ist nur noch von der Verfasserschaft *aller* Apostel die Rede, ohne daß jedem einzelnen ein Artikel zugesprochen wird; Calvin sagt dann sogar, über den Verfasser mache er sich keine mühsamen Gedanken, vgl. J. CALVIN, *Institutio christianae religionis* II, 18, ed. O. WEBER, Neukirchen ²1963, 328f. (vgl. ebd., II, 13–16: Auslegung des Apostolicum).

[11] Vgl. besonders das später zu Thomas von Aquin Berichtete (vgl. auch DUNS SCOTUS in seinem Sentenzenkommentar lib. III, dist. XXV).

[12] Zur Forschungsgeschichte vgl. vor allem J. DE GHELLINCK, *Patristique et Moyen Age. Études d'histoire littéraire et doctrinale.* I. *Les Recherches sur les origines du Symbole des Apôtres*, Brüssel/Paris 1946, ²1949; die beste sachliche Darstellung findet sich z. Zt. bei J. N. D. KELLY, *Altchristliche Glaubensbekenntnisse*, vgl. aber auch die unersetzlichen »Klassiker« F. KATTENBUSCH, *Das Apostolische Symbol*; H. LIETZMANN, *Kleine Schriften* III = TU 74, V. Reihe, Bd. 19, Berlin 1962, 189–281; A. v. HARNACK, *Materialien zur Geschichte und Erklärung des alten römischen Symbols aus der christlichen Literatur der zwei ersten Jahrhunderte*, in: A. u. G. L. HAHN (Hrsg.), *Bibliothek der Symbole und Glaubensregeln der Alten Kirche*, Breslau ³1897, Nachdruck Hildesheim 1962, 364–390; DERS., *Das Apostolische Glaubensbekenntnis. Ein geschichtlicher Bericht nebst einem Nachwort*, in: DERS., *Reden und Aufsätze* I, Gießen 1904, 227–264. Vgl. auch das Literaturverzeichnis bei J. N. D. KELLY, a.a.O., 449.

[13] Die altkirchlichen Symbole sind nicht einfach Verlängerungen oder nur Erweiterungen der neutestamentlichen »Bekenntnisformeln«. Genaueres vgl. bei K. LEHMANN, *Auferweckt am dritten Tag nach der Schrift* = QD 38, Freiburg ²1969, 36–60.

sianismus. Wiederum aus der syrischen Theologie kommen die Einfügungen des Glaubens an die »Gemeinschaft der Heiligen« und an das »ewige Leben«, womit die Teilnahme an den eschatologischen Heilsgütern deutlicher zum Ausdruck gebracht wird.
Man kann die geschichtliche Kontingenz des Apostolicum noch klarer zum Vorschein bringen, wenn man auf dessen konkrete dogmenhistorische Stellung achtet. Wenigstens für die frühen Formen gilt, daß sie noch nichts von einer Logos-Christologie wissen; in einer Zeit, wo der Präexistenz-Gedanke noch nicht die zentrale christologische Funktion einer Stützung der Gottessohnschaft innehat, trägt die antiadoptianisch und antidoketisch verstandene Jungfrauengeburt einen Hauptanteil dieser Beweislast. Es ist zweifelhaft, ob der Heilige Geist in dieser frühen Zeit (vgl. die Koordination mit »Vergebung der Sünden«, »Kirche«, »Gemeinschaft der Heiligen« und »ewiges Leben«) als »Person« verstanden worden ist und nicht primär als »Gabe« und Kraft. Die Frühform des Apostolicum repräsentiert also wohl in sich eine relativ ursprüngliche Ganzheit eines bestimmten geschichtlichen Entfaltungsstandes theologischen Denkens, die später durch Zusätze in gewisser Weise gesprengt bzw. umgedeutet wird. Manche Elemente, die in das Glaubensbekenntnis der damaligen Zeit aufgenommen worden sind, treten aus den entsprechenden Gründen später wieder in den Hintergrund (vgl. z. B. die starke Betonung der Erhöhungsaussagen). Die Kirche liest (mit Recht) im Lauf ihrer Geschichte das Apostolicum mit den Augen ihres jeweiligen Glaubensbewußtseins. Das ändert aber nichts an der Tatsache, daß damit die eigenen Glaubenszeugnisse im Lauf der Jahrhunderte eine stille und fast unmerkliche, aber nicht minder reale Neuauslegung bzw. Uminterpretation erfahren; so bedeutet z. B. die »Vergebung der Sünden« ursprünglich die Taufe, nicht – wie später oft – die Buße; der bis heute relativ dunkle Begriff »communio sanctorum« ist nicht einfach synonym mit »Kirche«.
Diese Entwicklung zeigt, daß das Apostolicum nicht völlig ungeschichtlich verstanden werden darf. Sie beweist auch, daß in diesen frühen Zeiten fast jede größere Kirche ihr Symbolum hatte und z. T. auch ihren theologischen Beitrag lieferte: Rom, Mailand, Turin, Ravenna, Florenz, Aquileia, die Kirchen in Afrika, Spanien und Gallien[14]. Fast

[14] Vgl. als Belege die Zeugnisse in A. u. G. L. Hahn (Hrsg.), *Bibliothek der Symbole...*, und bei C. P. Caspari, *Ungedruckte, unbeachtete und zu wenig beachtete Quellen...*, sowie Ders., *Alte und neue Quellen zur Geschichte des Taufsymbols und der Glaubensregel*, Christiania 1879, vgl. vor allem auch das Material bei F. Kattenbusch und H. Lietzmann, a.a.O. Ein Vergleich der Symbole aus dem Mittelalter zeigt gewisse Schwankungen und Unterschiede (vgl. bes. bei A. u. G. L. Hahn). Vgl. auch die verkürzte Form des Apostolicum, die Luther in sein Taufbüchlein aufgenommen hat (1523. 1526: Erlanger Ausgabe, Bd. 22, 162, 293; vgl. WA 12, 45 bzw. 19, 540f.) und die wohl aus dem frühen Mittelalter stammt: »Glaubst Du an Gott, den allmächtigen Vater, Schöpfer

jede größere, auch partikuläre Kirchensynode formulierte als Bekenntnis der versammelten Bischöfe und in Auseinandersetzung mit bekenntnisfremden Meinungen ihr Symbol. Manche Kirchenprovinzen, die an anderen geistigen Fronten standen, gingen in der Entwicklung ihres Credo ganz andere Wege, so z.B. Ostsyrien, das sein Glaubensverständnis in langwierigen Konflikten mit den Juden entwickelte[15]. In den Schriften einzelner Bischöfe und Theologen finden sich eigene Glaubensformeln, denen man, vielleicht nicht ganz zutreffend, den Namen »Privatsymbole« gegeben hat[16].

Ein weiterer Wandel zeigt sich in der *Form* des Symbols: War das altrömische Taufsymbol noch in der Gestalt feierlicher Fragen (und Antworten) – unmittelbar verbunden mit dem dreimaligen Untertauchen oder Übergießen –, so bekam das Taufbekenntnis (auch) aufgrund der katechetischen Praxis mehr und mehr eine zusammenhängende Struktur und indikativische Aussageweise[17]. In der Frühzeit überwiegt auch die stark liturgische Zielbestimmung des Symbols als Darstellung der Herrlichkeit des christlichen Glaubens; die dabei eingestreuten »polemischen« Einschläge werden durchaus als mehr »sekundär« empfunden.

Die Väter anerkannten auch die reale Unabgeschlossenheit der Symbole, wie sie durch die Tatsache der *Erweiterungen* evident wird. Aber schon Ambrosius – er steht hier allerdings wohl fast allein[18] – sieht die

---

Himmels und der Erden? Glaubst du an Jesum Christ, seinen einigen Sohn, unsern Herrn, geboren und gelitten? Glaubst du an den heiligen Geist, eine heilige christliche Kirche, Gemeinde der Heiligen, Vergebung der Sünden, Auferstehung des Fleisches und nach dem Tod ein ewiges Leben?«

[15] Vgl. dazu R. H. Connolly, *The Early Syriac Creeds*, in: *ZNW* 7 (1906) 202–223. – Im Rahmen dieses Vortrags muß die Geschichte der Symbole mehr auf ihre Wandelbarkeit hin befragt werden. Das darf nicht zu dem Fehlschluß führen, die Entwicklung selbst sei auf lange Strecken hin offen gewesen. Im Gegenteil, es ist eher erstaunlich, wie rasch und früh im Westen und im Osten ein einheitlicher Zug zum Apostolicum bzw. zum Nicäno-Constantinopolitanum zur Vorherrschaft kam. In diesem Referat geht es zuerst einmal um das *Experiment* der Befragbarkeit der Symbolgeschichte im Blick auf eine Pluralität bzw. Variabilität der Symbole. Das ist nur *ein* Aspekt.

[16] Beispiele vgl. bes. in den erwähnten Sammlungen von A. u. G. L. Hahn und C. P. Caspari. Weiteres Material vgl. bei F. Wiegand, *Die Stellung des Symbols im kirchlichen Leben des Mittelalters. I. Symbol und Katechumenat* = StGThK IV/2, Leipzig 1899; J. Vives/T. M. Martinez/C. M. Diez (Hrsg.), *Concilios visigóticos y hispano-romanos* = España Christiana 1, Barcelona/Madrid 1963.

[17] Vgl. dazu J. N. D. Kelly, a.a.O., 36–57 u. ö.; A. Stenzel, *Die Taufe. Eine genetische Erklärung der Taufliturgie*, Innsbruck 1958; vgl. auch noch das in vielem veraltete, aber materialreiche Werk von J. Kunze, *Glaubensregel, Heilige Schrift und Taufbekenntnis*, Leipzig 1899; außerdem wichtig ist das zu wenig beachtete Werk von W. Maurer, *Bekenntnis und Sakrament. Ein Beitrag zur Entstehung der christlichen Konfessionen* I, Berlin 1939; vgl. dazu jetzt auch J. Ratzinger, *Taufe und Formulierung des Glaubens*, in: *EThL* 49 (1973) 76–86. Vgl. noch unten Anm. 36.

[18] Vgl. dazu C. P. Caspari, *Ungedruckte, unbeachtete und zu wenig beachtete Quellen*... (Anm. 5), II, 102ff.

Problematik solcher Zusätze: Sie können auch eine Stütze sein für Häresien[19] und sollten seiner Ansicht nach verschwinden, sobald eine heterodoxe Meinung in der Kirche geistig überwunden ist. Von diesen Erfahrungen mit antihäretischen Erweiterungen im Zusammenhang mit der patripassianisch-sabellianischen Krise her wendet sich Ambrosius überhaupt gegen Zusätze oder gegen Veränderungen des Symbols.

Die Entwicklung im Osten zeigt deutlicher, warum in der Auseinandersetzung mit verschiedenen innerkirchlichen Gegnern die rezipierten Glaubensbekenntnisse erweitert werden *mußten*. Auch dort erfolgt diese Erweiterung durch Zusätze. Die Entscheidungen von Chalkedon über die zwei Naturen in Christus wurden nach der Zitation des nicäno-constantinopolitanischen Symbols[20] eigens eingeleitet mit der Bemerkung, daß das bisherige »vollkommene« Glaubensbekenntnis göttlicher Gnade zur vollen Erkenntnis christlicher Frömmigkeit und zu deren Erbauung genügt hätte, wenn nicht durch die Häresien der Zwang zu weiterer Erklärung sich auferlegt hätte[21]. Je weiter das Bewußtsein der Verbindlichkeit der Symbole sich verdichtet, um so weniger werden »neue« Fassungen der Symbole formuliert. Die Unabgeschlossenheit wird nicht mehr so sehr am rezipierten Text mit dessen Formulierungen erfahren, sondern manifestiert sich in der Möglichkeit der Erweiterung durch Hinzufügungen. Das Erste Laterankonzil (649) fügt z. B. in das Chalkedonische Bekenntnis einen Zusatz ein über die Existenz der zwei Willen und Tätigkeitsweisen in Christus[22].

---

[19] Ambrosius (vgl. CSEL 73, 4) zeigt das auf an einem Beispiel aus der aquileischen Kirche, das folgende Fassung hatte: »Credo in Deo Patre omnipotente invisibili et impassibili...«. Die Arianer sahen in dieser Formulierung eine Stütze für ihre Lehre, der Logos dagegen sei »visibilis« und »passibilis« (arianisch verstanden). Vgl. dazu C. P. Caspari, a.a.O., II, 102ff.

[20] Vgl. *DS* 300ff.

[21] Das nicäno-constantinopolitanische Credo (*DS* 125f., 150) kann hier – im Rahmen einer Tagung über das Apostolicum – nicht eigens behandelt werden. Historisch vgl. J. N. D. Kelly, a.a.O., 205–259, 294–361; neuerdings vgl. vor allem A. M. Ritter, *Das Konzil von Konstantinopel und sein Symbol. Studien zur Geschichte und Theologie des II. Ökumenischen Konzils* = FKDG 15, Göttingen 1965, 132ff., 208 (Ergebnis); G. L. Dossetti, *Il Simbolo di Nicea e di Constantinopoli. Edizione critica* = Testi e Ricerche di Scienze Religiose 2, Rom 1967: Das Buch zeigt, in wie vielen Traditionen und Modifikationen »das« Symbol in den Kirchen überliefert worden ist.

[22] Vgl. *DS* 500. – Es soll hier nur angemerkt werden, daß die eigentlichen Probleme der Geschichte der Bekenntnisbildung hier nicht einmal erwähnt werden können. Es wäre z. B. zu fragen, warum sich die altkirchliche Bekenntnisbildung stark auf die liturgisch rezipierten Symbole beschränkte; das formulierte Bekenntnis wurde in den Kult hineingestellt, so daß in gewisser Weise der Abschluß der Bekenntnisentwicklung auch eine Vereinheitlichung des liturgischen Bekennens besagte. Die »Reichskirche« schuf hier ziemlich früh »Ordnung« durch Konzentration. In der Theologie, in den praktischen Aufgaben der Gemeinde, in der Erziehung der jungen Völker (vgl. Eintritt der

Eine stärkere Entfaltung der Symbole, aber auch eine wachsende Intellektualisierung und begrifflich-theologische Engführung erfolgte mit nicht unbedenklichen Verlagerungen des Schwergewichts durch die Praxis, bestimmten heterodoxen Vertretern in der Kirche ein auf ihre häretischen Meinungen zugeschnittenes Glaubensbekenntnis abzuverlangen (vgl. z. B. die »professio fidei« Berengars auf dem Konzil von Rom im Jahre 1059[23], das Glaubensbekenntnis der Waldenser von 1208[24]) oder den eigenen Glauben in seiner Unverbrüchlichkeit gegen Angriffe zu verteidigen (vgl. die Fides Pelagii Papae[25], die Fides Damasi[26], den Austausch von Glaubensbekenntnissen, z. B. zwischen Papst Leo IX. und dem Patriarchen Petrus von Antiochien im Jahre 1053[27]).
Wenn früher von einer Pluralität der Symbole in den Teilkirchen die Rede war, so darf nicht übersehen werden, daß die Substanz dieser Glaubensbekenntnisse sich in den verschiedensten Fassungen gleichbleibt und daß bis in viele Formulierungen hinein die Grundaussagen auch wörtlich fast identisch sind. Dennoch ist das Faktum aufschlußreich, daß den Einzelkirchen, den Partikularsynoden, einzelnen Konzilien usf. beinahe selbstverständlich das Recht zugebilligt wird, dem universalen Glauben der Kirche in einer je eigenen Sprache, in Ausrichtung an konkreten Problemen und im Horizont bestimmter Vorstellungsmodelle bzw. theologischer Begriffe Ausdruck zu geben, die dann von anderen Kirchen und Konzilien rezipiert werden konnten. Wenn sich auch schon seit der Spätantike im Westen ein starker Zug zur Vereinheitlichung der Symbole bemerkbar macht und das Zurücktreten der Bedeutung der Partikularkirchen ab dem 10./11. Jahrhundert diese Tendenz verstärkt (deren Ausdruck es zugleich ist), so stellt formell erst das durch die Gegenreformation (Konzil von Trient, Catechismus Romanus)

Germanen) und in der Abwehr verschiedener Irrtümer (vgl. den Arianismus) drängte die Bekenntnisbildung an sich aber über den erreichten Stand hinaus. Die in diesem Zusammenhang entstandenen »Bekenntnisse« fielen jedoch offenbar aus ihrer positiven Polarität zur Liturgie bzw. zum »Sakrament« heraus und entwickelten sich relativ stark »doktrinär« (vgl. die Tendenz zur »Professio fidei«, die nur noch von Klerikern bzw. Theologen gefordert wird). Obwohl also die »Bekenntnisbildung« (später dann durch andere »Lehramts«-Entscheidungen gleichsam ersetzt und abgelöst) »weitergeht«, bleibt das liturgisch verwendete »Bekenntnis« des Glaubens ziemlich statisch. Die doxologische Interpretation der alten Glaubensbekenntnisse hat viele richtige Momente der alten Symbole entdecken lassen, aber sie hat die erwähnten Zusammenhänge zugleich verdeckt. Warum ist die Kirche nun plötzlich »unfähig«, den konkret gelebten Glauben *bekenntnismäßig* neu zu formulieren, während die kirchenamtliche Lehrentwicklung immer mehr wächst und »selbstverständlich« wird? Vgl. auch Anm. 1, 36.

[23] Vgl. *DS* 690, 700.

[24] Vgl. *DS* 790 ff.

[25] Vgl. *DS* 441 ff.

[26] Vgl. *DS* 71 f.

[27] Vgl. *DS* 680 ff., vgl. auch das Symbolum *Quicumque*, *DS* 75 f. und die *Professio fidei Michaeli Palaeologi*, *DS* 851 ff. (II. Konzil von Lyon 1274).

eingeleitete Verbot anderer Formen des Glaubensbekenntnisses im Leben der Kirche (als die bekannten rezipierten) das eigentliche Ende eines gewissen legitimen Bekenntnis-Pluralismus und auch den Abschluß einer Entwicklungsmöglichkeit des Bekenntnisses überhaupt dar. Das genau vor 400 Jahren (1568) offiziell vorgeschriebene Römische Brevier, das praktisch – auf die Dauer gesehen – die vielen Breviere der Teilkirchen beseitigte, vollzieht die Vorschrift der nun einzig verbindlichen Symbole mit dem ausdrücklichen Ziel, nun alle bunte Vielfalt des Betens abzuschaffen (»ad tollendam orandi varietatem«). Für die katholische Kirche der Neuzeit war damit jeder künftige Weg einer Veränderung oder gar die Frage nach einer Neufassung des Credo unmöglich geworden. Das Tridentinische Glaubensbekenntnis[28], das im Ersten Vaticanum ergänzt wurde, und der nun endlich abgeschaffte Antimodernisteneid dokumentieren die Entwicklung, die für eine konkrete »Professio fidei« der Kirche damit noch faktisch übrigblieb. Ein Ende dieser Phase kündigte sich an, als das Zweite Vatikanische Konzil ein ähnlich gestaltetes Schema nicht annahm[29]. Die nun in Kraft gesetzte »Professio fidei« kehrt wieder zu einer einfacheren Form zurück, bleibt aber noch im Bann der aufgezeigten Entwicklung[30].

II.

Wenn auch der Weg zu dieser Entwicklung schon früh ansetzt, so überraschen doch wiederum einige offene Problemstellungen, die durch verschiedene theologische Bewegungen erzwungen wurden: zugleich ein Zeichen, daß man sich meist nur in Zeiten des kirchlichen Kampfes dem Apostolicum zuwendete, während die unveranlaßte theologische Auslegung besonders in der Neuzeit zu kurz kommt[31]. Die theologische Situation des beginnenden 13. Jahrhunderts bewies aber, daß durch die relativ abgeschlossene Symbolbildung ein angemessener Schutz des Glaubens nur unzulänglich möglich war. In diesem Zusammenhang

---

[28] Vgl. zunächst *DS* 1500 (= CT IV, 579/580, 4. 2. 1546), vor allem aber *DS* 1862–1870 (einschließlich der Einfügung des Concilium Vaticanum I [vgl. 1869]). – Den Antimodernisteneid vgl. *DS* 3537–3550.

[29] Vgl. den Entwurf *Formula nova professionis fidei, proposita a commissione theologica*, Vatican 1961, 12 pp. Der Entwurf wurde später nicht mehr diskutiert. Man verwendete während des Konzils die *Professio orthodoxa fidei iuxta formam a S. Pontificibus Pio IV et Pio IX praescriptam*. Genaueres über den ersten Entwurf, der auch Passagen aus der Enzyklika *Humani Generis* enthielt, vgl. bei G. Caprile, *Il Concilio Vaticano II*, I/2 (1961–1962), Rom 1966, 229.

[30] Vgl. *AAS* 60 (1968) 172; vgl. die dt. Übersetzung: *Kirchliches Amtsblatt für die Diözese Münster* 102 (1968) Nr. 10, v. 15. 5., S. 59f.

[31] Vgl. das oben Anm. 16 angezeigte Werk von F. Wiegand.

veränderte die theologische Reflexion den Begriff des »Glaubensartikels« und machte so eine »Erweiterung« ganz anderer Art möglich[32]. Der »Glaubensartikel« löst sich aus seiner engen Bindung an das Symbol. Dafür werden nun auch andere Merkmale für einen »Glaubensartikel« konstitutiv: Er ist eine unmittelbar von Gott geoffenbarte Wahrheit (also praktisch eine Schriftaussage), die aber als fundamentale und unableitbare Grundwahrheit einen nicht mehr zurückführbaren Geheimnischarakter hat und eine sehr bedeutsame Stellung für den lebendigen Glaubensvollzug einnimmt; ein solcher Artikel ist durch die Aufnahme in das Symbol besonders ausgezeichnet. Das Glaubensbekenntnis enthält alle heilswichtigen und für alle glaubenspflichtigen Wahrheiten. Gleichwohl gibt es fundamentale Geheimnisse des katholischen Glaubens, die im Symbol fehlen, wie z. B. die göttliche Vorsehung, die Eucharistie und die übrigen Sakramente. – Das ist etwa die Position des Thomas von Aquin[33].

Thomas meint, daß es im Blick auf die Substanz der Glaubensartikel keine Entfaltung gäbe, wohl aber im Blick auf ihr zahlenmäßiges Wachstum und ihre Entfaltung im Lauf der Zeiten[34]. Der Aquinate hat nun – und das macht seine Ausnahmestellung aus – im Zusammenhang der Auseinandersetzung mit den schismatischen griechischen Theologen als erster eine neue Frage in den klassischen Glaubenstraktat eingefügt[35], nämlich: ob die Regelung des Glaubensbekenntnisses Sache des Papstes sei (Utrum ad Summum Pontificem pertineat fidei symbolum ordinare?). In diesem Zusammenhang stellt Thomas die Frage nach einer Neufassung oder Erweiterung des kirchlichen Bekenntnisses. Uns interessiert hier weniger die polemisch bestimmte, sachlich aber z. T. problematische Stellung des Papstes, die Thomas hier behauptet[36].

---

[32] Vgl. dazu M. D. Chenu, *La théologie comme science au XIIIe siècle*, Paris ²1957, 67–92; Ders., *La parole de Dieu. I. La foi dans l'intelligence*, Paris 1964, 33ff.; A. Lang, *Die Gliederung und die Reichweite des Glaubens nach Thomas von Aquin und den Thomisten. Ein Beitrag zur Klärung der scholastischen Begriffe: fides, haeresis und conclusio theologica*, in: *Divus Thomas* (Freiburg/Schweiz) 20 (1942) 207–236, bes. 220–224; dogmengeschichtlich sehr wichtig: J. M. Parent, *La notion de dogme au XIIIe siècle: Études d'Histoire littéraire et doctrinale du XIIIe siècle I* = Publications de l'institut d'études médiévales d'Ottawa 1, Paris 1932, 141–163; vgl. jetzt auch K. J. Becker, *Articulus fidei 1150–1230. Von der Einführung des Wortes bis zu den drei Definitionen Philipps des Kanzlers*, in: *Gregorianum* 54 (1973) 517–568, Résumé: 568f.

[33] Vgl. *S. th.* II–II, q. 1, a. 7–10.

[34] Vgl. *S. th.* II–II, q. 1, a. 7 corp.

[35] Historisch vgl. dazu J. M. Parent, a.a.O., 160, Anm. 1. Vgl. *S. th.* II–II, q. 1, a. 10.

[36] »Problematisch«, weil die Frage aufzuwerfen wäre, ob die wirklich »ökumenische« (im Sinne einer Glaubensgemeinschaft der alten Kirche *vor* den Schismen und vor der Reformation) Fassung der alten Symbole *nach* der Kirchentrennung nicht *faktisch* unwiderruflich ist; selbstverständlich hat der Papst (evtl. in und mit einem Konzil) das Recht einer »Neufassung« des Glaubensbekenntnisses *für die katholische Kirche*; aber

Entscheidend ist vielmehr die sachliche Antwort im Blick auf das Symbol: »Eine Neufassung (nova editio) des Symbols ist notwendig, um das Eindringen von Irrtümern zu vermeiden«[37]. Thomas meint mit »nova editio«[38] wohl kaum eine bloße »Erweiterung« üblicher Art, die er faktisch in den vorausgehenden Artikeln behandelt, sondern mindestens eine »Neufassung«, wenn nicht sogar eine Neukonstitution (die dann natürlich noch nicht die traditionellen Symbole abzuschaffen braucht). Er sagt ausdrücklich, daß eine solche »nova editio« keinen *anderen* Glauben enthalten darf, sondern denselben Glauben besser auslegen muß. Thomas meint damit auch nicht ein unverbindliches und privates Glaubensbekenntnis, sondern bezieht sich auf ein wirklich universales Credo der Kirche, weil er eine solche »explicatio« bzw. »explanatio« des Glaubens eigens unterscheidet vom Athanasianischen Symbol, das er aufgrund der diesem eigenen Diktion eher als eine Spielart christlicher »Lehre« bezeichnet[39]. Das Recht der Vorlage eines »neuen« Symbols steht um der Einheit des Glaubens willen nur dem Papst und einem allgemeinen Konzil (unter Billigung des Papstes) zu[40].

---

ein solches Symbol hätte nicht mehr den eben erwähnten ökumenischen Charakter. Schon von diesen Überlegungen her wird deutlich, daß eine »nova editio« des Symbols zunächst eine abstrakte Angelegenheit bleibt (Ich verdanke diesen Hinweis Herrn Prof. J. RATZINGER während der Diskussion des Referats). – Die ganze Frage müßte im Zusammenhang der theologischen Erörterungen des Filioque-Zusatzes neu aufgeworfen werden. Die abendländische Kirche erhielt sich durch die Rechtfertigung dieses Zusatzes in gewisser Weise die Freiheit ihrer Bekenntnisentwicklung. Zum Problem in geschichtlicher Hinsicht vgl. oben Anm. 7 (J. GILL). Anderseits bedeutet die theologische Beweisführung, daß die Kirche berechtigt sei, ein solches Bekenntnis zu schaffen (vor allem mit starker Betonung der päpstlichen Kompetenz), faktisch implizit *auch* eine Art Endstadium der konkreten Bekenntnisbildung. Vgl. dazu W. MAURER, *Bekenntnis und Sakrament* I (Anm. 17), 42, 104; Maurer erblickt eine gewisse Zäsur im 7. Jahrhundert.

[37] Vgl. *S. th.* II, q. 1, a. 10 corp., vgl. auch ad 1.

[38] Eine erste lexikalische Orientierung zu »nova editio« führt zu keinem eindeutigen Ergebnis. Doch betrifft der Begriff nicht nur eine einzelne Ergänzung; eher weist er auf die formale Kompetenz der »Publikation« (mit rechtlichen Konsequenzen) eines Dokuments. Man kann also nicht von hier aus auf eine *vollständige materiale* »Neufassung« schließen. Der gesamte Artikel (*S. th.* II–II, q. 1, a. 10) bedürfte eines eigenen Kommentars.

[39] Vgl. *S. th.* II–II, q. 1, a. 10, ad 3: »Athanasius non composuit manifestationem fidei per modum symboli sed magis per modum cuiusdam doctrinae: ut ex ipso modo loquendi apparet«.

[40] Vgl. *S. th.* II–II, q. 1, a. 10 corp. und ad 2. – Von der Geschichte der Primatsfrage her und einer Untersuchung, auf welche Gründe und Texte sich Thomas von Aquin stützt, müssen diese Aussagen freilich kritischer behandelt werden. Doch geht es hier nicht um diese Probleme. Dazu bes. H. KÜNG, *Unfehlbar? Eine Anfrage*, Zürich 1970, 94–96 (Lit.). Kritisch zu Küng vgl. bes. W. BRANDMÜLLER, *Hans Küng und die Kirchengeschichte*, in: K. RAHNER (Hrsg.), *Zum Problem Unfehlbarkeit* = Quaestiones disputatae 54, Freiburg 1971, 117–133, bes. 124ff., dazu wiederum H. KÜNG, in: DERS. (Hrsg.), *Fehlbar? Eine Bilanz*, Zürich 1973, 477–480.

Übrigens sieht Thomas offenbar deutlich – längst vor Valla und Erasmus – die historische Bedingtheit des Symbols: Er verschweigt in der Summa theologica die »Legende« vom apostolischen Ursprung, die er im Sentenzenkommentar ausdrücklich erzählt[41]. Auch Thomas kennt »Schwierigkeiten« mit dem Apostolicum, z. B. den Artikel über den Höllenabstieg Christi und den Sinn des »Credo in Ecclesiam Sanctam Catholicam«[42].

Ein erster Blick in die Thomas-Kommentare erweist, daß die von ihm erwogene Frage später nicht mehr aktuell ist (vgl. oben das über das Ende der »Bekenntnisbildung« Gesagte). Die Diskussion des Artikels heftet sich mehr an die darin dem Papst zugesprochene formale Kompetenz (vgl. z. B. Kardinal Cajetan). Die von Thomas selbst noch behandelte Sachfrage bleibt, soweit ich sehe, in der Folgezeit ziemlich undiskutiert, zumeist sogar unbekannt.

Luther[43] weist öfters darauf hin, daß er über das Symbol und seine Inhalte nicht disputiere: »Das ist meine Bibel ... weiter las ich mich nicht weisen!«[44] Er preist geradezu das Glaubensbekenntnis: »Es ist ein Werk des Heiligen Geistes, ein solch groß Ding so kurz, mit kräftigen und wichtigen Worten, einfältig zu beschreiben«[45]. Luther erblickt von seiner theologischen Grundeinstellung her eine einheitliche innere Struktur im Glaubensbekenntnis: Alle Artikel gehen »gleich als in einem Cirkel« auf den Artikel der »Vergebung der Sünden« zurück. »Der artikel ›Ich gleube vergebung der Sunde‹ trifft uns und kompt mit uns in die erfarung und macht, das die anderen artikel auch uns treffen und mit uns in die erfarung komen. Darumb ist er der schwerest artikel zu gleuben«[46]. Die anderen Artikel sind zwar vielleicht schwerer zu begreifen, und es ist schwerer von ihnen zu reden, aber die Sündenvergebung erschwert in einer ganz anderen Weise: »das man nicht allein davon reden und solchen artikel verstehen sol, sondern auch das sich des ein jeder fur sich selbst gewis sol annemen«[47]. Dieser hochbedeutsame Text kann hier nicht weiter analysiert werden. Luthers Verhältnis zum Apostolicum ist damit aber deutlich gemacht. An der Übernahme der altkirchlichen Glaubensbekenntnisse und am Vorrang des Apostolicum

---

[41] Vgl. *In III Sent.*, d. 25, q. 1, a. 2 mit den Ausführungen in *S. th.* II–II, q. 1.

[42] Vgl. *S. th.* II–II, q. 1, a. 9, ad 4 und ad 5.

[43] Vgl. J. Meyer, *Luther und das Apostolikum* = Zeit- und Streitfragen des Glaubens, der Weltanschauung und Bibelforschung 12/2–3, Berlin 1918.

[44] Vgl. WA 37,55 (Predigt über den zweiten Glaubensartikel: 16./17. April 1533).

[45] »Et est opus Spiritus Sancti tantam rem tanta brevitate efficacissimis et emphaticis verbis describere. Ego Doctor Martinus non possum satis admirari illam symboli constitutionem« (WA Tischreden 4, 230, Nr. 4334; 1539).

[46] Vgl. WA 28, 272 (aus den Wochenpredigten über Joh 16–20 des Jahres 1528/29; obige Stelle zu Joh. 18, 15–18 vom 19. Dezember 1528).

[47] Vgl. WA 28, 273.

in den Reformationskirchen wird sichtbar, daß Luthers konfessionelles Selbstbewußtsein sich mit der Rezeption der altkirchlichen Symbole geschichtlich begrenzt und einen ökumenischen Zusammenhang mit der bisherigen Geschichte des Christentums und der Kirche bewahren will.

III.

War aber einmal die tiefgreifende geschichtliche Kontingenz der Symbole im dargestellten Sinne geahnt, die Erkenntnis einer langsamen Bildung des Glaubensbekenntnisses in einem komplizierten Prozeß erwacht, die theologische Begrenzung erkannt, war nun klar, daß das Apostolicum nicht apostolischer Ausgangspunkt war, sondern selbst das Ergebnis einer Vielheit von Tendenzen und Richtungen in verschiedenen Zeitstufen[48], dann kam auch die bisher selbstverständlich angenommene Einheit und Unverbrüchlichkeit seiner Gültigkeit ins Wanken[49]. Das »Credo« steht nicht am Anfang einer Entwicklung, sondern stellt selbst eine theologische Durchdringung verschiedener Traditionen dar, aus denen erst die theologischen Leitmotive abstrahiert und komponiert wurden. Natürlich blieb die kirchliche Verbindlichkeit des Symbols im großen und ganzen im kirchlichen Lebensvollzug der Reformationskirchen aufrechterhalten. Aber die kritische theologische Zündung war verborgen da.

Bereits J. S. Semler machte im 18. Jahrhundert im Blick auf das Glaubensbekenntnis den Unterschied zwischen einer konservativen Anerkennung der öffentlichen Religion (gleichsam des Rechtsbereichs), in der das Symbol durchaus sein Heimatrecht hat, und einer privaten Religion, in der das Gewissen nicht durch eine äußerliche Regelung

---

[48] Diese Erkenntnis erstreckt sich nicht nur auf das Apostolicum, sondern auch auf die »Glaubensbekenntnisse« im Alten und Neuen Testament. Zu dem von G. v. Rad herausgearbeiteten geschichtlichen »Credo Israels« vgl. nun kritisch W. Richter, *Beobachtungen zur theologischen Systembildung in der alttestamentlichen Literatur anhand des »kleinen geschichtlichen Credo«*, in: L. Scheffczyk/W. Dettloff/R. Heinzmann (Hrsg.), *Wahrheit und Verkündigung*. M. Schmaus zum 70 Geburtstag, I, Paderborn 1967, 175–212. Zum NT vgl. etwa in bezug auf 1 Kor 15, 3–5 die traditionsgeschichtlichen Analysen von F. Hahn, *Christologische Hoheitstitel* = FRLANT 83, Göttingen [3]1966, 197ff. und W. Kramer, *Christos. Kyrios. Gottessohn* = AThANT 44, Zürich 1963, 15ff.; Näheres dazu vgl. auch bei K. Lehmann, *Auferweckt am dritten Tag*..., 242–261.

[49] Diese Erschütterung durch den »Historismus« erlaubt kein unreflektiertes und archaisierendes Festhalten solcher Zeugnisse mehr, *sofern* sich dieses *gegen* die Ergebnisse der historisch-kritischen Forschung wehrt, zerstört aber auch nicht grundsätzlich die nun kritisch geläuterte Verbindlichkeit sachlicher Art für das moderne Bewußtsein. Diese These kann hier nur postuliert, nicht aber in sich erläutert werden. Sie stellt sich gleichermaßen gegen einen *naiven* Historismus-Kritizismus wie gegen einen ungeschichtlich denkenden und formalen Autoritätsglauben bzw. Objektivismus.

berührt werden kann. In dieser Einheit innerlicher Bindung und äußerer Freiheit war zunächst ein bis heute immer wieder versuchter Kompromiß gefunden. Die lutherische Dogmatik zwischen Reformation und Aufklärung *und* der Pietismus arbeiteten, beide wohl aus verschiedenen Motiven, den Kanon heraus, daß die Symbole nur Geltung haben, soweit (*quatenus*) sie mit der Bibel übereinstimmen. Eine gewisse konkrete Handhabung in der so hergestellten Freiheit der Verwendung des Symbols zeigt sich in verschiedenen praktischen Lösungen: Man gesteht einen fakultativen Gebrauch zu; man schafft aus einer den geschichtlichen Tatsachen und dem evangelischen Glaubensverständnis entsprechenden Verantwortung eine Einleitungsformel, die den Rückbezug auf den (natürlich etwas distanziert betrachteten) »Glauben der Väter« oder den Zusammenhang »mit der gesamten Christenheit« zum Ausdruck bringt. Da diese Praktiken aber nicht befriedigen, kommt es bereits bei der preußischen Generalsynode von 1846 unter Führung von K. I. Nitzsch zur Formulierung eines Ordinationssymbols, das sich zwar an das Apostolicum anlehnt, ohne daß jedoch die Jungfrauengeburt, der Höllenabstieg und die Auferstehung des Fleisches erwähnt werden. Der spätere Apostolicum-Streit (1891/1892) zeigt, wie kritisch die Lage hinter den kirchlichen Fassaden bereits geworden war[50]. A. v. Harnack[51] versucht, den Streit zu schlichten: Da ein vollkommenes Bekenntnis nicht zu finden und manches im Apostolicum auch durchaus wertvoll sei, solle man es nicht abschaffen; ein geschichtlich gebildeter Christ nehme zwar Anstoß an einigen Dingen, und manche Aussagen, wie z. B. die Jungfrauengeburt, seien im übrigen auch nicht »umdeutbar«, so daß eine »Sachkritik« im einzelnen als erlaubt und notwendig hingestellt wird. Harnacks subjektiv eindrucksvolle Position, in der sich die Wahrung der Gewissensüberzeugung des einzelnen mit einer wirklichen Achtung »vor dem hohen religiösen Werte und dem ehrwürdigen Alter des Apostolikums« verbindet, ist zwar ein aufrechter Kampf gegen jede Agitation und ein besonnen mahnender Aufruf zu einem geduldigen und sorgsamen Studium, »damit man sich auch in scheinbar oder wirklich fremde Anschauungen zu finden lerne und ihnen den Wahrheitsgehalt abzugewinnen verstehe«[52]. Aber dieser Appell, der den sittlichen »Notstand« anerkennt, bleibt doch innerlich

---

[50] Vgl. dazu A. v. Zahn-Harnack, *Der Apostolikum-Streit des Jahres 1892 und seine Bedeutung für die Gegenwart*, Marburg 1950. Vgl. oben Anm. 3, 12.

[51] Vgl. A. v. Harnacks Stellungnahme zum »Fall Schrempf«: *In Sachen des Apostolikums*, zuerst in der Zeitschrift *Die Christliche Welt*, 1892, Nr. 32 vom 18. August veröffentlicht; vgl. nun unter derselben Überschrift in: *Reden und Aufsätze* I, 221–226 (vgl. oben Anm. 12); vgl. auch ebd., 265–298: *Antwort auf die Streitschrift D. Cremers: Zum Kampf um das Apostolikum*. – Die Stellungnahme A. v. Harnacks ist in den Berichten meist simplifiziert wiedergegeben, so daß eine neue Darstellung des Apostolikum-Streits nur wünschenswert wäre.

[52] *In Sachen des Apostolikums*, a.a.O., 226.

ohnmächtig, was sich am tiefsten in Harnacks eigener Reduzierung des Apostolicum erweist: »Der wesentliche Inhalt des Apostolikums besteht in den Bekenntnissen, daß in der christlichen Religion die Güter ›heilige Kirche‹, ›Vergebung der Sünden‹, ›ewiges Leben‹ geschenkt sind, daß der Besitz dieser Güter dem Glauben an Gott, den allmächtigen Schöpfer, an seinen Sohn Jesus Christus und an den heiligen Geist zugesagt ist, und daß sie durch Jesus Christus unsern Herrn gewonnen sind. Dieser Inhalt ist evangelisch«[53].

Die aufgezählten theologischen Deutungsversuche spielen bis zum heutigen Tag in der evangelischen Theologie eine Rolle, wie sich z. B. an der Stellungnahme so verschiedener Theologen wie G. Gloege[54], W. v. Loewenich[55] und W. Pannenberg[56] aufzeigen läßt. In den Verhandlungen zur Agende von 1955 blieb m. W. der theologische Inhalt des Glaubensbekenntnisses außerhalb des Streits. Die Tatsache aber, daß das Apostolicum im liturgischen Leben vieler Landeskirchen seinen festen Platz hat, darf nicht darüber hinwegtäuschen, daß die kritische Theologie zwar in einer Art Burgfrieden über das Thema »Apostolicum« schweigt, in der Forderung nach einer radikalen Entmythologisierung gleichzeitig aber der Sache nach weit über »Schwierigkeiten mit dem Apostolicum« hinausfragt. Entsprechend hat sich auch da, wo am Apostolicum und an den anderen altkirchlichen Bekenntnissen festgehalten wird, das theologische Verständnis des Glaubensbekenntnisses gewandelt: Das Credo wird weitgehend in seiner *doxologischen* Funktion gesehen; das preisende Bekennen und das geistgewirkte Lob beziehen sich dabei nicht bloß auf das geschichtliche Handeln Gottes, sondern auch (und vielleicht sogar eher) auf sein bleibendes und immerwährendes Wesen. Im einzelnen kann diese Interpretation von H. Lietzmann[57]

---

[53] Ebd.

[54] Vgl. *Bekenntnis*, in: *RGG*³ I, 997: »Ein Bekenntnis steht nur insoweit in Geltung, als es die Funktion der Schriftauslegung auszuüben vermag«.

[55] Vgl. z. B. den Einleitungsvortrag zur Rundfunkreihe von G. Rein (Hrsg.), *Das Glaubensbekenntnis. Aspekte für ein neues Verständnis*, Stuttgart 1967, 9f.

[56] Vgl. *Grundzüge der Christologie*, Gütersloh ²1966, 150: »Weil die Intention der entsprechenden Formulierungen des Apostolicums [ergänze: im Blick auf die Aussagen der Jungfrauengeburt] eben in der antidoketischen und antiadoptianischen Funktion zu suchen ist, darum kann jedoch das Apostolicum auch mit der Formulierung ›natus est de Spiritu Sancto ex Maria Virgine‹ im Gottesdienst bekannt werden ohne Verletzung der Wahrhaftigkeit. Der Nachvollzug eines kirchlichen Bekenntnisses ist ja etwas anderes als die Glaubensaussage des Einzelnen. Wer das Bekenntnis der Kirche mitspricht, bekennt sich zur Einheit der Christenheit durch die Zeiten hin, indem er sich in den Zusammenhang der in den Formulierungen ausgedrückten Intention stellt, auch wo die Ausdrucksform als unangemessen empfunden werden muß. Die Kontinuität mit der antidoketischen und antiadoptianischen Funktion der behandelnden Formulierung des Apostolicums ist aber auch von uns durchaus festzuhalten«.

[57] *Apostolikum*, in: *RGG*² I, 446.

über G. Gloege[58], E. Schlink[59], P. Brunner[60] bis zu W. Pannenberg[61] aufgezeigt werden.

Dieser etwas langatmige und trockene Überblick war notwendig, um zu zeigen, in welchem Maße in der Geschichte der Kirche(n) Voraussetzungen geschichtlicher und sachlicher Art gegeben sind im Blick auf eine Neufassung des Glaubensbekenntnisses; es ist auch klar, was für Experimente theologischer und praktischer Art gemacht worden sind, um den Schwierigkeiten zu begegnen bzw. ihnen auszuweichen. Damit ist auch evident, daß das *uns* aufgegebene Problem einer Neufassung tatsächlich eine »alte« Frage darstellt. Die Differenzen zur Gegenwart werden gleich deutlich werden.

IV.

Die Vorzugsstellung der altkirchlichen Glaubensbekenntnisse auch im heutigen Leben der Kirchen darf nicht über die radikalen Bedrohungen[62] hinwegtäuschen, denen sie ausgesetzt sind. So soll zunächst von diesen *grundsätzlichen* »Schwierigkeiten« die Rede sein[63].

Ein erstes Mißverständnis, das zu beseitigen ist, betrifft die Grundauf-

---

[58] G. Gloege, *Bekenntnis V*, in: *RGG*³ I, 994–1000.

[59] *Die Struktur der dogmatischen Aussage als ökumenisches Problem*, in: Ders., *Der kommende Christus und die kirchlichen Traditionen*, Göttingen 1961, 24–79.

[60] Vgl. z. B. den bereits genannten Vortrag *Wesen und Funktion von Glaubensbekenntnissen* (s. Anm. 6).

[61] *Analogie und Doxologie*, in: Ders., *Grundfragen systematischer Theologie*, Göttingen 1967, 181–201.

[62] Was *theologisch* »Bedrohung« des Glaubens heißt und wie diese verstanden werden muß, vgl. bei K. Rahner, *Im Heute glauben* = Theologische Meditationen 9, Einsiedeln ³1966, 24ff.

[63] Diese *fundamentalen* Probleme um das Apostolicum ergeben sich konkret natürlich aus den Verstehensschwierigkeiten *einzelner* Aussagen. Auch wenn diese sich durch die entsprechende theologische Deutung bzw. »Neuinterpretation« beheben lassen (vgl. dazu die mustergültige *meditative* Erschließung des anthropologisch-christologischen Sinnes des Höllenabstiegs-Artikels in dem Referat J. Ratzingers, *Schwierigkeiten mit dem Apostolicum: Höllenfahrt–Himmelfahrt–Auferstehung des Fleisches*, in: P. Brunner u. a., *Veraltetes Glaubensbekenntnis?* 97–123) bzw. eine umfassende theologische Diskussion erfordern (vgl. das Referat von G. Friedrich, *Schwierigkeiten mit dem Apostolicum: Sohn Gottes, empfangen vom Heiligen Geist, geboren von der Jungfrau Maria*, ebd. 65–95), dann folgen aus diesem *notwendigen* Vorgehen prinzipielle Fragen: Erfüllt ein so schwer und mühsam zu interpretierendes Bekenntnis noch seine ursprüngliche Funktion? Ist der »Anlauf« nicht zu groß, um zu einer fruchtbaren Einsicht zu kommen, zumal ein Bekenntnis »kurz« und in gewisser Weise unmittelbar einsichtig sein müßte? Erscheinen die Interpretationen nicht zu sehr als »Umdeutungen«? Diese Fragen bilden den Ort, von wo aus das vorliegende Referat seinen Ausgang nimmt. Die folgenden Darlegungen versuchen eine *erste* Antwort, d. h. sie arbeiten die Bedingungen und den Horizont für eine solche aus.

fassung von »Glaubensbekenntnis« überhaupt. Die alte Kirche sah nie im Symbol nur ein blasses Gerippe aneinandergereihter Einzelsätze mit verschiedenen Glaubensinhalten, denen gegenüber vor allem eine *formale* Glaubenszustimmung abverlangt wird. Das Symbol hatte auch nicht primär den Charakter einer knappen *Zusammenfassung* der christlichen *Lehre*, zuerst maßgebend war auch nicht die bekenntnisschaffende juridische Form einer »Glaubensregel«; das Wesen des Symbols liegt primär nicht einmal darin, »Teil« der kultischen Feier zu sein. Auch die verschiedenen Deutungen[64], die hinter dem Verständnis des Bekenntnisses als eines Zeichens der Rechtgläubigkeit oder kirchenrechtlicher Identifikation stehen (meist ausgesprochen im Vergleich mit einem Losungswort auf militärischem Gebiet oder im Anhalt an einen auf Verpflichtung hin eingegangenen Kontrakt), sind nicht in ihren vordergründigen Aussagedimensionen zu verstehen. Das Bekenntnis sagt eine Wahrheit, die auf Leben und Tod beanspruchen will. Die Übergabe und Rückgabe des Taufbekenntnisses bedeutet die Einweihung in das Heilsgeheimnis des christlichen Glaubens schlechthin. Deswegen wird das Symbol von den Vätern »Symbol des Heils«, »Tor des Lebens«, »himmlisches Wort« und »Sakrament des Glaubens« genannt. Das hörende Empfangen des Glaubensbekenntnisses bei der Übergabe des Taufsymbols ist in sich schon Bundesschluß mit Gott und wichtigste Voraussetzung der Taufe: »Heute, Mensch, ist Dein Leben Gott dargeboten worden«, heißt es in der Symbolauslegung des Chrysologus[65]. Das Ja zum Symbol entstammt also diesem ursprünglichsten »Bekenntnis«, das allein heilschaffend ist. Zugleich ist es Zeichen der Einheit, des Friedens und der Gastfreundschaft unter den Kirchen (so schon bei Tertullian).

Wir dürfen unsere Vorstellungen vom Symbol nicht von defizienten Formen her ableiten, sondern müssen die früheren Verstehensvollzüge differenzierter betrachten: Auch ein Thomas von Aquin wußte um den Unterschied zwischen dem personal angenommenen und realisierten Glaubensbekenntnis und dem »Wortlaut« des Symbols. Er erklärt ausdrücklich[66], daß das Symbol nur durch den konkreten Glauben (in

---

[64] Vgl. dazu J. N. D. KELLY, a.a.O., 57–65; K. E. SKYDSGAARD, *Das apostolische Glaubensbekenntnis als Lehrnorm und als Gotteswort*, in: E. SCHLINK/A. PETERS (Hrsg.), *Zur Auferbauung des Leibes Christi*. Festgabe f. P. Brunner, Kassel 1965, 41–60; E. KINDER, *Die soteriologischen Motive der altkirchlichen Glaubensbekenntnisse*, in: *Lutherische Rundschau* 11 (1961) 20–27.

[65] Vgl. PETRUS CHRYSOLOGUS, *Sermones*, 56–62: PL 52, 354–375. Zitat *Sermo* LXII: PL 52, 373. – Eine gute Interpretation der Symbolpredigten des Petrus Chrysologus findet sich bei K. E. SKYDSGAARD, a.a.O., 46ff. – Wichtig ist noch die Tatsache, daß das Symbol nur mündlich übergeben werden sollte (»non litterae, sed spiritui creditur et mandatur cordi, non chartae«, PL 52, 372).

[66] *S. th.* II–II, q. 1, a. 9 ad 3: »... quod confessio fidei traditur in symbolo quasi ex

Tat und Liebe) der Gesamtkirche getragen werde und nur von hier seine einheitstiftende Lebenskraft gewinne. Schließlich sei es nur dafür geschaffen, damit ein Glaubender, der noch nicht diesen auch praktisch und konkret realisierten Glauben ausübt, zu einer volleren Gestalt des Glaubens gelange.

Ein solches Glaubensbekenntnis konnte in früheren Zeiten eher theologisch intellektualisiert, katechetisch »eingetrichtert«, im alltäglichen Sprachumgang bzw. -gebrauch vernutzt und unbesorgter mehr »doktrinär« vermittelt werden, weil man sich in einer geistig einigermaßen gleichgearteten Gesellschaft befand, die in gewisser Weise als solche das Christentum lebte und von seinen Grundüberzeugungen bzw. »Sitten« imprägniert war[67]. Die Vermittlung des Glaubens durch die Verkündigung konnte so unbefangener dem lebendigen Glaubensvollzug gleichsam etwas nachhinken oder nachträglich dazukommen, weil der Mensch in tausend anderen Bezügen seines individuellen, familiären und öffentlichen Lebens mit dem christlichen Ethos in einem offenen und geheimen Austausch lebte.

Heute ist das anders: Der Mensch lebt innerhalb der pluralistischen Gesellschaft in einer Welt, die nicht selbst von sich her schon ein Stück Christentum mit-vermittelt. Christentum bestimmt nicht so sehr als »Religion« unser Milieu, sondern der einzelne kann heute auf die Dauer nur dann auch öffentlich ein wirklich *aktiver Bekenner* seines Glaubens sein, wenn er aus einer beständigen Erfahrung des Christlichen lebt und das Auszeichnende seines Glaubens genügend deutlich verstehen lernt, durch das er sich von seiner ganz anderen Umwelt unterscheiden soll – gerade dann, wenn er dieser ein glaubwürdiges Zeugnis in Wort und Tat verkündigen will[68].

Von dieser Grundsituation ist auch das Glaubensbekenntnis betroffen. Ja, es wird in einer solchen gesellschaftlichen Lage des Christen entscheidend wichtig, weil es *kurz* das *Wesentliche* des Glaubens in Geist, Herz und Sinn zurückrufen kann und soll. Früher war es vielleicht

---

persona totius Ecclesiae, quae per fidem unitur. Fides autem Ecclesiae est fides formata: talis enim fides invenitur in omnibus illis qui sunt numero et merito de Ecclesia. Et ideo confessio fidei in symbolo traditur secundum quod convenit fidei formatae: ut etiam si qui fideles fidem formatam non habent, ad hanc formatam pertingere studeant«.

[67] Natürlich mußte sich ein überzeugter Christ immer persönlich für die Annahme seines Glaubens »entscheiden«, aber die Intensität des Getragenwerdens im konkreten Leben des Glaubens *auch* durch institutionelle und soziale Elemente war verschiedenartig. Die obige Skizzierung versteht sich als eine erste rohe und unvollkommene Vorzeichnung eines komplexeren Sachverhalts, der sich allerdings als solcher nicht gänzlich leugnen läßt.

[68] Für die folgenden Ausführungen darf ich auf meine genaueren Erwägungen über *Die kirchliche Verkündigung angesichts des modernen Unglaubens* verweisen, in: F. X. Arnold u. a. (Hrsg.), *Handbuch der Pastoraltheologie* III, Freiburg 1968, 636–671.

nicht so schädlich, wenn nicht immer auf die richtigen Proportionen einer solchen Aussage geachtet worden ist: »Sekundäres« konnte sich vordergründig aufspreizen und Wesentliches zurückdrängen. Man kann die Dinge zwar auf verschiedenen Ebenen betrachten, aber Jungfrauengeburt und Höllenabstieg sind *als isolierte Einzelaussagen* heute keine *primär* wichtigen Glaubensinhalte, was nicht heißt, daß sie »unwichtig« wären. Wenn immer eindringlicher zum Bewußtsein kommt, daß der christliche Glaube nicht bloß eine »von außen« an die Menschen herangetragene und von der formalen Autorität des mehr oder minder fraglos angenommenen Lehramtes gestützte »Doktrin« ist, nicht bloß ein logisch stringentes System objektiver Sätze, dann kann man es sich nicht mehr erlauben, jenes *eine Ganze* des Christentums und seinen innersten Grund zu vernachlässigen, was den vielen einzelnen Sätzen erst ihren Sinn gibt und ihren Ort anweist.

Dieses Grundwesen des Christentums – ganz gleich, wie man es interpretiert: die Präsenz des lebendigen Gottes, die Herrlichkeit seiner Gnade, die Nähe des Gottmenschen, das Zeichen der Kirche – ist dem Menschen viel fremder geworden. Die lebendigen Hinweise auf die Realität des Glaubens sind in der gesellschaftlichen Dimension von heute weniger sichtbar und in sich vieldeutiger geworden. Wenn aber keine christlich geprägte »Welt« mehr direkt und indirekt von dieser *einen* Mitte des Glaubens kündet und auf sie hin alles wieder von neuem versammelt, dann ist *eine* wesentliche Voraussetzung dafür geschaffen, daß *einzelne* Glaubenswahrheiten als unverständliche »Behauptungen« oder als bloße ideologische Überlagerungen für ganz andere Interessen und Tendenzen erscheinen können. Wird die (einzelne) religiöse Aussage von ihrem Wurzelboden abgelöst, dann erscheint auch ein in sich stimmiger Komplex verbleibender Einzelsätze leicht als überlebtes Zeremoniell, das zwar noch ehrwürdig und feierlich vor den musealen Kulissen einer zeitenthobenen Liturgie rezitiert wird, aber längst keine verwandelnde Kraft in das Dasein der Menschen mehr bringt.

So wird die Gefahr viel deutlicher, die darin liegt, daß das überkommene Glaubensbekenntnis einzelne, voneinander weitgehend isolierte Ereignisse »summiert« und sie durch das lose gedankliche Schema eines geschichtlich vorgestellten Prozesses aneinanderreiht. Der heutige Christ ist auch dann mißtrauisch gegenüber der Rede von »Heilstatsachen«, wenn er die Bindung seines Glaubens an geschichtliche Ereignisse betont festhält: Diese begründen zwar die Verkündigung, aber man empfängt sie nur durch das Wort (und das Sakrament); es läßt sich für vieles nicht mehr mit historischer Exaktheit ausmachen, »wie es wirklich gewesen ist«; die Einsicht in die *Zweideutigkeit* des Pochens auf nackte geschichtliche Ereignisse allein ist viel zwingender geworden: Irdische

Fakten allein schaffen nicht bloß Glauben, sondern auch Unglauben; das Heil, das in diesen Ereignissen begegnet, muß von Gott selbst eröffnet und kann nur so rettend geglaubt werden.
Dasselbe Grundproblem zeigt sich in einer anderen Perspektive: Je mehr eine Art »Aufspaltung« des Glaubensbekenntnisses in einzelne »Teil«-Aussagen und selbständige »Artikel« geschieht, die je für sich einen eigenen Charakter beanspruchen, desto mehr droht die Gefahr, die je einzelnen Ereignisse sich in einer *falschen* Objektivierung *isoliert* vorzustellen. Ein solches Vorgehen sucht mit einem gewissen Recht eine größere »Anschaulichkeit«. Im Grunde schafft man damit aber keine wirkliche *Konkretisierung* des Glaubens, sondern oft nur die phantasievolle Hilfe einer den *eigenen Vorstellungs*weisen entsprechenden *Vergegenwärtigung* des Glaubens, den man sich dadurch akzeptabel macht. Ein solcher *Glaube an den Glauben* ist aber kein Glaube im strikt theologischen Sinn. Man glaubt ja nicht *an die* »Präexistenz«, *die* »Inkarnation«, *die* »Erhöhung«. Man kommt auf diese Art nur zu ziemlich *abstrakten* Phänomenen der Vorstellung, der Phantasie oder einer historischen bzw. systematisierenden Reflexion (die als solche freilich wiederum ihre Gegentendenzen bei sich hat), aber man kommt so nicht an das *eine* Ganze des konkreten Glaubensvollzugs heran, in dem die einzelnen Bestimmungen und Ereignisse nur Momente sind (von freilich durchaus unterschiedlicher Bedeutung). Eine solche Abstraktion ist natürlich in sich genausowenig ganz vermeidbar wie eine Vereinzelung der Aussagen. Aber jede *allzu unbefangene* Zergliederung des Ganzen und des Grundes allen Glaubens in eine Unzahl von vereinzelten »Inhalten«, die diese Gefährdung *nicht* selbstkritisch mitdenkt und Partikuläres nicht von der radikalen Mitte her zum Vorschein bringt, hilft indirekt mit an einer verhängnisvollen *Verdinglichung* des Glaubens. Diese ist fast unweigerlich die Folge, und zwar hinsichtlich Akt *und* Inhalt des Glaubens. Es geht nicht so sehr um wie Perlen auf einer Schnur aneinandergereihte Fakten, die einen heilsgeschichtlichen Prozeß anzeigen, sondern – um im Bilde zu bleiben – zunächst um den unsichtbaren roten Faden, der das Ganze durchzieht. Von hier aus müssen die einzelnen Aussagen als immer wieder neue Aspekte des einen Grund*wesens* (verbal verstanden) Gottes durchkonjugiert werden. Die christliche Botschaft muß *so* gesagt werden, daß dieses Ganze als Grund und Maß des Glaubens von allem wirklich Zweitrangigen unterschieden werden kann. Der »Zusammenhang« zwischen dem Grund des Glaubens und den einzelnen expliziten Glaubensbestimmungen ist nicht einfach nach dem Muster eines logischen Explikations- bzw. Deduktionsmodells zu verstehen, sondern ist Ausdruck einer *sinnhaften Korrespondenz* zwischen den auch heute unausweichlichen menschlichen Urfragen und der geschichtlichen Antwort des Christentums als Offen-

barungsreligion[69]. Die Vielzahl der einzelnen Glaubenssätze im Bekenntnis könnte dann viel klarer als »etwas« erscheinen, mit dem der Mensch »etwas anfangen« kann. Das Rezitieren eines solchen Bekenntnisses wäre dann auch nicht bloß die gewohnheitsmäßige Pflichtübung eines routinemäßigen und formalen Gehorsams, von Gott geoffenbarten Sätzen seine Zustimmung nicht zu versagen, wobei ein solcher Mensch sich übrigens den konkreten Vollzug seines Glaubens im Grunde auch ohne diese »Formeln« vorstellen könnte. Wenn es so ist – und bei einiger Ehrlichkeit spricht vieles dafür –, dann wären wir nicht bloß weit vom urchristlichen und altkirchlichen Verständnis des Symbols entfernt, sondern dann hätte das überkommene Glaubensbekenntnis auch keine genügende *funktional* wirksame Kraft mehr.

V.

Von hier aus ist auch klar, daß heute nicht so sehr eine materiale *Erweiterung* des traditionellen Glaubensbekenntnisses not tut, sondern vor allem eine *Konzentration* auf die zentralen Aussagen des Christentums hin. Eine solche Konzentration des Glaubensbekenntnisses bedeutet zwar eine gewisse Umstrukturierung, eine innere Versammlung vieler Einzelheiten auf die *eine* Mitte hin, wobei eine solche Zurückführung auf den Ursprung durchaus für die eine oder andere konkrete Aussage ein unscheinbares Zurücktreten im Dienst der *zentralen* Botschaft und das Übernehmen einer diskreten Verdeutlichung zugunsten einer *umfassenderen* Wahrheit unter einem bestimmten Aspekt bedeuten kann. Aber – und dies soll gegen alle falsch verkürzenden Tendenzen überdeutlich gesagt sein – diese Konzentration besagt keine Reduzierung des wirklich verpflichtenden[70], überkommenen Glaubensgutes. Es ist keine Frage, daß eine solche Umstrukturierung im Sinne einer inneren Reduktion (nicht Reduzierung!) alle heute geistig wirklich unvollziehbaren Verstehensmodelle, die nicht mit dem unveräußerlichen Glauben selbst identisch sind, aufgeben muß, daß die Aufnahme der überkommenen Glaubensaussagen in eine neu zu gewinnende radikale Mitte in vielen Fällen nicht ohne Interpretation ihres gewöhnlich vorgestellten

[69] Es kann hier nicht gezeigt werden, wie diese Bestimmung konkret eine *anthropologisch* gewendete Theologie fordert und wie auch eine »Kurzformel« von heute diese Struktur aufweisen muß (vgl. den Entwurf von K. Rahner, dazu unten Anm. 76 und in diesem Band unten 182–184).

[70] Vgl. dazu K. Rahner, *Zur Geschichtlichkeit der Theologie*, in: *Schriften zur Theologie* VIII, Einsiedeln 1967, 88–110; Ders., *Kirche im Wandel, Schriften zur Theologie* VI, Einsiedeln 1965, 455–478. Dazu vgl. nun das offizielle *Schreiben der deutschen Bischöfe an alle, die von der Kirche mit der Glaubensverkündigung beauftragt sind*, hrsg. v. Sekretariat der Deutschen Bischofskonferenz, Trier o. J. [1967], bes. 9ff.

Gehaltes erfolgen kann und daß kritisch unter Einsatz aller legitimen Mittel und Instrumentare zu fragen ist, was zum wirklich unaufgebbaren Grundgut des Glaubens zählt. Auch der neu konzentrierte Glaube darf die überlieferte Substanz nicht preisgeben oder verringern, sondern muß diese mühsam und mit aller Geduld konkret und gleichsam wörtlich durchbuchstabieren, bis die geistgewirkte Kraft solchen Glaubens auch in den entlegenen und vielleicht manchmal vorschnell gemiedenen Winkeln die ursprüngliche Herrlichkeit Gottes und seiner Gnade in Jesus Christus aufleuchten sieht.

Es braucht nicht eigens gesagt zu werden, daß mit dieser Konzentration keineswegs eine verschwommene Einheit eines im Grunde wortlosen und völlig unanschaulichen Glaubens gemeint ist. Ein solches Verständnis würde nicht nur das absolute Ja zum eigenen Bekenntnis als dem in sich allein auf Leben und Tod heilsverheißenden in seinem innersten Wesen verkennen, sondern würde auch die in harten und bitteren Kämpfen früher gewonnenen Einsichten (mit ihren Differenzen!) übersehen und verharmlosen. Aber in der skizzierten Forderung ist allerdings die Überzeugung enthalten, daß es Wahrheiten »gibt«, deren Sinn nur im Akt ihrer konkreten personalen Bejahung und in ihrem wirklichen Vollzug »evident« einleuchtet, und daß das Verstehen ihres Sinnes und die realisierte Affirmation im Ernst nicht voneinander getrennt werden können.

Um dieser Aufgabe zu genügen, müssen notwendigerweise neue Formulierungen der christlichen Glaubensbotschaft erfolgen. Das kann nicht heißen, diese wären schon »Glaubensbekenntnisse« im bisherigen Sinne. Auch ist damit nicht behauptet, solche Neuformulierungen hätten die Funktion, die alten Symbole zu ersetzen. Die alten »Formeln«[71], immer nur repetiert, genügen aber nicht, weil sie unmittelbar kaum mehr den Verständnis- und Erfahrungshorizont des gegenwärtigen Menschen treffen und seinem heutigen Sprachschatz äußerst fremd bleiben. Es wird später noch deutlich werden, daß dieser Satz keine leicht-sinnige Aussage ist. Dies erweist sich schon dadurch, daß eine solche Forderung nach einer neuen Formulierung zwar leicht erhoben werden kann, aber nur sehr schwer zu erfüllen ist. Schon Augustinus hat die Funktion und die Bestimmungen eines Glaubensbekenntnisses sehr gut zusammengefaßt, wenn er sagt: »Das Symbol ist eine durch Kürze ausgezeichnete und doch weitumfassende Grundregel des Glaubens; dadurch kann und soll sie den menschlichen Geist informieren bzw. bilden und darf das Gedächtnis nicht übermäßig beschweren; und weil eine solche Formel in wenige Worte gefaßt ist, wird sie leicht von

---

[71] Zu Sinn und Problematik dieses Begriffs vgl. K. LEHMANN, *Auferweckt am dritten Tag...*, 43–67.

vielen Menschen angeeignet«[72]. Schon diese Definition allein zeigt die ganze Schwierigkeit der Neuformulierung des Glaubensbekenntnisses, so daß davon eigens gesprochen werden muß.

Die Legitimität solcher zu schaffenden »Glaubensformeln« soll zunächst gegen Mißverständnisse abgeschirmt und damit auch sachlich verdeutlicht werden. Ein Blick in das Neue Testament und in die jetzige neutestamentliche Exegese zeigt die reiche Vielfalt der Gattungen, die wir gemeinhin mit dem vagen Begriff »Glaubensbekenntnis« zusammenfassen: enthusiastisch formulierte Akklamationen, die feierlich die Heilstaten Gottes proklamieren; lehrhafte Überlieferungen katechetischen oder paränetischen Charakters; formelhaft geprägte Zusammenfassungen wesentlicher Elemente der urchristlichen Verkündigung mit didaktisch-prosaischem Charakter; kunstvolle, poetische Hymnen, die den Charakter des Lobpreises, des Dankes, des Gebetes und der Anbetung haben. Kurze Glaubensbekenntnisse von ein bis zwei Zeilen stehen neben ausführlichen Hymnen und Doxologien. Hier kann leider nicht auf die vielen Formen und Gattungen eingegangen werden, um ein plastisches Bild dieser Variationsbreite der urchristlichen Botschaft *innerhalb* des »Bekenntnisses« zu bieten[73]. Sie finden Verwendung in der gottesdienstlichen Versammlung, in der Katechese, vor allem in der Taufvorbereitung, entstammen der Taufe, dem Exorzismus, der Auseinandersetzung mit Heiden, Juden und Häretikern, der Verfolgungssituation, der Gemeindepredigt und schließlich später auch dem Zeugnisgeben vor dem weltlichen Richter. Solche »Kurzformeln« richten sich auch in der Formulierung am Adressaten aus: Sie haben eine verschiedene Gestalt bei den aramäisch sprechenden Judenchristen, bei den griechisch sprechenden Judenchristen und bei den Heidenchristen – und doch kommen alle, ohne daß man ein leicht faßliches Grundschema entdecken kann, im Wesentlichen überein: Sie sind freie, öffentliche, gemeinsame, für den Bekennenden verbindliche, proklamatorische und mehr oder weniger feierliche Verkündigung mit Zeugnischarakter.

Lassen also das Urchristentum und die alte Kirche bis ins frühe Mittelalter eine gewisse Vielfalt solcher Verkündigungsformeln zu, dann ist bei aller Differenz zu diesen Epochen nicht einzusehen, warum nicht auch heute wieder »Kurzformeln« entstehen sollten, die das Grundwesen der christlichen Botschaft verständlich und kurz zum Ausdruck bringen. Wir stellen die Frage nach dem Verhältnis solcher »Kurzformeln« zu den geltenden großen Symbolen für einen Augenblick zurück, um uns

---

[72] *Sermo* 213, 1: PL 38, 1060. Vgl. *Sermo* 213, 1, ebd. 1066, wo die Zielbestimmung des Symbols heißt: »ut fides vestra aedificetur et confessio praeparetur et memoria non gravetur«. Vgl. überhaupt die *Sermones* 212–215.

[73] Dazu ausführlicher K. Lehmann, a.a.O., 43–60.

noch deutlicher den Forderungen für eine solche Verkündigungsformel zu widmen.

Eine solche Glaubensformel ist heute viel schwieriger zu formulieren als früher. Sie darf nicht zu lang sein, braucht aber vielleicht auch nicht so kurz zu sein wie das Apostolicum. Ihre Wiederholung darf nicht langweilig werden: Sie muß dem vielbeschäftigten und zerstreuten Menschen nüchtern immer wieder das Wesentliche seines Glaubens sagen können. Solche neuen Formulierungen sind vielleicht kurzlebiger als frühere »Lehrsummen«; sie müssen sich außerdem stärker differenzieren je nach den geistig, gesellschaftlich und kulturell verschiedenen Bereichen; sie müssen möglichst unmittelbar für das Daseinsverhältnis des heutigen Menschen passen; sie dürfen nicht allzuviel voraussetzen, was erst noch einer langen Erklärung bedarf, sondern müssen ihre Evidenz gleichsam selbst mitbringen, um so »werbend« sein zu können, Herz und Geist des Menschen zu treffen und auch in das (augustinisch verstandene) »Gedächtnis« eingehen zu können.

Eine solche Glaubensformel wird also nicht gleich nach dem ersten Wort »Ich glaube« zu den Einzelinhalten dieses Glaubens übergehen können, sondern wird zunächst vielleicht eine *Einführung* in diesen Glauben versuchen, zeigen, wie er die *eine* volle Antwort auf die unausweichliche Urfrage der menschlichen Existenz ist. Es muß darin gleich *erweckend* gezeigt werden, daß der Mensch sich als totaler Frage nicht ausweichen kann und daß er im Geheimnis Gottes zur Möglichkeit höchster Sinnerfüllung kommt. Eine »Glaubensformel« von heute muß also viel tiefer und »früher« ansetzen als ehedem. Sie kann nicht einfach voraussetzen, daß der Hörer oder Leser allein schon unter dem *Wort* »Gott« das darin Gemeinte versteht, und sie kann auch nicht ohne weiteres mit der mittelalterlichen Theologie annehmen, das »Wesen« Gottes (»quid est Deus«) sei *allen* klar, es könne höchstens noch nach der Existenz dieses Wesens (»an sit«) gefragt werden. Eine solche »Formel« wird heute auch in einer Welt gesagt, die zum erstenmal in der Geschichte des Christentums radikal von einem weltweiten Atheismus geprägt wird. Die Anknüpfungspunkte für eine Verkündigung des Christlichen sind in einer säkularisierten Welt nicht mehr so leicht zu finden und überzeugend darzulegen (man denke nur an die wachsende Symbolblindheit, die Frage der »Kultfähigkeit«, den intensiven Ideologieverdacht usf.). Mit einer formellen Definition der religiösen Sachverhalte allein ist nichts gewonnen, weil eine solche selbst wieder viele Fragen aus sich entläßt. Die neue Glaubensformel muß einen solchen Ansatz gewinnen, daß der Mensch in seinem eigenen Daseinsvollzug erfährt, was mit »Gott«, seiner »Gnade«, »Jesus Christus« *gemeint* ist, und daß er von hier aus zu einem Bekenntnis kommt, das ihn dynamisch weiterführt in die *größere* Fülle des Glaubens.

Eine solche Verkündigungsformel muß dafür Sorge tragen, daß dem Christen von heute bei all der differenzierten Theologie, bei dem oft vielleicht nicht sonderlich einladenden Erscheinungsbild der Kirche (sei dies die Verkündigung in Kirche und Schule, die private und öffentliche religiöse Praxis, die gesellschaftspolitische Rolle der Kirche) und bei all unserem frommen und unfrommen »Betrieb« der *alleinige Grund* unseres Glaubens zum Bewußtsein kommt. Wir sehen oft vor lauter Bäumen keinen Wald mehr und erblicken nur selten die *Fundamente*, welche dem komplizierten Gebäude der christlichen Lehre überhaupt erst Halt und Grund geben, es in seinem konkreten Reichtum und in seiner Fruchtbarkeit für das alltägliche Leben produktiv aufschließen und *so* zu einer missionarischen Glaubwürdigkeit bringen. Der Entwurf einer solchen Glaubensformel muß von einer verzehrenden Leidenschaft für Gott gezeichnet sein – und für sonst nichts. Alles andere zerstreut. *Er* ist unser Maß, nicht unsere Meinungen, auch nicht unsere Theologie, nicht einmal die Dogmen oder die Kirche(n). Eine *solche* »Konzentration« der christlichen Botschaft muß uns Christen und unser konkretes Christentum beschämen und kritisieren, damit Gottes Gnade nicht mit unseren Ideologien verwechselt werden kann. Auch hier muß eine Differenz offenbleiben zwischen dem ursprünglichen Glauben in der Mitte der Existenz durch den Geist Gottes und dem begrifflich-objektivierten Formulierten.

Das mag genügen, um die Notwendigkeit einer solchen Neuformulierung einsichtig zu machen. Die Theologie von heute erkennt gerade in ihren besten Vertretern dieses Anliegen. Y. Congar und E. Schillebeeckx haben anläßlich eines Interviews über die nach ihrer Ansicht wichtigsten Aufgaben in dem vom Papst vorgeschlagenen »Jahr des Glaubens« unabhängig voneinander die Forderung nach einer solchen *Konzentration* des Glaubensgutes erhoben[74]. Das Konzil selbst kam nicht ausdrücklich zu einer solchen Verkündigungsformel, wenngleich z. B. gerade bei der Erörterung der Dringlichkeit der Mission ein sehr kurzer Text eine solche knappe Unterweisung versucht: »... damit der Mensch verstehe, daß er, der Sünde entrissen, in das Geheimnis der Liebe Gottes eingeführt werde, der ihn zu seiner persönlichen Gemeinschaft in Christus ruft«[75]. Auf seiten der gegenwärtigen evangelischen Theologie kenne ich keinen ausdrücklichen und ausführlichen Entwurf eines solchen »Glaubensbekenntnisses«, nicht einmal die Forderung danach, obgleich ich hier nicht mit genügend sicherer Information sprechen

[74] Vgl. die Interviews von Y. Congar, E. Schillebeeckx und K. Rahner in den *Informations catholiques internationales*, Nr. 290 v. 15. 6. 1967, 16–19.

[75] Missionsdekret Nr. 13. Vgl. zu dieser Nummer den Kommentar von D. Grasso, *Die missionarische Verkündigung*, in: J. Schütte (Hrsg.), *Mission nach dem Konzil*, Mainz 1967, 191–204, der sich allerdings nicht näher mit dem zitierten Text befaßt.

kann. K. Rahner hat wohl zuerst einen solchen »Inbegriff des christlichen Glaubens« nicht bloß gefordert, sondern auch zugleich als erster geboten[76]. Aufgrund seiner Anregung hat der französische Jesuit F. Varillon im Oktoberheft 1967 der Zeitschrift »Études« einen solchen Abriß des katholischen Glaubens veröffentlicht[77]. Unabhängig von diesen beiden Versuchen hat das Sekretariat für die Nicht-Christen, das Paul VI. gegründet und dem italienischen Kardinal Marella anvertraut hat, im Jahre 1967 unter dem Titel »Die Hoffnung, die in uns ist«[78] eine kurze Darlegung des katholischen Glaubens herausgebracht.

Es sollte hier nur aufgezeigt werden, daß wirklich, wenigstens in Ansätzen, etwas geschieht; es ist aber unmöglich, diese z. T. – abgesehen von K. Rahners Versuch – auch *zu umfangreichen* Darlegungen vorzuführen oder zu würdigen. Es ist keine Frage, daß der Entwurf eines solchen Glaubensbekenntnisses von Grund auf eine entsprechende Theologie voraussetzt, die es wagt, ihre schöpferische Kraft in Konfrontation mit dem heutigen Daseinsverständnis zu erproben. Es braucht auch kaum gesagt zu werden, daß der Ort Christi in einer solchen Verkündigungsformel *das* zentrale Problem schlechthin bleibt. Es ist kein Zweifel, daß F. Varillon und die römische Darlegung *zu unvermittelt* mit der Person Jesu Christi einsetzen. Auch wenn man selbst diesen Primat Christi theologisch und praktisch sehr unterstützt und intendiert, wird man doch zögern, allzu schnell die Formel von der »Menschwerdung des Wortes (Sohnes) Gottes« zu gebrauchen. Diese Aussage ist ja ohne weitere Erklärung nicht bloß nicht leicht zu verstehen, sondern sie kann sogar schnell mißverstanden werden.

Wer sich näher mit diesen Versuchen einer Kurzformel abgibt, wird bald den Unterschied zu den überkommenen Glaubensbekenntnissen entdecken. Die jetzigen Versuche sind noch recht spröde und langatmig, sie sind Ausdruck einer vielleicht eindrucksvollen *Theologie*, die aber dennoch gemeinkirchlich (noch) nicht genügend rezipiert ist; sie sind

---

[76] Vgl. zuerst *GuL* 38 (1965) 374–379; erweitert unter dem Titel *Die Forderung nach einer »Kurzformel« des christlichen Glaubens*, in: *Concilium* 3 (1967) 202–207, jetzt aufgenommen in *Schriften zur Theologie* VIII, 153–164. – Die hier von K. Rahner aufgestellte Forderung nach einer »Kurzformel« und der Versuch eines konkreten Entwurfs erfolgten ganz unabhängig von der Frage einer »Neufassung des Glaubensbekenntnisses« und erwähnen diese Problematik überhaupt nicht.

[77] *Un abrégé de la foi catholique*, Sonderdruck, Paris 1967, 26 pp. – Vgl. dazu in diesem Band 184–186.

[78] *L'espérance qui est en nous. Brève présentation de la Foi catholique. Secretarius pro non Christianis, Supplément* N. 1 au *Bulletin*, Vatican 1967, 38 pp. Dieses römische Exposé hat natürlich mehr den Charakter einer »Information«, müßte aber auch in dieser Hinsicht mehr (in zunächst absichtsloser, aber doch missionarischer Sorge) um konkretes und »werbendes« Verständnis der christlichen Botschaft bemüht sein; vgl. dazu auch unten 191.

sehr von den jeweils persönlichen Reflexionen über den Zugang zum Phänomen des Glaubens abhängig; sie sind also im Grunde keine »Glaubensbekenntnisse« in dem vorher erwähnten Sinne. Sie erheben auch den Anspruch auf eine solche Rezeption nicht und wollen bewußt *Versuche* in Richtung einer Verkündigungsformel sein. Da im übrigen – den hypothetischen Fall eines zukünftigen, neuen Glaubensbekenntnisses einmal ernst genommen – dieses sicher eine andere Sprache, einen anderen gedanklichen Gang und andere Strukturen haben wird, läßt sich anderseits aus dem Vergleich mit den überkommenen Glaubensbekenntnissen allein nicht allzuviel ablesen. Wichtig ist, daß solche Experimente einmal als Dringlichkeit gesehen und faktisch versucht werden. K. Rahner sagt von seinem eigenen Entwurf: »Er ist nur dazu da, daß es viele schnell viel besser machen«[79].

Man sollte anderseits die potentiellen Entwicklungschancen solcher »Glaubensbekenntnisse« nicht von vornherein in einer Art von geheimem Defaitismus unterschätzen. Auch die offiziellen Glaubensbekenntnisse der Kirchen enthalten viele Elemente, die lange Zeit einen »privaten« Charakter hatten und die nicht selten sogar unter einem gewissen Verdacht standen (vgl. die amtlichen christologischen Begriffe!). Solange ein Theologe – wenigstens nach katholischem Verständnis – nach dem Urteil der Kirche auf dem Boden des universalkirchlich verpflichtenden Glaubensbewußtseins steht und in dieser Haltung ein solches »Glaubensbekenntnis« formuliert, leistet er vermutlich überhaupt nicht bloß eine reine *Privat*arbeit. Er *bietet* seine Erwägungen einmal dem Glaubensbewußtsein der Kirche *an;* die offizielle *Rezeption* im Sinne eines amtlichen Glaubensbekenntnisses der Kirche ist dann erst ein letzter Schritt.

Hier wird auch evident, daß ein solches »Glaubensbekenntnis« nicht einfach nur in der theologischen Retorte »gemacht« werden kann. Gerade wenn man den »Sitz im Leben« der kirchlichen Bekenntnisse in den Blick nimmt, drängt sich die Begrenzung aller intellektuell-theologischen Konstruktionsmöglichkeiten überdeutlich auf. Es braucht das günstige Zusammenfallen vieler Momente, bis sich ein »Sagenkönnen« ereignet, das die Kirche als *gemeinsame* Antwort auf die göttliche Einladung zum Glauben annehmen kann. Doch darf diese Begrenzung auch nicht kopfscheu und stutzig machen, wenn z. B. in den heutigen

---

[79] Schriften zur Theologie VIII, 159. – Der Begriff »Kurzformel«, den Karl Rahner gebraucht, hat eine kleine Vorgeschichte, die nicht ganz uninteressant ist. Martin Luther hat nämlich im Jahre 1520 unter dem gemeinsamen Titel *Eine kurze Form der 10 Gebote, D. M. Luther. Eine kurze Form des Vaterunsers* (vgl. WA 7, 204–229) verfaßt. *Eyn kurcz form des Glaubens* (vgl. ebd. 204f., 214–220) ist eine Auslegung zu den drei Artikeln des Apostolicum. Vgl. auch WA 10/II, 388–395 (*Betbüchlein*, 1522), wo Luther die »Kurzformen« wieder aufgreift. Vgl. WA 10/II, 333, 338, 351.

Versuchen einer »Kurzformel« etwas ungewohnte und fremde Begriffe der theologischen Reflexion auftauchen. Auch die altkirchlichen Bekenntnisse haben ziemlich intensiv konkrete »Theologie« ihrer Zeit betrieben. Es bleibt freilich eine besondere Stunde der Gnade in der Kirche, wenn ein solches Sagen gelingt, das Theorie und Praxis des Christlichen im gottesdienstlichen Bekenntnis zusammenfügt. Nichts verbietet es uns aber, auf einen solchen Kairos zu hoffen und indessen – was uns anlangt – mit allen Kräften an dem Auftrag einer solchen »Verkündigungsformel« zu arbeiten.

VI.

So ist nun nochmals auf das Apostolicum zurückzukommen. Es ist aus vielen Gründen einsichtig geworden, daß die notwendigen Verkündigungsformeln die alten Glaubensbekenntnisse der Kirche nicht verdrängen oder gar ersetzen. Sie wollen dies auch gar nicht. Dennoch kann die *Möglichkeit* einer »Neufassung« unter bestimmten Voraussetzungen durchaus offengelassen werden, ohne daß damit direkt eine formelle Konkurrenz zu den amtlichen Bekenntnissen der heutigen Kirche postuliert werden müßte. Es läßt sich z. B. durchaus denken, daß ein solches »Bekenntnis« nur innerhalb einer Partikular-Kirche zur Geltung kommt. Eine solche Neufassung müßte natürlich den vom Apostolicum intendierten *Sinn* – wenigstens der wesentlichen Aussagen – zum Ausdruck bringen. Wird diese Möglichkeit aufrechterhalten, so muß aber zugleich mit derselben Deutlichkeit gesagt werden, daß *wir* deswegen die »Abschaffung« und »Destruktion« der überkommenen Glaubensbekenntnisse nicht aktiv zu betreiben haben. Im Gegenteil. Je stärker nämlich ein legitimer Pluralismus von Verkündigungsformeln in den Kirchen sich durchsetzen wird, um so dringlicher wird die wirkliche Einheit des auch worthaften Bekenntnisses der Kirche. Der Glaube muß sich – wenigstens nach katholischer Überzeugung – im Wort des Bekenntnisses artikulieren, gesagt werden können und darf nicht in die wort- und bildlose, unerreichbare Ferne absoluter Unanschaulichkeit verschwinden. Die heutigen Kirchen sind immerhin noch durch dieses ihnen gemeinsame Bekenntnis miteinander verbunden. Es ist außerdem äußerst zweifelhaft, ob zwischen den Christen andere gemeinsame Sätze überhaupt noch gefunden werden könnten, wo es schon nicht feststeht, ob die uns wenigstens im Wortlaut gemeinsamen Aussagen genügend gemeinsam verstanden werden und nicht durch die entgegengesetzten übrigen theologischen Erklärungen so verändert werden, daß von einer wirklichen Gemeinsamkeit in den fundamentalen Aussagen keine Rede mehr sein kann. Jeder, der die Geschichte der Basisformel des Weltkirchenrats kennt, wird nachdenklich werden[80]. Außerdem ist es äußerst fraglich, ob eine »neue« Bekenntnisbildung – vielleicht in allen Kirchen – von dieser umfassenden Weite überhaupt möglich ist. Dieses Thema kann hier nicht mehr näher erläutert werden, man denke aber an die Probleme des Barmer Bekenntnisses und an die Struktur der Konstitutionen, Dekrete usf. des Zweiten Vatikanischen Konzils.

Dennoch *bleiben* die Schwierigkeiten mit vielen Aussagen des Apostolicum, vielleicht sogar mit dem Ganzen in der Art seiner Komposition. Aber vielleicht dürfen wir am Ende auch ein *produktives* Element in dem Nicht-mehr-verstehen-Können betrachten. Wir tun zunächst aus wirklich *pastoraler* Sorge gut daran, uns beständig zu fragen, ob unsere Verkündigung bei den Menschen von heute »ankommen« kann und ob sie personal realisierbar sei. Dieser Kanon ist freilich nicht das einzige Kriterium christlicher Verkündigung. Gerade das deutliche Bewußtsein von der Endlichkeit und Kontingenz des menschlichen Wissens, das wir heute haben, müßte uns auch vorsichtig machen. Wir müssen im Begriff des »Fremdgewordenen« differenzieren. Wenn das Frühere das absolut Nicht-Assimilierbare geworden ist, ist der Fall leicht. Aber wenn das Fremde zunächst einmal das andere ist, das wir eben nicht kennen, das vielleicht in beständiger Meditation, mit aller wissenschaftlichen Arbeit und auch im Gebet gleichsam belagert sein will, bis es sein Geheimnis preisgibt und sich dann als ein Segen herausstellt, der uns wirklich gerade in seiner Fremdheit und Andersheit etwas Neues sagen kann? Wenn es etwas wäre, was wir zwar noch nicht oder nicht mehr wissen, das gerade deswegen aber hilft, weil es uns auch von uns selbst befreit? Eine solche Bereicherung kann ein mühsamer und schmerzlicher Prozeß sein. Aber ist das ein Argument dagegen? Auch die erwähnte Einsicht ist ein Grundsatz der heute vielzitierten Hermeneutik, gerade da, wo diese am modernsten ist. Es wäre gefährlich, wollten wir immer nur das aus der Heiligen Schrift und aus der kirchlichen Überlieferung heraushören, was *uns* paßt. Vielleicht wäre Christus dann nur die Initialzündung zur Erfüllung unserer eigenen Tagträume, nur das Stichwort der Hoffnungen unserer Umwelt und so nicht mehr der Herr unseres Lebens, dem wir zu dienen haben.

Dieselbe Struktur zeigt sich in einer anderen Hinsicht. Wir haben oben mit Thomas gesagt, daß das Glaubensbekenntnis vom Gesamtglauben der Kirche lebt[81]. Es wird immer eine Spannung bleiben zwischen dem

---

[80] Vgl. dazu bes. W. THEURER, *Die trinitarische Basis des ökumenischen Rates der Kirchen*, Bergen-Enkheim 1967; dort findet sich eine genaue historische und systematische Interpretation der Basisformel (mit umfangreicher Lit.). Vgl. auch R. BULTMANN, *Das christologische Bekenntnis des Ökumenischen Rates*, in: DERS., *Glauben und Verstehen* II, Tübingen ³1961, 246–261.

[81] Vgl. oben Anm. 66.

individuellen Glaubensbewußtsein und dem Glauben der Kirche selbst, wie ja auch dieses kollektive Glaubensbewußtsein der Kirche nicht in *allen* Dimensionen zu allen Epochen mit sich identisch bleibt. Der einzelne weiß doch immer, daß er den Glauben der Kirche nicht adäquat eingeholt hat, er trifft immer eine »subjektive« Auswahl seines Glaubens, vieles überläßt er seinem impliziten Glauben, er weiß um diese legitime Differenz des individuellen und des kollektiven Glaubensbewußtseins. Weil dieser einzelne aber um diese größere, vielleicht verborgene Glaubenserfahrung der Gesamtkirche weiß, wird er der einen oder anderen Glaubenswahrheit, die er in Differenz zu seinem persönlichen Glauben sieht, nicht einfach dezidiert widersprechen. Bei auftretenden Schwierigkeiten kann man sich durchaus zu einer solchen legitimen Differenz bekennen, anstatt über das Ziel hinauszuschießen durch eigentliche und formelle Leugnung einer Glaubenswahrheit. Wer sich für das größere kollektive Glaubensbewußtsein der Kirche offenhält, wird unbefangen um diese Differenz wissen und sie annehmen können. Ein ähnliches Verhalten mag der einzelne auch einnehmen im Verhältnis zu Schwierigkeiten, die ihm die überkommenen Glaubensbekenntnisse heute bereiten.

Von hier aus braucht man nicht bei Glaubensschwierigkeiten (oder sogar Glaubenszweifeln) mit dem Apostolicum zu einer fundamentalen Kritik oder zu einem großen Reinemachen anzusetzen. Ich sehe hier durchaus eine *positive* Vermittlungsmöglichkeit zu den kritischen Bedenken, die G. Friedrich in seinem Vortrag zu der Jungfrauengeburt geäußert hat[82]. Wer an ein bestimmtes »Dogma« aus echten Gewissensgründen nicht glauben kann – soweit dieses keinen fundamentalen Rang hat –, kann dennoch ein Christ sein, wenn er nur diese ihm »fremde« Glaubenswahrheit nicht radikal ablehnt und ihr definitiv widerspricht. Es wäre zu einfach, wollte man dieser Haltung gegenüber in einer Art von wildem Radikalismus die »intellektuelle Redlichkeit« beschwören, die angeblich darauf bestehen muß, eine solche unvollziehbare »Sache« einfach für sich geistig zu beseitigen. Demgegenüber muß auf das eben über das »Fremdgewordene« Gesagte hingewiesen werden: Es ist auch ein Zeichen tatsächlich verantworteter und in den Grenzen der menschlichen Endlichkeit auch konkret verantwortbarer »intellektueller Redlichkeit«, wenigstens »ad interim« bei einem im Augenblick »Unverständlichen« zu verweilen, es einstweilen in einer mutigen Entschei-

---

[82] Vgl. sein Referat *Schwierigkeiten mit dem Apostolicum*... (s. Anm. 63). – Eine weitere Beschäftigung mit den Ausführungen von G. Friedrich müßte sich genauer auf dessen exegetische Position einlassen, was nicht Aufgabe dieses Beitrags sein konnte. – In den unmittelbar folgenden Darlegungen greife ich auf einige Gedanken K. Rahners zurück, vgl. *Zur Theologie des ökumenischen Gesprächs*, in: *Schriften zur Theologie* IX, Einsiedeln 1970, 34–78.

dung, die der Geduld und einem noch offenen und unbekannten Erkenntnisprozeß den Vorrang gibt, gleichsam auf sich beruhen zu lassen und gleichzeitig mit allen Mitteln an einer positiven Bewältigung des aufgegebenen Problems zu arbeiten. Vielleicht gewinnt man bei dieser Art von Vorgehen von selbst auch dann die rechte Gelassenheit – die sich abgrundtief von einer laxen Gleichgültigkeit unterscheidet –, wenn man lange auf einer schier endlosen und vergeblich scheinenden Suche bleiben muß.

Eine ähnliche Anweisung gibt wohl auch das Zweite Vatikanische Konzil im Ökumenismus-Dekret (Nr. 11): »Beim Vergleich der Lehren miteinander soll man nicht vergessen, daß es eine Rangordnung oder ›Hierarchie‹ der Wahrheiten innerhalb der katholischen Lehre gibt, je nach der verschiedenen Art des Zusammenhangs mit dem Fundament des christlichen Glaubens.« Die einzelnen Wahrheiten sollten eher nach ihrem inneren Gewicht gewogen und nicht bloß quantitativ gezählt werden[83]. Das heißt zuletzt sogar, daß *diese* Gewichtigkeit einer christlichen Wahrheit nicht ohne weiteres identisch ist mit dem konkreten theologischen Verbindlichkeitsgrad (sofern man diesen überhaupt genau feststellen kann, was ja auch wiederum Ausdruck einer in manchem zufälligen geschichtlichen Kontingenz ist!). Die Ordnung des Zieles ist nicht identisch mit der Ordnung der Heilsmittel, sagt die klassische Schultheologie. So gilt auch beim konkreten Umgang mit Schwierigkeiten im Apostolicum, daß nicht jede Wahrheit für sich und im Verhältnis zu anderen immer und in jedem Fall dieselbe Bedeutung und dieselbe konkrete Wirksamkeit im realen Leben der Menschen haben muß. Das zeigt sich auch im Umgang mit dem Glaubensbekenntnis der Kirche. Die Nähe zu dem gemeinsamen »Fundament« kann wechseln (z. B. auch je nach der phasenspezifisch verschiedenen Altersstufe der Gläubigen), so daß die Rede von einer »Randfrage«, von »Sekundärem« usf. problematisch bleibt. Der »Stellenwert« ist eine sehr relative Größe, weil er nur gültig ist innerhalb des Bezugssystems.

Auch aus einem anderen und weiteren Grund ist eine solche *konzentrierende* Sicht auf die »Hierarchie der Wahrheiten« sinnvoll: Die Entscheidung über die aktive Zugehörigkeit zu einem bekenntnismäßigen Christentum wird sich in Zukunft mehr und mehr im Bereich der fun-

---

[83] Vgl. die Kommentare zum Ökumenismusdekret, vor allem W. Becker, in: *LThK Vat. II*, II, 88ff.; Y. Congar/H. Küng/D. O'Hanlon, *Konzilsreden*, Einsiedeln 1964, 140–143, 142f. bringen die sehr wichtige Intervention des Erzbischofs A. Pangrazio von Görz, die für das heutige Verständnis des Textes wichtig ist; H. Mühlen, *Die Lehre des Vaticanum II über die »hierarchia veritatum« und ihre Bedeutung für den ökumenischen Dialog*, in: *ThGl* 56 (1966) 303–355; Vgl. dazu jetzt auch J. Ratzinger, in: *Internationale Theologenkommission, Die Einheit des Glaubens und der theologische Pluralismus* = Horizonte NF 7, Einsiedeln 1973, 43ff. – K. Rahner hat wohl als erster immer wieder auf diesen Text und seine Bedeutung aufmerksam gemacht.

damentalen Wahrheiten vollziehen; in diesem Sinne wird sich die Bekenntnisfrage um viel zentralere Momente der Mitte des Christlichen herum radikalisieren. Um so ernster wird die Forderung nach entsprechenden »Glaubensformeln« *und* nach einer konzentrierten Auslegung des überkommenen Glaubensbekenntnisses.

Ein weiteres Element, das beachtet werden will, ist der *doxologische Charakter der überkommenen Glaubensbekenntnisse.* Die Erzählung von Gottes rühmenden Taten in der Geschichte des Heils, die nur scheinbar ganz von unserem Daseinsverständnis und unserer Welt absieht, will ein Lobpreis Gottes sein. Auch das gehört zum Bekenntnis, daß der Bekennende einmal wirklich von sich absieht und allein auf Gott hinblickt, daß er endlich einmal nicht immer nur von sich redet, sondern im Ereignis der Anbetung sein Ich und die aufsässige Neugier seines Fragens (mit aller begrifflichen Eindeutigkeit seines Reflektierens) zum Opfer bringt und gleich Petrus in die Knie fällt: »Du bist der Christus, der Sohn des lebendigen Gottes!« Dem urchristlichen Bekenntnis ist dieser Lobpreis ein Lebenselement: Insofern die traditionellen Glaubensbekenntnisse diesem Wurzelboden entstammen und aus ihrer eigenen großen Geschichte her die Verheißung in sich bewahren, daß auch wir Spätlinge glaubend und betend – allerdings nur so – endlich einmal von uns selbst loskommen und in Jubel, in Dank und Lob einstimmen – insofern *dürfen* wir sie *nicht* abschaffen; wir stünden sonst allmählich mit leeren Händen da. Vernunft, die sich so »bewußt« überwältigen läßt, ist nicht unkritisch, wenn sie in die Knie sinkt.

Ein letzter Gesichtspunkt für unser Verhalten zu den Glaubensbekenntnissen sei noch erwähnt. Dieser Gedanke ist aus einer Besinnung über die Theologie des heiligen Paulus erwachsen[84]. Der Römerbrief des hl. Paulus ist z. B. nach Auffassung des evangelischen Exegeten H. Conzelmann[85] auf weite Strecken hin ein Kommentar zum überkommenen Glauben, wie er sich schon in den vorpaulinischen Bekenntnisformeln findet. Der Apostel greift nur selten durch Ergänzungen in die überlieferten Formeln ein. Es bleibt auch erstaunlich, daß Paulus z. B. keine spezifisch eigene, »neue« Christologie bietet. Die Glaubensbekenntnisse bieten ihm einen selbstkritischen Anhalt für seine christologische *Reflexion.* Dennoch bleibt er nicht einfach bei den Formeln stehen. Das Credo selbst wird nun in der theologischen *Entfaltung* kühn bis in die letzten anthropologischen Konsequenzen hinein verfolgt und auf das konkrete Dasein bezogen. Die objektiven Aussagen des Glaubensbekenntnisses über Christus sind für Paulus offenbar erst wirklich ausgelegt, wenn der Gläubige sich in diesen Formeln versteht. Paulus ist in

---

[84] Vgl. Näheres dazu bei K. Lehmann, *Auferweckt am dritten Tag ...*, bes. Kap. 1.

[85] *Grundriß der Theologie des Neuen Testaments*, München 1967, 187 u. ö. Vgl. auch N. Gäumann, *Taufe und Ethik. Studien zu Röm 6* = BEvTh 47, München 1967.

dieser Beziehung ein Vorbild gewesen und zeigt exemplarisch, wie am Leitfaden der Glaubensbekenntnisse in das Wesen des Christentums eingeführt werden kann. Und wenn es heute dringlich ist, neue Kurzformeln der Botschaft des christlichen Glaubens zu schaffen, dann ist es nicht weniger bedeutsam, in immer wieder neuem Bemühen das überkommene Glaubensbekenntnis der Kirche auszulegen. Dafür gibt es in den Kirchen von Paulus über Ambrosius, Augustinus, Chrysologus, Luther und Melanchthon bis auf unsere Tage zu Karl Barth[86] und W. Pannenberg[87] eine große gemeinsame Tradition. J. Ratzinger hat uns erstmals nach längerer Zeit auch auf katholischer Seite eine solche »Explanatio symboli apostolorum« vorgelegt[88].

Wir sind am Ende unserer Überlegungen[89]. Bedarf das Glaubensbekenntnis einer Neufassung? So hieß unsere Frage. Antwort: Ja, insofern es durch neue konzentrierte und konzentrierende »Glaubensformeln« entscheidend ergänzt bzw. entlastet werden kann und insofern es selbst als vorgegebener Text mehr noch als bisher von einer grundsätzlichen theologischen und d. h. auch kerygmatisch orientierten Auslegung begleitet sein muß. Geschieht dies, dann kann es getrost in seiner »Fassung« bleiben und uns mit der bald zweitausendjährigen Geschichte des Christentums in engster Zusammengehörigkeit halten. Wird dies zugestanden, dann kann der Christ auch mutig offenlassen und es Gott und dem Gang der Geschichte überlassen, ob eine wirkliche »Neufassung« des Glaubensbekenntnisses möglich und wirklich wird.

---

[86] Vgl. K. Barth, *Credo. Die Hauptprobleme der Dogmatik dargestellt im Anschluß an das Apostolische Glaubensbekenntnis*, München ³1935; Ders., *Dogmatik im Grundriß*, Zürich 1947; Ders., *Das Glaubensbekenntnis der Kirche. Erklärung des Apostolikum nach dem Katechismus Calvins*, Zürich 1967; vgl. weitere Beispiele: H. Vogel, *Das nicaenische Glaubensbekenntnis. Eine Doxologie*, Berlin 1963; W. Stählin, *Zusage an die Wahrheit*, Kassel 1952, dasselbe unter dem Titel *Das Bekenntnis der Kirche*, Berlin 1954; einen originellen Versuch einer allerdings radikalen Neuinterpretation unternimmt F. Buri, *Basler Bekenntnis heute*, Zürich 1959; vgl. zum Basler Bekenntnis von 1534 und zu Buris Interpretation 7ff. Vgl. auch das schöne Büchlein von H. Dörries, *Das Bekenntnis in der Geschichte der Kirche*, Göttingen ²1947. – Zu der altkirchlichen Gattung »expositio/explanatio symboli« vgl. F. Kattenbusch, *Das Apostolische Symbol* II, 433–471. Zu Martin Luthers Auslegungen des Glaubensbekenntnisses vgl. die Liste bei K. Aland, *Hilfsbuch zum Lutherstudium*, Gütersloh ²1957, 68.

[87] *Das Glaubensbekenntnis ausgelegt und verantwortet vor den Fragen der Gegenwart* = Siebenstern-Tb. 165, Hamburg 1972.

[88] *Einführung in das Christentum*, München 1968 u. ö.; vgl. auch die Auslegung des nicaeno-konstantinopolitanischen Glaubensbekenntnisses von W. Beinert, *Das Glaubensbekenntnis der Ökumene*, Freiburg (Schweiz) 1973.

[89] Eine weitere Besinnung müßte auch auf die Bedeutung von mehr privaten »Glaubensbekenntnissen« eingehen, vgl. etwa diejenigen B. Pascals, Speners, Zinzendorfs, Franckes usf. Zu den Versuchen von »Formeln« der Aufklärungsreligion vgl. H. Dörries, a.a.O., 82f. (das Bekenntnis des Braunschweiger Abtes Jerusalem, des Frankfurter Professors Nösselt usw.).

Wir Christen sollten uns von einer geschichtlichen Situation mit ihren Anfechtungen für das Leben des Glaubens zwar zu heiliger Unruhe treiben lassen, aber wir sollten nicht neurotisch werden oder gar verzweifeln, wenn wir ständig meinen, wir »kämen« nicht mehr »an«. Die neuesten Fragen sind auch die ältesten Aufgaben, die der Verkündigung der christlichen Botschaft übertragen sind. Jede geschichtliche Situation kann zu einer Stunde des Glaubens werden. Das gilt auch für *unsere* Schwierigkeiten mit dem Glaubensbekenntnis. Unser Bekenntnis will ja ein freier Glaube sein, der sich nicht von autoritären, äußeren »Sätzen« fesseln lassen will; unser Glaube will ein lichtvoller Glaube sein, der immer wieder das eigene Verständnis sucht und sich nicht an massive »Vorstellungen« verliert; er will ein göttlicher Glaube sein, der zutiefst nur von Gott ermächtigt ist und auf ihn hin lebt. Er ist auch ein Glaube, der um seine bleibende Dunkelheit weiß. Er ist keine vollendete Schau, sondern weiß um seine Vorläufigkeit.

Nicht zuletzt deshalb muß er seine Wahrheit in einem *Glaubens-Bekenntnis* aussprechen. Petrus verlangt ein solches redliches Bekenntnis von jedem Christen und mahnt uns, keine Furcht zu haben: »sondern haltet den Herrn Christus heilig in euren Herzen, allezeit bereit zur Verantwortung gegen jeden, der von euch Rechenschaft fordert über die Hoffnung, die in euch ist, jedoch mit Güte und der geziemenden Ehrfurcht« (1 Petr 3,15 f.). Er sagt dies, bevor er eine traditionelle Bekenntnisformel anführt und zugleich auslegt (vgl. 1 Petr 3,18 f.)[90].

---

[90] Aus der neueren Literatur sei noch auf die beiden folgenden Aufsätze hingewiesen: A. PETERS, *Bekenntnis heute*, in: A. KIMME/A. PETERS/W. SAFT, *Die Aktualität des Bekenntnisses* = Fuldaer Hefte 21, Hamburg 1971, 75–142; P. FRANSEN, *Unity and Confessional Statements. Historical and Theological Inquiry of R[oman] C[atholic] Traditional Conceptions*, in: *Bijdragen* 33 (1972) 2–38.

ZUM PROBLEM EINER KONZENTRATION DER GLAUBENSAUSSAGEN

Der Ruf nach Rückkehr zur Einfachheit des Glaubens ist in wenigen Jahren ein Gemeinplatz religiöser Publizistik und theologischer Literatur geworden. Neue oder modifizierte Glaubensbekenntnisse und »Kurzformeln« sollen der notwendigen Konzentration des traditionellen Glaubensgutes Ausdruck geben. Aber solche Vereinfachung wird nicht nur auf der Ebene der Glaubensaussagen gefordert, sondern wird ganz deutlich auch im Bereich kirchlicher Frömmigkeit, des religiösen Brauchtums und in gewisser Weise auch der innerkirchlichen Strukturen verlangt und praktiziert. Für viele schreitet der Reinigungsprozeß etwas gewalttätig voran. Man räumt Kirchen aus, bis sie ziemlich nackt dastehen; innerhalb kurzer Zeit werden jahrhundertealte Bräuche (z. B. das Prozessionswesen) abgeschafft; in den Amts- und Autoritätsstrukturen werden alle »Hindernisse« (wie Herrschaftszeichen, entsprechende Kleidung und Titel) immer wieder angeprangert. Alles soll in der Ordnung auf das Eine-Notwendige hin durchsichtig und so überzeugend werden. Man glaubt die befreiende Einheit des Ganzen wiederzuerlangen, indem man sich allen überflüssigen Gutes entledigt. Manches muß über Bord gehen, wenn ein gefährdetes Schiff äußerste Seenot überstehen will. Was aber dem einen der einzige Ausweg zu sein scheint, »Konzentration« auf das *Wesen* des Glaubens, bedeutet für den anderen den Ausverkauf des Christentums, Minimalismus, Unverstand, Selbsthaß, »Greuel der Verwüstung«, die Gartenschere des Rationalismus.

Doch gibt es noch andere, radikalere Stimmen, die auf eine entschiedenere und eindeutige Vereinfachung des Glaubens hinauswollen: Neuinterpretation des Glaubens und Auseinandersetzungen über seine Sprache und Sache sind überholt; was nottut, ist eine »Konzentration« konkret gezielter Praxis auf revolutionäre Veränderung der gesellschaftlichen Verhältnisse und auf eine dazu dienende Umfunktionierung kirchlicher Einrichtungen. Alle Rede von »zentralen Wahrheiten« verbirgt nur die geschichtliche Unwahrheit des zeitgenössischen Christentums. Ursprüngliche Wahrheit zurückgewinnen gleicht der Rückeroberung von verlorenem Terrain, das faktisch zu nichts mehr nützt. Es ist nur noch Ausdruck des allgemeinen ideologischen Gerangels auf dem Markt der Weltanschauungen. Das Christentum muß heute zuerst seine öffentliche Legitimität und seinen realen lebenspraktischen Wert erwei-

sen. Auch ein anderer Stil der Verkündigung, nun stärker auf die Mitte des Glaubens ausgerichtet, kann den Sinn des Christentums unter den gegenwärtigen Bedingungen nicht begreiflich machen. Wo so viel historische Schuld am Ausfall konkreter Humanität aufgelaufen ist, gibt es Überzeugung nicht mehr mit frommen Sprüchen oder theologisch-abstrakten Theorien, sondern nur noch durch einen bestimmten Beitrag zur gesellschaftlichen und politischen Emanzipation des Menschen. Die Kirche muß heute zuerst durch eine solche praktische Bewährung den Nachweis bringen, daß sie unter die wirklich humanen Kräfte gesellschaftlicher Wirklichkeit zu zählen ist.
Angesichts der differenzierten Situation darf keine Antwort vereinfacht werden. Wer nüchtern die kirchliche Wirklichkeit betrachtet, kann in den aus allen Lagern dazwischen geworfenen Einwänden ein Stück Wahrheit erkennen. Dieser Befund duldet jedoch keine oberflächliche »Synthese« in der goldenen Mitte. Es gibt keine tragfähige Mitte, die nicht erst noch unter Schmerzen geboren werden müßte. Aber auch die sich radikal gebärdende Attitüde hilft nichts, *alles* unaufhörlich nur in Frage zu stellen und in einer prinzipiellen Suspension von Wahrheit zu leben: ein solcher Gestus des Denkens führt im besten Fall zu Postulaten, reproduziert aber gewöhnlich die entstandene Krise nur in sich selbst.
Von dieser Situation her ist der Weg der folgenden Überlegungen bestimmt: Systematische Überlegungen und geschichtliche Erinnerungen erweisen von der kirchlich-theologischen Tradition her die *grundsätzliche Legitimität* der Forderung nach der Einfachheit des Glaubens (I); theologische Reflexionen erhellen die *heute notwendige Gestalt* der Konzentration des Glaubensverständnisses (II); *praktische Hinweise* konkretisieren andeutend die gegenwärtige Gestaltung der »Reduktion« in einzelnen Vollzugsweisen des gelebten Glaubens (III).

I. Grundsätzliche Legitimation

1. Glaubensreflexion als »Konzentration«

Schon aus anthropologischen Gründen darf die Aufgabe nicht prinzipiell in ihrer Notwendigkeit geleugnet werden: Immer wieder muß das Viele vom Einen her verstanden und das Eine in vielen Dimensionen ausgelegt werden; wo dies nicht geschieht, wird alles leicht zu einem unterschiedslosen Einerlei; ebenso droht immer die tyrannische Herrschaft nur *eines* Prinzips (Monismus), das eine berechtigte Gleichursprünglichkeit vieler Momente nicht zulassen möchte. Kommt man aber differenzierend zu einzelnen Sätzen über das Ganze, dann müssen diese mühsam zurückgeschmolzen werden in die Anstrengung des lebendigen Denkens, dem sie entstammen. Geronnene Aussagen, feste Formeln, fixierte Bekenntnisse und definierte Dogmen sind gepflückte Früchte, die nicht mehr am Baum ihres Ursprungs hängen. Man würde religiöse Aussagen aus dem Raum des Menschlichen verbannen, wenn man sie aus dem Bereich dieser wesentlichen Gefährdung heraustrennen möchte, wie sie aller menschlichen Rede in Wort und Schrift zueigen ist. Auch hohe Worte werden schal und blind. Gottes lebendiges Wort aus Geist und Feuer kann tötender Buchstabe werden; in ihrer Sinnhelle unaufgelichtete Konzilsentscheidungen sind nicht mehr entzifferbaren Hieroglyphen ähnlich. Der endliche Mensch ist *auch im Glauben* unausweichlich den Verfallstendenzen seines eigenen Sprechens und Tuns ausgeliefert.

Schon deshalb ist Reflexion im Bereich des Glaubens unerläßlich[1]. Alles muß sorgsam von seinem lebendigen Ursprung und darum kritisch gegen das bloß Gewohnte bedacht werden. Die christliche Theologie hat dies von Anfang an gewußt und stellt in ihrer rationalen Struktur gerade in dieser Hinsicht auch religionsgeschichtlich ein einmaliges Phänomen dar. Weil der Grund des christlichen Glaubens keine durch Abstraktion zu gewinnende »Idee« und kein durch eine Eingeweihtensprache manipulierbares Unvordenkliches ist, sondern alle Kraft und Lebendigkeit aus der Nähe zur *Person* Jesu Christi gewinnt, kann am allerwenigsten der Glaube nur an fixen Sätzen hängen. Darum muß die christliche Theologie von Grund auf kritisch bleiben gegen alle Macht des Scheins in den Objektivationen und Traditionen des Glaubens. Weil die lebendige Offenbarungswirklichkeit sich nur »im Geist« wahr ereignet, müssen alle Vollzugs- und Vermittlungsweisen trotz engster Zugehörigkeit zum Ereignis selbst in sich eine innere Differenz aufweisen: Ohne die Stationen auf dem Weg erreicht man kein Ziel, aber sie sind nur »Mittel« und sind dann »in Ordnung«, wenn sie unauffällig ihren Dienst tun. Der Buchstabe ist nicht das lebendige Wort; der sakramentale Ritus ist nicht schon empfangene Gnade; amtliche Korrektheit bezeugt noch nicht das Evangelium. Magie und Aberglaube, Kadavergehorsam und Buchstabentreue sind Exempel dafür, daß es der beständigen Unterscheidung zwischen dem Wesen und dem Unwesen im Herzstück jeder Religion bedarf[2]. Betrachtet man die Dinge

[1] Dazu Genaueres bei K. LEHMANN, *Rechenschaft des Glaubens. Überlegungen zum Problem der Glaubensbegründung heute*, in: E. HESSE/H. ERHARTER (Hrsg.), *Rechenschaft vom Glauben*, Wien 1969, 74–96, bes. 75ff. (dort weitere Literatur).

[2] Vgl. Näheres bei B. WELTE, *Auf der Spur des Ewigen*, Freiburg 1965, 279–296; K. LEHMANN, *Die Kirche und die Herrschaft der Ideologien*, in: F. X. ARNOLD u. a. (Hrsg.), *Handbuch der Pastoraltheologie* II/2, Freiburg [2]1971, 109–180 (Lit.); DERS., *Ideologie und Ideologiekritik*, in: E. FEIFEL u. a. (Hrsg.), *Handbuch der Religionspädagogik* II, Zürich/Gütersloh 1974, 251–270.

nicht in diesem Zusammenhang, dann gewinnt man leicht den fatalen Eindruck, die reflektierende Theologie »zersetze« die ungebrochene Lebenskraft eines unangefochtenen Glaubens. Natürlich gibt es auch den Zerfall theologischen Denkens in ein leeres Räsonnement und in die kraftlose Figur einer nur hohlen Kritik. Aber Reflexion, die sich ganz auf die Sache des Glaubens einläßt, »destruiert« zunächst nur falsche Sicherheit. Indem sie unverstandene Formeln entlarvt und gewohnheitsmäßiges Zeremoniell kritisiert, dient sie dem wahren Gott. Dies ist zutiefst der Grund, warum alle echte Besinnung und jede gründliche Rechenschaft des Glaubens »konzentriert«, vereinfacht und auf *eine* Mitte hin versammelt. Wo im Glauben wirklich *gedacht* wird, ist immer schon alles in eine lebendige Bewegung auf das Eine-Notwendige aufgebrochen; und wo wirklich aneignend verstanden wird, sind Interpretation und Auslegung am Werk, wird immer schon »entmythologisiert«; ohne ständige »Konzentration«, die alles Abwegige durchschaut und allem Sekundären seinen Ort anweist, gibt es kein wahrhaft *menschliches* Verhalten, erst recht nicht im Glauben.

2. *Stichworte der theologischen Überlieferung*

Es genügt, wenn hier summarisch an einzelne Fakten erinnert wird, um die eben versuchte Überlegung anhand der theologischen Tradition zu verifizieren. Wir verzichten dabei auf einen Blick in das Alte und Neue Testament, obgleich gerade dort tiefe Einsicht zu gewinnen wäre: Verschiedene Überlieferungen (z. B. des Bundes, des Vollmachtsanspruches Jesu, der Heilsbedeutung seines Todes usw.) überbieten sich gegenseitig und reinigen einander von mißverständlichen Tendenzen. Die moderne historisch-kritische Forschung hat uns einen Einblick in die Vielgestaltigkeit, Beweglichkeit und Situationsnähe des biblischen Denkens gegeben[3]. Die Differenz von »Geist« und »Buchstabe«, »Schrift« und »Evangelium« verhindert vorschnelle und damit falsche Identifizierungen, wenngleich jeweils beides eng im Wesen zusammengehört. Aus der nachapostolischen Tradition genügen Stichworte: Die »Glaubensregel« (regula fidei) unterscheidet schon bei Irenäus, Tertullian, Origenes und Augustinus zwischen unveräußerlichen Grundlagen und beiläufigen Aussagen[4]; die mittelalterliche Tradition erblickt in den Mysterien der Trinität, der Menschwerdung Jesu Christi und der Be-

[3] Diese scheinen den neutestamentlichen Kanon fast zu sprengen; vgl. dazu E. Käsemann (Hrsg.), *Das Neue Testament als Kanon. Dokumentation und kritische Analyse zur gegenwärtigen Diskussion*, Göttingen 1970; zur Sache vgl. auch K. Rahner/K. Lehmann, in: *Mysterium Salutis* I, Einsiedeln 1965, 665–684 (Lit.).

[4] Vgl. dazu J. Quasten, *Regula fidei*, in: *LThK*² VIII, 1102f. (Lit.); aus neuerer Zeit G. G. Blum, *Tradition und Sukzession*, Berlin 1963, 168ff.; N. Brox, *Offenbarung, Gnosis*

gnadung des Menschen die Essenz des christlichen Glaubens; neben »notwendigen Dogmen«, die jeder in einer ausdrücklichen und entschiedenen Glaubensbereitschaft (*fides explicita*) annehmen soll, wird zugestanden, daß die schwer integrierbare Fülle anderer Glaubenswahrheiten einschlußweise in den erwähnten Grundgeheimnissen mitgegeben sein könne (*fides implicita*)[5]; das Dogma tendiert nicht auf den Eigenbestand als objektivierte Formel, sondern überschreitet sich selbst auf den unaussprechlichen Gott hin; nach Thomas von Aquin[6] gibt es im Glauben Sachverhalte, die unmittelbar und von sich aus zum Glauben gehören (*quae videnda speramus in patria*), und solche, die in abhängiger Beziehung zu anderen und zur Verdeutlichung von Größerem gesagt sind (*in ordine ad alia, ad manifestationem aliorum*); die Aufgabe aller systematischen Theologie, eine radikale Vertiefung *und* ein inneres Gefüge der zerstreuten Einzelaussagen des katholischen Glaubens zum Ausdruck zu bringen, wird in der bekannten Formulierung des Ersten Vatikanischen Konzils ausgesprochen: »Wenn aber die vom Glauben erleuchtete Vernunft eifrig, fromm und lauter forscht, erlangt sie mit Gottes Gnade einigermaßen eine Einsicht in die Geheimnisse (*mysteriorum intelligentiam*), und zwar eine überaus fruchtbare, sowohl aus der Analogie zu dem, was sie auf natürliche Weise erkennt, wie aus dem Zusammenhang der Geheimnisse untereinander und mit dem letzten Ziel des Menschen (*e mysteriorum ipsorum nexu inter se et cum fine hominis ultimo*)«[7].

3. *Die »Hierarchie der Glaubenswahrheiten« nach dem II. Vatikanum*

Während diese Formulierung zunächst nur einen aus der gemeinsamen »Sache« der vielen Heilswahrheiten erhobenen, inneren und stimmigen Zusammenhang fordert, geht das Zweite Vatikanische Konzil mit der bekannten Formulierung aus dem Ökumenismus-Dekret (UR 11) einen Schritt weiter. Im Blick auf das ökumenische Gespräch heißt es: »Beim Vergleich der Lehren miteinander soll man nicht vergessen, daß es eine Rangordnung oder ›Hierarchie‹ der Wahrheiten innerhalb der katholischen Lehre gibt, je nach der verschiedenen Art ihres Zusammenhangs mit dem Fundament des christlichen Glaubens«. Von der Ziel-

---

und gnostischer Mythos bei Irenäus von Lyon, München 1966 (vgl. Reg.); H. v. Campenhausen, *Die Entstehung der christlichen Bibel* = BHTh 39, Tübingen 1968, 312ff., 377ff.

[5] Vgl. dazu J. Trütsch/J. Pfammater, in: *Mysterium Salutis* I, 887ff.; R. M. Schultes, *Fides implicita*, Regensburg 1920; H. Nys, *Le salut sans l'Évangile*, Paris 1966.

[6] Vgl. *Summa theologiae* II–II, q. 1, a. 6 ad 1 (vgl. überhaupt q. 1, a. 1–10).

[7] *Ds* 3016; vgl. dazu den Kommentar von H. J. Pottmeyer, *Der Glaube vor dem Anspruch der Wissenschaft* = FreibThSt 87, Freiburg 1968, 349–392; K. Rahner, *Schriften zur Theologie* IV, Einsiedeln [4]1964, 51, 66.

setzung der hier verhandelten Frage her soll dazu folgendes festgestellt werden[8]:

a) Der Satz, der zuerst für das kontroverstheologisch-ökumenische Gespräch formuliert wurde, erlaubt in sich noch nicht unmittelbar eine Unterscheidung von fundamentalen und nicht-fundamentalen Lehren. Der Kontext und die Genese der Formulierung erweisen eindeutig, daß das Konzil formal auf einer prinzipiellen Gleichartigkeit der Offenbarungswahrheiten besteht.

b) Mit dem ausgesprochenen hermeneutisch-heuristischen Prinzip wird aber doch durch den Bezug der Glaubenswahrheiten auf ein »Fundament« eine »Ordnung« und »Hierarchie« vorausgesetzt, die nicht nur in einem formal-logisch-deduktiven Begründungszusammenhang besteht, sondern eindeutig auch eine innere Gewichtung je nach der Sachnähe zu diesem Fundament (= »unerforschliche Reichtümer Christi«) besagt[9].

c) Indem der Kontext deutlich ein *personales* Glaubensethos nahelegt, wird ein Glaubensverständnis vorausgesetzt oder impliziert, das nicht primär oder nur an objektivierten dogmatischen Aussagen orientiert bleibt; hatte die traditionelle Schultheologie der Neuzeit in diesem Zusammenhang vor allem den erkenntnistheoretischen *Gewißheitsgrad* religiöser Aussagen betont[10], so tritt dieser zurück hinter der material-qualitativen Betrachtung der Glaubenswahrheit in ihrer Heilsbedeutung.

d) Mit dieser Struktur ist dann doch über den oben (vgl. a) genannten Tatbestand hinaus eine fundamentale hermeneutische Regel ausgesprochen, die einen Grundsatz neuzeitlicher theologischer Erkenntnislehre sprengt: Es gibt nicht nur eine Stufung verschiedener Verbindlichkeitsgrade der christlichen Wahrheit, die formal in ihrem dogmatisch-kirchenamtlichen Gewißheitsmoment fixiert werden, sondern es gibt eine Rangordnung innerhalb der objektiven Heilswahrheiten selbst. Es ist nicht daran zu zweifeln, daß durch diese andere Betrachtungsweise der kirchlichen »Lehre« ein Durchbruch gelungen ist, der eine vor allem formal-quantitative Gleichrangigkeit der Dogmen im Blick auf ihren Autoritätsgrad nochmals vom Inneren der Sache des Glaubens her differenziert. – Wenn man heute diesen Text sehr oft für eine eliminie-

---

[8] Vgl. dazu den Kommentar von J. Feiner, in: *LThK Vat. II*, II, Freiburg 1967, 85–90 (dort weitere Lit.: H. Mühlen, A. Pangrazio); vor allem aber zusammenfassend U. Valeske, *Hierarchia veritatum*, München 1968 (umfangreiche Lit.); vgl. oben 139.

[9] Vgl. dazu die Konzilsrede von Erzbischof A. Pangrazio, in: Y. Congar/H. Küng/D. O'Hanlon (Hrsg.), *Konzilsreden*, Einsiedeln 1964, 142f. (vgl. den Text auch bei J. Feiner, a.a.O., 88, Anm. 44; 89, Anm. 49; H. Mühlen, in: *ThGl* 56 [1966] 304f.).

[10] Vgl. dazu K. Rahner/K. Lehmann, in: *Mysterium Salutis* I, 643–656, bes. 645ff., 651f.

rende Reduzierung dogmatischer Entscheidungen auf wenige »Grundwahrheiten« vereinnahmt, wird zweifellos gegen den Kontext interpretiert. Nur trägt man der »Hierarchia veritatum« auch keine Rechnung, wenn man im Gegenzug nur wieder eine unstrukturierte Gleichartigkeit eines formal-abstrakten theologischen Wahrheitsbegriffes ins Feld führt (z. B. was wahr ist, ist unterschiedslos wahr, 2 x 2 ist eben auch nicht 5).

4. Die Notwendigkeit des umgekehrten Weges

Der Konzilstext selbst ist Ausdruck einer theologischen Bewegung, die gegenüber einer Entfaltung der christlichen Botschaft in eine Vielzahl von Aussagen hinein nun den umgekehrten Weg einer vereinfachenden Konzentration bevorzugt. Die nachtridentinische Scholastik hat die »Fülle« katholischer Wahrheit und die damit gegebene Virtualität in die Vielgestaltigkeit hineinentbunden. Dadurch kam es sehr oft zu einem rein begrifflichen, vom Lebensgrund der Sache nicht mehr getragenen und gerechtfertigten Distinguieren in abertausend tüftelige Spitzfindigkeiten. Die Kunst der Unterscheidung dieser Art überragt die Kraft zur Einigung der Gedanken. Eine solche Differenzierung in die formal-quantitative Extensität verliert aber fast notwendig ihre qualitative Intensität, vor allem dann, wenn die lehramtlich-positivistische Versicherungstendenz über die Erläuterung der Sachbedeutung der Heilswahrheit ein Übergewicht erhält. Durch diese Entwicklung der neuzeitlichen Theologie wurde die Einheit in den vielen Aussagen immer weniger deutlich. Die Last der allzu vielen Formeln, die sich im Laufe der Geschichte angesammelt hatten und *formale* Glaubenszustimmung verlangten, hat den Glaubensvollzug immer künstlicher und schwieriger gemacht. Die Vielzahl umständlicher und divergierender Interpretationen hat dazu noch den Verdacht bestärkt, hier werde vergangenes Geistesgut um seiner selbst willen kultiviert. Ein Glaube, der »vor lauter Bäumen den Wald nicht mehr sieht« und der nicht mehr die Einfalt seiner Weltsicht kennt, zerstreut sich und kommt fast zwangsläufig zu einer Art Verzweiflung über sich selbst[11]. Wenn heute gegenläufig dazu eine radikale Reduktion und ein energisches Beschneiden aller Auswüchse gefordert werden, dann ist dies nur die zu erwartende Reaktion.

---

[11] Vgl. dazu K. Rahner, *Im Heute glauben* = Theologische Meditationen 9, Einsiedeln ²1966, 32–42.

5. *Bewußt ergriffene Aufgabe der Konzentration*

Ein weiterer Gedanke, zunächst mehr praktischer Art, kann das Anliegen unterstreichen. Auch bisher hat der Mensch nicht einfach und schlechthin *alles* geglaubt. In der Geschichte der Kirche ist manche Glaubenswahrheit für längere Zeit verdunkelt gewesen; jeder Einzelne hat außerdem so etwas wie einen persönlich abgewandelten Glaubensschatz, eine Art von geistlich religiösem »Haushalt«, der durchaus und immer schon aus dem Ganzen des kirchlichen Glaubens auswählt[12]. Vermutlich wären empirische Untersuchungen über solche privaten Dimensionierungen des kirchlichen Glaubensverständnisses höchst aufschlußreich. – Erinnert werden soll auch noch an eine Bestimmung des Kirchenrechts, wonach nicht jede Leugnung eines Dogmas in sich schon Abfall vom ganzen Christentum bedeutet (vgl. CIC c. 1325 § 2)[13].

Was heute anders ist und uns besondere Schwierigkeiten bereitet, ist die Tatsache, daß wir eine eigene reflektierte Einsicht haben in die kontingente Perspektivierung der christlichen Botschaft zu den verschiedenen Zeitaltern der Kirche. Was bisher von der Lebenspraxis der Glaubenserfahrung der Kirche und zeitgeschichtlich-sozial bedingten Gesetzlichkeiten verborgen gesteuert wurde, muß nun entschiedener von uns selbst in die Hand genommen werden. Nicht immer war der ganze Kosmos der christlichen Wahrheit unterschiedslos im Blick; ja die Ordnung, die sich uns bisher als festgefügte, unabänderliche, ewige, ideale Welt zeigt, erweist sich in der Art der Perspektive und Zuordnung des Ganzen als geschichtlich geworden und untergründig wandelbar. Ist diese schmerzliche Einsicht erreicht, muß der Glaubende selbst für die nun heute fällige Dimensionierung dieser Rangordnung sorgen. Eine solche *bewußte* Verantwortung für das Glaubensganze kann belastend wirken und reizt dadurch entweder zum Beharren auf den traditionellen Positionen oder verführt zu einer kopflosen Flucht. Auf jeden Fall ist es eine Probe, wie nämlich heute die Fülle der christlichen Wahrheit ohne substantiellen Verlust ursprünglich und radikal auf die Mitte der Offenbarung, Jesus Christus, bezogen werden kann[14].

---

[12] Außerdem wäre vom Blick einer dogmengeschichtlichen Theorie aus zu erwägen, daß jeder »Fortschritt« im Glaubensverständnis durchaus auch Lücken und Schatten hinterlassen kann, vgl. dazu J. Ratzinger, *Das Problem der Dogmengeschichte in der Sicht der katholischen Theologie*, Köln 1966, 23ff., 27f.

[13] Vgl. dazu auch K. Rahner/K. Lehmann, in: *Mysterium Salutis* I, 645–648; H. Flatten, *Der Häresieverdacht im Codex Iuris Canonici* = Kanonistische Studien und Texte 21, Amsterdam 1963.

[14] Vgl. grundsätzlich K. Rahner, *Glaubenszugang*, in: *SM* II, 414–420 (Lit.).

II. Konkrete Bedingungen

Wenn aber nun heute gegenüber der in der neuzeitlichen Theologie dominierenden Ausfaltung der einen Wahrheit eine »Einfaltung«[15] der vielen Aussagen erfolgen muß, dann bedarf es eines gültigen Kriteriums zur Unterscheidung der Geister und eines vorgängig leitenden Wissens um die gesuchte Einheit. Dafür wäre an sich eine Rekapitulation der fundamentalsten Daten der Glaubensanalyse und eine kritische Darstellung der spezifisch gegenwärtigen Glaubenssituation notwendig. Da auf entsprechende Literatur[16] verwiesen werden kann, darf dieser Ausfall eher verantwortet werden. Statt dessen arbeiten wir jene prinzipiellen Bedingungen und situationsbedingten Elemente heraus, welche die heute notwendige »Gestalt« einer Konzentration der christlichen Botschaft leiten und prägen[17].

1. Offenbarungsbegriff und »Konzentration«

Die Vertiefung und Erweiterung des Offenbarungsbegriffs durch die Theologie der letzten Jahrzehnte[18] soll von Anfang an verhindern, Wahrheit des Glaubens nur intellektualistisch mißzuverstehen. Offenbarung ereignet sich vielmehr in Taten, Führungen, Weisungen, Verheißungen, Erfüllungen. Eine Verdichtung christlicher Wahrheit kann nur von der konkreten Vielfalt des Offenbarungs*geschehens* her erfolgen und darf nicht in einen fixistischen Begriff kirchlicher Lehre oder in eine kompendienhafte Abbreviatur der üblichen Dogmatik ausmünden. Es macht den Reiz einer solchen Vereinfachung aus, daß es ihr gelingen muß, die vielfarbige Konkretion, die verblüffende Lebensnähe des Evangeliums und seine Offenheit für viele Lebenssituationen konzentriert anschaulich zu machen. Die übliche Abstraktion eines generellen Begriffs, der nicht die Substanz der vielen Offenbarungsgeschichten positiv einbringt, läßt dies alles verblassen. Wenn eine solche *innere* Reduktion des christlichen Glaubens nicht auf unableitbare

---

[15] Vgl. H. U. v. Balthasar, *Einfaltungen. Auf Wegen christlicher Einigung*, München 1969, 9–13.

[16] Dazu vgl. außer der in Anm. 11 genannten Arbeit auch noch K. Rahner, *Über die Möglichkeit des Glaubens heute*, in: *Schriften zur Theologie* V, Einsiedeln ³1968, 11–32; immer noch aufschlußreich ist der Vortrag *Die Glaubenssituation der Gegenwart* von B. Welte aus dem Jahre 1946, jetzt in: Ders., *Auf der Spur des Ewigen*, 17–46.

[17] Der vorliegende Beitrag beschäftigt sich also in einer systematischen Reflexion nur mit der formalen und methodischen Frage einer Konzentration des Glaubensgutes. Für weitere Gesichtspunkte darf ich auf die Seiten 109–142 und 175–199 in diesem Band verweisen.

[18] Vgl. dazu die einschlägigen Arbeiten von H. Fries, J. Ratzinger, R. Latourelle, K. Rahner, A. Dulles, W. Bulst, A. Darlap, H. Waldenfels usw.

und unbestreitbare Grunderfahrungen zurückkommt, findet sie keinen verläßlichen Boden (»Fundament«) und bringt die Wahrheit auch nicht zum Leuchten. Darum bedarf es zu dieser Konzentration einer außerordentlichen sprachschöpferischen Anstrengung.

2. *Korrespondenz von menschlicher Sinnfrage und Evangelium*

Einen ersten Schritt zu dieser Verdichtung könnte man anhand der klassischen, oben bereits erwähnten Lehre von der »fides implicita« tun. Wir verzichten darauf und fragen sofort nach der genaueren Eigenart der Konzentration. Der Text aus dem Ökumenismus-Dekret (Nr. 11) hat bereits gezeigt, daß die Art des *inneren* Zusammenhangs der Heilswahrheiten nicht nur nach dem Modell der formalen Logik oder im Sinne einer transzendentalen Deduktion aufgefaßt werden kann. Nicht in sich kreisende Wahrheiten des Glaubens interessieren, sondern der in ihnen ergehende Anspruch an den Menschen. Dadurch hat die Rangordnung der Glaubensaussagen über die innere logische Stimmigkeit ihrer Einzelmomente hinaus eine radikale Ausrichtung auf den diese Offenbarung empfangenden Menschen erhalten. Diese ist zutiefst nur dann sinnvoll, wenn sie im jeweiligen geschichtlichen Raum und in der konkreten Lebenswelt des Menschen zu Gehör kommt und dort verstanden wird. Die Offenbarung braucht in diesem Sinne den Menschen als den Ort ihrer eigenen Ankunft. Weil sie selbst auf die Annahme der Liebe Gottes zielt, wird sie in der gläubigen Realisation vollendet. Nur wenn sie selbst verstanden und angeeignet wird im hörenden Vernehmen, gelangt sie zu ihrer eigenen vollen Wirklichkeit[19]. *Diese* »anthropologische« Sicht der Offenbarung, die ihr nichts von ihrer Eigengestalt nimmt und ihr den freien Spielraum für ein souveränes Erscheinen von sich selbst her beläßt, bringt es mit sich, daß die »Hierarchia veritatum« ihrerseits in innerster Korrespondenz – was nicht gleichbedeutend ist mit Abhängigkeit – zum menschlichen Dasein steht. Die Sache, d. h. die Wahrheit des Glaubens hat also nur dann ihre richtige »Ordnung«, wenn sie – in Entsprechung oder im Widerspruch – in ein grundlegendes Verhältnis zu den Fragen des menschlichen Daseins gelangt.
Dieser Ansatz, der hier nicht weiter begründet werden kann[20], verhilft zur Einsicht in eine Differenzierung des Vorhabens der Konzentration des christlichen Glaubens. Die »Ordnung der Wahrheiten« ist nämlich kein nur in sich selbst befestigtes Gerüst endgültiger Aussagen, sondern ist im Moment und in der Spielart der inneren Zusammengehörigkeit (analogia fidei) jeweils von einem geschichtlich vorgegebenen Welt- und

---

[19] Genaueres bei K. Lehmann, *Rechenschaft des Glaubens* (vgl. Anm. 1), 75–80.
[20] Am besten immer noch K. Rahner, *Theologie und Anthropologie*, in: *Schriften zur Theologie* VIII, Einsiedeln 1967, 43–65 (mit vielen Beispielen).

Menschenverständnis geprägt. Ein Zeitalter, das unbefangener metaphysisch denken konnte, setzte die Zuordnung der Heilswahrheiten nach Art einer wohlgefügten Ideenwelt an, die unberührt in sich steht und als ideale Wahrheit normativ die Ausrichtung der Erkenntnis und des Willens des Menschen auf sich verlangte[21]. Eine Mentalität, die einen abgrundtiefen Verdacht hegt gegenüber jeder Zwei-Welten-Theorie und die primär von der Sorge um den Menschen gezeichnet ist, wird die christliche Botschaft nicht mehr im Sinne in sich kreisender, rein transzendenter Wahrheiten »an sich« verstehen. Vielmehr geht es darum, daß das Evangelium Jesu Christi eine radikale Änderung in das Selbstverständnis[22] des Menschen bringt und daß sich zwischen den unabdingbaren Nöten bzw. Problemen der menschlichen Existenz und der Verheißung der göttlichen Offenbarung eine tiefe Entsprechung in der Grundausrichtung der menschlichen Sinnfrage ergibt. Der Mensch wird dann bei seinen eigenen Fragen angesprochen – und vielleicht zu seinem Heil unterwegs dahin geführt, wohin er ursprünglich nicht wollte. Diese fundamentale Konstellation bedeutet keine anthropozentrische Eliminierung transzendenter Aussagen oder religiöser Gehalte. Sie überläßt dem biblischen Anspruch einen eigenen »Vorsprung«; dieser erweist dann, daß er zuletzt eben besser auf die menschliche Sinnfrage zu antworten vermag, ohne daß die Offenbarung in ihrer Hoheit und Mächtigkeit menschlichem Wirklichkeitsverständnis normativ »angepaßt« würde.

3. Umstrukturierung und Umschichtung

Aus dieser Erörterung folgt, daß die rechtverstandene Verdichtung der christlichen Heilswahrheiten auf ihre gemeinsame Mitte hin eine bewegliche und dynamische Strukturierung bedeutet. Es geht nicht um ein in sich schwebendes Ideensystem, das um sein eigenes Zentrum schwingt, sondern um ein Versammeln der ursprünglichen Potenz christlicher Offenbarung zugleich auf die Mitte des Menschen hin. Die Logik der menschlichen Sinnfrage und die durch das Evangelium erwirkte Änderung des menschlichen Sinnes machen die Struktur und die Ordnung der Heilswahrheiten aus. Wenn diese Perspektive auch nicht identisch ist mit einer anthropozentrischen Reduktion christlicher Sinngehalte, so bedeutet sie doch eine gewisse Umstrukturierung im Gefüge und in der gegenseitigen Zuordnung christlicher Wahrheiten. Damit ist auch gesagt, daß in bestimmten Grenzen eine Umwertung stattfindet, weil

[21] Die Transzendenz der Wahrheit des Glaubens (extra nos) kann heute allerdings nicht mehr in dieser Form gedacht werden; zu den philosophischen Problemen vgl. K. Lehmann, *Transzendenz*, in: *SM* IV, 992–1005.

[22] Zu diesem Begriff vgl. H.-G. Gadamer, *Kleine Schriften* I, Tübingen 1967, 70–81.

eine Wahrheit einen anderen Stellenwert einnehmen kann als zuvor. Indem sie in ganz andere Perspektiven einrückt, erhält sie selbst ein neues Gesicht. Weil sie das Gewohnte durchbricht, sieht es – von außen – so aus, als ob solche Wahrheit sich änderte. In Wirklichkeit wird sie jetzt erst voll wahr, weil sie verstanden wird. Zum genaueren Erweis einer so geleisteten Dimensionierung der christlichen Heilswahrheiten kann auf einzelne thematisch durchgeführte Neuinterpretationen K. Rahners[23] hingewiesen werden.

4. Keine »formale« Reduktion

Das Vorhaben einer solchen Restrukturierung kommt leicht in Gefahr, die einzelnen Aussagen der Ausfaltung des Einen zu verdünnen oder zu übergehen. Die Folge davon ist, daß die Konzentration selbst dann wiederum in Formalismen verfällt, die inhaltlich ziemlich unbestimmt bleiben (vgl. die Kategorien aller Entscheidungstheologien). Nun hat es seine eigene Bewandtnis mit der Unterscheidung von Gläubigkeit-Glaubenshaltung (*fides qua*) und Glaubensinhalt (*fides quae*). Bei aller Nützlichkeit der Unterscheidung sieht man heute deutlicher, daß es das eine ohne das andere jeweils nicht geben kann und daß die vorgängige Beziehung beider maßgeblich ist. Viele Neuinterpretationen des Glaubens von heute haben aber als gemeinsames Kennzeichen, daß sie den Glauben weitgehend als Glaubens*akt* und diesen wiederum nur in seiner Formalität beschreiben. Er wird dann als Figur einer freien, ungegenständlichen Wahl des Menschen angesetzt und verbleibt darum – inhaltlich gesehen – in einer unbestimmten Leerform. Wichtig ist dann nur das Daß des Glaubens, des Vertrauens, der Gewißheit, der Hoffnung, des Mutes und der Liebe. Diese Interpretation mag – theologiegeschichtlich bedingt – als Korrektiv heute noch notwendig und so faktisch immer noch sehr nützlich sein. Aber prinzipiell ist sie unzureichend. Sie entleert nämlich den christlichen Glauben indirekt und oft ohne solche Absicht jeder »gehaltlichen« Aussage. So plausibel im ersten Augenblick die Rede vom undogmatischen Christentum klingt, so blaß und abstrakt ist sehr oft ihr inhaltliches Aussagevermögen[24]. Eine solche Reduktion gibt den in den Einzelaussagen entfalteten Reichtum preis.

Auch in anderer Hinsicht leidet eine solche Reduktion an einer fundamentalen Unbestimmtheit: Mit ihr können deswegen fast alle konfes-

---

[23] Eine Zusammenstellung von Beispielen findet sich in *Schriften zur Theologie* VIII, 13–65 (mit weiterführender Literatur).

[24] Dies wird z. B. bei T. Rendtorff, *Christentum außerhalb der Kirche*, Hamburg 1969, 77–89 offenbar, dessen formale und methodische Reflexion im Vergleich dazu ein bedeutend höheres Niveau erreicht.

sionellen Differenzen beseitigt werden, weil sie in der Tat die einzelnen Glaubensinhalte selbst weitgehend außer acht läßt. Das unreflektierte Hinwegsehen über die Unterschiede erzeugt nur zum Schein eine Einheit. Ökumenisch aufgearbeitet wird damit nichts. Deswegen sind die verwendeten Formeln der Entscheidung, der Liebe, der Mitmenschlichkeit, der Sache Jesu usw. bei allem Ernst, der ihnen in der subjektiv redlichen Absicht zweifellos innewohnt, schillernd, substituierbar und mit vielfältigem »ideologischen« Material aufladbar.

5. Kein Verzicht auf materiale Elemente

Statt dessen muß die katholische Theologie offen und ehrlich beim Prozeß der Reduktion einen »dogmatischen«[25] Standort einnehmen. Dies bedeutet zunächst einmal eine Bindung an Glaubensgehalte. Maßgeblich dabei ist nicht eine fixe Formulierung, sondern die Überzeugung von der Entschiedenheit der Wahrheit Jesu Christi. Natürlich müssen diese »Inhalte« in ihrer explosiven und schöpferischen Erhellungskraft freigesetzt werden und dürfen nicht tote Formeln bleiben. Diese Aufgabe, konkrete Wahrheiten vom »Rand« her in die Grundaussagen des Glaubens einzubringen, hat außer den genannten Aspekten noch andere Gründe für sich: Die äußerste Entschiedenheit der eschatologischen Heilszusage Gottes in Jesus Christus stellt eine unüberbietbare und einschneidende Wende in der Menschheitsgeschichte dar. Hier ist etwas geschehen, was vorher schlechthin nicht war. Diese letzte Entschiedenheit der Sache, die bis in die Bestimmtheit der Sprache und in das formulierte Bekenntnis hinein Bindung und Indienstnahme bedeutet, kann nicht anders als auch »gehaltlich« zum Ausdruck kommen.

6. Entschiedener Bekenntnischarakter

Die eschatologische Qualifizierung der Botschaft Jesu Christi kann zwar nicht mit irgendeiner Eindeutigkeit dogmatischen Wortlauts identifiziert werden, aber sie verlangt auch in der Dimension der Sprache und des Wortes ein leibhaftig-konkret gewordenes Bekenntnis zur Person und zum Werk Jesu Christi. Die oft gebrauchte Formel von der »Sache Jesu Christi« ist vermutlich deswegen so attraktiv, weil sie nüchtern-»sachlich« auf die Bedeutung des gehaltlichen Moments aufmerksam macht; um so enttäuschender, daß sie in Wirklichkeit darüber zumeist nichts aussagt.

Eine Versuchung zur formal-inhaltlosen Reduktion liegt noch aus einem anderen Grund nahe. Göttliche Wahrheit scheint identisch zu sein mit

---

[25] Genaueres dazu oben 35–53 in diesem Band.

einer völlig ungegenständlichen, antlitz- und bilderlosen Verheißung bzw. Herausforderung. Solche »Inhaltslosigkeit« hat theologisch einiges für sich[26]. Aber sie kann auch dazu verführen, aus der Not und Krise des sich selbst entgleitenden Glaubens eine Tugend zu machen, indem sie nämlich programmatisch ihre eigene Gehaltlosigkeit institutionalisiert. Die potenzierte Formalisierung des biblischen Glaubens in vielen Tendenzen der Theologie des 19./20. Jahrhunderts ist vermutlich nicht unabhängig von soziologischen Faktoren: Die liberale Bürgerlichkeit konnte sich in ihrem Verhältnis zum Christentum gut wiederentdecken in der liberalen Unverbindlichkeit dieses Glaubens- bzw. Offenbarungsbegriffs. Nachdem heute aus vielen Gründen die Chance wiedergegeben ist, den verbindlichen, unbeliebigen Charakter des Evangeliums neu einzuschätzen und ihn gerade auch in seiner bewußtseinsverändernden Kraft zu entdecken, kann eine Konzentration des Glaubens an der *fides quae* nicht achtlos vorübergehen. Die Verdichtung des Glaubens empfängt durch diesen heilsamen Zwang zur Sachintensität gespeicherte und zu entfaltende schöpferische Kräfte. Werden diese nicht miteingebracht, dann wird die gesuchte Mitte des Glaubens undeutlich und kraftlos. Ist sie keine erkennbare »Position« mehr, dann kann sie sich auf die Dauer auch nicht mehr verständlich artikulieren. Der Verzicht auf das Bekenntnis nimmt dem Evangelium allzuleicht die Entschiedenheit, den Zeugnischarakter und den konkreten Gehorsam im Alltag der Welt. Es fordert alles – und nichts.

7. Konzentration als reformerischer Impuls

Die Vereinfachung der Glaubensaussagen hat in jedem Fall einen reformerischen Zug. In der Suche nach der radikalen Mitte steckt nämlich der Protest dagegen, daß etwas Sekundäres den Platz eines Erstrangigen einnimmt. Vielleicht lassen sich sogar das Wesen und die Tendenz aller Reform von diesem Schrei nach dem Einen-Notwendigen her verständlich machen; die wiedergewonnene Tiefe der Wahrheit soll entstellende Gewohnheiten und leere Konventionen aller Art aufbrechen und auf ihre Legitimation hin befragen. Jede Erneuerung ist eine Art von Paraklese, welche bereits zugesprochenes Heil in seiner Verborgenheit weckt, weltverändernde Kraft entbinden möchte und ihre eigene Wirklichkeit als provozierenden Imperativ über einem satten und erschlafften Befriedigtsein wiederaufrichtet.
Eine solche entschiedene Nachfrage erscheint dem, der diese Reform nicht mitvollzieht, immer als zu radikal. Man setzt dann z. B. still-

---

[26] Hier wäre an die klassische »Analysis fidei« zu erinnern und an die neueren Arbeiten dazu von J. Alfaro, M. Seckler, G. Hasenhüttl, E. Kunz u. a.

schweigend und selbstverständlich voraus, was es z. B. um das Evangelium, um »Gott« und um das kirchliche Amt ist. Die unreflektierte Position dessen, der Wahrheit zu »haben« und zu »besitzen« meint, empfindet schon das Fragen als Gefährdung. Der Ruf nach Vereinfachung sieht darum aus wie eine inhaltliche Reduzierung des christlichen Glaubens. So setzt man bewußt und antithetisch der Konzentration das Beharren auf dem ganzen Komplex »reiner Lehre« entgegen; alles übrige scheint dann nur eine Frage des Bekennermutes zu sein. Damit ist aber das tiefere Problem überhaupt nicht begriffen; man redet darum in diesen Dingen zumeist aneinander vorbei. Durch mangelnde Hilfe treibt man den Reformer dahin, daß er seinem Anliegen gewalttätig Raum verschafft, indem er z. B. formell die Bedeutsamkeit der einen oder anderen (»sekundären«) Wahrheit im Ganzen des Glaubens leugnen zu müssen meint. Der Protest setzt solche Zeichen als Signale eines Widerspruchs, der in seiner möglichen Positivität nicht erkannt wird und freilich nicht selten sich selber und der guten Sache im Wege steht. Es gibt gegenwärtig solche neuralgischen Punkte, wo weniger – wie die konkrete Auseinandersetzung zeigt – um Sachfragen im einzelnen gerungen wird, sondern Grundsatzfragen symptomatisch unter dem Vorzeichen »Reform« oder »Reaktion« kirchenpolitisch entschieden werden. Ich denke z. B. dabei an die Frage der »Jungfrauengeburt«. Solange Lehramt und Theologie sich weigern, die Sachfrage von einer christologischen Mitte aus radikal durchzudenken und von da aus zumindest das theologische Bewußtsein im Hinblick darauf zu schärfen, was mit diesem Dogma auf dem Spiele steht, hat es der Bestreiter relativ leicht, ein gegen seinen ursprünglichen Sinn isoliertes und primär biologisch ausgemaltes Mirakel als antiquiert und unerheblich hinzustellen. Eine Analyse der Diskussion würde zeigen, wie wenig Reformer und Konservative, mindestens an diesem kritischen Ort, sich der tieferen Aufgabe einer Konzentration des Glaubensgutes stellen.

8. Der Ruf nach der einfachen Kraft des Evangeliums

Mag es auch viele Versuche einer schlechten Reduktion geben, so kann ihre tiefere Notwendigkeit auch aus einem anderen Grund nicht geleugnet werden: Die historische Last vieler Dogmen und die mühsamen Umwege zu einer ständigen Neuinterpretation traditioneller Aussagen lassen oft die Wellen über dem Kopf des Glaubenden, der sich noch ernsthaft über Wasser halten will, zusammenschlagen. Gerade der Verkündiger hat nicht selten den Eindruck, als würden der »Kern« christlicher Botschaft und die »Sache Jesu« unter der Last des historischen Materials begraben. Hinter der Forderung nach solcher reformerischen Rückkehr zur Einfachheit des Glaubens steht die tiefe Sehnsucht, das

Evangelium möge wieder so gesagt werden können, daß es in seiner unerhörten Provokation den Menschen zum Erschrecken bringt über die darin angesagten Möglichkeiten des eigenen Lebens. Vergessen wir nicht, daß Blinde wieder sehend geworden sind, Lahme wieder gehen konnten.
Dabei ist zu bedenken, daß man nicht jedem Christen und auch nicht jedem amtlichen Verkündiger (auch nicht jedem Bischof!) zumuten kann, daß er mit einem genialen Zauberstab aus recht abgeschmackten Formeln und unverstandenen Dokumenten ursprünglich Leuchtendes wieder hervorzuholen versteht. So etwas kann man im Nachvollzug lernen und für einzelne Themen sich erarbeiten, aber faktisch und auf das Ganze gesehen bleibt es ein seltenes Charisma ganz weniger großer Theologen.

9. Institutionelle Vereinfachung

Das reformerische Postulat nach einer Reinigung des christlichen Glaubens von Sekundärem stand früher in Gefahr, das »Äußerliche« am Christentum dem »Wesen«[27] entgegenzusetzen: Lehre, Konfession, Gottesdienst, christliche Sittlichkeit usw. Was Besserung und Wandel von Welt und Mensch bewirkt, gehörte zum »Wesen«. Lehrformeln und Dogmen läßt man hinter sich, konfessionelle Unterscheidungslehren werden umgangen, die Anstrengung des Begriffs wird in der Auseinandersetzung vermieden. Der Ruf nach »Konzentration« begnügt sich heute allerdings nicht mit einer Beschwörung der »Innerlichkeit« (so vieldeutig der Begriff wiederum ist) des Glaubens gegenüber »äußerlichen« und entfremdeten institutionellen Elementen, sondern fordert energisch auch die Reform kirchlich-gesellschaftlicher Strukturen. Insgeheim entspricht der Forderung der Konzentration des christlichen Glaubens der Ruf nach einer institutionellen Vereinfachung aller seiner Vermittlungsweisen und Ausdrucksmittel. Wo die Beharrlichkeit der nur bewahrenden Kräfte – so argumentiert man – den kritischen Tiefgang einer Erneuerung vom Evangelium her verhindert, hat alles Reden und Redenlassen von »Konzentration« des christlichen Glaubens am Ende doch nur ideologischen Sinn. Diese innere Verbindung von Reform und »Vereinfachung«[28] wird später nochmals zu bedenken sein.

---

[27] Zum Ursprung des Begriffs »Wesen des Christentums« vgl. R. Schäfer, *Welchen Sinn hat es, nach einem Wesen des Christentums zu suchen?* In: *ZThK* 65 (1968) 329–347, bes. 335ff., und Ders., *Christentum, Wesen des,* in: *HWPh* I, 1008–1016; jetzt auch H. Wagenhammer, *Das Wesen des Christentums. Eine begriffsgeschichtliche Untersuchung* = Tübinger theologische Studien 2, Mainz 1973.
[28] Dazu auch M. Thurian, *Der Glaube in der Entscheidung,* Freiburg 1969, 93ff.

10. Katholisch-theologische Denkform und »Reduktion« als Problem

Das katholische Christentum hat zwar indirekt und bis zu einem gewissen Grad immer schon über jene theologischen Kategorien verfügt, die eine radikale Mitte des Glaubens gegenüber allem Zweitrangigen abheben. Die große Theologie hatte auch einen kritischen Sinn entwickelt z. B. für das Einwirken heidnischer Einflüsse oder zu üppiger, überwuchernder Formen in der Frömmigkeit (vgl. z. B. Eucharistie im Mittelalter). Man könnte darüber hinaus eine größere Zahl von hermeneutischen Instrumentarien namhaft machen, die eine traditionskritische Einstellung mit dem Blick für das Wesentliche ausbildeten, selbst wenn diese Funktion nicht immer genügend erkannt, vielleicht sogar oft verkannt worden ist (vgl. z. B. nur die »theologischen Qualifikationen«). Aber im Ganzen ist es doch eher so, daß die zentrierenden Kräfte im katholischen Denken und Handeln sich nicht in reflexer Weise geltend machten. Dieser Befund muß vorsichtig gedeutet werden. Es besteht offenbar eine große Scheu, die Vielfältigkeit des konkret gelebten Glaubens durch ein abstraktes Reduktionsprinzp oder durch mehrere eindeutige Kriterien zu beschränken und diese dann theoretisch und mit einem gewissen Zwangscharakter für die einzig verbindliche »Mitte« auszugeben. Mit einem gewissen Recht ist *darum* die »konservative« Theologie gegenüber aller Rede von »Reduktion«, »Sachmitte«, »Konzentration« mißtrauisch. Das Phänomen des »Katholischen«, das man – sehr grob – gegenüber dem protestantischen »Allein« gelegentlich als das verbindende »Und« (Schrift *und* Überlieferung, Glaube *und* Werke usw.) bezeichnet hat, ist keineswegs so primitiv und naiv, wie es auf den ersten Blick scheinen mag; nur läßt es sich hermeneutisch sehr schwer zur Sprache und auf den angemessenen Begriff bringen.

11. Rückbindung des Sekundären an das Fundament

Wenn diese Aufgabe auch hier nur angedeutet werden kann, so gibt sie doch im Zusammenhang unserer Frage zu denken. Das katholische »Und« darf nicht eine auch qualitativ verstandene Rangordnung und geschichtliche Umschichtung der Glaubenswahrheiten verhindern. Durch eine Konzentration auf das »Fundament« eine von der Sachmitte her dimensionierte Ordnung in die zerstreute Vielfalt der Aussagen zu bringen, ist aber bei aller Wichtigkeit dieser Forderung nur *ein* Weg. Er erhält gegenwärtig ohne jeden Zweifel und mit großem geschichtlichen Recht einen eminenten Vorzug. Als Rückprobe für das Gelingen solcher Konzentration scheint ein *zweiter* Weg auf die Dauer unvermeidlich zu sein, nämlich die im Vorgang der Konzentration eingeklammerten oder nicht ausdrücklich eingebrachten Momente im Ganzen des Glaubens auf ihre wesentliche Beziehung zur Mitte hin zu überprüfen. Es kann ja nicht nur um das Betonen einiger Hauptwahrheiten gehen, während alles übrige gleichgültig außerhalb des Interesses gelassen oder aber durch unbemerktes und dauerndes Übergehen totgeschwiegen wird. Die praktische und stillschweigende Reduzierung des christlichen Glaubens ist eine fast noch größere Gefahr. Die Konzentration muß sich vielmehr selbst darin nochmals kritisch bewähren, ob sie in der Lage ist, eine tragfähige Rückbindung sogenannter »peripherer« Wahrheiten zum »Fundament« zu gewährleisten. Man wird sich also bei aller Vordringlichkeit der inneren Reduktion selbstkritisch fragen, ob die ausgeblendeten Aussagen nicht mehr Aufschluß für die rechte Mitte bieten können. Dies gilt durchaus auch für entlegene Themen z. B. der Mariologie, der Gnadenlehre usw. Mit einem solchen »Rückkontroll«-Verfahren bleibt freilich nicht alles am Ende wieder beim alten: Aussagen dieser Art erhalten einen anderen Ort, rücken in weitere Perspektiven und sind oft kaum mehr erkennbar im Vergleich zu ihrer früheren Gestalt. So wird man vermutlich in einem solchen Fall kaum mehr von einer »Mariologie« allein für sich sprechen können[29].

12. Bewährung der Mitte durch konzentrierte Ausfaltung

Aber es geht nicht nur um eine formale Rückkontrolle der Konzentrationsbewegung. Wenn es nicht gelingt, daß die radikale Mitte sich in ihren Ableitungen zu differenzieren versteht, dann bleibt der Verdacht bestehen, ihre produktive Vermittlungskraft wäre auch sonst ziemlich gering. In unserem heutigen schultheologischen, dogmatischen System ist zwar die *innere* Logik *des Glaubens* zwischen den einzelnen Aussagen fast durchweg unkenntlich (vgl. nur das unbedachte Nebeneinander von Sakramenten-, Gnaden- und Kirchenlehre). Aber es gibt in der großen Theologie Beweise dafür, daß zwischen sehr entlegenen Aussagen oft unvermutet eine innere Sinnkorrespondenz und Glaubensanalogie herrscht – nicht an den Haaren herbeigezogen –, die ein überzeugender Ausdruck der ursprünglichen Verweisungskraft wirklich zentraler Aussagen ist. Sich um die formenden Kräfte der Mitte *in den konkreten Vermittlungen* nicht zu sorgen, schafft mit Sicherheit nur ein abstraktes und gleichgültiges »Wesen« des Christentums, mit dem sich weder leben noch sterben läßt. Die Gestalt der traditionellen Schultheologie spricht – dies sei unumwunden zugegeben – gegen einen sol-

[29] Ein kleines Beispiel dafür bietet K. Rahner, *Der eine Mittler und die Vielfalt der Vermittlungen*, in: *Schriften zur Theologie* VIII, 218–235.

chen Satz, aber damit ist dieser noch nicht als solcher falsch. Wer die Aufgabe der Rückgründung des Sekundären nicht leistet, verfällt denselben Gefahren wie eine endlose Ausfaltung.

13. Ökumenisches Gespräch und Rückkehr zum Fundament

Wenn eine gegenläufig zur Konzentration vorgenommene Integration »peripherer« Elemente nicht mit ins Programm gesetzt wird[30] – wenigstens für den Theologen –, dann gelangt man mit ziemlicher Wahrscheinlichkeit zu blutleeren Reduktionen in einem schlechten Sinn. Das heutige durchschnittliche ökumenische Gespräch ist in manchen Formen davon bedroht, daß es sich den Weg zur Einheit des Glaubens zu leicht macht. Keine Frage, daß die katholische Theologie einen gewissenhaften Reinigungsprozeß durchführen muß. Nur ist dieser nicht damit geleistet, daß man alle anstößigen und heute schwer verständlichen »Beigaben« als Ballast abwirft. Es gibt auch ökumenische Kurzschlußformeln, die nur eine für beide Seiten unendlich arm gewordene Einheit herbeibringen[31]. Das Beharren auf einzelnen Unterscheidungslehren hat freilich wenig Sinn, so sehr diese historisch und systematisch von Spezialisten aufgearbeitet werden müssen. Solche partiellen Übereinstimmungen (z. B. in der Rechtfertigungslehre) haben in den letzten Jahren aber auch erwiesen, daß sie im Blick auf die ökumenische Einheit von einer erschreckenden Folgenlosigkeit bleiben[32]. Daran sind vermutlich nicht nur die Kirchenleitungen beider Seiten schuld, denen man allerdings mehr vorwärtsweisende Initiative auf dem mühsamen Weg zur Einheit wünschen möchte. Eher ist, genau genommen, zu vermuten, daß hinter den theologischen Einzelunterschieden in den Kirchen bzw. Konfessionen jeweils nochmals hermeneutische Formalprinzipien stehen, die das Ganze des Glaubens strukturieren.

14. Das Katholische im Prozeß der Reduktion

Für den evangelischen Bereich sind solche fundamentalen Strukturprinzipien ausdrücklicher formuliert: das Schriftprinzip, der Rang der Rechtfertigungslehre, die Stellung des Wortes (in bezug auf das Sakrament), die theologische Funktion der Traditionskritik usw. Für die

---

[30] H. U. v. BALTHASAR, *Einfaltungen* (vgl. Anm. 15) unterstreicht mit Recht die notwendige »Integration des Sekundären«, vgl. dort 99–104.

[31] Bekanntlich scheiterten auch schon früher solche fundamentalistischen Unionsversuche. Zu entsprechenden Reduktionen in der evangelischen Theologie vgl. U. VALESKE, a.a.O. (Anm. 8), 107–169, bes. 146ff.

[32] Darauf hatte früher schon E. PETERSON aufmerksam gemacht, vgl. dessen *Theologische Traktate*, München 1951, 296ff., 306ff., 308ff. (Briefwechsel mit A. v. Harnack); ähnlich heute H. SCHLIER (vgl. Anm. 33).

katholische Theologie sind solche leitenden Aufbauprinzipien, wie vorhin schon angedeutet, sehr viel schwerer zu fassen. Was gewöhnlich als typisch »katholisch« gilt, sind zumeist schlechte Unterscheidungslehren, Relikte konfessioneller Polemik oder Ausdruck vordergründiger theologischer Spitzfindigkeiten. Wie findet man aber das »Wesen« des Katholischen, wenn es nicht primär in der materiellen Einzelfülle der vielen Aussagen und ursprünglich auch nicht in antireformatorischen Thesen liegt? Die Frage ist kaum erörtert.

Die damit sichtbar gewordene Lücke hat aber im Zusammenhang einer »Konzentration« des Glaubensgutes ihre Bedeutung. Will man nämlich mit der angestrebten »Vereinfachung« nicht nur eine öde und geistlose Gleichmacherei betreiben, dann muß in den Vorgang der Reduktion bis zu einem gewissen Grad auch das Eigentümliche z. B. des katholischen Christentums eingehen. Diese spezifische Ausprägung des katholischen Glaubens wird auch in dieser Hinsicht intensiver auf die »Konzentration« der eigenen *Gesamtsicht* gerichtet sein als auf kontroverstheologische Differenzen. Aber wenn die getrennten Christen sich überhaupt etwas je aus ihrem eigenen Wesen heraus auf dem Weg zur ökumenischen Einheit zu sagen haben, und wenn jeder ernsthaft vom anderen zu lernen bereit ist, dann darf eine solche Reduktion das Besondere katholischen Glaubens – nicht in viele Einzelheiten aufgelöst, sondern an seiner Wurzel gefaßt – nicht außer acht lassen. Dies wäre ökumenischer Unernst und hochmütiger Enthusiasmus, weil zutiefst trennende Unterschiede bedenkenlos und unaufgearbeitet übersprungen würden. Es ist nicht einfach, von dieser noch gänzlich unverwirklichten hermeneutischen Aufgabe – wenigstens gilt dies für die katholische Theologie – eine genauere Vorstellung zu geben. Ich bin der Überzeugung, daß diese Absicht – freilich in ganz anderem Zusammenhang – ein Stück weit z. B. von H. Schlier in seinem Aufsatz »Das bleibend Katholische«[33] verwirklicht worden ist. Man wird das dort hellsichtig und scharfsinnig aus der Sicht des Konvertiten entdeckte »Spezifikum« (es gibt ähnliche Äußerungen von E. Peterson[34]) insofern in einen umfassenderen Horizont zurücknehmen, als auch die latenten Gefährdungen dieser eigenen Strukturen deutlicher zur Sprache kommen müssen; aber im Prinzip scheint hier zur Erhebung des Fundamentes des katholischen Glaubensverständnisses formal und material ein unumgänglicher Weg gewiesen zu sein. Eine wirkliche Wesens-Reduktion katholischen Glaubens muß also auch solche theologische Grundstruk-

---

[33] *Das bleibend Katholische. Ein Versuch über ein Prinzip des Katholischen*, in: H. Schlier, *Das Ende der Zeit. Exegetische Aufsätze und Vorträge* III, Freiburg 1971, 297–320.

[34] Vgl. bes. *Theologische Traktate*, 11–43 (der Einklang mit H. Schlier ist unverkennbar); ein Beispiel für das Gemeinte gibt auch K. Rahner, *Über das Ja zur konkreten Kirche*, in: *Schriften zur Theologie* IX, Einsiedeln 1970, 479–497.

turen auf einen Nenner bringen. Dies muß nicht immer eine eigene Reflexion darstellen; vielleicht ist die Konzentration in dieser Hinsicht um so besser, je indirekter und unauffälliger sie vollzogen wird.

15. Spiritualität und Ethos als fundamentale Dimensionen einer elementaren Vereinfachung

Diese Überlegungen bringen zum Vorschein, daß weder eine ökumenische Einigung noch eine Konzentration des Glaubens zwischen abstrakten dogmatischen Systemen erfolgen kann. Nirgends kommt deutlicher an den Tag, wie abgeleitet jeder Text und jede Formel ist. Die wesensgemäße Verborgenheit und die schwere Faßlichkeit der tragenden hermeneutischen Strukturen und Prinzipien des Glaubens, von denen zuletzt die Rede war, beweisen, wie tief zumal die entscheidenden Leitlinien in die konkreten Lebensprozesse eingewoben sind. Dieser Grundgedanke muß weitergeführt werden. Es zeigt sich dabei nämlich, daß die »Konzentration« des lebendigen Glaubens nicht allein auf dem Weg einer formalen Reflexion erreicht werden kann.

Eine kleine historische Reminiszenz mag die Richtung der weiteren Überlegungen anschaulich machen. Wenn Thomas von Aquin und Martin Luther zu ihrer Zeit und in ihrer Weise eine Reduktion der Glaubenswahrheiten unmittelbar *für die Praxis des kirchlichen Lebens* durchführen, dann gehen sie von einer *Einheit im Glauben, Beten und Tun* des Christen aus. »Dreierlei sei dem Menschen vonnöten zu seinem Heile: die Kenntnis dessen, was er glauben, die Kenntnis dessen, was er beten und die Kenntnis dessen, was er tun müsse; das erste werde gelehrt im Glaubensbekenntnis, das zweite im Gebet des Herrn, das dritte in den Geboten« (Thomas v. A., De duabus praeceptis caritatis et decem legis praeceptis). Daraus kann für alle »Konzentration« des Glaubens eine fundamentale Anweisung entnommen werden: Eine »Vereinfachung«, welche die erhellende Kraft gläubiger Besinnung und entschiedener Reflexion auf den Grund des Christlichen, die im Beten durchsichtig gewordene Einfachheit des menschlichen Daseins und das unbestechliche Kriterium der konkreten Lebenspraxis und des christlichen Ethos vernachlässigt, wird kurzsichtig und damit falsch. Dies ist wohl auch der Grund, warum so viele »Neuinterpretationen« des Glaubens einen – trotz des »personalen« Pathos – intellektualistischen und beinahe gnostischen Grundzug haben. Wenn es darauf ankommt, das Dogma gleichsam von innen zu sehen, dann hilft auch keine *moderne* Indoktrination; nur eine »Maieutik« des christlichen Glaubens kann eine Einweisung in das religiöse Geheimnis geben[35] und auf den Weg

---

[35] Näheres dazu mit weiterführender Literatur bei K. LEHMANN, *Die kirchliche Ver-*

bringen, die Dinge von innen zu »schmecken«, wie die mittelalterlichen Mystiker sagten. Dies führt in die Nähe einer recht verstandenen Spiritualität, ohne welche jede Konzentration des Glaubens schal und hohl zu werden droht: Es fehlt ihr die substantielle Erfahrung des lebendigen Glaubenslebens, welche am ehesten in ihrer spirituellen Dimension sich als eine solche unerschöpfliche Einfachheit und radikale Tiefe offenbart, daß sie zur auch inhaltlich gefüllten »Konzentration« werden kann. Vermutlich ist das von Hans Urs von Balthasar immer wieder leidenschaftlich beklagte Auseinandertreten von theologischer Wissenschaft und Spiritualität, Spekulation und Heiligkeit, der tiefste Grund, warum der theologischen Reflexion ihr an sich ureigenstes Anliegen, nämlich die Rückkehr zur aufgelichteten Einfachheit des Glaubens, mehr und mehr aus den Augen schwinden konnte[36].
Damit wird auch die früher schon erläuterte Betonung der Einheit von aktiver Reform und Konzentration des Glaubensgutes in der heutigen Situation ins rechte Licht gerückt. Der Schrei nach der Reform von Strukturen hat zweifellos darin recht, daß eine intellektualistische Vereinfachung, woraus dann meist entweder eine schlechte Reduzierung oder wieder eine Summula der bisherigen Dogmatik entsteht, völlig unzulänglich ist. Überhaupt läßt sich ein geschichtliches Schicksal, wie es zweifellos auch in der immer stärkeren Ausfaltung des einen Heilsgeheimnisses in die vielen Einzelwahrheiten hinein gegeben ist, vermutlich nie nur interpretatorisch und spekulativ verändern. Ein über sich selbst unaufgeklärter Aktionismus wird damit nicht gefördert. Aber gegenüber reiner Theorie muß entschieden auf die Bedeutung des Ethos und der Spiritualität christlicher Lebenspraxis aufmerksam gemacht werden. Nur dann geschieht eine wirkliche Tat des Lebens im Glauben, wenn alle Aktion von hier her ihre unermüdliche, geduldige Durchschlagskraft schöpft.

16. Zentrale Heilswahrheit und Mitte gläubiger Existenz

Damit ist auch eine tiefe Problematik in der neuzeitlichen, zumal protestantischen Frage nach dem »Wesen des Christentums«[37] aufgegriffen: Dort taucht immer wieder die Einsicht auf, daß der Glaube seinen Ort nicht nur im Medium des Gedankens habe, sondern in einer

---

kündigung angesichts des modernen Unglaubens, in: F. X. Arnold u. a. (Hrsg.), *Handbuch der Pastoraltheologie* III, Freiburg ²1972, 637–672, bes. 659–665.

[36] Vgl. dazu den berühmten Aufsatz von H. U. v. Balthasar, *Heiligkeit und Theologie*, aus dem Jahre 1948, jetzt in: Ders., *Verbum Caro. Skizzen zur Theologie* I, Einsiedeln 1960, 195–225; vgl. ebd. 226–244, 159–171; Ders., *Einfaltungen*, 15–42.

[37] Vgl. dazu den in Anm. 27 verzeichneten Aufsatz von R. Schäfer, in: *ZThK* 65 (1968) bes. 335 ff., 338 ff., 344 ff. (Lit.); H.-W. Schütte, *Die Vorstellung von der Perfektibili-*

tieferen Schicht des Menschen, im »Vernehmen der Stimme Christi«, im »Herzen«, im »Gewissen«, in der geistigen »Wiedergeburt«, im »Gefühl«, in der »Innerlichkeit«, in der eigentlichen »Existenz«, im »Neuen Sein«, in der »Verantwortung« usw. Mit diesen Stichworten, immer in Antithese zum reflektierenden »Verstand«, ist trotz einzelner Unterschiede jene *eine* Lebensmitte des Glaubenden gemeint, ohne deren intensiven Einsatz keine »Konzentration« gelingen kann. Wir zögern heute, die traditionelle Aufteilung in Seelenvermögen, in Innerlichkeit-Äußer(lich)es oder in andere Antithesen anzunehmen, wir betrachten vielmehr die Einheit des menschlichen Daseins *in* ihren einzelnen Momenten. Darum mußte im Zusammenhang einer Vereinfachung des Glaubens notwendig auch von der Einheit und der Existenzmitte des Glaubenden die Rede sein, welche Reflexion, Gebet-Spiritualität und konkrete Praxis zusammenhält und aus sich entläßt. Fällt eines dieser Momente völlig aus, wird das Leben des Glaubens unwirklich und kraftlos. »Konzentration« wird dann zur Illusion oder zum reinen Programm. Wenn die Offenbarung in ihrem Wesen auf die Mitte des Menschen bezogen ist, dann ist es nur konsequent, daß von einer Konzentration des Glaubens nur im Zusammenhang einer Vertiefung auch des Glaubenden auf seine Entscheidungsmitte hin die Rede sein kann. »Konzentration« des Glaubens ist ein Prüfstein für die Lebendigkeit des Glaubens.

17. Geschichtliche Gegenwart und »Wesen« des Christentums

Das Postulat einer Wesens-Reduktion hat nicht zufällig heute seine besondere geschichtliche Stunde. Darüber wurde schon einiges gesagt. Aber es gibt überhaupt keine freischwebende Glaubensstruktur, die unabhängig wäre von der Situation des Glaubenden. Dies bringt ein weiteres Grundelement in der Bemühung um eine Vereinfachung des Glaubens zum Vorschein. Es ist dies nämlich die Überzeugung, daß die Konzentration die *heute notwendige Gestalt* des Glaubens zum Ausdruck bringen muß. Der geschichtliche Faktor und das zeitliche Element lassen sich aus diesem Postulat nach dem »Fundament« bzw. »Kern« nicht ausklammern. Allzuleicht nur verlangt man bei einer solchen Reduktion nämlich nach einem in jeder Hinsicht unwandelbaren »Fundament« oder einem überzeitlichen »Wesen« des Christentums.

---

tät des neuzeitlichen Christentums, in: H.-J. Birkner/D. Rössler (Hrsg.), *Beiträge zur Theorie des neuzeitlichen Christentums*, Berlin 1968, 113–126, bes. 120ff., 124ff.; J. Wallmann, *Pietismus und Orthodoxie*, in: H. Liebing/K. Scholder (Hrsg.), *Geist und Geschichte der Reformation*. Festschrift f. H. Rückert = Arbeiten zur Kirchengeschichte 38, Berlin 1966, 418–442; K. Scholder, *Grundzüge der theologischen Aufklärung in Deutschland*, ebd. 460–486.

Nun kann es hier offen bleiben, ob es überhaupt eine adäquate Unterscheidung geschichtlich bedingter und konstanter Elemente gibt und worin die »Ewigkeit« christlicher Wahrheit besteht. Sicher ist jedenfalls, daß es noch nie – auch nicht im Neuen Testament[38] – das Destillat reinen Christentums gegeben hat. Immer schon ist christlicher Glaube in die Welt als ihr Fremdes und zugleich als ihr Eigenes eingegangen. Es gibt eine unchristliche Phobie vor der Lebensmacht der Geschichte im christlichen Glauben. In Wirklichkeit gibt es überhaupt keine Gestalt eines christlichen Zeugnisses, die frei ist von den Spuren der Zeit. Bei dem, was man seit alters her gewohnt ist und aus einer selbstverständlichen Vertrautheit kennt, übersieht man dies freilich. Erkennt man nicht, daß der Tiefgang der Geschichte zum »Wesen« des Christentums gehört, dann steht man ständig in der Defensive gegenüber historischer Kritik, Religionskritik, Ideologieverdacht und – im eigenen Lager – gegenüber der Forderung nach Reform. Es ist unverkennbar, daß nicht alle Früchte des Christianisierungsprozesses für das Verständnis des Christentums normativ sind, sondern daß nicht wenige besondere kulturelle Ausformungen des Christlichen in einer bestimmten Epoche darstellen. So einfach, wie manche sich die Scheidung des Geschichtlichen und Bleibenden unter dem Bild von »Schale« und »Kern« vorstellen, geht es beileibe nicht: Wir haben das Evangelium und die Dogmen immer nur mit der Schale, nämlich in der Sprache ihrer Zeit, und nie als reinen Kern.

Dies bedeutet aber für die Aufgabe einer Konzentration des Glaubensverständnisses, daß die Rücksicht auf den gegenwärtigen Menschen und eine von der heutigen Glaubenssituation vorgezeichnete Prioritätenordnung noch nicht das »Wesen« des Christentums zu verschleudern brauchen. Die neuzeitliche Frage nach dem »Wesen« des Christentums erbrachte mindestens ein Ergebnis, daß nämlich eine ständige Differenz und eine unaufhebbare Ambivalenz zwischen der »Erscheinung« und dem »Wesen« des Christentums in der Geschichte am Werke sind. Das Christentum selbst führt den Reichtum seiner Erscheinungsweisen herauf.

Wenn man die bisher genannten Bedingungen einer »Konzentration« ernstnimmt, braucht man das mutige Sich-Einlassen auf die großen Fragen der jeweiligen Gegenwart nicht mehr zu fürchten; dies nicht, weil die prinzipielle Selbigkeit aller Glaubenswahrheiten für alle Zeiten methodisch schon vorgesichert wäre, sondern weil das radikale Ernstnehmen der christlichen Botschaft, der großen Glaubensüberlieferung und des geschichtlichen Welt- und Daseinsverständnisses zusammen und gleichursprünglich in allen Momenten demselben Ziel entgegendenkt:

---

[38] Dazu K. Rahner, in: *Schriften zur Theologie* V, 33–53.

der heute notwendigen »Konzentration« verantwortlichen Glaubens ohne einen Verlust seiner Grundsubstanz. Darum wird eine heutige Reduktion anders aussehen als z. B. J. M. Scheebens »Mysterien des Christentums«. Das Christentum darf am allerwenigsten einer »reinen« Theorie verfallen. Ohne die Fragen und Nöte des Menschenbruders der eigenen Zeit im Ohr zu haben, gelingt keine »Konzentration« *christlichen* Glaubens. »Orthodoxie« allein ohne solche Solidarität hört nur halb. Vielleicht verlor sie auch deshalb die Aufgabe solcher »Einfaltung« aus dem Blickfeld.

III. Konkret-praktische Hinweise

Hauptziel dieses Beitrags war eine systematische Reflexion über die *Bedingungen* einer Vereinfachung christlicher Glaubenswahrheit. Dennoch sollen auch konkrete Wege aufgezeigt werden, auf denen eine solche Konzentration auf das Eine-Notwendige heute möglich ist. Es kann dabei in diesem Zusammenhang freilich nur zu einigen Andeutungen und ersten Hinweisen kommen.

1. Funktion der Hilfsmittel und Vielzahl der Wege

Jedes Hilfsmittel für eine »Konzentration« steht in Gefahr, als ein weiteres Element äußerlich zu der Vielfalt von Aussagen dazuzukommen, aber nicht aus der gesuchten Mitte hervorzukommen. Texte, Formeln, Dokumente usw. haben darum hier eine andere Funktion als sonst. Sie müssen deutlich im Wort die Sache mitbringen, obgleich sie nur Einweisung in sie sind; sie müssen unaufdringlich, indirekt und doch gezielt in das zentrale Geheimnis einführen; sie dürfen Entscheidendes nicht voraussetzen; sie müssen überflüssig werden können der Sache wegen; sie sind zugleich anspruchsvoller und ärmer als andere Hilfsmittel. Nur wenn man von vornherein der Überzeugung ist, daß man mit keiner Terminologie und mit keiner Formel – seien es auch mehrere – die Sache des christlichen Glaubens endgültig auf den Begriff bringt, kann man jene Hilfe erwarten, die solche Notbehelfe im besten Fall gewähren können. Daß mit einer solchen zurückhaltenden Beurteilung von Texten und Formeln keinem Geist der Unverbindlichkeit und Unentschiedenheit gehuldigt wird, braucht nach den früheren Ausführungen nicht nochmals bekräftigt zu werden.
Mit diesem Grundansatz ist auch schon die Vielfalt der Wege erwiesen. Man darf dabei nicht bloß im »dogmatischen« Bereich verbleiben. Es gibt nämlich auch die Notwendigkeit einer Konzentration in der Spiri-

tualität, in der Moraltheologie[39], in der praktischen Theologie, in der Religionspädagogik usf. Außerdem gibt es verschiedene Einstiegsorte, von denen aus ein Vorstoß zur radikalen Glaubensmitte anheben kann. So kann z. B. die soziale und caritative Tat das Eingangstor zu einer entschiedenen Vertiefung bieten. Diesen vielen praktischen Vollzugsweisen ist im folgenden Rechnung zu tragen.

2. *Exemplarische Anleitung durch die Hl. Schrift*

Man wird heute zögernder sein, unmittelbar bei der Heiligen Schrift solche Glaubenskonzentration zu suchen. Ihr Zeugnis ist vielfältig und erscheint widersprüchlich. Werden aber die verschiedenen Glaubenszeugnisse unter einer gedanklichen Einheit versammelt, geschieht dies immer schon im eigenen Denken des Auslegers. Ihre Einheit und »Mitte«[40] gewährt die Schrift also nur indirekt, weil ein solches Sinnzentrum nur durch Hinterfragen der Texte gewonnen wird und sich dadurch ohnehin schon in die entfaltende menschliche Reflexion verlagert. Die neuere Diskussion um den Kanon hat erwiesen, daß aus ihm allein kein eindeutiges Sachkriterium resultiert. Am ehesten gewinnt man einen Zugang zur »Mitte« der Schrift, wenn man die großen Grundworte bedenkt (vgl. Bund, Gerechtigkeit, Frieden, Gnade, Rechtfertigung). Wir sehen heute aber durch die Ergebnisse der neueren Exegese, daß schon viele »kleine Einheiten« der Evangelienüberlieferung und der Briefliteratur nicht nebeneinandergereihte Einzelepisoden sein wollen, sondern daß viele von ihnen jeweils einen Totaleinblick in das Christusgeschehen gewähren und aus ihrem Blickwinkel jeweils das ganze »Evangelium« sind (vgl. z. B. die Verklärungsszene, Bekenntnisformeln). Auch die Einzelperikope kann also, gut ausgewählt und theologisch tief erhellt, eine radikale Konzentration neutestamentlichen Glaubens bieten. – Der Vorteil biblischer Texte wird darin bestehen, daß immer wieder neue Perspektiven erscheinen, ein unerschöpflicher Reichtum an konkreten Zugangsmöglichkeiten sich darbietet und jede voreilige Systematisierung durch den weiten Spannungsbogen der literarischen Genera und Theologien verhindert wird[41].

---

[39] Leider geht der Artikel von B.-D. Dupuy, *Der konstitutive Charakter der Ethik im christlichen Glaubensbekenntnis*, in *Concilium* 6 (1970) 32–37 kaum auf dieses Thema ein.

[40] Die neuere Diskussion um die »Mitte« der alttestamentlichen und neutestamentlichen Theologie bzw. besser die Frage, ob eine solche »Mitte« überhaupt theologisch und historisch zu rechtfertigen ist, wäre hier genauer zu verfolgen (vgl. G. v. Rad, W. Zimmerli, G. Fohrer, F. Jacob, E. Käsemann, W. G. Kümmel, H. Schlier). Vgl. auch H.-J. Kraus, *Die Biblische Theologie. Ihre Geschichte und Problematik*, Neukirchen 1970, bes. 307–395.

[41] Vgl. zu den damit gegebenen sachlichen Problemen außer der in Anm. 3 genannten Literatur auch oben in diesem Band 54–93.

3. *Der Vorzug der Glaubensbekenntnisse*

Bereits die Schrift bietet eine Vielzahl von Bekenntnistraditionen, die in wenigen Worten die Mitte des christlichen Heilsgeschehens zur Sprache bringen[42]. Um sie herum reicherten sich in der frühen Kirche weitere grundlegende und formelhafte Elemente an, deren geordnetes Ganzes uns in den großen Glaubensbekenntnissen vorliegt (Apostolicum, Nicaeno-Constantinopolitanum). Trotz vieler Einwände gegen die klassischen Glaubensbekenntnisse, die hier nicht verhandelt zu werden brauchen, können diese auch heute auf dem Weg einer sorgfältigen theologischen Interpretation eine echte Vereinfachung des Glaubens bedeuten. In den christlichen Kirchen besteht von der Frühzeit an bis zu Karl Barths verschiedenen Credo-Auslegungen und zu Joseph Ratzingers »Einführung in das Christentum« eine lange und bewährte Tradition solcher Interpretation. Dieser Weg bietet – trotz mancher Bedenken – für die »Konzentration« *zwei* nicht zu unterschätzende Vorteile: Jeder, der mit der eigenen Dürftigkeit und Irrtumsfähigkeit Erfahrungen gemacht hat, weiß die Vorlage eines hilfreichen Textes, eine klare Sprache und eine bewährte Formel zu schätzen. Freilich wird daran auch am deutlichsten sichtbar, daß alle Texte nur Orientierungshilfen und Regieanweisungen sein können, die auf immer wieder versuchte Interpretation erprobt sein wollen. – Gegenüber subjektiver Willkür und schwärmerischer Beliebigkeit stellt das Symbolum vor allem ein Dokument und eine Chance der Konzentration des christlichen Glaubens dar, weil in ihm die Kirche selbst im Anschluß an die Schrift ihr zentrales Glaubensverständnis meditiert. Vom Innenraum der Gemeinschaft der Glaubenden her wird die Einfachheit eines Glaubens sichtbar, der bekenntnishafte und doxologische Elemente mit einem eigentümlichen Stil theologischen Denkens verbindet; zugleich gewährt die Offenheit der klassischen Glaubensbekenntnisse dem einzelnen Theologen und dem Beter genügend Raum für eine individuelle Auslegung. Henri de Lubac[43] wird nicht müde, den eigenen Vorzug einer solchen »Konzentration« des Glaubens herauszustellen.

4. *Neue Versuche in der gegenwärtigen dogmatischen Theologie*

In welchem Sinne die klassische Dogmatik in sich selbst eine grundlegende Verwandlung in Richtung einer solchen Konzentration erfahren muß, braucht in diesem Zusammenhang nicht erläutert zu werden. Einerseits wird jede große Theologie aus einer wesentlichen Grund-

---

[42] Dazu unten 179ff.

[43] Vgl. vor allem *La Foi chrétienne. Essai sur la structure du Symbole des Apôtres*, Paris [2]1970.

erfahrung heraus die einzelnen Schritte zur Konkretisierung dieses »Fundaments« entfalten (vgl. z. B. bei Karl Rahner[44] den Stellenwert der »Gnadenerfahrung«, bei Hans Urs von Balthasar[45] die Grundkategorie »Herrlichkeit«). Anderseits kennt die systematische Theologie heute Bemühungen eigener Art, von sich her im Inneren der Dogmatik solche internen Reduktionen durchzuführen. Dies wird vor allem in den Forderungen nach »Kurzformeln« des christlichen Glaubens[46] und nach einer »Einführung in das Heilsmysterium Jesu Christi«, verkürzt auch »Grundkurs«[47] genannt, sichtbar. Beide Versuche berücksichtigen – im Unterschied z. B. zu den klassischen Texten der Glaubensbekenntnisse – schon im Ansatz stärker das Daseinsverständnis des heutigen Menschen und bewegen sich so in einem freieren theologischen Spielraum, innerhalb dessen einer wirklichen Umschichtung und einer neuen Dimensionierung im Blick auf das traditionelle Glaubensgut mehr Möglichkeiten offenstehen. Da in diesem Band an anderer Stelle sehr ausführlich über diese Experimente berichtet wird, kann es hier bei diesen Andeutungen bleiben. Die Kürze der Hinweise darf freilich nicht die Wichtigkeit beider Wege verdunkeln.

5. »Das Wesen des Christentums«

Der Übergang von den »Kurzformeln« zu synthesenartigen Darstellungen des christlichen Glaubens ist fließend. Hier wäre eigens zu handeln über verschiedene Versuche, das »Wesen des Christentums« in konzentrierter Form darzustellen; doch gehört diese lange und schicksalhafte Geschichte innerhalb der evangelischen Theologie der Neuzeit nur noch am Rande zu unserem Thema (vgl. A. von Harnack, F. Gogarten, E. Troeltsch, E. Hirsch, G. Ebeling usw.). Ähnliche Entwürfe oder gar Antworten von katholischer Seite sind wenig erforscht (vgl. die theologischen Enzyklopädien des frühen 19. Jahrhunderts, F. A. Staudenmaiers »Geist der göttlichen Offenbarung«, A. Loisys »L'Évangile et l'Église«[48], R. Guardinis zahlreiche Entwürfe, K. Adams »Das Wesen

[44] Dazu K. Lehmann, *Karl Rahner*, in: H. Vorgrimler/R. Vander Gucht (Hrsg.), *Bilanz der Theologie im 20. Jahrhundert. Ergänzungsband: Bahnbrechende Theologen*, Freiburg 1970, 143–181, bes. 166f., sowie jetzt K. Fischer, *Der Mensch als Geheimnis. Die Anthropologie Karl Rahners*, Freiburg 1974, 19ff. ü. ö. (vgl. Reg.)

[45] Vgl. außer den in Anm. 49–51 genannten Werken: *Glaubhaft ist nur Liebe*, Einsiedeln 1963.

[46] Für weitere Einzelheiten und Nachweise vgl. unten 175–199.

[47] Vgl. K. Rahner, *Zur Reform des Theologiestudiums* = QD 41, Freiburg 1969, 48ff., 51–96.

[48] Vgl. A. Raffelt, *Das »Wesen des Christentums« nach Alfred Loisy. Zur Interpretation und werkgeschichtlichen Einordnung seiner Schrift »L'Évangile et l'Église«*, in: *Wissenschaft und Weisheit* 35 (1972) 165–199.

des Katholizismus«, M. Schmaus' »Das Wesen des Christentums« usw.). In letzter Zeit ist Hans Urs von Balthasar nicht müde geworden, in immer erneuten Anläufen, *»Summa Summarum«*[49], *»Wer ist ein Christ?«*[50], *»Die christliche Gestalt«*[51], einen Wesenseinblick in das Herzstück christlichen Glaubens zu geben.
Die Notwendigkeit solcher Vereinfachung erstreckt sich freilich nicht nur auf die dogmatische Theologie. Auch die Ethik bzw. Moraltheologie, die biblische und auch die praktische Theologie müssen in einem stets erneuten Formulierungsversuch die ursprüngliche Kraft des Christentums in den Grundbegriffen ihrer Disziplinen überzeugend darstellen.

6. Konzentration im Bereich des kirchlichen Lehramts

Wenn wir im Gegensatz zur immer extensiveren Ausfaltung des christlichen Glaubens im Verlauf der Neuzeit heute stärker zu einer Intensivierung der Aussagen gelangen, dann bleibt dies nicht nur eine Entwicklung innerhalb der Fachtheologie. Vielmehr gibt es, wie K. Rahner[52] immer wieder aufzeigt, auch Anzeichen dafür, daß die künftige »Dogmenentwicklung« im Ganzen weniger auf weitere Einzeldifferenzierungen im bisherigen Rhythmus angelegt ist, sondern in ihrer Gesamtdynamik mehr zu einer »Einfaltung« der vielen Aussagen tendieren wird. In etwas anderer Hinsicht stellt das »Credo des Gottesvolkes« Papst Pauls VI. dafür ein – freilich z. T. doch recht unglückliches – Beispiel dar[53]. Das kirchliche Lehramt selbst wird sich fragen müssen, wie es seine Funktion in einem Zeitalter erfüllt, das gleichzeitig von einer Vielzahl auseinanderstrebender theologischer Entwürfe[54] *und* der Notwendigkeit einer qualitativen Konzentration der Glaubensaussagen geprägt wird. Vielleicht kann es dem theologischen Pluralismus nur dann eine echte und sinnvolle Freiheit gewähren, wenn es sich selbst um die Einheit eines überzeugenden fundamentalen Glaubensbekenntnisses sorgt.

---

[49] In: *Spiritus Creator. Skizzen zur Theologie* III, Einsiedeln 1967, 322–344, vgl. auch schon Ders., *Verbum Caro*, 172–194.
[50] Einsiedeln 1965.
[51] In: *Hochland* 62 (1970) 289–300, vgl. auch Ders., *Einfaltungen*, 105–127 (*Die Einheit unseres Lebens*); 129–147 (*Nur wenn*).
[52] Vgl. *Schriften zur Theologie* IX, 339–365, 432–452, 453–478; *Schriften zur Theologie* X, Zürich 1972, 305–323.
[53] Knapp dazu: *HerKorr* 23 (1969) 37f.
[54] Vgl. K. Rahner, *Der Pluralismus in der Theologie und die Einheit des Bekenntnisses in der Kirche*, in: *Schriften zur Theologie* IX, 11–33.

7. Konkrete Konzentration durch das christliche Tun

Unter den vielen Wegen, die zur Vereinfachung und Strukturierung der Glaubensaussagen führen, dürfen am Ende Spiritualität und Praxis des christlichen Lebens nicht vergessen werden. Auf Grundsätzliches wurde bereits früher hingewiesen. Der geistlichen Erfahrung, die den Glaubenden in einem ständigen Prozeß der Läuterung von Sekundärem vor die schweigende Einfachheit Gottes bringt, und der Tat des Lebens, die alle Brücken hinter sich abbricht und ein neues Sein setzt, eignen in besonderer Weise »Konzentration«. In ihnen werden Überzeugungskraft und Tiefendimension des christlichen Glaubens auf diese besondere Weise offenkundig. Beim tiefen Mißtrauen in reine Theorie und Interpretation (einschließlich der Hermeneutik), das heute allenthalben herrscht, müssen auch diese – oft zu sehr vergessenen – Weisen eines Glaubenszugangs ihren gemäßen Ort erhalten. Daß es dabei nicht um einen unerleuchteten Aktionismus oder um eine reflexions- und lichtscheue Erbaulichkeit gehen kann, hängt zutiefst mit der unverzichtbaren Worthaftigkeit der christlichen Botschaft zusammen. Aber es gibt Erfahrungen des Glaubens, die nur handelnd ihre volle Evidenz gewinnen; wer dem gibt, der nicht hat, wer sich vom Elend des Bruders zum Erbarmen überwältigen läßt und wer still einer unbelohnten und von keinem gesehenen Gewissensentscheidung treu bleibt, der hat oft eine »zentrale« Wahrheit *getan*, die sich von selbst in die Tiefe des Daseins einsenkt und zu ihrer Zeit zu Wort kommt. Jedes rein gedankliche Verhältnis zur Sache des Glaubens bleibt leicht in der Unwahrheit. Von daher muß man auch die geforderte Reform der Strukturen nicht nur in ihrem eindimensionalen und für manche »oberflächlichen« Charakter der Veränderung verschiedener Mechanismen und Institutionen erblicken, sondern ihren oft verborgenen spirituellen Quellgrund aufdecken, aus dem die Erneuerung ihren unbesiegbaren Mut und ihre unverzagte Geduld schöpft.

Eine letzte Überlegung gilt dem zu erwartenden Vorwurf, hier werde christlicher Glaube in seinem eigenen Gehalt an das Pathos eines zuletzt unbestimmbaren Pragmatismus verraten; durch eine solche These fördere man die Verschleuderung des Christentums zu billigen Preisen; hier werde »Minimalismus« und nicht mehr als Humanismus getrieben. Eigentlich wurde darauf schon geantwortet durch die Art, wie diese Überzeugung von der eigenen Fundamentalbedeutung der christlichen Tat begründet wurde. Eine genauere Aufnahme des Einwandes lohnt nicht.

Gerade wenn man die verschiedenen Zugangsweisen zu einer »Konzentration« des Glaubens ernstnimmt, wird man sehr vorsichtig urteilen. Die Beweggründe der Handlungen geben nicht so rasch die Sicht frei auf die Tiefe ihrer Verwurzelung. Das Ethos hat außerdem ein anderes Medium der Wahrheitsfrage als die Dogmatik. In der ethischen Dimension geht es dem Christen um die allen Menschen gemeinsame sittliche Bestimmung. Darum prägen im ethischen Bereich nicht so sehr exklusive Unterschiede, sondern umgreifende Gemeinsamkeiten die fundamentalen Strukturen: »Was immer war, was ehrwürdig, was gerecht, was lauter, was angenehm, was wohllautend, was irgendeine Tugend und irgendein Lob ist, darauf seid bedacht« (Phil 4, 8). Und wer solches Christentum, das sich vieleicht theoretisch schlecht artikuliert, unbedacht in einem abschätzigen Sinne »Humanismus« schimpft – womit und wo will ein solcher eigentlich mehr erreichen als die Freiheit des Menschen? In welcher Begründungstiefe diese Freiheit gründet und von woher sie lebt, ist dann eine weitere Frage. Man kann nicht immer – auch im Bereich des Glaubens nicht – einen letzten Schritt tun; daraus werden unversehens Halsstarrigkeit und Fanatismus. Das »Vorläufige« hat überdies in der Ethik den unschätzbaren Vorteil, daß es heimlich und verborgen durch die praktische Eindeutigkeit der Tat immer schon auch ein Letztes ist. Darum ist schließlich die Liebe als das Fundament eines solchen Tuns eine äußerste Konzentration des christlichen Glaubens. »Dogmen dürfen nichts anderes sein als Momente an der sich manifestierenden und in der Offenbarung immer Geheimnis bleibenden Liebe; sind sie das nicht mehr, dann hat die Gnosis über die Liebe gesiegt, die menschliche Vernunft sich Gottes bemächtigt, und in diesem Augenblick ist – zuerst in der Theologie, dann in der Kirche, dann in der Welt – Gott ›tot‹«[55]. Man kann deswegen auch einmal den umgekehrten Weg gehen: von der vollzogenen Lebenspraxis zum tiefer verstandenen Dogma.

Schluß: Das Schwierige um des Einfachen willen

Kompliziert und differenziert mag all das erscheinen, von dem hier die Rede war. Die Schwierigkeit des Unternehmens »Konzentration« der Glaubenswahrheiten ist vielleicht klargeworden. Dennoch hat alles nur zum Ziel, die Sprache des Glaubens einfacher und den Gedanken der Theologie durchsichtiger zu machen. Dabei muß manchmal lange zuvor noch mancher Schutt abgeräumt werden. Das Einfache des Glaubens liegt erst recht nicht an der Oberfläche. Die »terribles simplificateurs«, denen alles leichter von der Hand gehen mag, verkennen die Verborgenheit des Einfachen. Das Einfachste ist das Schwerste, sagten die Alten. Niemand wird es darum im ersten Anlauf oder in direktem Zugriff erreichen. Der beste »Umweg« ist immer noch das Gespräch

[55] H. U. v. BALTHASAR, *Einfaltungen*, 54f.

mit den großen Erfahrungen der Geschichte. Dies muß nicht immer so sein. Aber ohne die ständige Auseinandersetzung mit dieser Glaubensgeschichte, daran sich ein tiefer Gedanke erst entzünden kann, erlangt in der Theologie niemand das einfache Auge. Der jähe Einblick in ein Neues erfolgt selten ohne die geduldige Vorbereitung in einem langen Umgang mit großen Traditionen. So ist es vermutlich auch bei der Aufgabe einer Konzentration der Glaubensaussagen. Es bleibt ein beständiges Wechselspiel von Vergegenwärtigung und Überlieferung. »Überlieferung ist naturgemäß Gestaltwandel; Änderung und Bewahrung vollziehen sich im gleichen Strom; auch noch während die Hand ergänzt, horcht das Ohr in die Tiefe der Vergangenheit; nicht nur dem Leser, auch dem Schreiber selbst legitimiert sich das Neue am Alten«[56].

---

[56] M. Buber, *Moses*, Heidelberg ²1952, 21, jetzt auch in M. Buber, *Werke* II, München/Heidelberg 1964, 22.

KURZFORMELN DES CHRISTLICHEN GLAUBENS

Die Forderung nach einer situationsgerechten und wirksamen Verkündigung der christlichen Botschaft erschöpft sich leicht in abstrakten Gemeinplätzen, die für den praktischen Seelsorger keine unmittelbare Hilfe darstellen. Die Botschaft Jesu Christi muß *so* verkündigt werden, daß das Wesentliche und die Mitte des Christlichen deutlich im Unterschied von allem Zweitrangigen erfaßt und dann auch im konkreten Leben verwirklicht werden kann. Die verbindlichen Glaubensbekenntnisse der Kirche entfalten zwar ihrerseits die »Substanz« des altkirchlichen Glaubens, benötigen aber eine weitere Interpretation, wenn es darum geht, kurz und bündig den Sinn mancher Artikel (z. B. abgestiegen zur Hölle; gezeugt, nicht geschaffen usw.) im Horizont des heutigen Daseinsverständnisses zu formulieren. Die überlieferten Glaubensbekenntnisse erfüllen also *in dieser Hinsicht* nicht mehr ihre Funktion. Gerade wenn man deswegen das Credo der Kirche nicht abschaffen zu müssen meint, wie einige glauben, wird man es entlasten und z. B. die Funktion einer kurzen, heute eher verständlichen Einführung in das Christentum bzw. in den christlichen Glauben eigens zu schaffenden »Glaubensformeln« übertragen. Man nennt sie – einstweilen in Ermangelung eines besseren oder wenigstens gemeinsam akzeptierten Namens – »Kurzformeln« des christlichen Glaubens.

I. Die Notwendigkeit von Kurzformeln

Karl Rahner hat wohl als erster während des Zweiten Vatikanischen Konzils die Forderung nach einer solchen »Verkündigungsformel« erhoben[1]. Die wichtigsten Gründe dafür liegen auf der Hand, so daß sie nur kurz genannt zu werden brauchen:

1. Unsere klassischen Glaubensbekenntnisse benötigen – ganz unbeschadet ihrer dogmatischen Gültigkeit – einen immer größeren »Kommentar«, um nicht mißverstanden zu werden. So führen sie nur noch unter bestimmten Voraussetzungen »kurz« in die Mitte des christlichen Glaubens ein und können den Zugang zu ihm unter Umständen eher komplizieren.

---

[1] Vgl. die Erstveröffentlichung *Kurzer Inbegriff des christlichen Glaubens für »Ungläubige«*, in: *GuL* 38 (1965) 374–379. Eine erweiterte Fassung erschien zwei Jahre darauf: *Die*

2. Durch die wachsende Interpretationsbedürftigkeit büßen die einzelnen Artikel *faktisch* an konkreter Verbindlichkeit ein, weil nämlich gerade in fundamentalen Problemen (vgl. z. B. Gottesbegriff) oder in einzelnen Schwierigkeiten (vgl. Höllenabstieg, Jungfrauengeburt) vom Text der klassischen Bekenntnisse her keine eindeutige Antwort und kein gemeinsames Verständnis erzielt werden können[2].
3. Viele Aussagen des klassischen Bekenntnisses erhellen den Glauben zunächst nur von den Ergebnissen der altkirchlichen dogmatischen Auseinandersetzungen her (vor allem in Trinitätslehre und Christologie). Die daraus entstandenen Formulierungen sind zwar dem Theologen einsichtig, aber sie sind für den Glaubenden weithin unverständlich oder sagen wenigstens für die konkrete Bewährung dieses Glaubens im heutigen Alltag direkt nicht viel aus. Gerade wenn die »Orthodoxie« nicht bestritten wird, aber die konkrete Überzeugungskraft des Credo im konkreten Leben fehlt oder ausfällt, entsteht ein gefährlicher Zustand: Der Glaube braucht eine verständliche und verbindliche Bestimmtheit, die sich auch in Aussagen übersetzen läßt.
4. Auch wenn man das unverfügbare Ereignis göttlicher Gnade nicht in eine »Formel« bannen will, wird man aus vielen Erwägungen die Formulierbarkeit und Aussagbarkeit des christlichen Glaubens entschieden festhalten. Bei aller Verborgenheit ist das Heil in der geschichtlichen Person Jesu Christi leibhaftig, endgültig und durch bestimmte Ereignisse für die Welt angesagt worden. Solche Entschiedenheit Gottes braucht ein nicht weniger entschiedenes Bekenntnis als Antwort des Menschen. Sonst zerfällt der christliche Glaube und geht in einer allgemein-menschlichen Religiosität ununterscheidbar unter. Der christliche Glaube hat sich aber von Anfang an dagegen gewehrt, eine inhaltslose, unbestimmte und private, unkontrollierbare und absolut unaussagbare religiöse Erfahrung zu sein. Will der christliche Glaube seine unterscheidende Kraft und seine zukunftsträchtige Dynamik sich bewahren, indem er seine Überlegenheit über fremde Ideologien, andere Religionen und nur-menschliches Selbstverständnis zum Ausdruck bringt, dann muß diese provokative Wahrheit immer wieder neu formuliert werden.
5. Die Fülle des christlichen Glaubens wird leicht amorph, so daß sich Zweitrangiges und oft sogar Entstelltes ungerechtfertigt in den Rang des Ersten und einzig Notwendigen erhebt. Der Ablaß wird dann

---

Forderung nach einer »Kurzformel« des christlichen Glaubens, in: *Concilium* 3 (1967) 202–207, auch in: *Schriften zur Theologie* VIII, Einsiedeln 1967, 153–164.

[2] Dies wird dann besonders sichtbar, wenn die Berufung auf diese Glaubensbekenntnisse faktisch eben keine verbindliche Bekenntnisbildung mehr gewährt oder schafft (vgl. z. B. die verschiedenen Hinweise auf das Credo im »Fall« Halbfas, in den holländischen theologischen Diskussionen usw.).

wichtiger als die Anerkennung und Vergebung schwerer Schuld; hypertrophe mariologische Aussagen lassen den Primat Christi nicht mehr deutlich hervortreten. Eine Kurzformel des Glaubens braucht nicht zur Heckenschere zu werden, mit der man das Christentum auf ein paar dürre Abstrakta reduziert, aber sie kann den christlichen Glauben auf das Wesentliche orientieren, von woher erst auch alle Einzelheiten am Rande wieder ihre Leuchtkraft erhalten können. Der Hörer der Botschaft des Evangeliums soll nicht durch sekundäre Skandale eines dezentrierten Christentums vor den Kopf gestoßen werden, sondern er soll gerade durch die kritische Unterscheidung der oft wenig einladenden »Ärgernisse«, die ihn zudem eher vom Glauben abhalten, zur einzig ursprünglichen Konfrontation mit dem lebendigen Gott geführt werden. In einer solchen Kurzformel soll also die je größere Herrlichkeit Gottes überwältigen und dadurch gleichsam von selbst zu einer indirekten Ideologiekritik des konkreten christlichen Lebens werden. Die Kurzformel trennt Glauben von Aberglauben, Größe und Mißbrauch des Christentums voneinander, indem sie eben unüberhörbar auf die entscheidende Mitte von Glaube, Hoffnung und Liebe zeigt.

6. In einer Zeit, wo das Christentum von sich her als »Religion« und »Milieu« die gesellschaftliche Atmosphäre mitprägte, konnte man die christliche Botschaft unbefangener in einer »doktrinären« Form vermitteln. Man konnte auch noch voraussetzen, daß Offenbarung und Wirklichkeit Gottes weithin als allgemeine »Tatsachen« angenommen sind (was eine persönliche Entschiedenheit des einzelnen zu Gott und Jesus Christus für alle Zeiten und Epochen nicht ausschließt). »Das konnte gewissermaßen nachträglich nicht nur zur Taufe, sondern auch zum Leben geschehen. Man brauchte nicht so sehr auf die richtigen Proportionen seiner Aussage zu achten; man konnte Sekundäres dringlicher als Primäres vermitteln; man konnte es sich erlauben, jenes *eine Ganze* des Christentums als solches eher zu vernachlässigen, das heute aber gerade als solches Ganzes die Voraussetzung dafür ist, daß das einzelne darin richtig verstanden und realisiert wird«[3]. Heute, wo die Dringlichkeit des personalen Glaubensentscheides ungeheuer radikalisiert wird, damit der Christ auch ein aktiver, öffentlicher Bekenner seines Glaubens bleibt, muß die Empfänglichkeit für das Auszeichnende des christlichen Glaubens sorgsam verstärkt werden. Die »Kurzformel« könnte so zum Anstoß für eine beständige Einübung in den Glauben werden.

7. Auf Grund der anderen geistigen und gesellschaftlichen Situation muß eine Einübung in das Christentum heute anders ansetzen als das klassische Credo: Man wird nicht unversehens mit einer klar voraus-

---

[3] K. Rahner, *Schriften zur Theologie* VIII, 153f.

gesetzten Gottesidee oder mit einem selbstverständlichen »Ich glaube« beginnen können, ehe denn ein *Weg zu Gott* und eine Einweisung in das Geheimnis des Glaubens diese ersten und wichtigsten Voraussetzungen als positiv und sinnvoll herausgestellt und bereitet hat. Von der heute fälligen und unumgänglichen Gestalt des Glaubens her, die sich von anderen Zeitaltern wenigstens in der Strukturierung der Aussagen unterscheidet[4], fallen die Proportionen und die Akzente einer solchen Kurzformel heute notwendig anders aus. Dies rechtfertigt wiederum die Forderung nach der Erstellung solcher Verkündigungshilfen.

8. Das Zweite Vatikanische Konzil fordert für das ökumenische Gespräch die Berücksichtigung der »Hierarchie der Wahrheiten«[5]; doch hat diese Forderung über den unmittelbaren Kontext hinaus größte Bedeutung, wie schon des öfteren dargestellt worden ist. Für das konkrete ökumenische Gespräch, das die Christen im Alltag der Welt miteinander führen und das nicht zuletzt in einer Vertiefung des gemeinsamen Glaubens besteht, betont eine solche Kurzformel das Gemeinsame und im Unterschiedlichen den jeweiligen Rang und Ort, von dem aus die Zusammenhänge der vielen zerstreuten Aussagen eine innere Einheit und damit auch vielleicht mehr Evidenz gewinnen können.

Man wird in einer Kurzformel kein Allheilmittel sehen dürfen, schon deshalb, weil auch ein neuer Entwurf von so etwas wie einer »Formel« nicht weniger mannigfachen Verhärtungen und Entfremdungen ausgesetzt sein wird als die bisherigen Formen. Der heutige Mensch besitzt ohnehin eine verstärkte Sensibilität für die *Grenze* einer »Glaubensformel«. Er weiß um den Charakter von Aussagen, daß sie bei aller Unentbehrlichkeit abgeleitete Größen sind und als (im besten Fall:) geronnenes Leben noch nicht den Geist gewähren, der den Glauben schafft. Nie wird ja Glaube so geweckt, wie wenn einer »von außen« einem anderen einen rasch nachkontrollierbaren Sachverhalt mitteilt (z. B. eine chemische Formel). Was in einer »Formel« des christlichen Glaubens gesagt wird, ist zur Realisierung auf ein Verstehen dessen angewiesen, was im Grunde des menschlichen Daseins als Gnade erfahren werden kann. Die Gnade Christi kommt der »äußeren« Predigt des Evangeliums immer schon zuvor, wie es die klassische Theologie formulierte. Der heutige Christ versteht darum eine solche Kurzformel viel eher als *Angebot*, darin er die ihm selbst zuteilgewordene Erfahrung des Glaubens wiederfinden kann und sich am Leitfaden der vorgegebenen Formulierungen in die eigene Bewegung hin zu Bekenntnis,

---

[4] Vgl. dazu K. RAHNER, *Im Heute Glauben* = Theologische Meditationen 9, Einsiedeln [4]1968.

[5] *Ökumenismus-Dekret*, Nr. 11; vgl. dazu oben 139f., 147ff.

Lobpreis und Gebet führen läßt. Die Kurzformel ist primär ein solches Angebot zur Sammlung und Einstimmung auf das Ganze des christlichen Glaubens und muß immer in dieser Hilfsfunktion gesehen werden, wenn aus der Forderung nach ihr nicht ein Buchstabenglauben entstehen soll, der einem überholten Dogmatismus in nichts nachsteht.
Man wird schon von diesen Grundüberlegungen her fordern, daß es mehrere Kurzformeln gibt, die den verschiedensten Differenzierungen der jeweiligen Glaubenserwartungen (geistesgeschichtliche Situation; soziokulturelle Eigenart; geistige Anforderungen; altersspezifische Modifikationen; keine übertrieben lange Lebensdauer der Formel) entgegenkommen.

II. Exemplarische Modelle aus der Glaubensgeschichte

Wir sind gewohnt, daß es ein einheitliches Credo der Kirche gibt, das faktisch alle anderen »Bekenntnisse« – sollen sie nicht unmittelbar privater Natur sein – ausschließt. Vielleicht wird deshalb die erhobene Forderung plausibler, wenn ein gedrängter Abriß der Problemgeschichte um die »Kurzformeln« versucht wird, soweit dies in diesem Zusammenhang möglich ist. Dabei interessieren das Alte und Neue Testament und ausgewählte Einzelheiten der späteren Kirchengeschichte.
Soweit die Formen der urchristlichen Verkündigung, des lehrhaften Bekenntnisses und des gottesdienstlichen Lobpreises erforscht sind, können wir besonders im Neuen Testament eine kaum beschreibbare Fülle verschiedener Stilformen und Formeln feststellen. Im Alten Testament gibt es – freilich längst nicht so entfaltet – solche zusammenfassenden, formelhaften Wendungen, die das Hauptereignis der Geschichte Israels umschreiben: »Als Israel aus Ägypten zog, das Haus Jakobs aus fremdsprachigem Volk, da wurde Juda sein Heiligtum, Israel sein Herrschaftsbereich« (Ps 114, 1 f). In dieser Erwählungstat schlechthin wurde der Anfang und die bleibende Begründung des Gottesverhältnisses gesehen. Hier hatte man erfahren, was »Jahwe« heißt und wie er hilft. Die Wendung »Jahwe, der Israel aus Ägypten herausgeführt hat« (vgl. Ex 20, 2; Dt 5, 6; Ps 81, 11) wird zu einer festen Bekenntnisaussage, die bis in das soziale Verhalten (vgl. Dt 15, 12 ff; 24, 17 f; Lev 19, 33 f; 25, 42) und in spätere geschichtliche Ereignisse hinein (vgl. 1 Kg 12, 28; Ex 32, 4) nachhaltig einwirkt. Man spricht in der Exegese geradezu von einem »kleinen geschichtlichen Credo« (G. v. Rad), das sich besonders in Dt 6, 20–25 und Dt 26, 4–9 ausspricht. In diesem Zusammenhang wird man sich allerdings hüten, zu rasch von einem auch literarisch verstandenen »*Ur*-Bekenntnis« zu sprechen, wie immer die Grundaussage auch ein formendes Struktur-

prinzip des Hexateuch gewesen sein mag[6]. Eine anders gelagerte »Formel« lautet im Alten Testament: »Ich will euer Gott sein, und ihr sollt mein Volk sein« (vgl. Dt 26, 17 f; Jer 24, 7; Ez 11, 20; Ex 19, 5; 2 Sam 7, 24). In dieser Wendung »ich euer Gott – ihr mein Volk« ist tatsächlich in unübertrefflicher Knappheit und außerordentlicher theologischer Strenge das gegenseitige Verhältnis der beiden Bundespartner eingefangen. Man nennt deshalb diesen Ausdruck »Bundesformel«, ohne daß wir in diesem Zusammenhang exegetische Einzelheiten zu diskutieren brauchen[7]. Sicher wird man sich die Überlieferungswege und Haftpunkte der Formel sehr differenziert und vielfältig denken müssen.
Das Alte Testament gebrauchte also in gewisser Weise »Kurzformeln«, deren Sitz im Leben ganz verschiedener Natur war. Selbst da, wo große Zweifel herrschen, ob die Auszugsüberlieferung Israel einen eigenen Vorzug bietet (vgl. Am 9, 7) und das alte Glaubensbekenntnis sogar aufgehoben wird (vgl. Jer 23, 7 f; 16, 14), kann man noch – nun den ersten Auszug überbietend – in der Sprache dieses Bekenntnisses formulieren (vgl. Mich 2, 12 f).
Das *Neue Testament* weist eine gezieltere Bekenntnisbildung auf, schon deswegen, weil in Jesus Christus der unüberholbare und endgültige Heilbringer erschien und der »neue« Bund zugleich eschatologisch qualifiziert ist. Anderseits hat gerade diese eschatologische Vollendung des Heils in der noch währenden Geschichte einen eigentümlichen Reichtum von Glaubensformeln aus sich entlassen. Die kürzesten Aussagen »Jesus ist der Herr (Kyrios)«, »Jesus ist der Messias (Christos)« versuchen bereits, in ganz verschiedenen religiösen Umweltssituationen das spezifisch Christliche herauszuheben. Diese Formeln sagten den griechisch bzw. judenchristlich denkenden Christen bereits buchstäblich alles, denn in der Entscheidung zur Wahrheit dieses Bekennnisses, das für den damaligen Zeitgenossen unmittelbar verständlich war (d. h. in Wirklichkeit das Ärgernis des Glaubens an Jesus Christus geradezu »fixierte«), lag die Bekehrung zum Christus. Diese Grundaussagen werden entfaltet durch die Sterbens- und Auferstehungsaussagen (vgl. Röm 10, 9; 1 Kor 15, 3–5 u. a.). Der weitere Ausbau erfolgt unter sehr vielen Gesichtspunkten: Rücksichtnahme auf die im griechischen Kulturbereich lebenden Menschen (vgl. z. B. 1 Tim 2, 5; 1 Thess 1, 9); Verdeutlichung der Glaubensaussagen in Abwehr irriger Meinungen

---

[6] Vgl. dazu H. Lubsczyk, *Die Einheit der Schrift*, Stuttgart 1970, 15 ff. (Lit.); leider ist der wichtige Artikel von W. Richter, *Beobachtungen zur theologischen Systembildung in der alttestamentlichen Literatur anhand des »kleinen geschichtlichen Credo«*, in: L. Scheffczyk/ W. Detloff/R. Heinzmann (Hrsg.), *Wahrheit und Verkündigung*. Festschrift f. M. Schmaus z. 70. Geburtstag, I, Paderborn 1967, 175–212, bei H. Lubsczyk nicht verarbeitet.
[7] R. Smend, *Die Bundesformel* = ThSt(B) 68, Zürich 1963.

(vgl. 1 Joh 4, 2: Christus erschien »im Fleisch«); verschiedene Verwendung im Gottesdienst, in der Katechese, in der missionarischen Verkündigung, in der Gemeindepredigt usw.[8]. Es ist erst eine relativ spätere Entwicklung, daß sich ausdrücklich ein uniformistischer Zug zu *einem* Glaubensbekenntnis (als »Formel« verstanden) durchsetzt. Das Bekenntnis, das durch mannigfache Anreicherungen zum Symbolum der alten Kirche wird (Apostolisches Glaubensbekenntnis und Symbolum Nicaeno-Constantinopolitanum), macht dabei in Form, Struktur und Komposition, aber auch in Umfang, Funktion und Sprache erhebliche Wandlungen durch, die hier nicht im einzelnen skizziert werden können[9].

In der Folgezeit des Mittelalters und der neueren Epochen (wenigstens für die katholische Kirche) gibt es zwar viele individuelle Kommentare des offiziellen kirchlichen Glaubensbekenntnisses, aber kaum andere »Kurzformeln« des Glaubens, wenn man einmal von der Funktion des kirchlichen Liedgutes, der Katechismen und bestimmter Gebetstexte absieht, die irgendwie auch Aufgaben einer heutigen Kurzformel wahrgenommen haben. In diesem Zusammenhang ist aufschlußreich, daß Luther im Jahre 1520 »eyn kurcz form des Glaubens« vorgelegt hat, wobei er eine Auslegung zu den drei Artikeln des Apostolikums darbietet. Er sieht im selben Zusammenhang auch die Notwendigkeit von »Kurzformeln« der Zehn Gebote und des Vaterunsers. Die Struktur dieser »Kurzformeln« – ein Begriff, der also bei Luther zu finden ist – bezeugt aber noch gleichsam den »objektiven Geist« streng kirchlicher Verkündigung, die sich auf vorgegebene Texte bezieht. Der Formenwandel wird sichtbar, wenn man sich die neuzeitlichen Zeugnisse für so etwas wie »Kurzformeln« betrachtet. Man könnte diese in besonderen Glaubenszeugnissen einzelner großer Philosophen und Theologen sehen (B. Pascals Memorial, Ph. J. Spener, F. Chr. Oetingers Glaubenszeugnis, N. L. Graf v. Zinzendorf, B. Sperling). Doch sind diese Zeugnisse schon in einem hohen Grade »subjektiv«, d. h. nur bedingt von einer größeren Gemeinschaft nachvollziehbar (womit auch ein Wandel im Begriff des Bekenntnisses – confessio – vor sicht geht). Vermutlich bringt die Zeit des »Sturm und Drang« und des Pietismus die Wende zu dieser individuell-privaten Konzeption solcher »Kurzformeln«. Am Ende dieser Entwicklung stehen die säkularisierten Bekenntnisse von J. J. Rousseau (vgl. z. B. das Glaubensbekenntnis des Savoyardschen

---

[8] Vgl. dazu P. Brunner, *Wesen und Funktion von Glaubensbekenntnissen*, in: Ders. u. a., *Veraltetes Glaubensbekenntnis?* Regensburg 1968, 7–64 (Lit.); K. Lehmann, *Auferweckt am dritten Tag nach der Schrift* = QD 38, Freiburg 1968, [2]1969, 36ff., 43ff., 60ff. (mit Lit.); J. Gnilka, *Jesus Christus nach frühen Zeugnissen des Glaubens*, München 1970, 27ff., 44ff. (Lit).

[9] Vgl. dazu oben 109–142, bes. 111ff.

Vikars im »Émile«) und z. B. P. J. Proudhon (Confiteor; Glaubensbekenntnis. Wesen und Bestimmung der Parteien), die nur deshalb genannt seien, weil sie ausdrücklich auf das literarische Genus »Bekenntnis« zurückgreifen[10]. Inzwischen hat diese Form literarisch – ähnlich wie die des Katechismus – viele Rollen durchgespielt, wird heute aber zunehmend mehr durch den verbindlicheren und objektiveren Begriff des »Programms« ersetzt.
Wollte man die Geschichte der Problematik um die »Kurzformel« verfolgen, dann müßte man sich fragen, in welchem Grade z. B. im neuzeitlichen Protestantismus Bekenntnisbildungen in einem ursprünglichen Sinn gelungen sind. Man müßte ferner auf katholischer Seite das »Credo des Gottesvolkes« von Papst Paul VI. vom 30. Juni 1968 eingehender analysieren, weil sich hier zunächst einmal die Ergänzungsbedürftigkeit des Credo ausspricht, weil in der Art der Lösung (Vermischung altkirchlicher, biblischer, schultheologischer und spiritueller Sprachstile) sich das Dilemma zeigt, weil nun der klassische Bau des Credo in seiner Einheit durch die Erweiterungen gestört und kein neues Ganzes erreicht wird[11]. Es versteht sich von selbst, daß die Forderung nach der »Kurzformel« weder vom klassischen Glaubensbekenntnis der Alten Kirche noch von den allzu subjektiven »Bekenntnissen« der neuzeitlichen Theologie voll zu begreifen und erst recht nicht zu erfüllen ist.

III. Vorgelegte Versuche aus der Gegenwart

Karl Rahner hat nicht bloß theoretisch die Forderung nach einer »Kurzformel« des Glaubens erhoben, sondern hat zuvor noch als erster unter dem Titel »Kurzer Inbegriff des christlichen Glaubens für ›Ungläubige‹« einen konkreten Versuch vorgelegt[12]. Aus diesem Grund sei es gestattet, ausführlicher auf diesen Entwurf einzugehen:
Rahner setzt mit einer längeren Hinführung zum Geheimnis Gottes ein. Er weiß, daß wir nach dem »Credo in unum Deum« heute nicht sofort

[10] Hierzu vgl. neuerdings A. Peters, *Moderne evangelische Glaubensbekenntnisse und katholische Kurzformeln des Glaubens*, in: *KD* 19 (1973) 232–253, bes. 235 ff.
[11] Vgl. dazu den *Osservatore Romano* vom 1./2. Juli 1968 und den offiziellen Text der »Sollemnis professio fidei« (!) in den *AAS* 60 (1968) 433–445; dt. in: *HerKorr* 22 (1968) 368–370. In diesem Zusammenhang kann nicht näher auf das *Credo des Gottesvolkes* eingegangen werden. Vgl. dazu jedoch meine Ausführungen *Bemühungen um eine »Kurzformel« des Glaubens*, in: *HerKorr* 23 (1969) 32–38, hier 37 f., die in der Grundtendenz wohl auch heute noch stimmen. Die neueren Kommentare interpretieren das *Credo des Gottesvolkes* ja nie aus der Sicht der Forderung und der Notwendigkeit einer »Kurzformel«, sondern betreiben eine eingehende Einzelexegese des fraglos vorausgesetzten Textes.
[12] Wir zitieren im folgenden nach den *Schriften zur Theologie* VIII.

in viele weitere Einzelheiten *über* Gott ausbrechen dürfen. Vielmehr muß das ganze »System« der mannigfachen Glaubensaussagen als die *eine* Antwort auf die unausweichliche Grundfrage des menschlichen Daseins begriffen werden, die für den Christen in der beständigen Herausforderung durch den lebendigen Gott immer wieder neu gegeben ist. »Als Grund des erkennend und tätig ergriffenen Einzelnen ist das heilige Geheimnis, das wir Gott nennen, das Innerste in uns und zugleich das unverfügbar Fernste, das unser nicht bedarf. Ehrfurcht und Anbetung geziemen ihm; wo sie da sind, wo der Mensch sein Dasein in absoluter Verantwortung annimmt, seinen letzten Sinn vertrauensvoll sucht und erwartet, hat er auch schon Gott gefunden, wie immer er ihn nennen mag, da sein letzter Name immer nur gesagt wird im liebenden Verstummen vor seiner Unbegreiflichkeit«[13].
Danach ist die Rede von der Selbstmitteilung Gottes in Gnade, die sich vom Menschen her als Glaube, Hoffnung und Liebe entfaltet; diese Gnade wird zwar durch die Schuld des Menschen durchkreuzt und verdunkelt, doch ist Gottes Liebe mächtiger als das Geheimnis der menschlichen Verweigerung. Der christologische Ansatzpunkt wird im Sinne der Rahnerschen »transzendentalen« Christologie gewonnen. »Jeder sucht ihn, unausdrücklich, aber wirklich, wenn er danach verlangt, daß die letzte Grunderfahrung der radikalen Frage seines Daseins und seiner Todgeweihtheit sowie der letzten Angenommenheit dieser Frage auch in der Greifbarkeit seiner Geschichte erscheine und so ganz da-sei und endgültig bestätigt werde. Insofern ist für uns jeder seinem Gewissen getreue Mensch ein Christ des Advents, der Ausschau nach *dem einen* Menschen, in dem die eigene Frage (die wir *sind* und nicht nur willkürlich stellen) und Gottes Zusage eins und einer geworden sind und endgültig erscheinen. Wir Christen haben den Mut, diesen Gesuchten als gefunden zu glauben. Er ist Jesus von Nazareth ...
Aber wer Christus gefunden hat, muß ihn vor seinen Brüdern bekennen. Das bedeutet zunächst einfach, daß er gehorsam das Leben und den Tod, so wie sie sind, annimmt. Dadurch begegnet er Ihm. Das bedeutet die je erneute Annahme der Vergebung Gottes im Blick auf Ihn und endlich das ausdrückliche Zeugnis Seines Namens, der Hoffnung, die wir in Ihm finden«[14].
Erst dann erfolgt die Entfaltung der Gottesfrage und eine Einführung in die Grundlinien einer heilsgeschichtlich strukturierten Verkündigung der Dreifaltigkeit Gottes. Die »Kurzformel« schließt mit einigen Grundgedanken über die Stellung der Kirche, über die sieben Sakramente und endlich über die eschatologische Situation bzw. Erfüllung

---

[13] A.a.O., 159.
[14] Ebd., 161.

des menschlichen Daseins. Als Beispel für die anthropologische Zentrierung dieses Entwurfs sei der Ansatz für die Darstellung der Sakramente wiedergegeben: »So wie der Mensch in seinem persönlichen Leben Worte kennt, die ihn ganz engagieren und das offenbar werden lassen, was gerade geschieht, *indem* sie gesagt werden – Worte der letzten Liebe, der Vergebung zum Beispiel –, so ähnlich kennt die Kirche in ihrem Bereich Worte, in denen sie sich selbst dem Menschen in dem zusagt, was sie ist: das Zeichen des Erbarmens und der Liebe Gottes für alle«[15].

Karl Rahners Entwurf ist sicher in manchem begrifflich schwierig und für den Durchschnittsleser nicht leicht nachvollziehbar. Man sollte ihm aber nicht zum Vorwurf machen, er setze seine eigene Theologie als gültig voraus, denn diese offenbart gerade in der entworfenen Konzeption ihre innere Kraft und ihre kerygmatische Potenz, wenigstens dem theologischen Gedanken nach. Bis heute ist K. Rahners Versuch trotz aller Schwierigkeiten der Diktion und des Verstehens vermutlich doch jene Realisation, die der Forderung nach einer Kurzformel unter vielen Hinsichten am nächsten kommt (wenigstens im Sinn einer »Programmstudie«).

In jüngster Zeit hat *K. Rahner* nochmals drei andere, kürzere, abstraktere Kurzformeln vorgelegt[16], in denen vor allem ein jeweils verschiedener Ausgangspunkt entfaltet wird: Gott als das unumfaßbare Woraufhin der menschlichen Transzendenz (»theologische« Kurzformel); Jesus Christus, der sich als Mensch zum Raum radikaler Mitmenschlichkeit macht und darin sich als Gott erweist (»soziologische« Kurzformel); Offenbarung als das Offenhalten der Frage nach der »absoluten Zukunft«, die sich als solche selbst in Gnade mitteilen will, diese Selbstmitteilung in Jesus Christus eschatologisch irreversibel festgemacht hat und Gott heißt (»futurologische« Kurzformel). Die Trias dieser Formeln sieht Rahner auf einem trinitarischen Hintergrund[17]. K. Rahner sieht darin drei Grundtypen, die allerdings in ihren Differenzierungen nicht näher entfaltet werden.

Direkt im Anschluß an Rahners Entwurf hat der französische Jesuitenpater *François Varillon* einen weiteren Versuch veröffentlicht[18]. Der innere Bauplan dieses Abrisses geht folgenden Gang: Die Frage nach dem Sinn der menschlichen Existenz läßt sich nicht verdrängen, wohl aber kann der Mensch durch einen falschen Begriff Gottes diesen als die

---

[15] Ebd., 163.

[16] Vgl. *Reflexionen zur Problematik einer Kurzformel des Glaubens*, in: *Schriften zur Theologie* IX, Einsiedeln 1970, 242–256, bes. 249–256.

[17] Vgl. dazu ebd., 256.

[18] F. Varillon, *Un abrégé de la foi catholique*, in: *Études*, Oktober 1965, auch als Sonderdruck (27 pp.).

Antwort seines Lebens verfehlen. Die Menschwerdung Gottes zeigt sich als Herzstück des christlichen Glaubens; zu ihr gehört die Aussage über die durch die Menschwerdung nun mögliche »Vergöttlichung« des Menschen in der Gnade. Christus enthüllt uns den Menschen und Gott. In Christus enthüllt sich Gott als Kraft der Liebe. Gott ist ein solcher, daß das Geheimnis unbegreiflicher Liebe, das sein ewiges Sein darstellt, nur »übersetzt«, ausgedrückt und offenbart werden kann durch die Armut, freiwillige Abhängigkeit und Demut Christi. In diesem Kontext kommen der Weltauftrag des Christen, das Erleiden des Todes und das Leid zu Darstellung. Die Sünde ist der Ausfall der Grundkraft der Liebe, welche ihrerseits die Kraft der Vergebung aus sich entlassen kann. Das Gebet ist in seinen verschiedenen Formen Ausdruck des gläubigen Ja zu Gott. Die Dogmen bewahren die Wahrheit eines wirklichen Verhältnisses des Menschen zu Gott, so daß alles »Dogmatische« eine Funktion dieser lebendigen Glaubensbeziehung ist. Die Kirche ist das wirksame Zeichen des auferstandenen Christus, der in ihr gegenwärtig ist, handelt und »vergöttlicht«. Der »Inbegriff« F. Varillons schließt mit einer Skizze der Eucharistie, welche der Grund für alle anderen Sakramente ist und die ganze »Substanz« des Glaubens in sich birgt.

Es läßt sich nicht leicht sagen, wie der durchschnittliche, akademische Christ französischer Zunge sich zur Sprache Varillons stellt. Nach unserem Empfinden mischen sich hier in einer unvereinbaren Weise scholastische Schulterminologie, Worte der Schrift und verschiedenwertige Fragmente einer gehobenen modernen Sprache. Der Verfasser hat offenbar viel Vertrauen in die Kraft einer formalen Sprachregelung: Wenn Begriffe wie »Divinisation«[19], »Sünde«, »Gebet« *definiert* sind, sind sie aber noch längst nicht geeignet, die dem Glauben eigene Wahrheit eröffnen zu helfen. Die von Varillon gebrauchten »Begriffe« bleiben abstrakte Krücken, sie lassen schon als Sprache einen natürlichen »Erfahrungsboden« vermissen und entbehren jeder anthropologischen Fundierung. Außerdem sind die einzelnen Abschnitte ziemlich isoliert: Die Hauptaufgabe eines solchen »Inbegriffs«, nämlich die »Konzentration« auf das und aus dem »unum necessarium«, wird nur unzureichend wahrgenommen. Der Ansatz unmittelbar bei der Menschwerdung und bei der »Divinisation« verkennt wohl die Schwierigkeiten der heutigen Gottesfrage und erst recht die einer Fundierung der Christologie (innerhalb derer freilich die Radikalität der Gottesfrage ganz anders angegangen werden kann). Ein in gewisser Weise »doktrinäres« Bild des Christentums verbindet sich mit einem hohen Pathos existentieller Realisation, aber die Diastase beider offenbart nur die mangelnde

[19] Bereits auf S. 2 des Sonderdrucks.

Ursprünglichkeit des »Ansatzes«. Über die Wirkung im französischen Sprachraum läßt sich freilich damit noch nichts entscheiden.
In besonderer Weise bekannt geworden ist das »Glaubensbekenntnis« von *D. Sölle,* das im Zusammenhang des »Politischen Nachtgebets in Köln«[20] veröffentlicht wurde. Dieses Credo ist inhaltlich weitgehend an den Fragen einer extremen »politischen Theologie« orientiert, darin freilich griffig, zupackend und nicht ohne beachtenswerte spirituelle Impulse formuliert; die Schwäche dieses »Glaubensbekenntnisses« (Titel!) besteht in der anthropozentrischen Reduktion und faktischen Eliminierung aller theologischen Aussagen. Die Leitlinie Gott – Jesus Christus – Geist ist das einzige Relikt der »Substanz« des überkommenen Credo. Eine Beurteilung des Versuchs darf sich jedoch nicht nur (bei aller Wichtigkeit!) von diesen formalen Gesichtspunkten der »Orthodoxie« abhängig machen.
Ein Schüler Karl Rahners, *H. Schuster,* hat in Thesenform eine Kurzformel ganz anderer Art entwickelt[21].
Etwas verborgen, weil nicht ausdrücklich so benannt, hat *P. Schoonenberg* in seinem christologischen Werk »Ein Gott der Menschen«[22] eine Kurzformel veröffentlicht, die als ganze wiedergegeben werden soll:
»Ich glaube an Gott, zu dem wir im Geist Jesu ›Abba, Vater‹ sagen dürfen, den Schöpfer von Ursprung und Zukunft.
Und an Jesus, Gottes Knecht und vielgeliebten Sohn.
Der ganz aus Gott zu uns gekommen ist und in dem Gottes ganze Fülle leibhaft wohnt.
Der gewirkt hat zu unsrer Heilung; der menschliche Grenzen durchbrach und Worte ewigen Lebens gesprochen hat.
Der deshalb verworfen wurde, aber zu unsrer Befreiung gelitten hat und am Kreuz gestorben ist.
Der von Gott auferweckt wurde, um in uns zu leben und zu stehen in der Zukunft der ganzen Schöpfung.
Ich glaube an den Geist Gottes und Jesu, der durch Propheten spricht und uns zur vollen Wahrheit führt.
Ich bekenne Gottes Königreich jetzt und in Ewigkeit, und die Kirche, die dieses Reich erwarten und ihm dienen darf.
Ich bekenne die Befreiung aus Sünden und die Kraft zur Liebe.
Und die neue Schöpfung, in welcher Gerechtigkeit wohnt und Gott alles in allen sein wird.«

---

[20] Unter dem gleichnamigen Titel hrsg. v. D. Sölle/F. Steffensky, Mainz/Stuttgart 1969, dazu M. Haug, *Das Glaubensbekenntnis von Dorothee Sölle und das Credo der Kirche* = Calwer Hefte 104, Stuttgart 1969.
[21] H. Schuster, *Kurzformel des Glaubens und seiner Verkündigung,* in: E. Hesse/H. Erharter (Hrsg.), *Rechenschaft vom Glauben,* Wien 1969, 117–135.
[22] Einsiedeln 1969, 204.

Andere Neuformulierungen des Glaubensbekenntnisses mit einer christologischen Zentrierung bieten die Versuche von drei Laien *(Paul-André Lesort, Claude Bruaire, Michel de Virville)*, die im Jahr 1968 anläßlich der »Semaine des Intellectuels Catholiques« (6.–13. März) gesprochen und später veröffentlicht wurden[23].

Eine weitere Differenzierung, auch im Umkreis Karl Rahners entstanden, wurde von *R. Bleistein* unternommen, der unter Berücksichtigung der allgemeinen Anforderungen an eine Kurzformel eine altersspezifische Darstellung für Jugendliche vorgelegt hat[24].

Ein neuer Bereich tut sich auf, wenn wir auf die Entwicklung ähnlicher Fragen im Bereich der evangelischen Theologie und Kirche blicken. Zwar wird dort bis jetzt das Problem »Kurzformel« kaum unter diesem Stichwort erörtert. Vielmehr wäre dort an einzelne Phasen der neueren Bekenntnisbildung anzuknüpfen. Zu erinnern wäre an die Theologische Erklärung von *Barmen 1934*[25], wo angesichts der nationalsozialistischen Bedrohung die Herrschaft Jesu Christi über die Welt neu zur Sprache kam. Eine neuere Bekenntnisbildung stammt von der »Vereinigten Kirche Christi« (Generalsynode von Oberlin 1959, United Church of Christ). Diese »Erklärung des Glaubens« wurde für den Gottesdienst freigegeben und ist in evangelischen Bekenntnisformulierungen der letzten Jahre bei uns neu aufgenommen worden: Der Text lautet:

»Wir glauben an Gott, den ewigen Geist, den Vater unseres Herrn Jesus Christus und unseren Vater, und wir bezeugen seine Taten:

Er ruft die Welten ins Dasein.

Er ruft den Menschen nach seinem Bild und zeigt ihm den Weg zum Leben und zum Tod.

Er strebt in heiliger Liebe danach, alle Menschen von ihrer Ziellosigkeit und Sünde zu befreien.

Er richtet Menschen und Völker nach seinem gerechten Willen, den er durch Propheten und Apostel verkündet.

In Jesus Christus, dem Mann von Nazareth, unserem gekreuzigten und auferstandenen Herrn, ist er zu uns gekommen.

Er hat unser gemeinsames Los auf sich genommen, überwindet Sünde und Tod und versöhnt die Welt mit sich selbst.

Er verleiht uns seinen Heiligen Geist, der die Kirche Jesu Christi schafft und erneuert.

Er vereint glaubende Menschen aller Zeiten, Sprachen und Rassen in seinem Bund.

---

[23] *Qui est Jésus-Christ?* = Recherches et Débats 62, Paris 1968, 245–247.

[24] Vgl. R. Bleistein, *Die Jugend von heute und der Glaube von morgen*, Würzburg 1970, 54–74, bes. 68ff.

[25] Leicht zugänglich in dem »Stundenbuch« *Glaube im Ansturm der Zeit*, hrsg. v. G. Heidtmann, Hamburg 1968, 31–35.

Er ruft uns in seine Gemeinde, damit wir die Kosten der Nachfolge tragen und die Freude der Nachfolge erfahren.
Er macht uns zu seinen Mitarbeitern im Dienst an den Menschen.
Er läßt das Evangelium durch uns aller Welt mitteilen und läßt uns den bösen Mächten widerstehen.
Er läßt uns an Christi Taufe teilhaben und an seinem Tisch essen.
Er verbindet uns mit seinem Leiden und Sieg.
Er verspricht allen, die ihm vertrauen, Vergebung der Sünden und Überfluß an Gnade.
Er gibt Mut im Kampf um Gerechtigkeit und Frieden.
Er zeigt seine Gegenwart in Anfechtung und Freude.
Er läßt uns bleiben unter seiner Herrschaft, die kein Ende hat.
Ihm sei Lob, Ehre und Anerkennung. Amen«[26].

Vermutlich hat gerade die Übersetzung dieses Bekenntnisses intensiv zur Bildung neuer Formulierungen auch im deutschen Bereich der evangelischen Kirchen beigetragen. Da *H. Keller* jüngst einen ausgezeichneten Überblick über die neu vorgelegten Entwürfe gegeben hat, der außerdem leicht zugänglich ist, kann im Rahmen dieser kurzen Abhandlung darauf verzichtet werden, die dort abgedruckten und analysierten Modelle nochmals zu referieren[27]. Die Diskussion der neuen Credo-Formulierungen ist durch diese umfangreiche Untersuchung von H. Keller nun erst einmal auf eine solide Basis gestellt. Die Kriterien der Beurteilung werden freilich beim katholischen Theologen anders sein. Bezeichnend ist auch in dieser Sammlung die Vielheit und die innere Verschiedenheit der Neuformulierungen: stark liturgisch formulierte Stücke stehen neben mehr theologisch-reflektierten Synthesen; biblisch geformte und an der Sprache der Schrift orientierte Glaubensbekenntnisse, die schon eher Gebete sind, stehen neben stärker auf Werbung abgestellten Programmen; moderne Bekenntnisse werden anderswoher übernommen und je nach der eigenen gottesdienstlichen oder sonstigen Situation bearbeitet; doxologische Stilisierungen stehen neben salopper Alltagssprache und ethischen Lebensweisungen. Besonders aufschlußreich sind Paraphrasen bzw. Meditationen, die das apostolische Glaubensbekenntnis voraussetzen oder es interpretieren.

Andere Modelle sind in mehreren Werkbüchern von Gottesdiensten, Gebeten und Bekenntnissen gesammelt[28]. Besondere Aufmerksamkeit

---

[26] Ebd., 93–95.

[27] H. Keller, *Bekenntnisbildung in der Gegenwart*, in: G. Ruhbach/H. Schröer/ M. Wichelhaus (Hrsg), *Bekenntnis in Bewegung. Ein Informations- und Diskussionsbuch*, Göttingen 1969, 162–213, bes. 183ff.

[28] Vgl. etwa G. Schnath (Hrsg.), *Fantasie für Gott*, Stuttgart [2]1965; Ders., *Werkbuch Gottesdienst*, Wuppertal 1967; K.-H. Knipping, *Neue Bekenntnisse in kritischer Sicht*, Wuppertal 1967.

verdient das »Glaubensbekenntnis« von *J. Zink* mit den dazugehörigen kommentarartigen Meditationen[29]. Zinks Methode besteht darin, in einem Satz von fünf, zehn oder auch mehr Worten ein einziges Leitwort der klassischen Glaubensbekenntnisse darzustellen, zu interpretieren, in moderne Lebenssituationen hineinzustellen und so praktisch sprechen zu lassen. Die gewählte Sprache ist dabei im allgemeinen nicht reißerisch oder aufdringlich, sondern eher seelsorgerlich im besten Sinn, mit einer herben und sparsamen Frömmigkeit und einer diskreten, aber dennoch in der Sache entschiedenen Eindringlichkeit. Zink gelingen dabei einige wirkliche »Sprachspiele« des Glaubens.

IV. Abgrenzung der Kurzformeln

Bereits die Pluralität und die innere Verschiedenheit der zitierten und erwähnten Formeln zeigen, daß das literarische Genus der »Kurzformel« noch sehr unbestimmt ist und vielleicht notwendig bei seinem freien Angebotscharakter auch diese Vielstimmigkeit für sich beanspruchen muß. Es ist schwer zu sagen, bis zu welchem Maß persönlich bestimmten Themenstellungen, Lieblingstheologumena des einzelnen Autors und besonders markante Glaubenserfahrungen der jeweiligen Verfasser zu Wort kommen sollen. Das Bedürfnis nach subjektiver Buntheit und persönlicher Überzeugungskraft kommt dann an eine innere Grenze, wenn viele sich und ihren Glauben in einer solchen »Formel« finden sollen. Das Raster und die Muster einer solchen »Glaubensformel« müssen im besten Fall freilich bei aller persönlichen Einfärbung aus dem Glaubenszeugnis des Verfassers so »objektiv« sein, daß sie von möglichst vielen angeeignet oder modifiziert werden können.

Von dieser großen Streuweite aus kann man sich fragen, ob nicht manche Entwürfe und Texte, die überhaupt nicht im Zusammenhang einer solchen »Kurzformel« entstanden sind, doch in den größeren Umkreis dieser Versuche gehören und Formulierungshilfen geben können zu weiteren Experimenten. Man denke z. B. an das »Zeugnis von Jesus Christus«, das uns auf drei Seiten von dem alten *Karl Barth* überkommen ist[30]. Daraus einige Proben zum Beweis:

»Jesus Christus ist der Grund des Bundes, der Gemeinschaft, der unauflöslichen Zusammengehörigkeit von Gott und Mensch. Ich bin auch ein Mensch. So ist er der Grund dieses Bundes auch für mich. Jesus Christus hat sich den Christen in der Einmaligkeit seiner Existenz offenbar

---

[29] Vgl. J. Zink, *Was Christen glauben*, Gütersloh 1969.
[30] Vgl. K. Barth, *Letzte Zeugnisse*, Zürich 1969, 7–9.

gemacht als das allen Menschen überlieferte freie Geschenk dieses Bundes. Ich darf auch ein Christ sein. So ist er auch mir offenbar als Erweis der in diesem Bund handelnden, auch mir gegenüber freien, aber auch mich befreienden Gnade Gottes ...«[31].

Aus anderen theologischen Arbeiten könnte man durch Konzentration und Abstraktion eine »Kurzformel« gewinnen, freilich oft nur im Durchgang durch eine meditative Verwandlung der Sprachgestalt. Ich denke z. B. an die Arbeiten *G. Ebelings*[32], an *F. Gogartens* »Jesus Christus – Wende der Welt«[33] und an das in dritter Fassung vorliegende Buch von *P. Schütz*, »Warum ich noch ein Christ bin?«[34]. Ganz besonders nützlich scheinen mir auch manche Partien der *Regel von Taizé* zu sein[35].

Ein sehr wertvolles Dokument in dieser Hinsicht scheint auch das »Evangelium für Atheisten« von *J. Hromadka* zu sein, das besonders wegen seiner missionarischen Ausrichtung auf die Mentalität des Nichtglaubenden Beachtung verdient (wenigstens in einigen Teilen)[36].

Von katholischer Seite seien vergleichsweise neben den vielfältigen geistlichen Zeugnissen aus dem Werk *K. Rahners*[37] und *Y. Congars*[38] vor allem *H. U. v. Balthasar*[39] und *J. Ratzinger*[40] genannt.

Diese letzten Überlegungen zeigen, daß hinter der »Kurzformel« gewichtige theologische Grundsatz-Entscheidungen stehen. Zwar können solche Formeln auch relativ unmittelbaren Glaubenserfahrungen entstammen und so eher ein spontanes Glaubenszeugnis darstellen als ein reflektiertes theologisches Räsonnement. Jedenfalls ist mit der Aufgabe der Erstellung einer Kurzformel – ob man sich dessen bewußt ist oder nicht – das Problem einer prinzipiellen Dimensionierung der Theologie gegeben (biblische Sprache, anthropologische Wendung, personales Glaubensethos usw.). Deswegen kommt die Kurzformel ganz nahe an

---

[31] Ebd., 8.

[32] Vor allem dessen Buch *Das Wesen des christlichen Glaubens*, Tübingen 1959, auch als Siebenstern-Tb. 8, München/Hamburg ^{2}1965.

[33] Tübingen 1966.

[34] Hamburg 1969, auch als Stundenbuch 112, Hamburg 1973.

[35] Vgl. R. Schutz, *Warten auf das Ereignis Gottes* = Herder-Bücherei 365, Freiburg 1970.

[36] Neuausgabe unter diesem Titel Zürich 1969.

[37] Vgl. z. B. *Ich glaube an Jesus Christus* = Theologische Meditationen 21, Einsiedeln 1968.

[38] Vgl. z. B. *Jesus Christus unser Mittler und Herr*, Stuttgart 1967.

[39] Vgl. *Merkmale des Christlichen*, in: H. U. v. Balthasar, *Verbum caro. Skizzen zur Theologie* I, Einsiedeln 1960, 172–195; Ders., *Summa Summarum*, in: *Spiritus Creator. Skizzen zur Theologie* III, Einsiedeln 1967, 322–344; vgl. jetzt aber auch einen Text, der durchaus als »Kurzformel« anzusprechen ist, in: H. Spaemann (Hrsg.), *Wer ist Jesus von Nazareth für mich? Hundert zeitgenössische Zeugnisse*, München 1973, 17.

[40] *Einführung in das Christentum*, München 1968 u. ö.

die Problematik der Frage nach dem »Wesen« des Christentums[41] oder nach den Strukturen des Christlichen[42]. Dies zeigt zugleich die Verantwortung, die dem Verfasser einer Kurzformel theologisch auferlegt ist.
Aus ganz anderen Zwecksetzungen gibt es Experimente kirchenamtlicher Art, die auf die Notwendigkeit der Forderung nach einer Kurzformel aufmerksam machen. Das *Sekretariat für die Nicht-Christen* hat eine »Kurze Darlegung des katholischen Glaubens« (Untertitel) für Nicht-Christen herausgegeben mit dem Titel »Die Hoffnung, die in uns lebt«[43].
Die Darlegung ist gedacht als »einfache, getreue und objektive Information über das Leben des Christen, so wie es von der katholischen Kirche verstanden und von den besten ihrer Söhne auch verwirklicht wird«[44]. Hauptverfasser ist der Untersekretär des Sekretariats, Msgr. *Pietro Rossano*. Die Gliederung teilt den Aufriß in vier Teile: »Das Christentum als geschichtliches Ereignis«, »Die christliche Weisheit«, »Das christliche Leben« und einen Anhang »Äußere Struktur der katholischen Kirche«. Der Abriß ist leicht verständlich, einfach (freilich in einer traditionellen, aber nicht direkt fachtheologischen Sprache) und nüchtern geschrieben. Nun interessiert hier weniger der »Inhalt« als die Tatsache, daß es einen solchen offiziösen »Versuch« schon gibt. Es hat seinen Vorteil, daß dieser »Inbegriff« sachlich auf Information abgestellt ist (vgl. dazu das Vorwort, wo bewußt auf das Christentum als gelebten Glauben im Unterschied zum nur »von außen« angelernten Verständnis verwiesen ist). Man kann sich aber auch fragen, ob ein solches Projekt sich nicht zugleich *auch* in Richtung einer Art von »Kurzformel« entwickeln müßte.
Wie notwendig eine »Kurzformel« gerade für das Verständnis der Christologie ist, kann aus dem *Hirtenbrief der belgischen Bischöfe* »Unser Glaube an Jesus Christus« ersichtlich werden[45]. Das bewußt im »Jahr des Glaubens« 1967 publizierte Dokument erarbeitet eine stark von der Heiligen Schrift herkommende, heilsgeschichtlich orientierte Christologie, wobei besonders intensiv auf die bleibende Unvollkommenheit aller Formeln aufmerksam gemacht und der lebendige Glaubensbezug zur Person Christi betont wird, während die dogmatischen Lehrsätze durch die Aufnahme in diese Perspektive etwas zurücktreten[46].

---

[41] Vgl. oben 143–174, bes. 158, 170f.
[42] Vgl. J. Ratzinger, *Einführung in das Christentum*, 197–221.
[43] *L'espérance qui est en nous. Brève présentation de la Foi catholique. Secretarius pro non Christianis, Supplément au Bulletin*, Vatikan 1967.
[44] So Kardinal Marella im Vorwort.
[45] *Les Évêques de Belgique. Notre foi en Jésus-Christ*, in: *NRTh* 100 (1968) 3–22, vgl. besonders die Präambel, 3f.
[46] Vgl. z. B. das bezeichnende kleine Stück über das »Wissen« Christi, 18f.

Eine stärker theologisch orientierte, aber ansprechend formulierte Erörterung »Zum Verständnis des Todes Jesu« hat die *Evangelische Kirche der Union* erarbeitet. Die Stellungnahme des Theologischen Ausschusses und der Beschluß der Synode haben nicht die Beachtung gefunden, die sie verdient hätten[47]. Das Thema ist zwar sehr begrenzt, doch lehrt die geleistete Arbeit einiges über die Anlage und die Sprachgestalt solcher Veröffentlichungen.
Schließlich ist auch der Übergang zu mehr dichterischen Zeugnissen nicht sehr exakt zu bestimmen. Es sei nur an die schon früh entstandenen »Glaubenslieder« erinnert, die z. T. auch eine ähnliche Funktion hatten. Hier wäre an *Teilhard de Chardins* »Lobgesang des Alls«[48], an manche gelungene Stücke von *H. Oosterhuis*[49] und an moderne Gebete zu erinnern, denen hier nicht mehr nachgegangen werden kann[50]. Diese bieten selbstverständlich keine eigentliche Kurzformel des Glaubens, aber die genannten Zeugnisse, Gebete, Meditationen bieten wesentliche Hilfen, Einzelelemente und Sprachspiele zur Formulierung eines dem heutigen Menschen unmittelbar verständlichen Bekenntnisses.
Es gibt übrigens im philosophischen Bereich der Neuzeit literarische Formen, die in denkwürdiger Weise an die *Funktion* der Kurzformel erinnern. *F. Bacon* behandelt mit philosophischen Mitteln in seiner »Confession of Faith« (1641) die Glaubensartikel; *H. Köhler* veröffentlicht 1742 in Jena ein »Philosophisches Glaubens-Bekänntniß«. Der 26jährige *G. W. Leibnitz* schreibt 1673 in Dialogform seine »Confessio philosophi«[51]. Es wäre schade, wenn die Christen die von ihnen selbst geschaffenen Formen anderen zu Propagandazwecken überließen und nicht mehr die Phantasie hätten, ein »Bekenntnis« oder einen »Katechismus« mit der ursprünglichen Sprengkraft des christlichen Glaubens anzureichern. Die säkularisierten Derivate[52] bezeugen die Nützlichkeit und Brauchbarkeit der »hauseigenen« Formen.

V. Zur inneren Struktur

Es ist von vornherein aufgrund des bisher Gesagten klar, daß die »Kurzformel« keine Summation der katholischen Dogmatik bieten soll. Alle Versuche, nur durch weitere Aufzählungen und Ergänzungen die

---

[47] Vgl. F. Viering (Hrsg.), *Zum Verständnis des Todes Jesu*, Gütersloh ³1968.
[48] Olten/Freiburg i. Br. 1961.
[49] Vgl. *Ganz nah ist Dein Wort*, Wien 1967; *Im Vorübergehn*, Wien 1969.
[50] Vgl. z. B. die im Anschluß an die Predigten formulierten Gebete von E. Jüngel, *Predigten*, München 1968.
[51] Vgl. G. W. Leibniz, *Confessio philosophi. Ein Dialog*. Kritische Ausgabe mit Einleitung v. O. Saame = Quellen der Philosophie 4, Franklurt 1967.
[52] Vgl. z. B. die Sammlung *Politische Katechismen*, hrsg. v. K. M. Michel = Sammlung

klassischen Glaubensbekenntnisse mehr zu vervollständigen, laufen nicht in die Richtung, die einer »Kurzformel« vorgezeichnet ist. Es geht primär überhaupt nicht um eine Vereinigung wichtiger Einzelaussagen, so daß auch eine Beschränkung auf die Hauptwahrheiten keineswegs die Struktur einer »Kurzformel« ausmacht. Die Forderung nach einer Kurzformel zielt auf jenes *eine Ganze* des Christentums und seinen innersten Grund, das den vielen einzelnen Sätzen erst ihren Sinn gibt und ihren jeweiligen Ort anweist. Die »Kurzformel« will auf diese *eine* Mitte des Glaubens hin versammeln, von der her die einzelnen Aussagen in ihrem inneren Zusammenhang und in ihrer Logik des Glaubens verstanden werden können. Der in sich stimmige, systemimmanent »richtige« Zusammenschluß einzelner Aussagen genügt noch nicht, weil der Zugang zu den Einzelinhalten des Glaubens von der Grundevidenz der religiösen Dimension her eröffnet wird. Die »Kurzformel« will den *Grund* und *Boden* aufdecken, von dem her »Glaube« erst sinnvoll wird. Die »Kurzformel« geht von der Voraussetzung aus, daß der christliche Glaube nicht bloß eine »von außen« an die Menschen herangetragene und von der formalen Autorität des sich offenbarenden Gottes oder der diese Offenbarung verbürgenden Kirche getragene »Doktrin« ist, die in ihrer »Wahrheit« nur weitergegeben werden müßte; sie weiß auch, daß sie sich nicht nur auf »Heilstatsachen« stützen kann, die aneinandergereiht werden und Gottes Großtaten bezeugen sollen[53]. Die Forderung nach einer Kurzformel geht vielmehr von der Erfahrung aus, daß die »Aufspaltung« der Wahrheit des Glaubens in viele »Artikel« und Einzelwahrheiten kritisch betrachtet werden muß und die Frage weckt, ob man nicht bei den vielen Teilungen, Objektivierungen und Veranschaulichungen den lebendigen Gott aus den Augen verloren hat.

Nur ist es auch nicht so, daß man jetzt, gleichsam im entgegengesetzten Pendelschlag, wieder einmal von irgendeiner abstrakten Mitte reden muß, wobei alles andere so bleiben darf, wie es immer gewesen ist. Die einzelnen Aussagen bekommen innerhalb der Kurzformel selbst einen anderen Rang. Der »Zusammenhang« zwischen dem Grund des Glaubens und den einzelnen Glaubensbestimmungen bedarf einer sorgfältigen Beachtung. Die Herstellung dieses »Zusammenhangs« bedeutet nicht bloß die Konstruktion eines logisch und sachlich eng verbundenen Gefüges zentraler Heilswahrheiten, die alle in derselben Dimension und im selben Rang zusammengehören. Gefordert ist vielmehr eine »Konzentration« der Glaubenswahrheiten von Grund auf, eine Restrukturierung des überkommenen Materials nach seiner inneren Ge-

---

Insel 15, Frankfurt 1966; B. SHAW, Der Katechismus des Umstürzlers, Frankfurt 1964; man vgl. auch H. HESSE, *Mein Glaube* = Bibliothek Suhrkamp 300, Frankfurt 1971.

[53] Genaueres oben 109–142.

wichtigkeit. Diese Zurückführung auf den einen Ursprung hin bedeutet in gewisser Weise dann wohl auch eine Umstrukturierung. Eine innere Reduktion auf die ursprunggebende Mitte des Glaubens hin bedeutet zwar keineswegs eine simple Reduzierung des überkommenen Glaubensgutes, aber sie setzt durchaus akzentuierte Schwerpunkte, so daß bisher im Vordergrund stehende Aussagen vielleicht zurücktreten, und zwar im Sinne einer ausgeglicheneren Zentrierung der gesamten Botschaft.

Dieser »Zusammenhang« zwischen den einzelnen Wahrheiten des Glaubens und seiner inneren Einheit kann sich geschichtlich ändern. Natürlich wird damit nicht die Relativierung dieser Grundwahrheiten und Dogmen gepredigt. Deren Wahrheit schließt aber nicht ihre Bezogenheit aufeinander und – noch wesentlicher – auf den jeweiligen geschichtlichen Menschen aus. Eine andere Zeit hatte vielleicht mehr Sinn dafür, daß der innere Zusammenhang sich vor allem im Muster eines rational und formallogisch durchgespielten Explikations- und Deduktionszusammenhangs darstellt. Es ist kein Zweifel, daß der »Zugang« zum Glauben und die Perspektivität, der jeweilige Durchblick durch das Ganze des Glaubens, sich geschichtlich ändern können. Der Variationsbreite und der Fülle verschiedener epochaler Glaubensgestalten braucht in diesem Kontext nicht nachgegangen zu werden[54], wiewohl gerade eine Geschichte der »Glaubensbekenntnisse« im weitesten Sinn eine solche tiefliegende Perspektivität aufdecken könnte.

Der heutige perspektivische Kontext für eine »Kurzformel« ist zweifellos die *anthropologische* Grundsicht. Der Begriff – in sich schon vieldeutig genug – bedeutet freilich keine schlechte Anpassung des Glaubensinhaltes an rein menschliche Ausdrucksformen. »Anthropologisch« heißt noch nicht, daß alle strikt theo-logischen Dimensionen des Denkens gekappt werden. Wenn mit der klassischen Metaphysik und der modernen Anthropologie vorausgesetzt wird, der Mensch sei »quodammodo omnia«, das Wesen der Offenheit schlechthin, dann wird durch eine anthropologische Dimensionierung überhaupt noch nichts »eliminiert«. Allerdings wird alles auf den Menschen hin ausgesagt und verantwortet, »propter nostram salutem«. Es geht nicht mehr um vom Menschen isolierte Wahrheiten »an sich«, die in sich selbst kreisen. Aber diese radikale Zuwendung zum Menschen bedeutet noch keine Funktionalisierung der Wahrheit oder gar nur eine anthropozentrische Abschattung des Nützlichen und im jetzigen Moment Verstehbaren. Wohl bedeutet dies die ständige Konfrontation zwischen den auch

[54] Vgl. dazu K. Rahner, *Glaubenszugang*, in: *SM* II, 414–420 (Lit.); Ders., *Der geschichtlich verschiedene Zugang zum Glauben und die richtige theologische Gesamtperspektive*, in: F. X. Arnold u. a. (Hrsg.), *Handbuch der Pastoraltheologie* II/1, Freiburg 1966, 142–145.

heute unausweichlichen Grundfragen des Menschen und der geschichtlichen Antwort des Christentums als Offenbarungsreligion. Die anthropologische Perspektive zeichnet sich dadurch aus, daß sie diesen sinnhaften Bezügen und der inneren Korrespondenz zwischen diesen vielleicht verschütteten, aber im Tiefsten doch unausrottbaren Fragen des Menschen und der rettenden Antwort der christlichen Heilsbotschaft nachdenkt. Das Aufdecken dieses Bezugs verlangt, daß zunächst der konkrete Mensch in seinem Hier und Jetzt entdeckt wird. Dann mag es zuerst zu einem Konflikt mit dem Sinnangebot der göttlichen Offenbarung kommen. Nicht so rasch wird der gewünschte »Dialog« einsetzen. Die »Kurzformel« des Glaubens muß zuerst diese verborgene Grundbeziehung des Menschen auf das Ganze der Wirklichkeit und auf die Heilsfrage artikulieren. »Anthropologische« Dimensionierung schließt darum auch keine »Privatisierungstendenz« der christlichen Botschaft ein, sondern weiß um den öffentlichen Anspruch und die gesellschaftliche Relevanz des christlichen Glaubens.

Die »Kurzformel« hat einen mannigfachen *kritischen* Zug: Sie kritisiert die unverstandene Menge nebeneinanderhergesagter »Wahrheiten des Glaubens«; sie protestiert gegen das nur-theoretische Zerfällen der Substanz des Glaubens in tausend Einzelsätze, so daß die geballte Kraft der Glaubenshoffnung schwindet. Manches Bekenntnis ist darum so wirkungslos geblieben, weil es die Stoßkraft in die Welt hinein verloren hat. Folgenlosigkeit des Bekenntnisses ist ein Kriterium für die jeweilige Aussagemächtigkeit und damit auch für die Macht bzw. eben Ohnmacht der Wahrheit, die in ihr ans Licht drängt. Dies bezieht auch die sittliche und gesellschaftliche Relevanz des Bekenntnisses mit ein. Der Christ tut gut, einen bissigen Satz von *B. Shaw* zu bedenken: »Der Glaube eines Menschen kann durch kein Glaubensbekenntnis, sondern nur durch Beweggründe seiner gewöhnlichen Handlungen festgestellt werden.« Ein depotenziertes Bekenntnis, dem die Macht im Alltag der Welt fehlt, sollte sich allerdings nicht mehr »Bekenntnis« (confessio im klassischen Sinne) nennen.

Damit ist auch ein inhaltlicher, nicht bloß formaler Sinn von »Konzentration« des Glaubensgutes erreicht, wie er für die Kurzformel verlangt wird. Es ist auch deutlich geworden, daß eine Kurzformel in ihrer Sinnhaftigkeit und erst recht in ihrer Legitimität nicht danach befragt werden kann, ob sie alle Wahrheiten des Glaubens vollständig in sich begreift. Es können in der Kurzformel also durchaus wichtige und in sich unbestreitbare Aussagen des Glaubens fehlen, die deswegen noch nicht geleugnet zu werden brauchen. *K. Rahner* und *F. Varillon* reden z. B. beide nicht von der Gottesmutter, obgleich selbstverständlich keiner der beiden Theologen damit ein definiertes Dogma leugnen oder auch bloß »vertuschen« will. Ein solcher Ausfall bestimmter Aussagen

ist gar nicht so »neu« und »unerhört«, wie viele sich das vormachen. Auch die klassischen Glaubensbekenntnisse enthalten nicht alle wichtigen Glaubensentscheidungen. Bis zum Konzil von Trient war z. B. merkwürdig wenig die Rede von der Eucharistie in den (z. T. beträchtlich erweiterten) Glaubenszeugnissen der alten und mittelalterlichen Kirche. Über die Sakramente findet sich im klassischen Credo nur der Hinweis auf die Taufe (Vergebung der Sünden). Die eschatologischen Aussagen sind äußerst knapp, ebenso wie die ekklesiologischen Wendungen (die Kirche selbst ist primär nicht ein Gegenstand des Glaubens!). *K. Rahner* hat in seinem Entwurf einer Kurzformel gezeigt, daß man bei der Darstellung der Christologie, der Ekklesiologie und der Sakramente ohne »Schulterminologie« auskommen kann. Viele andere »Kurzformeln« bieten ein unerquickliches Durcheinander verschiedener Sprach- und Denkstile.
Was gesagt worden ist, müßte jeweils an den einzelnen Entwürfen diskutiert und aufgezeigt werden. Da dies im Rahmen dieser Überlegungen nicht bewerkstelligt werden kann, muß am Ende nochmals von der Funktion der »Kurzformel« die Rede sein, wobei wir das Verhältnis zum klassischen Credo besonders mitbedenken.

VI. »Kurzformel« und Credo der Kirche

Beide Größen stehen in der öffentlichen Meinung in einer Konkurrenzsituation. Das muß keineswegs so sein. So soll die »Kurzformel« kein Ersatz für das klassische Credo sein. Die genaueren Gründe dafür wurden ausführlich angeführt[55], so daß hier Stichworte erlaubt sind: Die Kurzformeln sind – mindestens im jetzigen Stadium der Arbeit – viel zu abstrakt, subjektiv und theologisch; sie erreichen niemals das »Credimus« der alten Glaubensbekenntnisse, in denen sich in unüberbietbarer Weise der Glaube der Gesamtkirche ausspricht, vor allen Spaltungen und Trennungen durch das Symbolum zusammengehalten. Wer die »Kurzformel« gegen das Credo ausspielt, hat weder die begrenzte Funktion der Kurzformel (ganz abgesehen von den bis jetzt noch kümmerlichen Versuchen) noch die innere Größe des kirchlichen Glaubensbekenntnisses verstanden. Unbestreitbar freilich ist, daß man zu manchen Aussagen des Credo einen langen Anlauf nehmen muß, um die Artikel sinngemäß interpretieren zu können. Nichtsdestoweniger ist die Predigt über das Symbolum und die Auslegung des Credo eine beständige Übung in der Kirche gewesen[56]. Solches Sich-

[55] Vgl. dazu oben 136–142.
[56] Vgl. nun J. Ratzingers *Einführung in das Christentum*, sowie von H. de Lubac, *La foi chrétienne. Essai sur la structure du Symbole des Apôtres*, Paris 1969, ²1970.

anvertrauen an einen großen Text des Glaubens der Kirche und das Wissen um die Notwendigkeit der Interpretation jeder »Formel« in Sachen des Glaubens (einschließlich der Unabgeschlossenheit dieser Deutungsversuche) gehören zu den bleibenden Aufgaben der Verkündigung[57]. Aber gerade weil nicht immer die Anleitung dieser Art besteht und weil die alten Glaubensbekenntnisse nicht mehr unmittelbar die geistige Situation des gegenwärtigen Menschen treffen, können die offiziellen Bekenntnisse der Kirche insofern entlastet werden, als neben sie andere, beweglichere, eingängigere, aber vielleicht auch kurzlebige und ärmliche Formulierungen treten. Wir haben viele Formen und Formeln des gottesdienstlichen Tuns im Liedgut und im Gebetsschatz der Kirche gehabt, die immer schon manche Funktionen der Glaubensbekenntnisse mitübernommen hatten. Vielleicht ist es darum auch nicht notwendig, zuerst da »Kurzformeln« einzusetzen, wo das klassische Credo der Kirche seinen gewohnten Platz innehat, z. B. bei der Eucharistiefeier am Sonntag oder bei der Taufe. Solche Handlungen müssen den Verdacht erwecken, als sollten die offiziellen Glaubensbekenntnisse verdrängt werden. Dagegen können in Wortgottesdiensten, in kleineren Gruppen, bei Gelegenheit von Meditationen neue »Kurzformeln« des Glaubens ihren Platz finden. Außerdem könnten der Religionsunterricht und die Glaubensunterweisung aller Stufen mit Kurzformeln arbeiten. Zunächst aber wird die »Kurzformel« eine Art modernes »Vademecum« sein, das den einzelnen Christen begleitet und ihn rasch, intensiv und überzeugend in den Glauben hineinführen kann. Die Kurzformel in der »Brieftasche« des Menschen von heute erfüllt ihren Verkündigungszweck.

Von hier aus ist ein weiterer Einwand gegen die »Kurzformel« ein Stück weit zu entkräften: sie sei ja doch und in jedem Fall eine unverbindliche Privatarbeit. Nun haben auch manche Teile der Credo-Formulierungen in ihrem Ursprung damit begonnen, einzelne Aussagen (nicht selten häresieverdächtige!) eines einzelnen Theologen zu sein. Insofern darf man die potentiellen Entwicklungschancen auch von Kurzformeln nicht von vornherein defaitistisch unterschätzen[58]. Es ist auch kein Schaden, wenn diese Kurzformeln zuerst einmal im privaten Bereich und in kleineren Gruppen erprobt werden. Was Substanz und Gewicht hat, wird nicht beim Schwemmsand vergänglicher Fragmente bleiben, sondern sich vielleicht doch mit anderen Elementen zu einem gelungenen Ganzen zusammenfinden. Im ganzen aber wird – im Vergleich mit dem klassischen Credo – viel eher die Vielfältigkeit, kulturelle, altersspezifische, epochale Bedingtheit und die Wandelbarkeit

[57] Vgl. oben 111f.

[58] Eine wichtige Aufgabe würde darin bestehen, zuerst einmal die bewährten Formeln zu sammeln und in einer Dokumentation zugänglich zu machen.

dieser Kurzformeln auffallen als ihre Einheit. In gewisser Weise ist von der Funktion der Kurzformeln her ihre Erhebung in den Rang kirchenamtlich verbindlicher Bekenntnisse kaum denkbar. Die mit ihrer Struktur gegebene Eigenart des freieren Angebotscharakters wird den Verkündiger anleiten, mit ihrem Gebrauch sehr vorsichtig, diskret und zurückhaltend zu sein. Er kann nicht jede Kurzformel jedem Glaubenden zum Vollzug auferlegen. Auch hier wird erst die Praxis Maßstäbe der Verwendbarkeit erzeugen.
Die beschränkte Zielsetzung dieses Artikels lag zunächst einmal darin, über eine Forderung, über erste Experimente und über die daraus resultierende Problematik von »Kurzformeln« zu berichten. Vielleicht ist so viel erreicht worden, daß das Bemühen um eine solche »Kurzformel« als positiv anerkannt wird und darum auch intensive Förderung erfährt. Vielleicht ist es aber aus vielen Gründen ungünstig, wenn man die Verwirklichung zuerst von der offiziellen Kirche erwartet. Eigentlich müßte jeder Christ seine eigene, wenigstens selbstformulierte Bekenntnis- und auch Verkündigungsformel besitzen, wie sehr diese auch von gemeinsamen Elementen durchsetzt und durchwachsen sein mag. Man wird auch vor einem langen Bemühen, einem ungewissen Weg und einer noch in weiter Ferne stehenden »Einigung« im Blick auf solche Formeln nicht zurückschrecken. Auch unsere klassischen Glaubensbekenntnisse sind nicht an einem Tag entstanden. Gelingt eine gemeinsame Formulierung, die vielen zur eigenen Aussage wird, dann ist dies ohnehin auch bei der »Schaffung« von Kurzformeln ein seltenes Ereignis der Gnade. Man kann »Kurzformeln« nicht einfach konstruieren. Sie sind das Geschenk vieler Reflexionen, Meditationen, Glaubenserfahrungen und Gebete, sowohl einzelner als auch der Gemeinschaft der Glaubenden. Von dieser Arbeit und Hoffnung unterwegs sollte eine erste Probe, ein Situationsbericht und ein Lageplan der dringlichsten Probleme geboten werden.

Nachtrag

Die beim Erstdruck dieses Aufsatzes im *Handbuch der Verkündigung* in einer eigenen Liste zusammengestellte Literatur wurde oben – soweit möglich – in den Anmerkungen angeführt. Einige Titel daraus sowie eine Auswahl wichtiger Arbeiten der letzten Jahre seien im folgenden nachgetragen. In den Anmerkungen konnte nur an einigen Stellen auf sie verwiesen werden. – H. Dörries, *Das Bekenntnis in der Geschichte der Kirche*, Göttingen ²1947; G. Rein (Hrsg.), *Das Glaubensbekenntnis*, Stuttgart 1967; G. Baum, *A New Creed*, in: *The Ecumenist* 6 (1968) 164–167 [anläßlich einer Credo-Formulierung der United

Church of Canada]; W. GÖSSMANN, *Wörter suchen Gott. Gebets-Texte. Mit einem religionspädagogischen Nachwort* von G. STACHEL, Einsiedeln 1968; W. HÜSTER, *Sinnvolles Glaubensbekenntnis heute* = Experiment Christentum 4, München 1969; H. G. SCHMIDT (Hrsg.), *Zum Gottesdienst morgen,* Wuppertal 1969, 209–216; *Concilium* 6 (1970) Heft 1 [mit Beiträgen von M. BOURKE, A. BREKELMANS, J.-P. JOSSUA, B.-D. DUPUY, M. DE CERTEAU, C.-J. PINTO DE OLIVEIRA]; H. STEUBING, *Bekenntnisse der Kirche. Bekenntnise aus zwanzig Jahrhunderten,* Wuppertal 1970; R. BLEISTEIN, *Kurzformel des Glaubens. Prinzip einer modernen Religionspädagogik,* 2 Bde., Würzburg 1971; G. RUHBACH, *Glaubensbekenntnisse für unsere Zeit,* Gütersloh 1971; TH. SCHNEIDER, *Kurzformeln des Glaubens. Zur Problematik der Reduktion theologischer Aussagen,* in: *Catholica* 25 (1971) 179–197; H. SCHRÖER, *Unser Glaubensbekenntnis heute. Versuch einer theologischen Bilanz,* Hamburg 1971; A. STOCK, *Kurzformeln des Glaubens. Zur Unterscheidung des Christlichen bei Karl Rahner* = Theologische Meditationen 26, Zürich 1971; W. BEINERT, *Die alten Glaubensbekenntnisse und die neuen Kurzformeln,* in: *Communio* 1 (1972) 97–114; E. JÜNGEL, *Was ist »das unterscheidend Christliche«?* In: DERS., *Unterwegs zur Sache. Theologische Bemerkungen* = BEvTh 61, München 1972, 196–199; H. KÜNG, *Was ist die christliche Botschaft?* In: DERS., *Freiheit des Christen* = Siebenstern-Tb. 167, Hamburg 1972, 11–23; A. PETERS, *Moderne evangelische Glaubensbekenntnisse und katholische Kurzformeln des Glaubens,* in: *KD* 19 (1973) 232–253; J. RATZINGER, *Noch einmal: »Kurzformeln des Glaubens«,* in: *Communio* 2 (1973) 258–264; H. SPAEMANN (Hrsg.), *Wer ist Jesus von Nazareth für mich. Hundert zeitgenössische Zeugnisse,* München 1973; A. STEIN, *Glaubensbekenntnisse in »Gottesdiensten neuer Gestalt«,* in: *Una Sancta* 28 (1973) 50–72; H. WAGENHAMMER, *Das Wesen des Christentums. Eine begriffsgeschichtliche Untersuchung* = Tübinger theologische Studien 2, Mainz 1973; W. BEINERT, *Kurzformeln des Glaubens – Reduktion oder Konzentration?* In: *ThPQ* 122 (1974) 105–117 (Lit.); M. E. MARTY u. a., *Jesus – Konfrontation und Gemeinschaft* = Ökumenische Perspektiven 5, Frankfurt 1974; K. RAHNER, *Wagnis des Christen,* Freiburg 1974, 27–49; F. WALZ, *Den Glauben bekennen oder Bekenntnisse glauben,* in: *KD* 20 (1974) 78–86 [zu dem oben genannten Aufsatz von A. PETERS].

ZUR SAKRAMENTENTHEOLOGIE

DAS VERHÄLTNIS VON GLAUBE UND SAKRAMENT IN DER KATHOLISCHEN TAUFTHEOLOGIE

Erwachsenen- und Kindertaufe

I.

Fast sämtliche Fragen und Zweifel um die Taufe entzünden sich am Verhältnis von Glaube und Sakrament. Schließlich ist die Kindertaufe[1] das Beispiel schlechthin, das den Empfänger eines Sakramentes zu einem passiven Objekt zu degradieren scheint. Nirgends ist anscheinend die Voraussetzung eines entschiedenen Glaubens so reduziert wie beim Taufsakrament. Deswegen hat ja Karl Barth schon 1943 im Namen des christlichen Glaubens gegen die bisherige Taufpraxis protestiert und energisch die freie Entscheidung und das personale Bekenntnis des Täuflings als Voraussetzungen gefordert. Ohne Verantwortlichkeit auch auf seiten des Täuflings und ohne ausdrückliche selbstverantwortete Bezeugung von Willigkeit und Bereitschaft des Empfängers gibt es für K. Barth nur eine »halbe Taufe«[2].

In der Tat wurden der Begriff und die Strukturen des Sakraments in der katholischen Theologie, besonders in seiner terminologischen Prägung und Einschränkung auf die sieben Sakramente, maßgeblich am Modell der (Kinder-)Taufe entwickelt. Nun ist diese Ableitung eines allgemeinen Sakramentenbegriffs in mancher Hinsicht deshalb proble-

---

[1] Vgl. zu der Diskussion um die Kindertaufe die Bibliographie in: D. Schellong (Hrsg.), *Warum Christen ihre Kinder nicht mehr taufen lassen* = antworten 18, Frankfurt 1969, 197–203, sowie: W. Kasper (Hrsg.), *Christsein ohne Entscheidung oder Soll die Kirche Kinder taufen?* Mainz 1970. – Der obige Beitrag war Teil einer Tagung der Katholischen Akademie in Berlin über das Thema Glaube und Taufe am 13./14. 6. 1970. Die Referate sind jetzt zugänglich in: W. Molinski (Hrsg.), *Diskussion um die Taufe. Mit Arbeitshilfen für eine erneuerte Praxis der Kindertaufe* = Pfeiffer-Werkbücher 104, München 1971.

[2] K. Barth, *Die kirchliche Lehre von der Taufe* = ThSt(B) 14, Zollikon 1943, 35; dazu bes. E. Jüngel, *Karl Barths Lehre von der Taufe. Ein Hinweis auf ihre Probleme* = ThSt(B) 98, Zürich 1968. Zur Tauflehre in der *Kirchlichen Dogmatik* vgl. jetzt auch R. Schlüter, *Karl Barths Tauflehre. Ein interkonfessionelles Gespräch* = Konfessionskundliche und kontroverstheologische Studien 33, Paderborn 1973.

matisch, weil jedes Sakrament einer eigenen und spezifischen menschlichen Grundsituation entspricht, in die hinein das wirksame Wort Gottes durch eine zeichenhafte Handlung der Kirche zum Heil des Menschen gesprochen wird. Entwickelt man den Sinn von Sakrament z. B. von der Vergebung schwerer Schuld her oder von dem übereinstimmenden Entschluß zweier Christen, ein gemeinsames Leben in der Ehe und als Familie zu führen, dann ist der Anteil personal-ethischer Elemente von vornherein wesentlich größer als bei der (Kinder-)Taufe. Man würde den konkreten Ertrag dieser Sakramententheologie mißachten, wollte man den mühsam geleisteten theologischen Erkenntnisprozeß in der klärenden Kraft und in seiner Wirkung verkennen. Aber solcher Fortschritt wurde, besonders in der nachtridentinischen Schultheologie, mit dem Preis einer verhängnisvollen Isolierung bezahlt: Der Blick primär auf die objektive Wirksamkeit der Sakramente, die als solche mit Recht die souveräne Heilstat Jesu Christi zum Ausdruck bringt, hat den Zusammenhang mit dem personalen Glauben und mit dem Fruchtbarwerden dieses Glaubens in entschiedener Hoffnung und tätiger Liebe nicht deutlich genug zum Ausdruck gebracht; dadurch ging nicht selten der konkrete Bezug zum menschlichen Leben und zu den menschlichen Grunderfahrungen verloren; es blieb die Vorstellung übernatürlicher, individualistisch verstandener Gnaden*mittel;* das welthaltige Zeichen, das mit zur Situation des erdverbundenen und leibhaftigen Menschen gehört, wurde zu einem formalen Zeichen für ein Zeichen, d. h. zu einer Art Attrappe; Wort und Sakrament wurden so getrennt, daß das zeichenhafte »Element« in sich verselbständigt wurde und in dieser verdinglichten Form, die keine lebendige Verweiskraft auf ihren konkreten Welt-Kontext *und* auf das Unsichtbare mehr zuläßt, eine in ihr gebundene, heilige, fast magische Wirkmacht zu besitzen schien (vgl. z. B. manche Taufwasserweihe-Texte); diese Entfernung von der anthropologischen Realisation brachte auch eine Minderung des ethisch-paränetischen Anspruchs mit, ohne dessen ständige Aufforderung zur Bewährung empfangener Gnade die tiefere Wirklichkeit des Sakraments verkümmert und sich bald verflüchtigt; stellt man eine solche Eigenwirksamkeit der Sakramente isolierend in den Vordergrund, dann achtet man in der Spendung der Sakramente mehr auf die Korrektheit des Ritus als auf die lebendige Beteiligung des Menschen und das Wohl der Gemeinde. Gewiß bezieht sich dieser Katalog mißverstandener Sakramentalität mehr auf eine depravierte sakramentale Praxis denn auf die zünftige Theologie. Beim näheren Zusehen wird man aber nicht bloß den kritischen und hilfreichen Einspruch der Theologie gegenüber einem solchen Mißbrauch vermissen, sondern sich auch fragen, ob die Theologie selbst immun blieb vor solchen, die Grundperspektiven verzerrenden Isolierungen zwischen

Sakrament und Ethik, Zeichen und Gnade, Heil und Ritus, menschlicher Lebenssituation und göttlicher Rettung, Symbol und Verkündigung.

Daraus ergeben sich positiv einige Grundsätze für die sakramentale Praxis, die vorweg thesenhaft formuliert werden sollen:

1. Die Sakramente als christologisch-eschatologische Qualifizierungen bestimmter menschlicher Grundsituationen müssen durchsichtig bleiben für die konkrete Lebenswelt, in der die Gnade Jesu Christi wirksam werden soll. Deshalb darf keine sakramentale Sonderwelt neben der alltäglichen Wirklichkeit des Menschen entstehen.

2. Die Sakramente drängen von ihrem Grundwesen her nicht weniger zu einer personalen Begegnung mit Gott in Jesus Christus als das Wort der Verkündigung und der Dienst der Liebe. Deswegen kommen die Sakramente zu ihrem vollen Sinn nur im Raum des Glaubens und insofern sie Glaube, Hoffnung und Liebe (wieder-)erwecken bzw. intensivieren. Sakramentale Vollzüge, die von dieser Grundstruktur abweichen, wie z. B. die Kindertaufe oder manche Weisen der Krankensalbung, dürfen nicht zum exemplarischen Modell des Sakraments werden, sondern müssen angesichts ihrer spezifischen Anfälligkeit und hohen Verletzlichkeit immer in ihrem Ausnahmecharakter bedacht werden.

3. Wenn diese Zeichen und symbolischen Handlungen Sakramente des Glaubens sind, dann kann die konkrete Praxis gar nicht ohne den ständigen Austausch und ohne die Interaktion von Verkündigung, Glaube und Sakrament verantwortet werden. Im Falle der Desintegration dieser Elemente muß heute zugunsten des frei angenommenen und fruchtbar gelebten Glaubens eine Option für die personale Sicht der Sakramente erfolgen. Dies führt legitim zu einer schärferen Prüfung der Zulassung zu den Sakramenten, ohne daß hier ein extremer Rigorismus das erste (oder letzte) Wort haben darf. Die geistig-gesellschaftliche Situation der Gegenwart verlangt vom Christen immer mehr eine Entscheidenheit und persönlich verantwortete Bekennerschaft seines Glaubens, so daß die durchschnittliche Sakramentenpraxis einer von personalem Glaubensethos getragenen Erneuerung und damit auch eines Gestaltwandels bedarf.

Diese Grundsätze gelten auch für das Verhältnis von Glaube und Sakrament in der Taufe. Man könnte ja glauben, wenn die allgemeine Typik des Sakramentes gerade an der Taufe gewonnen wäre, brauchte man die Theorie und Praxis dieses Sakraments am wenigsten neu zu erwägen, da seiner Eigenart schon genügend entsprochen sei. Diese Vermutung stimmt aber schon deswegen nicht, weil es in Wirklichkeit zwar gültige theologische Einsichten gibt, die aber faktisch ständig von einem fast unüberwindlichen Mißverständnis begleitet sind. Dafür ein kleines

Beispiel: Der klassische Begriff der Wirksamkeit des Sakramentes *ex opere operato* setzt Freiheit und personalen Glauben voraus, meint in seinem historischen Ursprung und in seinem Zielsinn nicht bloß die formal korrekt vollzogene sakramentale Handlung und die *daraus* stammende, vom Empfänger in gewisser Weise unabhängige Wirksamkeit der Sakramente. Die entscheidende Kraft des Sakraments ist das objektive Heilswerk und Heilstun Jesu Christi, nicht menschliches Werk. Auch die beste Bereitschaft, Gottes Vergebung und Heil anzunehmen, ist nicht *Ursache* der Wirkmacht des Sakramentes selbst, sondern »nur« Bedingung für das Wirksamwerden der vom Sakrament angebotenen Gnade Gottes. Wäre z. B. dieser Begriff der Wirksamkeit des Sakramentes auch nur einigermaßen tiefer geklärt und verstanden, dann könnten wir viele positive pastorale Reformen mutig anpacken und – auf beiden Seiten – eine nicht unerhebliche Zahl gegenseitiger kontroverstheologischer Zankfragen abbauen.

II.

Das Verhältnis von Glaube und Sakrament bzw. die Beziehung von Glaube und Taufe ist eine moderne Problematik, die aus bestimmten dogmengeschichtlichen Konstellationen erwachsen ist. Deswegen finden wir im Neuen Testament und bis zu einem gewissen Grad auch in der alten Kirche keinen exakten Aufschluß über die so formulierte Frage. Paulus hat die *Spannung* von Wort und Sakrament bzw. von Glaube und Taufe so nicht erfahren und deshalb nicht als Problem empfunden. Dies heißt freilich nicht, er habe uns heute darüber nichts zu sagen. Vom Standort des Systematikers aus müssen folgende Beobachtungen erwähnt werden:

1. Auch Paulus setzt wie die frühchristliche Zeit den Taufbrauch als gültig und legitim geübt voraus. Wie von etwas ganz Selbstverständlichem ist davon die Rede, daß die Gläubigen getauft wurden (vgl. 1 Kor 12, 13; Röm 6, 3; vgl. Apg 9, 18).
2. Die führende Rolle der Taufe bei der Zueignung des Heils ist öfter deutlich und klar ausgesprochen (vgl. nur Röm 6, 1–11).
3. Dennoch sind die Belegstellen nicht zahlreich, die eine innere Hinordnung des Glaubens auf die Taufe und die Notwendigkeit dieses Zusammenhanges bezeugen. Im Kontext der Taufaussagen ist zwar immer die Rede von einem Handeln Gottes für uns und an uns, aber die Aussagen über den Glauben, die Taufe und die Rechtfertigung gehen parallel und sind nur selten direkt aufeinander bezogen. So kann Gal 3, 26–27 für eine solche Parallelaussage beansprucht werden, aber auch für einen Einschluß der Taufe durch den Glauben angeführt

werden (vgl. das begründende »denn« in V. 27). Paulus spricht vom Christwerden auch so, daß er einmal die Taufe nennt, ein anderes Mal auf das Gläubig-Gewordensein aufmerksam macht, vgl. 1 Kor 15, 2; Röm 10, 9b (das Ja des Glaubens beim Taufbekenntnis); vgl. auch Röm 13, 11: »Wir sind zum Glauben gekommen.« Die in der Taufe zugeeignete Christuszugehörigkeit wird also von seiten des Täuflings im bekennenden Glauben angeeignet und im gehorsamen Wandel vollzogen (vgl. so auch in den Deuteropaulinen: Kol 2, 12; Eph 5, 26; 1 Petr 3, 21). Der Glaube ist es, mit dem der Täufling das neue Leben in Christus bekennend ergreift.

4. Näherhin bedeutet diese Zuordnung, daß es Paulus an keiner Stelle um das Sakrament nur als solches in irgendeiner Form der Isolierung oder um eine nur im Moment ihrer Selbstwirkung gesehene Taufhandlung geht. Die Taufe bewirkt zwar – kausativ – das, was sie bedeutet, und symbolisiert nicht nur etwas, was durch die Verkündigung bezeugt wird. Das Sakrament ist immer schon eingelassen in die umfassenden Dimensionen des christlichen Existenzvollzugs: in den Glauben, in das Bekenntnis, in die Bruderliebe, in den einen Geist der Gemeinde, in die Früchte des Geistes, in die neue Freiheit und in den neuen Wandel. Paulus kommt immer schon *von der vollzogenen Taufe her* als dem einmaligen Geschehen der Übereignung an Jesus Christus, aber alles drängt in die Richtung, das wirklich Geschehene für das konkrete Leben zu *erhellen* (damit ist faktisch Karl Barths Gegensatz von »kognitiv« und »kausativ«[3] überschritten). Die Exegeten sind sich einig darüber, daß »nach Paulus wohl die Wirkung der im Sakrament empfangenen Gabe, aber nicht die Gabe als solche vom Glauben der Empfangenden abhängt... Wirkungskräftige Gabe ist das Sakrament auf jeden Fall, und auch der Ungläubige empfängt nicht nichts«[4].

5. Wenn Paulus die Botschaft des Evangeliums kurz zusammenfassen will, spricht er vom »Glauben«, was in sich ein hochkompliziertes Gebilde ist und den Gesamtumfang der paulinischen Verkündigung darstellt. Der so verstanden Glaube bejaht den ganzen Heils*weg*, den Gott führt; so zieht der Glaube den Empfang der Taufe als notwendige Folge nach sich. »Die Taufe schließt den Glauben ein, ebenso wie der Glaube nach Paulus die Taufe niemals ausschließen kann: es gibt keinen Hinweis darauf, daß für Paulus der Gedanke an ein Christentum ohne Taufe vollziehbar gewesen wäre«[5].

---

[3] Dazu z. B. K. Barth, *Die kirchliche Dogmatik* IV/4, Zürich 1967, 37f., 115, 132f., 134ff., 171, 190f.

[4] G. Bornkamm, *Studien zu Antike und Christentum. Gesammelte Aufsätze* II = BEvTh 28, München 1959, 170; vgl. dazu Gal 3, 27; 1 Petr 3, 21; Eph 5, 26; Tit 3, 5f.; Apg 2, 38.

[5] O. Kuss, *Auslegung und Verkündigung* I, Regensburg 1963, 138.

6. Auch von einem anderen Gesichtspunkt aus besteht keine Notwendigkeit, das Sakrament der Taufe bei Paulus mit dem Verdikt »magisch« zu belegen. Es gibt bei ihm das Nebeneinander von »Imperativ« und »Indikativ«. Klare Aussagen über den Heils*stand*, ja fast »Heilsbesitz«, und ausdrückliche *Mahnungen*, das empfangene Heil *zu verwirklichen*, stehen nebeneinander. Alle seine Taufaussagen sind mit Mahnungen verbunden. Vgl. als besonders klares Beispiel 1 Kor 10, 1–6. Es ist eigentümlich, wenn die gleichen Begriffe bald im Indikativ, bald im Imperativ stehen (vgl. Röm 6, 2. 12; Gal 3, 27; Röm 13, 14; Kol 3, 3. 5). Das ist die besondere eschatologische Situation der Taufe im Sinne der eschatologischen Existenz »zwischen den Zeiten«: Schon jetzt, noch nicht. »Die Dialektik von Indikativ und Imperativ bei Paulus ist die notwendige Konsequenz dessen, daß Ostern die Auferstehung brachte und nicht die Parusie«[6]. Die in der Taufe geschenkte Wirklichkeit des neuen Seins kann nur dann bewahrt werden, wenn sie im sittlichen Lebensvollzug zu immer neuer Wirksamkeit kommt. »Die Taufe ist die Zueignung des neuen Lebens, und das neue Leben ist die Aneignung der Taufe«[7].

III.

In der Tat sind auch die kirchliche Überlieferung und die theologische Bestimmung des Verhältnisses von Glaube und Taufe ständig in dieser eigentümlich parallelen *und* doch aufeinander zugeordneten Beziehung. Dafür nur einige Beispiele:

1. Da nur die Taufe die Wiedergeburt zu einem neuen Leben in Christus schenkt, kann ohne sie dieses Leben an sich nicht empfangen werden (vgl. Joh 3, 5). Dennoch ist die prinzipielle Heilsmöglichkeit trotz aller Betonung der Heilsnotwendigkeit der Taufe nicht absolut an den rituellen Vollzug gebunden: die »Bluttaufe« rechtfertigt den Menschen; die »Begierdetaufe« (*baptismus flaminis*) als das mit Liebe bzw. Reue verbundene, ausdrückliche oder auch nur einschließliche Verlangen (*votum*) nach dem Taufsakrament rechtfertigt dadurch, daß der Mensch in diesem Verlangen eine objektive Hinordnung auf Christus selbst empfängt. Beides wird aber nur ausgesagt und formuliert im Blick auf die »Taufe«, die dadurch weder im strengen Sinn »ersetzt« noch überflüssig gemacht wird.

2. Es gibt einen ständigen Streit über das Verhältnis von »Wassertaufe« und »Geisttaufe« in der Geschichte der Theologie. Die Wassertaufe

---

[6] Ebd., 140.

[7] G. Bornkamm, *Das Ende des Gesetzes. Paulusstudien* = BEvTh 16, München 1952, 50.

wird dabei nur als »Anfang und Quelle der göttlichen Charismen« aufgezählt, während man der Geisttaufe »am Ende der Tage« die Vollendung zuschreibt. Die kirchliche Tradition betonte dagegen mit Paulus, daß die kirchliche Taufe bereits »vollendet«, stellte aber die schon *vor* der Taufe beginnende und *nach* der Taufe fortgesetzte »Erziehung« und ethische Bewährung in mannigfacher Weise in den Vordergrund (vgl. Klemens von Alexandrien). Die Gefahr eines Auseinanderfallens beider wird dadurch noch verstärkt, daß im Laufe des dritten Jahrhunderts die Geistverleihung stärker vom Taufgeschehen abgelöst wird (das seinerseits wieder durch viele Nebenelemente ausgebaut wird) und allmählich zum eigenen Sakrament der »Firmung« wird. Nie – auch nicht in der Zeit der theologischen Klärung der Wirksamkeit der Taufe – hört der Streit um die »Wassertaufe« in der Kirchengeschichte ganz auf: die Paulizianer, Bogumilen und Katharer übernehmen (als Nachkömmlinge des Manichäismus?) die Ablehnung der »Wassertaufe«. Spuren dieser Tradition sind wirksam im Täuferstreit der Reformationszeit, im Pietismus, bei den Quäkern, in der Heilsarmee und heute vor allem in der Pfingstbewegung. Theologisch profiliert sich der Gegensatz bei Schleiermacher (Taufe bewirkt »an und für sich innerlich nichts«, sie ist nur ein äußeres Zeichen des Eintritts in die christliche Kirche) und in jüngerer Zeit vor allem bei Karl Barth.

Den Höhepunkt der Spannung und des Antagonismus zwischen Glaube und Sakrament erfährt die Tauftheologie aber in sich selbst, nämlich in der Antithese von Kindertaufe und Erwachsenentaufe. Dieser Gegensatz bestimmt die heutige Taufdiskussion. Im Grunde ist man sich allerdings darüber einig, daß die Alternative Erwachsenentaufe *oder* Kindertaufe in dieser Form letztlich unsinnig ist. Einen Taufmißbrauch gibt es nämlich nicht bloß bei der bestehenden volkskirchlichen Sitte der Kindertaufe, sondern unter Umständen auch bei der Erwachsenentaufe. Dietrich Bonhoeffer schrieb in seinem Gutachten zur Tauffrage aus dem Jahr 1942: »Taufmißbrauch ist ebenso dort, wo die Kindertaufe unter Vernachlässigung der strengen Beziehung auf den Glauben der Gemeinde geübt wird, wie dort, wo der Glaube der Erwachsenen zum Werk wird, auf dem die Gültigkeit der Taufe beruhen soll. Die Kindertaufe droht immer, die Taufe vom Glauben zu lösen, wie die Erwachsenentaufe immer die in Christi Wort allein begründete Taufgnade zu zerstören droht. Ein Mißbrauch der Kindertaufe, wie er in der Vergangenheit unserer Kirche unzweifelhaft festzustellen ist, wird daher die Gemeinde notwendig zu einer sachgemäßen Einschränkung ihres Gebrauchs und zu einer neuen Würdigung der Erwachsenentaufe führen«[8].

---

[8] D. Bonhoeffer, *Gesammelte Schriften* III, München 1960, 448f.

In der Tat verkennt ein Ausspielen der einen »Gesetzlichkeit« gegen eine andere in gleicher Weise den Ernst der Situation. Diese ist doch viel eher dadurch geprägt, daß die Taufe überhaupt in ihrem Wesen und in ihrer Praxis dem Menschen fremd geworden ist. Die Grundsatzfrage nach dem Taufverständnis und dem Taufbrauch überhaupt wird durch den Streit um die beiden Weisen »Kindertaufe«/»Erwachsenentaufe« nur verdeckt. Erwachsenentaufe und Säuglingstaufe sind beide von der Mitte des Taufgeschehens her anzugehen. Es hat wenig Sinn, die Erwachsenentaufe als kaum verändertes Muster der Kindertaufe zu nehmen oder die Möglichkeit der Kindertaufe nur von äußeren Kriterien einer allgemeinen Tauftheologie her zu deduzieren (vgl. z. B. aus der Wirkungsweise, der Heilsnotwendigkeit der Taufe usw.). Es geht vermutlich auch nicht nur um eine verschiedene Disposition der Erwachsenen und der Kinder, obgleich dies natürlich alles »richtig« ist. Gegen die Tendenz, die Christlichkeit eines Menschen bewußt und verantwortlich zu machen, ist nichts zu sagen. Jede christliche »Erziehung« ist vielmehr von ihr getragen. Die Taufe selbst *fordert* eine persönliche Übernahme des neuen Lebens in Glaube und Erkenntnis, eine bewußte Bewahrung und Erweckung. Aber von einer Befragung des mündig gewordenen Menschen, ob er das ehemals von den Paten gegebene Versprechen übernehmen wolle oder nicht, können nicht das Schicksal, die Wirkung der Taufe und das »neue Leben« als Grund der Christlichkeit abhängig gemacht und in die Wahl des Menschen gestellt werden, als sei sie nicht »Gebot« des Herrn und göttliche Verheißung.
Die Erwachsenentaufe und die Kindertaufe werden auch in der Verhältnisbestimmung von Taufe und Glaube eine zwar analoge, aber doch auch abgewandelte Beziehung aufweisen. Man kann nicht das Modell des einen Vollzugs nur auf den anderen übertragen. Das Kind ist eben kein kleiner Erwachsener, bei dem man dann auf Grund seiner Unmündigkeit nur die passiven Elemente im Taufritus unterstreicht und die mehr aktiven zurückdrängt (die entscheidenden bleiben dann doch noch bestehen: Bekenntnis, Absage an das Böse usw.). Der Erwachsene kommt aber auch nicht so zur Taufe wie das Kind, das die Eltern in die Kirche bringen. Man wird also die *jeweilige* Beziehung von Wort und Sakrament bedenken müssen. Das Neue Testament zeigt selbst verschiedene Richtungen auf, in welche die Aussagen über die Taufe gesprochen sind. Wort und Sakrament haben jeweils im Zusammenhang der Erwachsenentaufe und der Kindertaufe eine modifizierte (keine andere!) Funktion, ohne daß die Einheit der Taufe preisgegeben werden darf. Wird dies deutlich, dann klärt sich vielleicht überhaupt die Grundbeziehung von Glaube und Sakrament im Taufgeschehen.

IV.

Man kann sich manchmal eigentlich nur wundern, mit welcher Selbstverständlichkeit bei dem Streit um die Kindertaufe die Taufe Erwachsener vorausgesetzt wird. Der Erwachsene, der durch die Predigt zum Glauben gekommen ist, eine »neue Schöpfung« ist, der »in Christus« lebt, »gerechtfertigt« ist (oder wie immer man dieses Gläubig-Gewordensein aussagen will), bedarf dieser eigentlich der Taufe? Wer allzu rasch darauf mit Ja antwortet, sollte sich dann fragen, welchen Sinn er mit dieser Taufe verbindet und wie er theologisch und inhaltlich den Taufbrauch füllt. Vielleicht ist die Taufe dann ein *Mittel* der Verkündigung, durch das dem Menschen Bescheid gesagt wird über das in Christus widerfahrene Heil. Oder der Mensch seinerseits bekennt sich *öffentlich* dazu, macht seine Zugehörigkeit zur Gemeinde Jesu Christi offenkundig und symbolisiert im Taufgeschehen als einem einmaligen Akt den komplexen Vorgang des Christ-Werdens im ganzen. Eine solche Deutung der Taufe ist nicht unwesentlich, und ihre Elemente brauchen in einer Theologie der Erwachsenentaufe nicht zu fehlen. Aber eine solche »Bezeugung« des göttlichen Heilsgeschehens, das in der Taufe kundgegeben wird, ist eben nicht mehr als ein nachahmendes Symbol. Die Taufe ist so »*nur* ein Bild«, sie selbst errettet nicht, sagt Karl Barth[9].

Wenn dies der ganze Sinn der Taufe ist, dann kann man m. E. die Frage nicht vermeiden, warum man zur Signifikation dieses göttlichen Heilswillens überhaupt an dem »Sinnbild« Taufe festhalten soll. Gibt es dann nicht eine neue, andere, vielleicht noch symbolkräftigere Handlung? Vielleicht kann man dann konsequent mit Gert Otto antworten: »Man kann nicht Symbole oder Symbolhandlungen stiften *wollen*. Mir scheint, unsere Umwelt hat hier keine Formen, die die Kirche rezipieren könnte. Daraus möchte ich den simplen Schluß ziehen, daß die Form der Taufe ohne einen direkten Ersatz an ihr Ende gelangt ist. Wer sich als *Erwachsener* zur Übernahme des Lebensverständnisses entschließt, das die Taufe vordringlich zum Ausdruck brachte, der *kann* dies eine Gemeinde wissen lassen; man mag auch überlegen, ob dies dann veröffentlicht werden soll. Dafür lassen sich Formen finden. Wichtiger wäre fraglos, sich darum zu kümmern, daß er – wenn nicht schon geschehen – mit Menschen gleichen Sinnes zusammenkommt. Aber angesichts des ganz und gar offenen Kirchenverständnisses, um das es gehen sollte, ist es die Frage, ob es denn überhaupt für jeden um solche quasi offizielle Mitteilung und Veröffentlichung, die ja einer Beitrittserklärung ähnelt, gehen kann. Es gibt auch die andere Weise, auf dies alles

---

[9] *Die kirchliche Lehre von der Taufe*, 7; zit. bei E. Jüngel, a.a.O., 7.

ganz und gar zu verzichten. Hier würde der Sinn des mit der Taufe Gemeinten übernommen und in der Welt zu leben versucht – nichts weiter. Ist das wenig? Sache der Kirche, ihres Redens und Handelns wäre es, zu solchem Entschluß und zu seiner Fortsetzung immer wieder inspirierend Mut zu machen«[10].

Karl Barth sieht den Sinn des Taufgeschehens darin: Hier ist eine so deutlich sprechende Kraft am Werk, daß der Täufling das in der Taufe bezeugte Urbild des Heils in keiner Weise oder nur zum eigenen Schaden wieder vergessen kann. Weil die Taufe in diesem Sinne eine so einprägende, unwiderruflich aufmerksam machende Kraft hat, ist sie eine so wirkungsvolle und mächtige Sache. »Gottes Wort im Wasser«[11]. Die Taufe ist aber mehr als nur ein Symbol des Glaubens. »Die Taufe ist gerade darin kräftig, daß sie wie ein klarer Spiegel bezeugt, daß die Kirche und die in ihr Getauften nicht allein gelassen und auf sich selbst gestellt sind«[12]. Von hier aus ist auch klar, daß die Kraft Christi nicht an den Vollzug der Taufe gebunden ist – nicht die Notwendigkeit eines unumgänglichen Mittels ist hier gegeben, wohl aber die Notwendigkeit eines unüberhörbaren Gebotes (*necessitas praecepti* – aber nicht *necessitas medii*). Das freie Wort und Werk Jesu Christi können sich auch anderer Mittel und Möglichkeiten bedienen.

Die Polarisierungen sind deutlich: Wer mit Paulus dem Sakrament eine große Bedeutung einräumt und daran festhält, daß die Taufe auch das *bewirkt*, was sie bedeutet, denkt hier anders. Man sagt dann, durch das rechte Verhältnis von Wort und Sakrament werde auch das rechte Verständnis der Wortverkündigung gefördert. Das Sakrament schütze die Wortverkündigung vor einer unzulässigen Spiritualisierung. Noch mehr: Das Sakrament zeigt an, daß Gottes Heilstat in Christus uns *geschichtlich* betrifft, daß leiblich an uns gehandelt wird, daß ein einmaliges, den Menschen in ein neues Sein hebendes Geschehen stattfindet und daß fortan unsere konkrete leiblich-gesellschaftliche Existenz dem Kyrios zum Gehorsam übergeben ist. Wie Christus einmal und damit ein für allemal gestorben und auferstanden ist, so wird auch die Taufe am Menschen nur einmal vollzogen.

Man kann vom Neuen Testament her noch einen Schritt weitergehen:
1. Beim Wort der Verkündigung wie bei der Taufe geht es Paulus um Gottes und Christi Präsenz (vgl. 2 Kor 5, 20; 1, 21 f.) und damit um die Gegenwart des Heilsgeschehens im Jetzt (2 Kor 6, 2).
2. Taufe gibt es, damit das eine unwiederholbare Heilswerk Jesu Christi mit seiner rettenden Kraft in pneumatisch-sakramentaler Weise wirk-

[10] G. Otto, *Vernunft. Aspekte zeitgemäßen Glaubens* = Themen der Theologie 5, Stuttgart 1970, 153.
[11] So K. Barth mit einem Wort M. Luthers.
[12] K. Barth, *Die kirchliche Lehre von der Taufe*, 12f., bei E. Jüngel, a.a.O., 8.

kräftig gegenwärtig gesetzt wird und so den einzelnen Glaubenden in einen konstitutiven Zusammenhang mit Christus und der von ihm gestifteten Gemeinde bringt. Was am Kreuz Jesus Christus für alle getan hat, wird durch die Taufe am einzelnen vollstreckt.
3. Zweifellos ist der Glaube Voraussetzung der Taufe; nur deshalb kann mit dem Taufakt ein Glaubensbekenntnis verbunden werden (vgl. Röm 10, 9).
4. Die Antwort des Glaubens wird in der Taufe als bindendes Ja Gottes »versiegelt«, der Täufling wird dabei »notariell« dem Kyrios unterstellt, von ihm in Pflicht genommen. Diese »Versiegelung«, aus der Rechtssprache genommen, weist auf die *Endgültigkeit* des Getanen hin, wobei in gleicher Weise ein verdinglichtes magisches Denken *und* ein unverbindlicher Symbolismus ausgeschlossen werden: Der Täufling ist seinem Herrn übereignet, der Herr hat ihm durch die »Versiegelung« die Zuverlässigkeit der Verheißung bekräftigt und ihm den Geist, das Angeld gegeben.
Aber der sakramentale Charakter kann im Zusammenhang des Glaubens des Täuflings noch entschiedener betont werden:
1. Der Glaube ergreift die äußerste Entschiedenheit Gottes in Jesus Christus zum Heil des Menschen. Das Ja Gottes ist gesprochen, kein Nein kann es aufheben. Alle Dialektik ist durch diese Tat Gottes durchbrochen. Diese in Jesus Christus getroffene Entscheidung Gottes ist in ihrem geschichtlichen Ereignis eingegangen in das Wort des Evangeliums, in die Schrift, in das Dogma, in die Wirksamkeit der Sakramente.
2. Diese Entschiedenheit möchte den Menschen bis hinein in die unmittelbar konkret-geschichtliche Situation treffen: Exemplarische und fundamentale Wesenssituationen des Menschen: Geburt, Mündigkeit, Ehe, tiefe Schuld, Krankheit, Tod ... Hier ist der Mensch wirklich zu Hause, »in der Welt«, in *der* nämlich, in der er lebt; die übliche Rede vom »Zeichen« und vom »Symbol« ist noch zu gefährlich, weil sie diese Wirklichkeit *zu leicht* und *zu rasch* transzendiert. Es muß gefüllte Welt und reale Wirklichkeit sein (vgl. die Problematik der »Natursakramente«). »Die Sakramente betonen so nachdrücklich wie nur möglich, daß das Evangelium uns in unserem leiblichen, geschichtlichen Dasein eschatologisch angehendes Wort ist«[13]. Sie machen unsere Weltsituation zu einer eschatologisch qualifizierten Situation, sie sind nicht bloß »Kundgabe« und »Zeugnis«.
3. Eine anthropologische Besinnung über die Entscheidung in einer geschichtlich-leiblichen Ordnung kann außerdem den Charakter der sakramentalen Handlung verdeutlichen. Wer die Tat der Entscheidung

[13] G. EBELING, *Erwägungen zum evangelischen Sakramentsverständnis*, in: DERS., *Wort Gottes und Tradition* = Kirche und Konfession 7, Göttingen 1964, 217–226, hier 226.

selbst nur in die Reflexion oder einen ständig sich dynamisch übersteigenden Willen verlegt, muß sich fragen, ob eine extreme Intellektualisierung unter Umständen zu einer Neutralisierung und Suspension der inneren Qualität wirklicher Entscheidung führt. Dauerreflexion allein kann den Menschen auch haltlos machen und neurotisieren, zumal die Reflexion als wirklicher Denkvollzug im Ernst vom endlichen Menschen nicht ständig durchzuhalten ist. Auch das Sprachgeschehen, Wortgeschehen und das Sprachereignis bringen hier keine grundsätzliche Änderung. Eine umfassende anthropologische Besinnung kann verständlich machen, daß die Tat der Entscheidung sich bis in die welthafte Situation des Menschen durchsetzt, so daß der Mensch wiederum auch von dieser Weltsituation affiziert wird. Nur ein falscher Anthropozentrismus wird darin eine »Entfremdung« schlechthin erblicken. Zum »exzentrischen« Wesen des Menschen gehört auch das konkrete Sich-Befinden in der Welt der Dinge. Wenn also das christliche Heil den Menschen bis in seine leibhaftig-geschichtliche Existenz antreffen will, dann legt sich anthropologisch eine Vermittlung durch die ihn umgebende Welt und die ihn angehenden Dinge nahe.

4. Dieser Grundgedanke muß auch von der Idee der Sakramente her vertieft werden: Sie müssen viel stärker in ihrem dramatischen Charakter als Handlung begriffen werden. Dies klärt nicht nur – im Unterschied zu aller zeitloser kosmischer Mysteriendialektik immerwährenden Heils – die Geschichtsbezogenheit und die Geschichtlichkeit ihrer selbst, sondern auch durch die Hervorhebung ihres Tatcharakters die Endgültigkeit dessen, was in ihnen geschieht. Das Tun hat – im Unterschied zum reinen Denken – die Auszeichnung, daß es in eigener Weise festlegt, bekräftigt, Halt gibt, einem Versprechen oder einem entschiedenen Wollen als Siegel dient und in diesem Sinne auch das Gewollte erst hervorbringt. Die Tat läßt allen heimlichen Zwiespalt hinter sich und überwindet das Zögern in Richtung der Entschiedenheit. »Tun, das heißt in Wahrheit, alle Brücken hinter sich abbrechen« (M. Blondel)[14].

Diese eigene »Positionalität« des Tuns steht in einer engen Zusammengehörigkeit mit dem eschatologischen Charakter des sakramentalen Geschehens. Anstatt diesen Gedanken hier näher auszuführen, sei er auf die Taufe angewendet: Der Glaubende tritt mit dem entschiedenen Willen zur Jüngerschaft Jesu Christi an die Taufe heran, in der Gott ihm dazu seine unwiderrufliche Zusage schenkt. Das gesamte Taufgeschehen beendet alle Unruhe und Dialektik unentschiedenen Lebens, indem es mit dem alten Menschen bricht. Die Entschiedenheit des Tuns

---

[14] Vgl. M. Blondel, *L'Action* (1893), Paris [3]1973, passim, bes. 395ff., 405ff.; dt.: *Die Aktion*, Freiburg 1965, 420ff., 431ff.

und der eschatologischen Verheißung zeigt sich bei Paulus in dem Übergang zum »Leben«, in der einschneidenden Veränderung, die das »Einst« vom »Jetzt« trennt. Zwar ist das neue Leben noch verborgen und verhüllt, aber es ist doch real. Die Taufe befestigt den Menschen in dem neuen Seinsgrund. Deswegen wird auch die gesamte Vergangenheit des Menschen getilgt. Daß kein statischer Zustand damit erreicht ist, sondern ein neues Leben, das zur gegenwärtigen Tat aufstachelt, zeigt das ganze Spektrum der paulinischen Tauftheologie, besonders deutlich in Paraklese und Imperativ. Am schärfsten wird dieser in der Taufe geschehende Abbruch der alten Existenz durch das Wort »Tod«, »Sterben mit Christus« bezeichnet.

Von hier aus scheint ein Weg gegeben zu sein, um auch heute die Erwachsenentaufe in ihrer Sinngebung zu verstehen, denn es zeigt sich, daß das Zum-Glauben-Kommen zu seiner eigenen Verdeutlichung das Tauf*geschehen* braucht. Eine einzelne Auslegung ergibt sich aufgrund des bisher Erörterten und braucht nicht mehr weiter entfaltet zu werden.

V.

Es bleibt das Problem der Kindertaufe im engeren Sinne. Die grundlegenden Daten der heutigen Exegese und der frühen Dogmengeschichte müssen hier vorausgesetzt werden[15], ebenso die wichtigsten Einwände gegen die Kindertaufe.

Im Rahmen dieses Beitrags kann es nur um einen skizzenhaften Entwurf für eine Grundlösung des Problems Glaube und Sakrament in Anwendung auf die Kindertaufe gehen. Dabei müssen alle historischen Ausführungen über eine Anthropologie der Kindheit, alle Versuche einer »Metaphysik der Kindheit«[16], die Problemgeschichte der Beziehung Eltern/Erwachsene-Kind und vor allem auch die heutigen soziologischen und psychologischen Ergebnisse in dieser Hinsicht ausgespart werden[17]. In gleicher Weise muß auf eine dogmengeschichtliche Skizzie-

---

[15] Im Rahmen der Tagung, auf der dieses Referat gehalten wurde, konnte auf den Ausführungen von R. Schnackenburg, *Die Taufe in biblischer Sicht*, und G. Kretschmar, *Taufbrauch und Tauftheologie in der alten Christenheit*, aufgebaut werden. Diese Referate sind jetzt zugänglich bei W. Molinski (Hrsg.), a.a.O., 15–36 und 37–76. Von G. Kretschmar vgl. noch *Die Geschichte des Taufgottesdienstes in der alten Kirche*, in: K. F. Müller/W. Blankenburg (Hrsg.), *Leiturgia* V, Kassel 1970, 1–348.

[16] Vgl. etwa G. Siewerth, *Metaphysik der Kindheit*, Einsiedeln 1957; F. Ulrich, *Der Mensch als Anfang. Zur philosophischen Anthropologie der Kindheit* = Kriterien 16, Einsiedeln 1970; W. Behler (Hrsg.), *Das Kind. Eine Anthropologie des Kindes*, Freiburg 1971; J. Rausch, *Macht und Ohnmacht des Kindes*, Trier 1970.

[17] Vgl. nochmals W. Behler (Hrsg.), a.a.O.; ferner G. Bittner/E. Schmid-Cords (Hrsg.), *Erziehung in früher Kindheit*, München ²1969; P. Fürstenau, *Soziologie der*

rung der theologischen Erhellungsversuche zur Kindertaufe und erst recht auf ihre Neuinterpretation verzichtet werden[18]. Dies kann nur in einer eigenen Veröffentlichung ausführlich dargestellt werden. Unter diesen Vorbehalten und unter Zuhilfenahme des aus diesen Studien gewonnenen Materials sei der folgende Versuch unternommen.

Eine Klärung kann zunächst nur von einer anthropologischen Besinnung auf die Situation des Kindes erfolgen. Diese darf dabei nicht bloß als eine Entwicklungsstufe des Menschen begriffen werden, die nur vom Ziel der zu erreichenden Mündigkeit her betrachtet wird, sondern als eine eigene geschichtliche Daseinsform des Menschseins. Das bisherige Denken über das Kind hat zu rasch das konkrete, wirkliche Kind in *seinem* Menschsein übergangen. Das Menschsein des *Kindes* ist wenig gefragt. Allzuleicht erliegt man einer falschen Romantisierung des »unschuldigen« Kindes, was schließlich auch keine Ernstnahme seines eigenen Daseins bezeugt. Sehr lange Zeit galt das Kindsein auch nur als ein Stadium menschlicher Unvollkommenheit, das die Erziehung nicht rasch genug in die Mündigkeit des Erwachsenseins überführen kann. Die Phase des Kindseins ist dann eine Zeit des Unglücks und eine menschenunwürdige Weise der Existenz. Befreiung von der eigenen Kindheit und ihren Irrtümern ist die erste Voraussetzung für die Selbsterkenntnis des Menschen.

Diese Auffassungen haben auch in der Theologie der Neuzeit kräftige Spuren hinterlassen. Christsein ist nach Kierkegaard keine Sache für das Kind. Der kindliche Glaube ist nämlich ohne Ernst, weil er keine Entscheidung und keine Wahl der Subjektivität kennt. »Man kann nicht Christ werden als Kind, das ist ebenso unmöglich, wie es für ein Kind unmöglich ist, Kinder zu zeugen«[19]. Keine Frage, daß jeder Theologe entschieden zunächst auf der Seite derer Partei ergreift, die mehr Entschiedenheit im Christlichen fordern. Aber er wird auch darauf aufmerksam machen, daß es in dieser Sicht die höllische Versuchung zur Selbstgerechtigkeit gibt, daß das Bekenntnis des Glaubens unterschieden ist von der subjektiven Reflexion auf die jeweilige Gläubigkeit und daß der Ernst eines reinen Entscheidungschristentums nicht selten auch zu einer eigentümlichen Selbstquälerei geführt hat, wie Kierkegaard selbst eindringlich zeigt. Schließlich wäre auch die empirische anthropologische Gegenprobe auf den absoluten Vorrang der Wahl und der Entscheidung in Konfrontation mit der gegenwärtigen Psychologie zu machen. Philosophisch wären ein purer Personalismus und ein Ent-

---

Kindheit = Pädagogische Forschungen 40, Heidelberg ²1967 (dort jeweils auch weitere Lit.). [18] Vgl. die in Anm. 1 genannten Arbeiten.

[19] Zur Stellung Kierkegaards zur Anthropologie des Kindes vgl. H.-D. BASTIAN, *Kind und Glaube* = Pädagogische Forschungen 25, Heidelberg 1964, bes. 8ff.; M. J. LANGEVELD, *Studien zur Anthropologie des Kindes*, Tübingen 1956.

scheidungsaktualismus kritisch zu befragen, indem die Phänomene der Gewohnheit, habitueller Verhaltensweisen, die Notwendigkeit ritualisierter und institutionalisierter Formen, die Dimension der »Natur«, des »Unbewußten«, der Leiblichkeit in ihrer Bedeutsamkeit aufgewiesen werden. Der Begriff des Glaubens wird aus tiefen theologischen Gründen in seiner Mitte zweifellos von der Entscheidung und noch mehr vielleicht von der Entschiedenheit in der Annahme des gehörten Wortes Gottes bestimmt, aber eine formale Reduktion auf Entschlossenheit überhaupt oder auf eine unaufhörliche Dauerentscheidung (Dezisionismus) ist einfach anthropologisch sogar für den Erwachsenen unwahr. Eine solche Interpretation der Entscheidung ist keine erschöpfende Beschreibung von Glaube. Mit ihr wird der Glaube des Kindes als eine spezifische Weise von Gläubigkeit ausgeschlossen. Die cartesianische Selbstverständlichkeit, mit der Akt und Sein, Wahrheit und Wahrhaftigkeit, Glaube und Gläubigkeit zusammenfallen, ist aber heute philosophisch höchst fragwürdig geworden. Die reflektierte Antwort des Bewußtseins ist nicht das *formal* bestimmende Element im Begriff des Glaubens. Für Paulus und auch noch für Luther beginnt Glaube nur als eschatologischer Auftakt des vergebenden Gottes und schlechthin unter der absoluten Voraussetzung, zuerst nichts als ein Geschenk Gottes zu sein. Blind, unpersönlich oder reflexionsscheu braucht der Glaube darum in seinem Wesen noch nicht zu sein oder zu werden, aber es macht eine eigene, höchst schwierige und hier nicht zu behandelnde Frage aus, *wie* jene Erhellung von Welt und Ich beschaffen ist, in deren Bahnen der Glaube *denkt*. Jedenfalls versagt die existentialistische Kategorie der Entscheidung angesichts der anthropologischen Deutung des Kindseins. Und dies ist dann vielleicht zunächst kein Grund gegen die Möglichkeit der Kindertaufe, wie sich noch zeigen wird, sondern ein Einwand gegen eine philosophische Voraussetzung, welche »Wirklichkeit« nicht genügend differenziert erfassen kann.
Diese Thesen und Voraussetzungen können hier nur angedeutet werden. Sie haben aber heute eher die Chance, in philosophischer Hinsicht angenommen zu werden als noch vor einigen Jahren.

VI.

Von hier aus soll der Weg zu einer Erhellung des Verhältnisses von Glaube und Kind bzw. Glaube und Sakrament im Blick auf das Kind seinen Ausgang nehmen. Vielleicht hat gerade die philosophisch-theologische Anthropologie der Neuzeit auch deshalb so wenig Verständnis für das Kindsein, weil sie überhaupt Mühe hat, Phänomene zu verstehen, die mehr die liebende Erwartung, das empfangende Offensein

und die hingebende, sich fast selbst vergessende (so sieht es vom Erwachsenen aus!) Annahme von Wirklichkeit darstellen. In der Tat ist das Kind primär ein Mensch, der nicht bloß seine physische Existenz, sondern auch die wirkliche Welt seiner psychischen und geistigen Reichweite weithin von anderen *empfängt.* Wir sind gewohnt, in der psychologischen Ebene solche Einsichten, so z. B. die Mutter-Kind-Beziehung, anzunehmen, machen uns aber wenig Gedanken über die damit auch in anderen Dimensionen gegebenen Folgen. Wir wissen deutlicher, daß das Kind längst nicht ein voll vorprogrammiertes Bündel von Erbanlagen darstellt, sondern daß es in den Möglichkeiten seines konkreten Menschwerdens zunächst außerordentlich bildsam, plastisch und offen ist, so daß vor allem die Wirkkräfte von Familie und häuslicher Umgebung schicksalbestimmend bleiben. Für unser Thema hat dies zur Konsequenz, daß das Kindsein und die Daseinsentfaltung des Kindes überhaupt nicht verständlich sind außerhalb dieses Grundbezugs des Kindes zu den Eltern und dem durch sie geschenkten Lebensraum.
Tatsächlich sehen wir heute deutlicher, wie jedes menschliche »Ich« von den ersten Lebenstagen an nur in ständigem Austausch mit seiner Welt und in dauernder Konfrontation mit den ihm Nächsten existiert, aus solchem wechselseitigen Verhältnis seine Lebenskraft schöpft oder aber in der Friedlosigkeit dieser Welt fast rettungslos verdorrt. Wir kennen diese Phänomene aus der Psychoanalyse fast nur unter dem Blickwinkel einer Psychopathologie des Kindes. Aber auch Hoffnung, Willen, Zielstrebigkeit, Tüchtigkeit werden in einem solchen Zusammenleben, das ein »Ineinanderleben« bedeutet, gewonnen. Hoffnung in einem weiten Sinne gilt dabei als die unentbehrlichste Tugend, die das Kind lebensnotwendig braucht. Andere Psychologen haben dieses Grundverhältnis zur Welt, vermittelt vor allen Dingen durch die Person der Mutter, »(Ur-)Vertrauen« oder »Zuversicht« genannt. Gerade dadurch, daß das Kind auf dem Weg des Reifens und des Lernens bisher Verläßliches immer auch wieder verlassen muß, braucht es einen Untergrund, auf den es sich beziehen kann, es braucht etwas, an das es ursprünglich »gewöhnt« ist. »Für das Kind ist das Gewohnte – sein Zuhause, seine Mutter, seine engere Umgebung, von dem aus es einen Schritt ins Leben nur wagen kann – unentbehrlich... Davon hängt ganz entscheidend seine Entwicklung ab, hängt ab, wohin es offen bleibt, wohin das Kind sich wendet und was es in sich aufnimmt. Es ist also das Gewohnte beim Kind, etwas unbedingt Erforderliches, es braucht diese Sicherung seines Lebens, die den Erwachsenen vielfach bedrückt, als Untergrund, um seine Wanderung ins Leben, um seine Versuche ins Unbekannte unterternehmen zu können«[20]. In diesem Sinne ist die Kernfamilie tatsächlich

[20] A. Nitschke, *Das verwaiste Kind der Natur*, Tübingen 1962, 154.

der »zweite, soziale Mutterschoß« (Adolf Portmann), darin sich die »zweite, sozio-kulturelle Geburt« (René König) des Menschen vollzieht. Hier lernt das Kind in grundlegendem Vertrauen, daß es sich in *dieser* Welt, so wie diese ihm in ihrer Schutzfunktion und Geborgenheit entgegenkommt, leben läßt. Aller »soziale Optimismus« (Dieter Claessens) und alle »Ermutigungen« (M. J. Langeveld), die das menschenwürdige Leben ermöglichen, wachsen und reifen nur unter diesen Voraussetzungen.

Es ist nicht möglich, im Zusammenhang des Themas »Kindertaufe« die grundlegenden Ergebnisse aus der Familiensoziologie, der kulturanthropologischen Forschung, der Tiefenpsychologie, der Psychoanalyse, der Kleinkinder-Forschung und der Lernpsychologie zusammenzutragen, um diesen grundsätzlichen Befund zu erhärten. Eine *theologische* Betrachtung dieses Phänomens steht zunächst in der Gefahr, die genannten Phänomene nur als eine »instinkthafte« oder höchstens noch »psychische« Angelegenheit zu betrachten. Genau das ist aber falsch, wie z. B. Erik H. Erikson im Blick auf die Mutterschaft gezeigt hat[21]. Im Gegenteil, wenn überhaupt Glaube bzw. Gläubigkeit in der Welt des Kindes einen Sinn haben, dann geschieht ihre Erwekkung nur im Zusammenhang dieser ursprünglichen Sozialisation des Menschen. Die Theologie erklärt, *woher* der Glaube im strikten Sinn kommt, aber sie kann – versteht sie das Verhältnis von Natur bzw. Geschichte und Gnade richtig – auch keine radikale Trennung zwischen dem beschriebenen »Urvertrauen« und der christlichen Hoffnung fordern, wenngleich beides auch nicht zusammenfällt. Wir sind in dieser Hinsicht über das radikale Stadium der »dialektischen Theologie« hinaus, wo zwischen der Welterfahrung des Menschen *und* der Religion *und* dem Glauben jeweils eine absolut unvermittelbare »Todeslinie« verläuft, die im letzten Gläubigkeit und Glaube zu einem weltlosen, leicht ideologieverdächtigen Überbau macht und zur Unwirksamkeit in der alltäglichen Lebenswelt verurteilt. *Christliche* Gläubigkeit, Hoffnung und Zuversicht ist freilich auch noch nicht identisch mit dem Fehlen von Ernährungsschwierigkeiten, Schlafstörungen und Spannungszuständen. Wenn die Eltern selbst von einem personal entschiedenen Glauben bestimmt sind und daraus leben, dann wird zweifellos das im Neugeborenen wirkende Vertrauen gerade auch von hier getragen und gestützt. In der Art und Weise, *wie* die Mutter in Fürsorge und Treue dem Kind begegnet, *aus welchem* gemeinsamen Daseinsverständnis die Eltern selbst das Leben meistern und *wie* sie das Kind in ihrer Mitte aufnehmen, spiegelt sich zweifellos auch der *Ernst* (oder faktische Unernst) einer im konkreten Leben bewährten Christlichkeit.

---

[21] E. H. Erikson, *Einsicht und Verantwortung*, Stuttgart 1966, z. B. 104f.

Deswegen kann E. H. Erikson etwa sagen: »Das aus der liebenden Fürsorge erwachsene Vertrauen ist tatsächlich der Prüfstein der *Aktualität* jeder Religion«[22].

Von da aus muß ein nächster Schritt erfolgen, der die Gläubigkeit des Kindes näher betrachtet. Wenn das Kind tatsächlich im Wirkungskreis eines konkret bewährten christlichen Glaubens lebt und aus der Unerschöpflichkeit christlicher Liebe menschliche Treue erfährt, so Hoffnung schöpft und die Sinnhaftigkeit des Lebens zu spüren bekommt, dann kann es bereits selbst *in einer gewissen Weise* »gläubig« genannt werden, weil es nämlich im Schutzraum und in der Kraft dieses Glaubens existiert. Von daher versteht sich wohl auch die Tatsache, daß in 1 Kor 7, 14 *ungetaufte* Kinder aus einer Ehe, in der ein Partner christlich ist, »heilig« genannt werden können, und daraus kann man vielleicht auch das historische Faktum verständlich finden, daß man sich offenbar längere Zeit gar nicht spezifisch nach der Notwendigkeit der Taufe von Kleinkindern in der alten Kirche gefragt hat (natürlich ist dies nicht der einzige Grund). Es wäre sogar prinzipiell *un*psychologisch und darüber hinaus ethisch unwahrhaftig, wenn die Eltern gegenüber dem Kind den wirklichen Grund und den lebendigen Ursprung ihrer Art des Zusammenlebens, von dem wiederum die Verhaltensweisen gegenüber dem Kind bestimmt sind, gleichsam abdecken und verheimlichen würden. Es ist ja gerade die Aufgabe der Eltern, die tiefe Überzeugung im Kind zu wecken, daß das, was *sie* tun, auch sinnvoll ist. Teilnehmenlassen an der Gläubigkeit der Eltern bedeutet also primär keine Spur irgendwelcher verzerrter religiöser Indoktrination, sondern ist nichts anderes als das Miterfahrenlassen, freilich ungezwungen und spontan, *des* christlichen Lebensgrundes, von dem die Eltern auch in ihrer konkreten Sorge für das Kind immer schon *mit*herkommen, wenn sie entschiedene Christen sind.

VII.

Hier lauert der übliche Einwand gegen die Kindertaufe, sie wäre nämlich eine gewalttätige Vorwegentscheidung über die dem Menschen von seiner Würde her zustehende Eigenbestimmung in weltanschaulicher und religiöser Hinsicht. Der Einwand hat seine Legitimität mehr in einem oft wenig verantworteten Brauch unbedachter volkskirchlicher Kindertaufpraxis als in einer genuinen anthropologisch-theologischen Argumentation. Wo Volkskirche nur durch die Taufe sich die Zahl ihrer Glieder erhalten würde, läge ein solcher Verdacht nahe. Das

[22] *Kindheit und Gesellschaft*, Stuttgart ³1968, 244.

Schicksal vieler Menschen bei früheren Zwangsmissionen steigert das Argument. Die Unfähigkeit vieler Eltrn, ihre Kinder zu einer lebenstüchtigen, hoffnungsvoll angenommenen und positiven Christlichkeit zu erziehen (einschließlich der »Erziehung« durch die Kirche: Religionsunterricht!), ist nicht zuletzt daran schuld, daß manche Menschen das Gefühl haben, in der Kindertaufe werde ihre religiöse Freiheit (die es gleichsam zu nichts gebracht hat!) manipuliert. Man wird auch die besondere Sensibilität des heutigen Menschen für Freiheit und Würde sogar des kleinsten Menschen mit in Rechnung stellen müssen, wenn man sich dem erwähnten Einwand stellt – konsequent ist man hier allerdings nicht immer: Man denke nur an die steigenden Abtreibungen, wo Lebensrecht und Würde eines Menschen mit Füßen getreten werden! Diese Gründe sind im Streit um die Kindertaufe zu beachten, aber gerade dann zeigt sich, daß das vorgetragene Argument, genau besehen, das schwächste ist. Es gibt gar nicht »den« – abstrakten und hypostasierten – Menschen, den man in einer religiös neutralen Isolierstation erziehen könnte. Der Aufenthalt im Elternhaus ist unabänderlich die Stätte, wo das Kind unter den Augen der Eltern lernt, ursprünglich die Welt anzuschauen. Anders gibt es den Menschen überhaupt nicht als in dieser konkreten Welt seiner Kindheit. Ihn in der Atmosphäre einer glaubenslosen (wenn es so etwas gibt?!) und weltanschauungsfreien Quarantänestation aufwachsen zu lassen und in solch angeblicher Freiheit – über die auch schon vorentschieden ist, wenn man so befindet! – seine eigene Wahl über Annahme oder Ablehnung des christlichen Glaubens fällen zu lassen (den das Kind gar nicht kennt!), scheint mir angesichts unseres psychologischen und soziologischen Wissens eine geradezu unmenschliche und schlechthin irreale Utopie zu sein. Im übrigen – dies sind freilich weniger gute Argumente – wird an jeder Ecke eine so unbegrenzt verstandene Freiheit des Kindes in Mitleidenschaft gezogen: Es wird in eine bestimmte Nation hineingeboren, lernt eine bestimmte Muttersprache, wird in eine entsprechende Schule geschickt. Und hat man sich einmal gefragt, ob das Kind nicht später u. U. den Eltern einmal den Vorwurf machen könnte, man habe negativ über seine Religiosität und Glaubensmöglichkeit vorentschieden, indem man ihm die Gnade eines frühen Anfangs im christlichen Leben verweigert habe? Statt dessen soll das Elternhaus so, wie es ist – und dann gehört vielleicht auch die entschiedene Glaube dazu! – sich dem Kind erschließen und ihm zur Selbstfindung helfen.

Nur in *diesem* Raum des *Glaubens* ist es sinnvoll, von der Kindertaufe zu sprechen. Ein solches »Haus« mit einer echt christlichen Lebensüberzeugung ist die ursprünglichste und kleinste Einheit von Kirche als einer Gemeinschaft des Glaubens. Von dieser »Hauskirche« sagt das Zweite Vatikanische Konzil: »In solch einer Art Hauskirche sollen (nämlich) die Eltern durch Wort und Beispiel für ihre Kinder die ersten Glaubensboten sein«[23]. Ich meine, daß damit genau das theologisch formuliert ist, was psychologisch und anthropologisch, also von der Verantwortung dem Menschen gegenüber, »richtig« und in Ordnung ist. In diesem Zusammenhang entscheidet sich, ob eine Kindertaufe ihren vollen Sinn erfüllt oder nicht. Wenn sie nur konventioneller »Ritus« ist oder die unvermeidliche Dekoration eines Familienfestes, zu dem man vielleicht sonst keinen Anlaß findet, dann kann man – ohne Rigorismus im einzelnen Fall – eigentlich grundsätzlich nur ein Nein zur Kindertaufe sagen. Wo Glaube – und in diesem Fall ist der lebendige Glaube der Hauskirche unabdingbar – und Sakrament radikal auseinanderfallen, darf im Namen des Glaubens *und* des Menschen nicht getauft werden.

VIII.

Anders im Falle einer Familie, die dem christlichen Glauben in ihrem Haus Raum gibt. Von Anfang an ist die Taufe ein Zeichen dafür, daß ein Mensch in die Gemeinschaft der Glaubenden aufgenommen wird. Wenn das Kind schon im Wirkungskreis des Glaubens lebt und darum unter den genannten Umständen »heilig« genannt werden kann, dann kann es auch in einer eigenen Zeichenhandlung in diese Gemeinschaft aufgenommen werden. Für die Eltern ist die Spendung der Taufe ein entscheidender Hinweis darauf, daß aller Glaube und alle Hoffnung ihres eigenen Lebens zuletzt nicht nur ein Ausdruck ihres gesunden Optimismus und ihrer Tüchtigkeit sind, so wenig diese madig gemacht zu werden brauchen, sondern daß sie reines Geschenk des Gottes sind, der gegen alle Hoffnung selbst *die* Hoffnung und das immerwährende Erbarmen über allem menschlichen Schicksal bleibt. Es wird deutlich gemacht, daß bei aller genaueren Unbestimmbarkeit des Sinnes von Urvertrauen und Zuversicht zutiefst doch ein radikaler Unterschied waltet zwischen dem *Wohl* des Menschen, das sehr trügerisch und vorübergehend sein kann, und seinem *Heil*, das ihm über alle Widrigkeiten hinweg auf feste Hoffnung hin in Jesus Christus verbürgt ist. Dieses Heil, lichtvoll und wirksam geworden im Lebensraum einer gläubigen Familie, wird durch die Taufe dem Kind geschenkt. Glaube und Heil würden u. U. nach der früher vollzogenen Interpretation, die richtig bleibt, in die biologische Sphäre eingeschlossen oder naturalistisch eingefärbt, wenn nicht im Zeichen sichtbar wird, daß man auch in der Kindertaufe *von Gott her* radikal »neu« werden, umkehren

[23] *LG* Nr. 11.

muß und nur so zur Mitte des christlichen Glaubens findet. Alles Reden über das Wort Gottes und die Gnade für dieses Kind, alle Offenheit für Gott in einer christlichen Familie wird in der Taufhandlung verwandelt in die Entschiedenheit, daß hier, über diesem Kind, die verbindliche Verheißung Gottes vergebend, rettend und helfend unumstößliche Wirklichkeit geworden ist. Die Sphäre bloßer religiöser Gefühle oder gedanklicher Überlegungen wird in der Andersartigkeit der Taufe gebrochen. Die einmalige Taufe, als grundlegende Handlung für das Christenleben, macht sichtbar, daß das Wort, von dem wir leben, in jenem einmaligen Christusgeschehen gründet, von ihm herkommt, auf es weist und nie über dieses Wort hinausführen kann. Und noch etwas: Alles Reden wird in der Taufe durch ein Handeln bekräftigt. Wieviel von dem gesprochenen Wort die gemeinte Person erreicht, ist ohnehin immer ungewiß. Das Handeln aber geschieht an dem Täufling persönlich: *Verbum visibile* nannten die Väter das Sakrament, sichtbares Wort. Es ist ein Wort, das in einer Tatsache unseres Lebens erscheint und darum nicht zu Unrecht in der Nähe der Geburt und des Anfangs des Menschseins steht. Das zu taufende Kind braucht bei der Taufe nicht direkt gefragt zu werden, aber es wird auch nach dem neuen Kindertaufritus angesprochen. Auch die Kindertaufe vollzieht sich nicht völlig a-personal: Das Kind wird hier überhaupt zum ersten Mal mit seinem eigenen Namen genannt, erhält dadurch eine unverlierbare menschliche Würde und gerade im christlichen Glauben bei aller »natürlichen« Ungleichheit der Rassen und Klassen, der Armen und Reichen, der Kleinen und Großen die gleiche Freiheit der Kinder Gottes.

In diesem Zusammenhang ist auch völlig klar, daß die Kindertaufe nur ein »Anfang« ist. Hier ist der Ort, wo man der Grundintention auch jener Theologien zustimmen kann, welche die Kindertaufe anders sehen, daß sie nämlich primär als Aufgabe erscheine und daß man sie viel stärker in dem folgenden Sinne unter ihrem eschatologischen Aspekt verstehen müsse: Das Kind hat den Glauben in der Taufe auf Verheißung hin zugesprochen bekommen und hat das wirkliche, aktive Bekenntnis zu diesem Glauben noch vor sich (Melanchton und K. Barth). Die Taufgnade wäre nicht bloß magisch verstanden, sondern unverantwortlich übernommen, wenn die Eltern nicht das Ihre dazu beitragen, das nun erlöste Kind auf dem weiteren *Weg* des Glaubens zu führen und zu befähigen, mehr und mehr sich selbst in diesem Glauben zu finden. Wenn die Eltern den »Geist« des Glaubens im Kind nicht ebenso fördern, wie sie sich vor dem Entschluß zur Taufe zum gemeinsamen Bekenntnis gefunden haben, so wird die Gnade des Sakramentes, die immer Gabe und Aufgabe zugleich ist, in ihrer eigenen Dynamik verraten. Der gesetzte Anfang kann nur dann seine volle Wirkmöglichkeit

und Ursprünglichkeit behalten, besser: entfalten, wenn er mit dem Wachsen und Reifen Schritt hält, d. h. wenn er in die sich entwickelnde Personalität und Identität des kindlichen Ichs diffundiert und alle neu zu erobernden Daseinsbereiche miterschließen hilft. Bleibt der empfangene Glaube, vermittelt durch die Familie, nicht lebendig unterwegs, dann stirbt er ab. Erinnern wir uns an Paulus: Für ihn kommt es nie allein auf die Taufe als »Ritus« an, sondern allein auf die Wirksamkeit des neugeschenkten Lebens im Alltag der Welt. Wenn einem Kind von den Eltern nicht dazu verholfen wird, eine solche Bewährung des Glaubens Schritt für Schritt zu finden, muß man sich gerade von der genuin paulinischen Theologie der Taufe her fragen, ob eine solche Taufe konkret verantwortet werden kann.
Wenn wir die übrigen Ergebnisse der Psychologie ernst nehmen, dann könnte man sogar vermuten, ein Erwachsener wäre für den Durchschnitt der Menschen vielleicht fast unfähig für den christlichen Glauben, wenn ihm nicht in beständigem Lernprozeß von Anfang an das Hineinleben auch in diese religiöse Dimension des menschlichen Daseins mitermöglicht worden wäre. Das Postulat der Abschaffung der Kindertaufe verkennt nicht bloß das eigene Recht der geschichtlichen Daseinsform des Kindes, sondern muß auch als Voraussetzung der Erwachsenentaufe eine Unzahl jener großen Konversionen und Bekehrungen eines hl. Paulus, Augustinus usf. fordern, die noch viel deutlicher in der souveränen Freiheit des gnädigen Gottes stehen als das Heil, welches in der Taufe der kleinen Kinder vermittelt wird. Auch die traditionelle Theologie hat die persönliche Entscheidung und das Bekenntnis zum Glauben nicht außer acht gelassen. Bei der Taufe sprechen die Eltern das Bekenntnis. Vermutlich wurde die Firmung gerade deswegen als ein eigenes Sakrament – und d. h. immer auch für eine eigene Situation des menschlichen Lebens – von der Taufe abgehoben, weil sie auf diesen Schritt in die volle Mündigkeit des Glaubens aufmerksam macht. Es wird nämlich gespendet, »damit der Christ mit Mut Christi Namen bekenne«[24]. Weil wir nicht mehr Taufe und Firmung zusammensehen und die zwischen ihnen bestehende Dynamik wahrnehmen, haben wir ein theologisch suspektes Verständnis von Taufe und erst recht von Kindertaufe.

IX.

Aufgrund dieser fundamentalen Erörterungen lassen sich folgende theologische Prinzipien formulieren, die für die pastorale Praxis Orientierungshilfen darstellen können:

[24] *DS* 1319, Konzil von Florenz, *Armenierdekret.*

1. Überall da, wo Glaube und Sakrament ungebührlich auseinandertreten, bleiben Sinn und Vollzug einer Taufe fragwürdig. Deswegen muß alle Taufpraxis zu einem möglichst integralen Ineinander von Verkündigung, Mystagogie, Sakrament und missionarischem Impuls führen bzw. von ihm herkommen.

2. Der Glaube selbst, der von seiner eigenen Sinnmitte her persönliche Entschiedenheit für das Reich Gottes und die Freiheit seiner Ausübung unabdingbar fordert, veranlaßt eine kritische Überprüfung der Taufpraxis. Taufen, die weitgehend nur aus gesellschaftlichen Gründen vollzogen werden, dürfen in einer Kirche, die den Glauben rein bewahren will, keine Selbstverständlichkeit sein.

3. Eine Entscheidung bei der Überprüfung der Taufpraxis darf heute nicht davon getragen sein, »volkskirchliche« Strukturen fraglos zu fördern. Jede Option zielt aus Gründen des Glaubensverständnisses überhaupt und aus einer Situationsanalyse der heute notwendigen kirchlichen Verhaltensformen auf den Vorrang einer personalen Glaubensentscheidung und eines freien öffentlichen Bekenntnisses zu Jesus Christus.

4. Dies bedeutet nicht eine »Abschaffung« der Kindertaufe. Gleichwohl kann man sich eigentlich nur wundern, warum die Erwachsenentaufe erst noch »freigegeben« werden soll. Ein Plädoyer für die Kindertaufe, das kein positives Verhältnis zu einer undiffamierten Erwachsenentaufe bezeugt, muß sich fragen lassen, ob es eine gesunde Theologie der Taufe vertritt.

5. Eine Betonung vor allem des personalen Charakters des Glaubens bedeutet für die anthropologische Situation des Kindes, daß es an der konkret gelebten, persönlichen Gläubigkeit des Elternhauses teilnehmen kann und daraus lebt. Wo dies der Fall ist und die Eltern sich zur Taufe des Kindes entschließen, gibt es keine theologische *wirklich* durchschlagenden Argumente gegen die Kindertaufe.

6. Wo dieser Glaube des Elternhauses erheblich geschwächt ist und trotzdem eine Taufbereitschaft der Eltern besteht, ist es notwendig, daß die Eltern selbst vor der Taufe des Kindes sich des Ernstes des Sakramentes bewußt werden und ihr eigenes Glaubensbekenntnis zureichend erneuern, mit dem festen Willen, ihr Kind nach besten Kräften in diesem erneuerten Glaubensgeist zu erziehen. Der Neuanfang, wie er in der Taufe für das Kind gestiftet wird, kann zu einer Glaubensvertiefung für das kirchliche Leben der Eltern werden. – Wenn die Glaubensbereitschaft der Eltern unzureichend ist, kann in begründeten *Ausnahmefällen* durch die Hilfe gläubiger Christen in der Nähe eines solchen Kindes, durch die Glaubenssolidarität der engeren Umgebung und vor allem der Gemeinde die Kindertaufe gewährt werden.

7. Wo die Eltern dem Glauben in sehr hohem Maße entfremdet sind,

kann im Normalfall nicht einfach nur von Amts wegen die Kindertaufe verweigert werden. Vielmehr müssen die Eltern in einem »Taufkatechumenat« (kein gutes Wort!) oder mindestens in einem Taufgespräch instandgesetzt werden, aus der Gelegenheit einer erneuten Beschäftigung mit dem christlichen Existenzverständnis sich redlich die Frage zu stellen, ob es vom Sinn des Glaubens und von der Verantwortung der Eltern her angemessen ist, die Kindertaufe zu erbitten, zumal weder die Voraussetzungen für sie noch die Erfüllung der aus ihr resultierenden Verpflichtungen im Horizont einer solchen Familie gegeben sind.

8. Jede Alternative, z. B. Kindertaufe *oder* Erwachsenentaufe, verfällt einer falschen Gesetzlichkeit; das Unerhörte der Taufe, auch des Kleinkindes, muß wieder als Glaubens*entscheidung* sichtbar werden; darum ist jede Diskussion über die Kindertaufe, die nicht den Ernst des Christwerdens und die Notwendigkeit weiterer christlicher Lebenshilfe und Unterweisung für das Kind in den Blick bekommt, theologisch falsch geortet.

9. Eine wirkliche Reform der Kindertaufpraxis geschieht weder primär durch eine juristische Neuregelung »von oben« noch durch die zeichensetzende Provokation einzelner; beides ist – obgleich in sich notwendig bzw. verständlich – der Sache der Taufe unangemessen. Jedes Niederdrücken der Diskussion um die Kindertaufe zugunsten einer unreflektierten Fortsetzung der volkskirchlichen Taufpraxis entstammt zuletzt einem Kleinglauben. Eine Reform kann nur gelingen durch eine Erneuerung des Glaubens in den einzelnen Hauskirchen und in der Kirche.

X.

Die Kirche hat seit Einführung der Kindertaufe diesen Brauch vollzogen in der Überzeugung, daß sie damit im Grunde nichts Glaubenswidriges tut. Es mag in manchem fast beklemmend wirken, wie sehr und auf wie lange Zeit hin die in der konkreten kirchlichen Ordnung wirksame und in ihrem faktischen Leben gewonnene Überzeugung »von der grundsätzlichen Richtigkeit« dieser Praxis gültig blieb, obgleich man sich ihrer theoretischen Begründung und reflexiven Legitimation nur zögernd innewurde, ja diese gleichsam immer hinter der Praxis nachhinkte. Wir empfinden heute deutlicher, daß dieser Vorsprung der Praxis vor der kritischen theologischen Fundierung der Zweideutigkeit nicht entbehrt. Aber es macht auch die Größe der traditionellen Theologie aus, daß sie diese Spannung zwischen überzeugter kirchlicher Tradition und theologischer Reflexion, zwischen Glaubenssinn und *intellectus fidei,* zwischen *lex orandi* und *lex credendi* nicht *einseitig* aufgelöst, sondern die Auseinandersetzung fruchtbar bestanden hat.

Diese Tatsache bedeutet auch eine Mahnung an die heutige Theologie, sich zu fragen, ob sie bei aller Notwendigkeit energisch gesetzter neuer Akzente aus der Grundspannung heraustreten kann. Nimmt die gegenwärtige Theologie diese Rückfrage an sich selbst ernst, dann wird sie tatsächlich neben den Vorzügen auch die Mängel eines weitgehend nur personal(istisch) und existential(istisch) orientierten Glaubensverständnisses zur Kenntnis nehmen. Kindertaufe wäre dann eine nützliche Rückprobe auf die Leistungsfähigkeit des heute gängigen, oft exklusiven methodischen Ansatzes in der Theologie. Ich glaube gezeigt zu haben – wenn auch nur in einem ersten Gang –, daß diese Rückprobe wertvolle Elemente der klassischen Theologie neu zu interpretieren versteht (für den Fachmann: *habitus fidei infusus, fides* als *virtus infusa*), ohne daß die Grunderrungenschaften des personalen Denkens theologisch zu kurz kämen. Das Konzil von *Trient* glaubte entschieden daran festhalten zu müssen, daß das neugetaufte Kind ein Gläubiger, ein *fidelis* genannt werden könne. Eine Anthropologie und Theologie purer Entscheidungen kann diese Überzeugung der Kirche nicht verständlich machen. Deswegen braucht die Kindertaufe nicht abgeschafft zu werden, wohl verlangt ihr Brauch eine gezielte Reform. Vielmehr kann sich auch erweisen, daß jene Anthropologien philosophisch und dann auch theologisch erst recht zu kurz greifen. Es bedeutet m. E. eine unschätzbare Hilfe, für eine weitere Klärung des Phänomens in die Schule der modernen Psychologie, Soziologie und Psychotherapie zu gehen, freilich mit Ernst und Unterscheidungsvermögen. Dies scheint deswegen von erheblichem Wert zu sein, weil sich damit auch »von unten«, von der Sorge um den Menschen her, unter bestimmten Voraussetzungen die Kindertaufe positiv rechtfertigen läßt, vielleicht sogar ihre Überlegenheit erkennbar wird, falls man in diesem Bereich überhaupt vergleichen dürfte. Zusammenfassend möchte ich darum einen empirischen Leitsatz von E. H. Erikson in das theologische Denken integrieren, der von seiner psychologischen Analyse des jungen Luther her zu der Feststellung kommt, »daß das Kind Glauben *hat,* wenn die Gemeinschaft seine Taufe *ernst meint*«[25].

Jede Neuinterpretation der Kindertaufe kommt sich selbst in den Weg, da sie, solange der volkskirchliche Brauch derselbe bleibt, nur den *status quo* – vielleicht durch potenzierte Reflexion – zu legitimieren scheint. Der Einwand behält sein Gewicht. Darum ist gerade bei einer solchen Position die Sinnspitze der Reformtendenz um so deutlicher hervorzuheben. Etwas allerdings läßt sich nicht vermeiden, was dem gedankenlosen Verfechter der Kindertaufe wie dem streitbaren Gegner ebenso

---

[25] E. H. Erikson, *Der junge Mann Luther* = rororo 6733/34, Reinbek bei Hamburg 1970, 292.

zu denken gibt: Es ist unleugbar, daß die Kindertaufe ein außerordentliches Wagnis bleibt, wenn anders die Jüngerschaft Jesu Christi und der christliche Glaube ihrem eigenen Ursprung treu bleiben und geschichtliche Zukunft haben wollen.

XI.

Es würde zu weit führen, im Rahmen dieses Beitrags hier im einzelnen Reformmaßnahmen pastoraler Art vorzulegen. Nur auf weniges sei hingewiesen. Die französische Bischofskonferenz hat bereits 1951 und nochmals 1966 das Angebot eines Taufgesprächs mit den Eltern als pastorale Hilfe vorgeschlagen bzw. vorgeschrieben. Da Frankreich keinen staatlich gedeckten Religionsunterricht kennt, waren die verheerenden Folgen zwar getaufter, aber nicht mehr im christlichen Glauben erzogener Kinder deutlicher sichtbar geworden. Reaktion darauf war nicht einfach die Abschaffung der Kindertaufe, sondern die verstärkte Bemühung, durch ein Taufgespräch (eventuell mit anderen Eltern und anderen Gemeindemitgliedern zusammen) die Eltern zu befähigen, eine Entscheidung über die Taufe und deren Zeitpunkt zu treffen. Der Amtsträger sollte also nicht klerikalistisch eine »Taufverweigerung« dekretieren, sondern die Eltern instandsetzen, in gemeinsamer Beratung mit dem Amtsträger ihren eigenen christlichen Glauben zu überprüfen, in dessen Lebenskraft allein das getaufte Kind die empfangene Gnade weiterentfalten kann. Ohne Rigorismus und ohne Laxismus sollte die Verantwortungsbereitschaft der Eltern auf eine Probe gestellt und gestärkt werden. Ein Taufaufschub (besser als »Taufverweigerung«) sollte dabei nicht ausgeschlossen werden. Über die näheren pastoralen Erfahrungen und Hilfsmittel kann hier nicht berichtet werden. Jedenfalls waren überall dort, wo ernsthaft ein solches Taufgespräch angeboten worden ist, gute Erfolge zu verzeichnen.
Das Zweite Vatikanische Konzil hat in der Liturgiekonstitution (Nr. 67) eine Revision des bisherigen Kindertaufritus gefordert. Hauptsächliche Anweisungen dafür waren die Anpassung des »Ritus« an die »tatsächliche Situation der Kinder« und eine deutlichere Herstellung der Rolle der Eltern und der Paten in ihren Aufgaben für den Neugetauften. Ende 1969 bzw. im Frühjahr 1970 wurde der neue »Ordo baptismi parvulorum«[26] veröffentlicht. In der Tat ist in dieser Taufordnung, wodurch zum ersten Mal überhaupt eine Kindertaufliturgie im eigentlichen Sinn geschaffen wurde, die Situation des Kindes einigermaßen getroffen. Das Kind wird zwar angesprochen, aber nicht mehr

[26] *Ordnung der Kindertaufe*, Einsiedeln/Freiburg/Wien 1970.

fiktiv befragt. Statt dessen wird die Verantwortung der Eltern – die Paten treten eher in den Hintergrund – vom ersten Augenblick bis zum Ende der Taufhandlung in vielfacher Weise hervorgehoben. Darüber ist im einzelnen nicht zu handeln. Wichtiger ist in unserem Zusammenhang eine Bestimmung in den »Vorbemerkungen« (Nr. 25): »In manchen Gegenden erfüllen die Eltern die Voraussetzungen für eine Tauffeier nicht, oder sie erbitten sogar die Taufe von Kindern, die später keine christliche Erziehung erhalten, ja den Glauben verlieren. Es genügt nicht, daß solche Eltern im Verlauf des Ritus gemahnt und nach ihrem Glauben gefragt werden. Hier können die Bischofskonferenzen zur Unterstützung der Seelsorger Pastoralanweisungen veröffentlichen, in denen das Einhalten eines längeren Zeitraumes vor der Tauffeier vorgeschrieben wird.« Die Verwandtschaft zu der in Frankreich geübten Praxis liegt auf der Hand. Auch die Bischofskonferenzen des deutschsprachigen Raumes werden demnächst mit der Vorlage des adaptierten Textes des Ritus die notwendigen Pastoralanweisungen formulieren und verwirklichen müssen.

Die damit verbundene Reform der Kindertaufordnung darf freilich nicht in der geläufigen Routine sonstiger Verordnungen untergehen. Wenn nicht zugleich eine vertiefte Vorbereitung der Amtsträger erfolgt, durch welche diese mit den erörterten Fragen vertraut werden, können sie das geforderte Taufgespräch nicht in der Gestalt anbieten, wie sie heute notwendig ist. Außerdem müssen für die Eltern geeignete Hilfsmittel (Einführung in die Tauftheologie und Taufliturgie usw.) sorgfältig bereitgestellt werden. Überdies bleibt zu fragen, ob der vermehrte zeitliche Aufwand, der für diese pastorale Tätigkeit notwendig sein wird, nicht zu einer gewichtigen Schwerpunktverlagerung der seelsorgerlichen Aktivitäten zwingt. Seelsorge, die bereits heute im Rahmen des Möglichen solche Taufgespräche durchführen, erklären, daß sie in diesem Auftrag eine größere Chance wahrnehmen können als in der Absolvierung anderer Pflichten (vgl. vor allem auch im Blick auf den Religionsunterricht).

Dies zeigt, daß eine Reform der Kindertaufpraxis weitgehend auch eine Neubesinnung der Pastoral, des Gemeindeverständnisses und der priesterlichen Tätigkeit mit sich bringt. Deswegen kann eine wirkliche Reform auch nur dann gelingen, wenn diese anderen Dimensionen der pastoralen Heilssorge gebührend mitberücksichtigt werden. Das Problem »Kindertaufe« erweist sich so überraschend als ein besonderes Kristallisationszentrum pastoraler Probleme von heute. Werden die damit gestellten Fragen nicht radikal ernst genommen, dann hat dies freilich auch zur Folge, daß wichtige Chancen und fundamentale Möglichkeiten heutiger Seelsorge verspielt werden. Man kann darum nur warnen vor einem leichtfertigen, nur formalen Anordnen neuer Bestimmungen, das nicht zugleich die notwendigen Bewußtseinsveränderungen veranlaßt, die eine theologisch und praktisch zureichende Lösung der Frage »Kindertaufe« heute fordert.

XII.

Die Art der Reform der Kindertaufpraxis gibt am Ende vielleicht einen denkwürdigen Einblick in Reformmöglichkeiten der Kirche. Die Kirche wird vermutlich weder durch »liturgische« noch durch katechetische Anstrengungen allein ein neues Gesicht erhalten – auch in der Frage »Kindertaufe«. Auch kann man nicht unmittelbar von der *Theologie* die Lösung aller Schwierigkeiten erhoffen. Das entscheidende Problem besteht darin, ob es gelingt, zu einer angemessenen Einfügung des Taufverständnisses und der Taufhandlung in den Gesamtkontext des kirchlichen Lebens zu kommen. Es hat sehr wenig Sinn, mitten in der auf solche Veränderungen gar nicht eingestellten volkskirchlichen Situation unvorbereitet neue kirchliche und liturgische Ordnungen zu erlassen, ohne daß der für eine fruchtbare Reform notwendige Bewußtseinswandel im ganzen Volk Gottes gefördert und ermöglicht wird. Jede neue Taufordnung sollte den Menschen gerade unter den Voraussetzungen einer abbröckelnden Volkskirche einleuchten. Die Freigabe des Taufalters und die Neuordnung der Taufsitten, eine Erneuerung des Taufkatechumenats für Erwachsene, eine gezieltere christliche Unterweisung und andere Maßnahmen sind bedenkenswert und verlangen, wenn sie als Reformen zum Guten führen sollen, unsere ganzen Kräfte. Dennoch ist damit allein noch wenig getan, denn auf die Dauer läßt sich nichts schwerer wirksam verändern als die Strukturen des menschlichen Empfindens und Denkens, einschließlich der Trägheit, der Traditionsgebundenheit und einer Konsumentenhaltung auch in Dingen des Glaubens. Die Provokation derjenigen Christen, die ihre Kinder nicht taufen lassen, oder der Pfarrer, die die Kindertaufe verweigern, macht bedrückend deutlich auf das Problem aufmerksam. Ob aber der Protest die Herzen ändert, diese Frage steht auf einem anderen Blatt. Gerade weil sich mit einer liturgischen und katechetischen Reform der Taufpraxis allein – vielleicht im Unterschied zu anderen liturgischen Vollzügen – so wenig ändern läßt, gibt das Beispiel der Taufe und zumal der Kindertaufe eine hilfreiche Einsicht in das Wesen aller kirchlichen Reform, daß nämlich möglichst viele Mitbrüder des Glaubens zurückfinden zur grundlegenden Struktur und zur einzig notwendigen Re-Form des Christlichen, nämlich zur »Form« Jesu Christi, in seiner Nachfolge und in seiner Jüngerschaft.

DOGMATISCHE VORÜBERLEGUNGEN ZUM PROBLEM DER »INTERKOMMUNION«

I. Methodische Hinführung

Der Titel des Vortrags verlangt eine Erläuterung. Das Referat geht von der Vermutung aus, daß die heutige katholische Dogmatik zum Problem der »Interkommunion« zwar wesentliche Elemente für eine Antwort bereithält, im Augenblick jedoch nicht über jene Kategorien verfügt, um die durch das Zweite Vatikanische Konzil in Gang gesetzte Bewegung ekklesiologischer Grundaussagen an allen Einzelproblemen zu differenzieren. Diese Verlegenheit wird in ganz besonderer Weise am Thema »Interkommunion« offenbar; hier ist ein Kristallisationszentrum von jeweils in sich schon hochkomplizierten und empfindlichen Fragen gegeben.

Vielleicht ist es schon deshalb nützlich, die mit unserem Problem gestellte *Grundfrage* in ihrem Gewicht und in ihren Hauptdimensionen zu entwickeln[1]. In diesem Sinne wird eine hypothetische Problemskizze oder eine Topologie jener Aporien vorgelegt, die theologisch das Thema »Abendmahlsgemeinschaft« so ungewöhnlich belasten. Dabei wird bewußt vom Standort einer heutigen katholischen Dogmatik ausgegangen[2]. Erst in einer solchen »Selbstverständigung«, die freilich nicht ohne Blick auf die Probleme der Ökumene geschieht, kann die Ent-

---

[1] Bei der Konzeption dieses Referats, das auf der Tagung des Ökumenischen Arbeitskreises evangelischer und katholischer Theologen in Tutzing, 1970, gehalten wurde, hat der Verfasser versucht, in der Auswahl der Thematik und in der Akzentuierung von Schwerpunkten auf die Stellungnahmen der Mitreferenten Rücksicht zu nehmen. Die Referate dieser Tagung sind nun – zusammen mit einem von den Herausgebern verfaßten *Bericht über die Aussprache* (189–199) – veröffentlicht in: G. Krems/R. Mumm (Hrsg.), *Evangelisch-katholische Abendmahlsgemeinschaft?* Regensburg/Göttingen 1971. Mit Prälat J. Höfer (vgl. dessen Referat *Eucharistie und Kirchenrecht*, ebd., 47–75) war eine ungefähre Aufteilung des von katholischer Seite aus anzubietenden »Stoffes« vorbesprochen. Die »Thesen« des Vortrags von E. Schlink, *Das Problem der Abendmahlsgemeinschaft zwischen der evangelisch-lutherischen und der römisch-katholischen Kirche*, ebd. 143–187, lagen bereits vor. So muß für viele Einzelfragen (z. B. Terminologie »Interkommunion«, Situationsanalyse des Phänomens usw.) auf die anderen Referate der Tagung bzw. sonstige Literatur verwiesen werden. – Die Anmerkungen beschränken sich auf den Nachweis des unmittelbar herangezogenen Materials, ohne weitere Verweise auf die umfangreiche Literatur anführen zu wollen, vgl. dazu jedoch den Nachtrag.

[2] Andere Gesichtspunkte werden in ihrer Bedeutsamkeit nicht geleugnet, aber sie waren nicht Aufgabe und Thema der folgenden Ausführungen. Es war nicht beab-

scheidung darüber fallen, was für eine theologische Stellungnahme zur »Interkommunion« notwendig ist. Eine solche Betrachtungsweise schließt freilich ein, daß die theologisch offenen Fragen der eigenen Position mitreflektiert werden. Wird so erst versucht, den Ort der entscheidenden Auseinandersetzung freizulegen, dann werden – anders als in der Kontroverstheologie alten Stils – Wege sichtbar, die zu einer gültigen Antwort führen.

Ökumenische Theologie tut sich an diesem Punkt auch deswegen so schwer, weil es bei diesem Thema nichts nützt, primär oder nur das Gemeinsame des christlichen Glaubens prägnant herauszuarbeiten. Die *Unterschiede* springen in die Augen. Deshalb ist es vielleicht verständlich, daß die ökumenischen Theologen von Beruf, wenigstens auf katholischer Seite, im Durchschnitt wenig, ganz kurz oder nur nebenbei über die »Interkommunion« handeln[3]. Es ist wohl auch kein gangbarer Weg zur Lösung der Fragen, wenn man sich lange bei den – dem ersten Anschein nach – geringeren Schwierigkeiten einer Abendmahlsgemeinschaft mit der Orthodoxie aufhält, um dann gleichsam im Anhang das Verhältnis zu den reformatorischen Kirchen mit einer verstärkten Rückendeckung ziemlich enttäuschend und abstrakt abzuhandeln. Einmal soll die unleugbare Zurückhaltung der Orthodoxie gegenüber aller »Interkommunion« zu denken geben, zum anderen erhebt sich zumal angesichts der Hilflosigkeit einer Antwort, die aus ziemlich unverbundenen Einzelelementen besteht, die Frage, ob für das Gespräch der richtige Ansatz gefunden worden ist.

---

sichtigt, zum ganzen Phänomen »Interkommunion« in allen Dimensionen Stellung zu nehmen. – Terminologisch (vgl. dazu E. Schlink, a.a.O., 146ff.) ist hier unter »Interkommunion« zumeist eine »gegenseitige Zulassung« zum Abendmahl verstanden. Aus dem Kontext geht hervor, wo auch »Interzelebration« oder »gemeinsame Zelebration« vorausgesetzt oder mitbehandelt wird. Die »begrenzte Zulassung« wird nicht eigens behandelt, weil es in diesen dogmatischen Überlegungen um die grundsätzlichen Fragen geht, die sich in den anderen erwähnten Weisen der Abendmahlsgemeinschaft schärfer artikulieren. Zur verwendeten Terminologie vgl. noch *Interkommunion oder Gemeinschaft? Auf dem Wege zur Gemeinschaft in der Eucharistie. Ein Studiendokument der Kommission für Glauben und Kirchenverfassung*, in: *Ökumenische Rundschau* 18 (1969) 574–592, Übersicht: 592; V. Vajta, *Interkommunion – mit Rom?* Göttingen 1969, 15ff.; *Intercommunion today* (Being the Report of the Archbishop's Commission on Intercommunion), London 1968, 17–22.

[3] Vgl. als Ausnahme aus jüngster Zeit J. L. Witte, *The Basis of Intercommunion*, in: *Gregorianum* 51 (1970) 87–111; F. Böckle, *Interkommunion*, in: *StdZ*, Bd. 185 (1970) 309–320. Beide Artikel waren mir bei der Niederschrift des Referates noch nicht zugänglich. Vgl. auch A. Völler, *Einheit der Kirche und Gemeinschaft des Kultes* = Analecta Gregoriana 171, Rom 1969; L. Kaufmann, *Abendmahlsgemeinschaft getrennter Brüder?* In: *Orientierung* 33 (1969) 255–259;B. Bobrinsky/J.-J. Heitz/P. Lebeau, *Intercommunion. Des chrétiens s'interrogent. Eucharistie-Église-Unité*, Paris 1969; vgl. auch *Un geste risqué. L'Eucharistie de Pentecôte 1968* (*documents et réflexions*), in: *Christianisme social* 76 (1968) 385–592 [Sonderheft]. Zur neueren Literatur vgl. den Nachtrag.

Dieser Vorbehalt muß m. E. auch gegenüber der römischen Argumentation im Ökumenismus-Dekret, im Ökumenischen Direktorium und in der Erklärung des Sekretariates für die Einheit der Christen vom 7. 1. 1970 geltend gemacht werden. Dies bedeutet nicht, die dort verwendeten Hauptkriterien (fehlende Einheit im Bekenntnis, keine Einmütigkeit in der Eucharistielehre, Mangel des Amtspriestertums) seien falsch oder nicht am Platz. Vielmehr muß angesichts der immer schwieriger werdenden Verifizierbarkeit solcher Richtmomente gefragt werden, ob die dabei leitende Grundperspektive in dogmatischer Sicht *fundamental* genug ansetzt. In der Tat fällt auf, daß die zitierten Stellungnahmen nur am Rande auch andere, der Sache nach aber nicht weniger prinzipielle Grundbezüge sichtbar machen. Auffällig wirkt dabei vor allem der totale Ausfall ekklesiologischer Grundgehalte bei der Beschreibung der Eucharistiefeier. Ein formaler »Communio«-Begriff leistet diese Aufgabe noch nicht. Die hier versuchte topologische Problemdarstellung nimmt dagegen von der Relation zwischen Kirche und Eucharistie ihren Ausgang.

II. Der ekklesiologische Grundgehalt der Eucharistie in Schrift und Tradition

1. »Koinonia« und »Leib Christi«

In der Diskussion zur »Interkommunion« spielt selbstverständlich der Begriff der »Gemeinschaft« eine fundamentale Rolle. Es bleibt jedoch abzuwarten, ob damit eine einigermaßen adäquate Sachübersetzung der griechisch verstandenen »Koinonia« gelungen ist (vgl. 1 Kor 10, 16. 18. 20). Vielleicht kann man die exegetische Diskussion dieser Stellen dahingehend zusammenfassen, daß man den Begriff der »Gemeinschaft« primär als Anteil*gabe* und Anteil*habe* am Leib Christi spezifiziert. Aus einer genaueren Analyse folgt, daß diese individuell (vgl. 1 Kor 10, 16) und gemeinschaftsstiftend (vgl. 10, 17) verstandene Teilhabe am *eucharistischen Leib* den Zusammenschluß zum *Leib Christi* impliziert. Diese Verknüpfung von Abendmahl und Kirchengedanken bildet offenbar das spezifisch Neue im paulinischen Eucharistieverständnis. »Weil ein Brot ist, darum sind wir – die Vielen – ein Leib; denn wir haben alle an dem einen Brot teil« (1 Kor 10, 17). Es ist bekannt, daß in diesem Satz das zweimalige »Leib« zwischen zwei Bedeutungen einherspielt, es bezeichnet nämlich »den im dargereichten Brot den Essenden zum Heil übermittelten und empfangenen Todesleib Jesu« *und* die durch diesen Empfang in einem ursprünglichen Sinn neugebildete Gemeinde bzw. Kirche *als* Leib Christi. Hieraus ergibt sich der aktive und passive

Doppelsinn der Koinonia als Anteilgabe und Anteilhabe. »Weil die Anteilgabe am Blut und Leib des Herrn die Vielen innerlich erreicht und umgreift, sind sie auch untereinander durch die gemeinsam erfahrene Anteilgabe und die gemeinsame Anteilhabe hineingenommen in den einen Leib«[4].

2. *Abendmahlbestimmtes Leib-Christi-Motiv und Kirche*

Diese unauflösliche Einheit des im Sakrament empfangenen Todesleibes Christi und der Gemeinde als des einen Leibes Christi hat eine weitere Konsequenz: Die Gemeinde, die »realiter« Christi Leib *ist* (ἔστιν) (vgl. 1 Kor 12, 12. 27; Röm 12, 5: *ein* Leib in Christus), ist begründet in dem Einen, der sich leibhaftig in den Tod gegeben hat und in der Kirche gegenwärtig ist. »Sie hat ihr Wesen als ›Leib‹ primär in diesem Einen, nicht in der Vielzahl und Verschiedenheit ihrer Glieder... Von einem Organismus im natürlichen menschlichen Sinn ist darum hier streng genommen nicht zu reden, eher – wenn auch mißverständlich – von einem Organ, einem Mittel und Werkzeug, mit dem Christus selbst seine Herrschaft aufrichtet und durch seinen Geist verwirklicht. Das soll die Gemeinde nicht erst werden; sie *ist* es kraft seines Todes und seiner Auferstehung, von ihm befreit und beschenkt, ohne Ausnahme«[5]. Für unseren Zusammenhang ist wichtig: Der Christus-Leib erscheint in bezug auf die »Glieder« fast »präexistent«, oder anders: Die Kirche entsteht nicht durch den Entschluß und Zusammenschluß von Menschen, sondern ermöglicht diese erst[6]. Trotz der paränetischen Sprechweise und Zielsetzung dieser paulinischen Aussagen ist dabei der *Realitätssinn*[7] im Bezug Leib Christi (von der Abendmahlstradition her verstanden) und Kirche nicht zu überhören. »Leugnet man hier den Charakter von Identitätsaussagen, wird davon die gesamte paulinische Theologie betroffen«[8]. Gerade wenn man das Organismus-Modell in 1 Kor 12 als Hilfsgedanken und Interpretament versteht, wie die neuere Exegese lehrt, und also nicht als eigene oder eigens angezielte Größe sieht, zeigt sich die Grundtendenz der paulinischen Theologie: »Die Gemeinde ist in Christus, d. h. eingereiht in die durch ihn be-

---

[4] K. MALY, *Mündige Gemeinde. Untersuchungen zur pastoralen Führung des Apostels Paulus im 1. Korintherbrief*, Stuttgart 1967, 137. [5] G. BORNKAMM, *Paulus*, Stuttgart 1969, 201.

[6] Vgl. dazu die bekannten Untersuchungen von E. KÄSEMANN, E. SCHWEIZER, H. CONZELMANN (Anm. 8, 9, 14).

[7] Der Begriff »Realität« stellt hier in fundamental-ontologischer Hinsicht eher eine Aufgabe als einen geklärten Terminus dar. Da aber der exegetische Befund den Sachverhalt der Schrift in dieser Richtung markiert, dient der Begriff »Realitäts*sinn*« dazu, diese Einsicht für die weitere Reflexion festzuhalten.

[8] E. KÄSEMANN, *Paulinische Perspektiven*, Tübingen 1969, 181, zu *Röm* 12,4f. und *1 Kor* 12, 12f.

stimmte Geschichte, schon von vornherein eine Einheit... der Leib Christi ist die vorgegebene Tatsache, nicht erst das Produkt der Gemeinschaft«[9]. Daß damit nicht primär eine »physische Substanz« gemeint ist, sondern die Selbsthingabe und die Tat des Herrn, der als wirklicher Segen und Herrschaftsanspruch in seiner Gemeinde gegenwärtig ist, und daß es darum dieses Sakrament ohne praktische leibliche Brüderlichkeit nur unter Schuld oder mit Versagen geben soll, braucht hier zur Abwehr grober Mißverständnisse nur am Rande noch vermerkt zu werden.

Die Pointe der Sache liegt zugleich darin, daß es für Paulus keine direkte individuelle Gemeinschaft des Menschen mit Christus gibt, sondern nur eine solche des einzelnen Gliedes innerhalb der Gemeinde. »Paulus meidet sorgfältig den Ausdruck Gottes- oder Christusgemeinschaft, um ein Mißverständnis im Sinne der individuellen Mystik auszuschließen«[10]. 1 Kor 11–12 lehnt ganz eindeutig jede schwärmerische Vereinzelung ab: Gerade das Leib-Christi-Motiv *begrenzt* kritisch die Stellung der Charismen in der Gemeinde; in der gegenwärtigen theologischen Deutung der Charismen wird m. E. die Integration der geistgeschenkten Wirkkräfte und Dienstleistungen *in das Leib-Christi-Motiv* durch Paulus fast durchweg übersehen (nach 1 Kor 12, 4 ff. erwartet man zunächst ja eher die Einheit der Charismen als höchsten Integrationspunkt!)[11].

Für uns heute mag der paulinische »Sakramentsrealismus« seine Probleme haben. Dies darf aber nicht zu einer – auch zumeist noch unreflektierten – Abschwächung der Grundaussagen, sondern muß vielmehr zu einer vertieften hermeneutischen Besinnung und Interpretation der gemeinten Sache führen. Nicht unwesentlich erscheint auch das Faktum, daß Paulus den Ausdruck »Leib Christi« nur einmal außerhalb der Abendmahlstradition nennt (vgl. 1 Kor 12, 27, sonst sagt er: *ein* Leib in Christus). Die entsprechenden Texte über die Eingliederung in den Leib Christi durch die Taufe[12] können hier außerhalb der Betrachtung bleiben[13].

Die Einheit der Gemeinde wird also nicht durch das Verhalten der Glieder hergestellt, vielmehr begründet die im Leib Christi vorgegebene Einheit die Mahnung, einmütig zu sein und diese Einheit im Leben und Tun darzustellen (vgl. Röm 12, 5; 1 Kor 12, 13; Eph 4, 4–6)[14].

---

[9] E. Schweizer, in: *ThWNT* VII, 1067 bzw. 1069. [10] Ebd., 1068.

[11] Vgl. dazu auch K. Lehmann, *Zur Theologie der Gemeindeleitung*, in: *Pastoraltheologische Informationen 1970*, Mainz 1970, 2–31.

[12] Vgl. bes. *Gal* 3, 26–29; dazu H. Schlier, *Brief an die Galater*, Göttingen [12]1962, 170 ff. [13] Vgl. auch E. Käsemann, a.a.O., 181 f.

[14] Vgl. auch H. Conzelmann, *Der erste Brief an die Korinther*, Göttingen 1969, 249 f., zu 1 Kor 12, 13 bes. Anm. 13.

3. Einheit der Kirche und moderner »Gemeinschafts«-Begriff

Im Lichte dieses Ergebnisses erscheint der gewöhnlich verwendete Begriff von kirchlicher *Gemeinschaft* – übrigens ein Wort, das schon Luther nicht günstig fand für die Übersetzung von Ekklesia/Koinonia – in seiner Zwielichtigkeit. Der eben erhobene und beschriebene Befund bleibt ja auch dann gültig, wenn wir heute gegenüber der Gefahr, ein hypostasiertes Großsubjekt mit Kirche zu identifizieren, stärker betonen, daß die Kirche aus den vielen konkreten Menschen auferbaut wird. Man hat in der neuzeitlichen Ekklesiologie diesen Aspekt »von unten«, die anthropologische Dimension, streckenweise zur Dominante des Kirchenbegriffs gemacht. Es sei nur an die Ausführungen Schleiermachers in seiner »Glaubenslehre« erinnert, daß die Kirche auf jeden Fall »eine Gemeinschaft ist, welche nur durch freie menschliche Handlungen entsteht und nur durch solche fortbestehen kann«[15]. Der Gemeinschaftsbegriff, der hier in Verwendung steht, wird – ähnlich wie in gewissen Spielarten der nachtridentinischen katholischen Ekklesiologie – nicht aus einem wirklich theologischen Bedenken des Wesens der Kirche, sondern dieses aus einem vorgegebenen, in diesem Falle »ethischen« Begriff von Gemeinschaft gewonnen. Spuren einer solchen Interpretation finden sich sachlich fast überall da, wo Abendmahlsgemeinschaft und Einheit der Kirche so dargestellt werden, als ob sie einer freien menschlichen Vereinbarung entspringen[16].
Der Abstand dieser Konzeption von der paulinischen Sicht der Eucharistie und von der Ekklesiologie der alten Kirche erscheint fast unüberbrückbar. Daß der Gemeinschaftscharakter des Abendmahls auch von anderen Bezeichnungen her (»Synaxis«, »Sammlung der Zerstreuten«, Interpretation von 1 Kor 10, 16ff. bei den Vätern) so aufgefaßt werden muß, haben vor allem auch die Untersuchungen W. Elerts[17] gezeigt.

4. Dimensionen der Abendmahlsgemeinschaft in der theologischen Tradition

Die so verstandene Einheit der Kirche erscheint im Zeitraum der ersten christlichen Jahrhunderte in der Form der Kirchengemeinschaft, konkretisiert in der Ortsgemeinde *und* in größeren Kirchenverbänden. Damit einher geht die Exklusivität der Abendmahlsgemeinschaft, der Ausschluß von Unwürdigen (vgl. schon das paulinische »Anathema«),

---

[15] F. SCHLEIERMACHER, *Der christliche Glaube* I, ed. M. REDEKER, Berlin 1960, 12 (§ 2,2).
[16] Vgl. auch TH. u. G. SARTORY, *Utopie Freiheit*, München 1970, 169–195, bes. 184f., 193f.
[17] *Abendmahl und Kirchengemeinschaft in der alten Kirche hauptsächlich des Ostens*, Berlin 1954.

Bußfristen, Überwachung der Teilnahme, Exkommunikation von Häretikern, Empfehlungs- und Friedensbriefe usw. Ein besonderes Problem kirchlicher Einheit stellt sich im Ketzertaufstreit über die Gültigkeit und Wirkung der christlichen Taufe außerhalb der Kirche. Zunächst besteht in der alten Kirche die Überzeugung, daß für die Abendmahlsgemeinschaft, durch welche die Teilnehmer »ein Leib und ein Geist« werden, nichts Trennendes bestehen darf. Dies bedeutet aber, daß die Taufe, obgleich Bedingung der Teilnahme an der Eucharistie, doch noch nicht ohne weiteres erlaubt, daß alle Getauften unterschiedslos miteinander kommunizieren können (vgl. dazu die Bedeutung des Friedenskusses in der Liturgie und in den Kirchenordnungen). Presbyter, die wegen der Gewährung der »Koinonia« an einen noch Außenstehenden angeklagt sind, werden zwar, z. B. vom Patriarchen von Konstantinopel, ehrenvoll aufgenommen, aber sie erhalten vor Untersuchung ihrer Sache keine Abendmahlsgemeinschaft[18]. Unzulässige Abendmahlsgemeinschaft verletzt die Integrität der Kirchengemeinschaft. Teilnahme am Abendmahl wie auch ihre Verweigerung stellen einen innerkirchlichen Bekenntnisakt dar[19]. Es gibt ganz deutlich Beispiele dafür, daß man zwar die Taufe gegenseitig anerkennt, dies aber noch längst nicht Abendmahlsgemeinschaft zur Folge hat[20]. Die in einer Ortsgemeinde erfolgte Ausschließung vom Abendmahl soll auch in allen anderen Lokalkirchen wirksam sein (vgl. dazu den berühmten Kanon 5 des Konzils von Nicäa[21].

Eine weitere nützliche Einsicht für die gegenwärtige Diskussion rührt vom Verständnis der Gemeinde[22] als Ortskirche her. Die Diskussion der Abendmahlsgemeinschaft zwischen den Kirchen vollzieht sich heute ja vorwiegend als eine Forderung einzelner Lokalgemeinden oder noch mehr als Ziel bestimmter Kreise, Spontangruppen usw., die für sich das personale oder funktionale Gemeindeprinzip in Anspruch nehmen. Für das Altertum ist die Kirche als ganze sicher insofern eine freiwillige Gemeinschaft, als die Entscheidung für den Glauben nur auf Freiheit beruht (besonders vor Gründung der Reichskirche). Die »territoriale« Struktur gibt einen bedeutsamen Hinweis: Innerhalb einer Ortskirche kann man sich nicht noch einmal eine eigene Gemeinschaft aussuchen (ich sehe von notwendigen Gliederungen riesiger Großstadtpfarreien

---

[18] Vgl. dazu W. Elert, *Abendmahl und Kirchengemeinschaft*, in: *Koinonia – Arbeiten des Ökumenischen Ausschusses der VELKD zur Frage der Kirchen- und Abendmahlsgemeinschaft*, Berlin 1957, 57–78, hier 75.

[19] Z. B. die erzwungene Kommunion der Novatianer als kirchenrechtlicher Tatbestand, vgl.: *Koinonia* (Anm. 18), 77f.

[20] Vgl. W. Elert, *Abendmahl und Kirchengemeinschaft*..., 148–150.

[21] Zu gescheiterten Unionsverhandlungen in der alten Kirche vgl. ebd., 151ff.

[22] Vgl. zum folgenden auch K. Lehmann, a.a.O., sowie Ders., *Was ist eine christliche Gemeinde? Theologische Grundstrukturen*, in: *Communio* 1 (1972) 481–497.

ab); daß die Ortsgemeinde als »ganze« Kirche eine einheitliche Größe ist, stellt sich konkret so dar, daß es zunächst nur an einem Ort eine Kirche gibt. Man kann sich so nicht einfach aussuchen, mit wem man Eucharistie feiert. In diesem Sinne setzt sich die Unteilbarkeit des Leibes Christi und das Prius der kirchlichen Gemeinschaft vor dem Einzelnen auch noch deutlich im ortskirchlichen Prinzip durch. Zugleich findet in dieser rigorosen Verteidigung des Ortskirchenprinzips (vgl. z. B. Cyprian: Ein Bischof in einer Gemeinde) der Öffentlichkeitsanspruch der Kirche seine Realisierung, der jedem Abgleiten in konventikelhafte Gruppen widerspricht[23].

Es kann in diesem Zusammenhang leider nicht gezeigt werden, wie dieses Ineinander von Eucharistiefeier und Kirchengemeinschaft konkreten Ausdruck findet in den ersten altkirchlichen Kirchenordnungen[24], in der Ekklesiologie der Väter, in der augustinischen Theologie[25], in der spätantiken und frühmittelalterlichen Eucharistielehre[26] und in dem die Problematik zusammenfassenden Begriff »Corpus mysticum«, dessen Bedeutungsgeschichte Henri de Lubac in seinem gleichnamigen Buch[27] beschrieben hat. Es ist auch nicht das Verhängnis darzustellen, wie sich die Loslösung des »Corpus mysticum« aus dem sakramentalen Grundzusammenhang im Hoch- und Spätmittelalter abzeichnet, durch diese Dissoziation der Kirchenbegriff in die profane Rechtssprache eingeebnet wird und die Eucharistielehre ihren ekklesiologischen Grundbezug verliert, nachdem sie ohnehin frömmigkeitsgeschichtlich einer zunehmenden Individualisierung ausgesetzt war. Jedenfalls konnte erst die theologische Erneuerung der letzten Jahrzehnte mühsam durch exegetische und patristische Studien die Einsicht in diese fundamentalen Zusammenhänge wiedererwerben[28].

---

[23] Vgl. auch J. Ratzinger, *Das neue Volk Gottes*, Düsseldorf 1969, 184ff. u. ö.

[24] Vgl. dazu H. Elfers, *Die Kirchenordnung Hippolyts von Rom*, Paderborn 1938; N. Brox, *Kirchenordnungen*, in: *SM* II, 1222–1226 (Lit.); vgl. auch Anm. 36.

[25] Dazu F. Hofmann, *Der Kirchenbegriff des heiligen Augustinus in seinen Grundlagen und in seiner Entwicklung*, München 1933; J. Ratzinger, *Volk und Haus Gottes in Augustins Lehre von der Kirche* = MthSt (S) 7, München 1954; W. Gessel, *Eucharistische Gemeinschaft bei Augustinus*, Würzburg 1966 (Lit.).

[26] Dazu R. Geiselmann, *Die Eucharistielehre der Vorscholastik*, Paderborn 1926; Ders., *Die Abendmahlslehre an der Wende der christlichen Spätantike zum Frühmittelalter*, München 1933.

[27] Paris ²1949; deutsch: *Corpus Mysticum. Eucharistie und Kirche im Mittelalter*, Einsiedeln 1969.

[28] Für die katholische Theologie sind diese Aussagen der Väter nicht nur von historischem Belang, vgl. zum weiteren Problem J. Ratzinger, *Die Bedeutung der Väter für die gegenwärtige Theologie*, in: Th. Michels (Hrsg.), *Geschichtlichkeit der Theologie* = Forschungsgespräche des Internationalen Forschungszentrums für Grundfragen der Wissenschaften Salzburg 9, Salzburg 1970, 63–95; N. Brox, *Zur Berufung auf »Väter« des Glaubens*, in: Th. Michels (Hrsg.), *Heuresis*. Festschrift f. A. Rohracher, Salzburg

III. Annäherungen an das Problem »Interkommunion«

Die Verschüttung des Grundzusammenhangs von Eucharistie und Kirchenwirklichkeit hat einige weitere theologische Zusammenhänge verdunkelt, die speziell für das Problem der Abendmahlsgemeinschaft von fundamentaler Bedeutung sind. Im folgenden seien stichwortartig einige Bezüge genannt.

1. Eucharistie, kirchliche Wirklichkeit und christlicher Lebensvollzug

Die Interdependenz von kirchlicher Grundstruktur, Abendmahlsgemeinschaft und christlichem Lebensvollzug (Ethik) hat einen bedeutsamen Stellenwert für den Ort und Rang der Eucharistie[29] im Ganzen der katholischen Theologie. Schrittweise dazu folgendes:
Die Eingliederung in den Leib Christi durch die Taufe ist unbestritten. Deshalb erwirkt die Taufe die »konstitutionelle Kirchengliedschaft« (K. Mörsdorf). Da die nachpatristische Tauftheologie bis heute weitgehend vom Modell der Kindertaufe ausgeht, hat sich das Grundverständnis der Taufe in dieser Hinsicht bedenklich auf den Aspekt der sakramentalen Wirksamkeit (»ex opere operato«) reduziert. Von der inneren Zusammengehörigkeit von Glaube und Taufe her wäre deutlicher geworden, daß die Taufe selbst das *volle, aktive Glaubensbekenntnis* und die Entfaltung der empfangenen Gnade in einem »neuen Wandel« fordert. Taufe als fundamentale Eingliederung in den Leib Christi führt in einen umfassenden Lebenszusammenhang hinein. Aber nach katholischer Auffassung ist die Taufe bei aller ekklesiologischen Relevanz und unbeschadet ihres eschatologischen Heilscharakters (»Rechtfertigung«) nicht der umfassende Prozeß der Eingliederung nach allen Dimensionen. Auch wenn alle anderen Vollzugsweisen einer tieferen Eingliederung auf die Taufe als den bleibenden Grund zurückbezogen sind, so liegt in ihr selbst als »Einzelsakrament« vorwiegend das Moment der einmaligen »Initiation«. Nun gehört nach dem Neuen Testament der ethische Imperativ zum Indikativ ergangener Taufe. Die sakramentale Wirkung drängt nach ethischer Erfüllung. Dieser Grundaspekt ist freilich durch die hauptsächliche Übung der Kindertaufe, durch das Auseinandertreten von Taufe und Firmung (Konfirmation) und durch die Entfaltung der Taufgnade im Gefüge der an-

1969, 42–67. Die »Verbindlichkeit« der Vätertheologie darf freilich die erheblich verschiedene geschichtliche Situation, zumal der heutigen Ekklesiologie, auf keinen Fall übersehen oder auch nur zurücktreten lassen.

[29] In den folgenden Ausführungen ist darauf zu achten, daß der Begriff »Eucharistie« immer in seinem Grundbezug zu »Kirche« verstanden wird. Eucharistie ist also nie nur als »Einzelsakrament« (unter den sieben Zeichen) verstanden.

deren Sakramente (letzteres in der katholischen Theologie) zurückgetreten oder hat sich von der Taufe selbst weitgehend dissoziiert (z. B. als christliche Erziehung). Dies steht in einem gewissen Gegensatz zu Paulus, bei dem die Taufe eine bedeutsamere Rolle zu spielen scheint als die Eucharistie. Aber diese Stellung der Taufe bei Paulus hat wohl auch ihre Gründe: Die missionarische Verkündigung legt mehr Gewicht auf das einmalige Initiationssakrament, in dem überhaupt die grundlegende und erste Aneignung des Heils durch die Gnade Christi erfolgt; vermutlich ist die eschatologische Naherwartung der neutestamentlichen Gemeinden am frühen Vorrang der Taufe nicht unbeteiligt, so daß erst die Verzögerung der Parusie den inneren Zusammenhang von Eucharistie und Kirche und von Eucharistie und Ethik an den Tag bringt.

Während die Taufe einmalig ist, wird die Eucharistie öfter gefeiert. Dieser für uns selbstverständliche Satz bedarf einer Erläuterung. Infolge des Ausbleibens der erwarteten Parusie wird nämlich die Eucharistie das Sakrament, das zum besonderen Ausdruck für die Gegenwart Jesu bei seiner Gemeinde und das »zwischen den Zeiten« zu einem wirksamen Realsymbol dafür wird, daß die vom Christen verlangte »Ausdauer« nicht eine von einer »natürlichen« Ethik geleistete Anstrengung darstellt, sondern – bewußt zugespitzt formuliert – eine immer neue, jederzeit sich verwirklichende Aktualisierung der in der *Taufe* als Gabe und Aufgabe verliehenen Gnade ist. Die Eucharistie trägt somit auf sakramentale Weise die in der Taufe gestiftete Rettung Gottes durch die Geschichte der Kirche und der Christen.

Diese Grundstruktur gibt der Eucharistie ein eigenes Gepräge, das der zwischenzeitlichen Existenz des Christen in besonderer Weise Rechnung trägt, indem sie durch ihre Wiederholbarkeit »neu« gegenwärtig setzt, was die Taufe auf ihre Weise einmalig, aber auch ein für alle Mal gegründet hat. Die Eucharistie zeigt also bei aller Heilsintensität eine besondere Vorläufigkeit im doppelten Sinne (»bis daß er kommt«): vorlaufend auf dem Weg der Geschichte bis zum »Ende«, aber in ihrem tieferen Wesen noch verborgen und verhüllt. Die Zeitlichkeit der Eucharistie mit ihrer Begrenzung und ihrem Interimscharakter gehört in besonderer Weise zur Dialektik der christlichen Existenz[30]. Die Zeitlichkeit und Geschichtshaltigkeit der Eucharistie, ihre Funktion für die zeitliche Kontinuität und »Erstrecktheit« christlicher Existenz, ihre Verbindung mit dem alltäglichen Leben bedürfen erst noch einer vertieften anthropologisch-existentialen Analyse (vgl. z. B. »Mahl der Pilger«). Hier konnte nur ein erster Hinweis auf den Zusammenhang Eucharistie–Geschichte gegeben werden.

---

[30] Vgl. P. Neuenzeit, *Das Herrenmahl. Studien zur paulinischen Eucharistieauffassung*, München 1960, 220ff.

Von da aus erhalten die zeitlich erstreckt verstandenen Bezüge der Eucharistie eine eigentümliche Funktion im Zusammenhang von Taufe und christlichem Lebensvollzug. Die Verbindung von »Kult« und alltäglichem Leben erhält ein eigenes Gewicht. Wie schon bei Paulus Eucharistie – Kirche – Auferbauung der Gemeinde – Bruderliebe eng zusammengehören und wie dieses Grundverhältnis sich in besonderer Reinheit beim späten Augustinus darstellt, so bedeutet nun – konsequent weitergedacht – die Eucharistie das Einbringen aller christlichen Lebensvollzüge in den Gottesdienst. Die Eucharistie ist am allerwenigsten ein von der Geschichte und dem Alltag isoliertes supranaturalistisches Element, vielmehr ist sie in einem wesentlichen Sinne »Brot *für das Leben der Welt«:* Kommunikation und Durchdringung von Glaube und Welt. Aber diese dürfen nicht nach Art einer heiligen Mysteriengeschichte begriffen werden, archaisch und naturwüchsig, in sich spielend und in sich geschlossen verlaufend. Die Geschichte der konkreten Welt, mühsam und blutig, muß in den »Gottesdienst« eingebracht werden, und umgekehrt kann der Alltag der Welt christlich nur bestanden werden von dieser Konfiguration mit dem Tod und der Auferstehung Jesu Christi her, der Quelle für die unermüdliche Hingabebereitschaft. Nirgends wird die Zusammengehörigkeit von Geschichte, Eucharistie und Ethik besser sichtbar. Weil dieses Gefälle von der Taufe über die anderen Sakramente zur Eucharistie hin besteht, ist die Eucharistie eine eigene dynamische Variante des »Eingliederungsprozesses« des Glaubenden in die Kirche, welche ja als der Herrschaftsbereich Christi von der geschichtlichen Welt nicht getrennt werden kann. Von hier aus mag auch verständlich werden, warum die Eucharistiefrömmigkeit, nun in ihrer großen und hohen Zeit und nicht in ihren Niederungen betrachtet, einen solchen Reichtum der Formen und der Bräuche entwickeln konnte. Nur nebenbei sei hingewiesen, daß gerade die heutige ökumenische Besinnung auf die Eucharistie nach einer Beziehung von Eucharistie und gesellschaftlichem Auftrag der Kirche bzw. der Christen sucht. Hier gibt es noch eine ganze Reihe fundamentaler, bisher aber zumeist verborgener, entstellter oder wenigstens vergessener Grundbezüge zu entdecken.

2. *Der Ort der Eucharistie im Grundgefüge christlichen Heilsgeschehens*

Hier ist auch der Ort, um eine außerordentlich eindrucksvolle Perspektive der großen mittelalterlichen Sakramentenlehre zu erwähnen, die in diesem Zusammenhang ihre Evidenz gewinnt. Die Taufe schließt nämlich von sich aus die Hinordnung auf die Eucharistie und die damit gegebene kirchliche Gemeinschaft ein. »Die Taufe ist der *Anbeginn* des geistlichen Lebens und das *Tor* zu den Sakramenten. Die Eucharistie aber ist gleichsam die *Vollendung des geistlichen Lebens* und das Ziel aller Sakramente«[31]. Die Eucharistie als »consummatio vitae spiritualis« bedeutet, daß sich alle anderen Sakramente nur in ihr voll realisieren und erfüllen[32]. »Dieses Sakrament hat aus sich selbst die Kraft, die Gnade mitzuteilen. Und niemand hat die Gnade, bevor er dieses Sakrament empfangen hat, wenigstens kraft irgendeines Votums, es zu empfangen – entweder aus eigenem, wie bei den Erwachsenen, oder aus dem Willen der Kirche, wie bei den Unmündigen«[33]. Ein ganz erstaunlicher Satz, der die oben gegebene Sicht grundsätzlich bestätigt, lautet: »Durch das Sakrament der Eucharistie wird der Mensch nicht zu irgendeinem Amt bestellt: vielmehr ist dieses Sakrament das Ziel aller Ämter«[34]. Man darf diese Perspektive mittelalterlicher Eucharistielehre nicht aus einer verengten und vom konkreten Leben isolierten »Kult«-Vorstellung (in unserem modernen Sinne!) interpretieren, sondern als einen Nachhall und eine Entfaltung der patristischen Ekklesiologie und Eucharistielehre. Das Zweite Vatikanische Konzil hat, wie an vielen Stellen leicht nachzuweisen wäre, diesen Grundgedanken aufzunehmen versucht und sich zu eigen gemacht (Eucharistie als »fons vitae« und »culmen unitatis«), freilich nicht ganz ohne bedenkliche Mißverständnisse (vgl. z. B. SC Nr. 10).

Nach allgemeiner Ansicht ist die Eucharistie kein Element der Kirchengliedschaft. Aber unsere neuzeitliche Frageweise nach der »Kirchengliedschaft« zielt – in gewisser Weise durchaus mit Recht – zunächst auf eine Gliedschaft durch Feststellung eines Minimums an Bedingungen. Die ganze Frage selbst kann hier nicht in ihrer verwickelten Geschichte ausreichend dargestellt werden. »Dieses Prinzip der Definition ist aber doch nicht von absoluter Gültigkeit; es kann dann nicht ganz ausreichend sein, wenn in dem Definierten die Differenz von dem, was ist, von dem, was sein soll, sehr groß ist. Das kann gerade hinsichtlich der Kirche und dann auch ihrer Grenzen zutreffen, und zwar aus mehreren Gründen. Es scheint ja hier Stufen in der Gliedschaft zu geben. Ohne solche Stufen anzuerkennen, kann man die christliche Wirklichkeit nicht hinreichend beschreiben. Es gibt ja gültige Taufe ohne Anerkennung der katholischen Kirche als der Kirche Jesu Christi. Es ist darum nicht möglich, Schisma, Häresie und Apostasie hinreichend zu unterscheiden, wenn nicht damit auch das Verhältnis zur Kirche variiert wird. – Das Prinzip, auch die Kirchengliedschaft von dem Minimum

[31] Thomas von Aquin, *Summa theologiae* III, q. 73, a. 3, c.

[32] Vgl. dazu J. M. R. Tillard, *Le »votum eucharistiae«: L'eucharistie dans la rencontre des chrétiens*, in: *Miscellanea liturgica in onore di sua Eminenza il Cardinale Giacomo Lercaro* II, Rom 1967, 142–194, 156ff.

[33] Thomas von Aquin, *S. th.* III, q. 79, a. 1, ad 1.

[34] *S. th.* III, q. 65, a. 3, ad 2.

her beschreiben und festlegen zu wollen, könnte auch dazu führen, in der Taufe den character indelebilis allein zu beachten, denn dieser verbindet ja schon mit der Kirche ... Erst wenn man die Kirchengliedschaft von der gemeinten Fülle her versteht, kann man ihre Minimalform als solche erkennen und verstehen. Bei der Bedeutung, welche die Eucharistie nach den Worten des Herrn für die Christen und die Kirche hat, wie sie auch im ersten Korintherbrief beschrieben ist, wird die Kirche selbst ohne die Wirklichkeit der Eucharistie nicht verstanden; darum muß auch die Eucharistie zur inneren Tendenz der Kirchengliedschaft hinzugenommen werden. Damit werden dann die Bedingungen der Gliedschaft nicht künstlich vermehrt, vielmehr wird nur ausgesagt, daß die Taufe auf die Eucharistie hingeordnet ist, weil nach dem Schriftbefund, nach Lehre und Praxis der Kirche, der Getaufte dieses Sakramentes bedarf, um als Getaufter leben zu können«[35]. Die Taufe gewährt also in und durch sich selbst noch nicht die volle, lebendige und aktive Gliedschaft in jeder Hinsicht.

Solange die Kirchengliedschaft im weiten Umfang der umfassenderen Heilswirklichkeit gesehen wird, bedeutet sie natürlich die Zulassung zur Eucharistie[36]. Damit sind natürlich auch implizit eine ganze Reihe von Bedingungen verbunden.

Eine andere Situation entsteht nach der großen Kirchenspaltung des 16. Jahrhunderts. Die Taufe erscheint nun »ökumenisch« als das »sakramentale Band der Einheit zwischen allen, die durch sie wiedergeboren sind« (vgl. UR Nr. 22 Abs. 2; Nr. 3; vgl. auch LG Nr. 15), aber darauf folgt der Zusatz: »dennoch ist die Taufe nur ein Anfang und Ausgangspunkt (initium et exordium), da sie ihrem ganzen Wesen nach hinzielt auf die Erlangung der Fülle des Lebens in Christus. Daher ist die Taufe hingeordnet auf das vollständige Bekenntnis des Glaubens, auf die völlige Eingliederung in die Heilsveranstaltung, wie Christus sie gewollt hat, schließlich auf die vollständige Einfügung in die eucharistische Gemeinschaft« (UR Nr. 22)[37]. Es nimmt also nicht Wunder, daß nach Meinung des Konzils »den von uns getrennten kirchlichen Gemeinschaften die aus der Taufe hervorgehende volle Einheit mit uns fehlt« (UR Nr. 22 Abs. 3).

Es gibt also tatsächlich ein formulierbares Element (= Anerkennung der Taufe, Kirchengliedschaft), das als Grundsatz in ein ökumenisches

[35] H. Volk, *Gesammelte Schriften* II, Mainz 1966, 137f.

[36] Vgl. dazu O. Heggelbacher, *Die christliche Taufe als Rechtsakt nach dem Zeugnis der frühen Christenheit* = Paradosis 8, Freiburg (Schweiz) 1953, 141–145; die Taufe erscheint als ausdrückliche Vorbedingung für die Eucharistiefeier m. W. zuerst in *Didache* 9,5.

[37] Die bisherigen Darlegungen sind zugleich ein Versuch, diese Texte des Ökumenismus-Dekrets theologisch zu interpretieren. Die bisher veröffentlichten Kommentare erhellen die Genese, geben aber keine genaue theologische Begründung.

Kirchenrecht eingebracht werden könnte[38], das dann freilich in der angedeuteten Weise einer Differenzierung bedarf, um das volle Verständnis mindestens der katholischen Theologie mit zum Ausdruck zu bringen[39]. Ob eine solche Konkretisierung allein mit den bisherigen Kategorien deutlich genug vollzogen werden kann (vgl. schon die Doppelfunktion der Taufe nach dem Unionsdekret von Florenz: Einfügung in den Leib Christi, Glied Christi werden, vgl. DS 1314; »konstitutionelle« und »tätige« Gliedschaft; volle Taufgliedschaft und Sperre – »obex« – kirchlicher Rechte im Sinne einer Rechtsungleichheit; Taufgliedschaft und Glaubensgliedschaft[40]), scheint allerdings höchst zweifelhaft zu sein.

Thomas sieht, wie schon gezeigt, die Sakramente auf die Eucharistie hinbezogen, so daß von dieser *gesamtsakramentalen Ordnung* her die Taufe als solche im Sinne einer fundamentalen Strukturiertheit auf die Eucharistie hin angelegt ist; diese wird durch ein »votum« (objectivum)[41] intentional präsent. Nur so ist es zu erklären, daß Thomas sagt: »Es ist aber offenbar, daß alle wenigstens angehalten sind, auf geistig-geistliche (spiritualiter) Weise das Herrenmahl zu begehen (manducare), denn das bedeutet ja gerade in Christus eingegliedert werden. Die geistliche Kommunion (spiritualis manducatio) aber schließt das ›votum‹ oder ›desiderium‹ ein, dieses Sakrament zu empfangen. Und deshalb kann keinem Menschen Heil zukommen ohne das ›votum‹, dieses Sakrament zu empfangen. Vergeblich aber wäre das ›votum‹, wenn es nicht erfüllt würde, wenn die Gelegenheit dazu da wäre«[42]. An anderer Stelle sagt er, wer nicht die geistliche Kommunion empfange (spiritualiter manducat), sei außerhalb der Kirche, damit außerhalb der Caritas und habe so kein Leben in sich[43]. So kann die mittelalterliche Theologie sagen, daß die Taufe in sich schon durch die Eingliederung in den Leib Christi »manducatio spiritualis« wäre[44]. Nach Thomas muß also zur Taufe die ganze sakramentale Ordnung hinzugedacht werden bzw. besser: sie ist in ihr schon enthalten und findet in der Eucharistie ihren Höhepunkt.

Allein schon diese Überlegungen zeigen, daß der allgemeine Begriff der »Kirchenmitgliedschaft« nicht nur von (notwendigen) Ordnungs- und Rechtselementen her verstanden werden kann. Die ganze Problematik

---

[38] Vgl. die Forderung von H. Dombois, *Ein neuer Stil im Kirchenrecht*, in: *Frankfurter Allgemeine Zeitung* v. 6. 3. 1970, Nr. 55, 12.

[39] Zum ganzen Problem einer solchen Reduktion auf das »Wesentliche« siehe oben 143–174.

[40] Dazu B. Panzram, *Die Taufe und die Einheit der Christen*, Freiburg 1964.

[41] So die Interpretation von J. M. R. Tillard (vgl. Anm. 32), 162ff.

[42] *S. th.* III, q. 80, a. 11, c.

[43] *In Joh.*, cap. 6, lect. 7.

[44] Vgl. dazu J. M. R. Tillard, a.a.O., 171f.

der »Kirchengliedschaft« bedarf sachlich und historisch einer vertieften Untersuchung und Überprüfung. Es ist jedenfalls deutlich geworden, daß nach katholischer Theologie von der durch die Taufe begründeten Einheit zwischen den Christen her – die in ihrer Bedeutung noch weit unterschätzt wird – noch nicht einfach eine Aufnahme der Abendmahlsgemeinschaft abgeleitet werden kann. Dies muß nun in weiteren Überlegungen eingehender begründet werden.

3. Konsequenzen für das Problem der »Interkommunion«

Wenn man die Frage der Abendmahlsgemeinschaft *nur* von einem »von unten« herkommenden Gemeinschaftsbegriff angeht und die Eucharistie primär als ein Einzelsakrament im engern Sinne ansetzt, ist die Forderung nach »Interkommunion« schlecht abzuweisen. Die Eucharistie ist aber *auch nach* der scholastischen Theologie nicht bloß partikuläres Sakrament (vor allem dann durch das Stichwort »Nährung« umschrieben), sondern sie gilt als Quell-Sakrament, auf das die anderen bezogen sind. Stellt man noch radikaler den fundamentalen Grundbezug von Eucharistie und Kirche heraus, dann erst zeigt sich das Problem der »Interkommunion« in seiner ganzen Gewichtigkeit. Ich möchte von diesen Überlegungen her die These aufstellen, daß der Hinweis auf die Einheit des Bekenntnisses (neben dessen Integrität: UR Nr. 22), die volle katholische Eucharistie*lehre* und die Gültigkeit des Weihepriestertums trotz ihrer formalen Richtigkeit als Kriterien einer Kirchen- bzw. Abendmahlsgemeinschaft faktisch doch nur *sekundäre* Symptome einer tieferen theologischen Verschiedenheit sind. Als Kristallisationszentren der Grundaporie verdichten sie natürlich die Problematik, machen sie anschaulich und scheinen darum in besonderer Weise unlösbar zu sein. Aber hermeneutisch sind sie zuletzt »nur« kategoriale Ausgestaltungen einer ursprünglicheren Verstehensdifferenz; als bestimmte Konkretisierungen der fundamentalen Schwierigkeit lassen sie einzelne Unterschiede besonders prägnant heraustreten, aber sie stehen auch in der Gefahr einer verhängnisvollen Isolierung. Ohne ihre wesentliche Herkunft aus dem ursprünglicheren Bezug von Abendmahlsgemeinschaft und Kirchengemeinschaft verlieren sie in gewisser Weise auch die überzeugende Legitimation, theologische Unterscheidungsfunktion zu haben. Dies scheint sich besonders darin zu manifestieren, daß man gegen die »Interkommunion« immer wieder auf die Beachtung der genannten »theologischen Realitäten« pocht – in sich schon ein merkwürdiges Wort –, was die Selbstisolation der theologischen Einzelmomente vom ekklesiologisch-sakramentalen Grundvollzug und Kontext dokumentiert und gerade in dieser freischwebenden Isolierung für den Durchschnittschristen nicht sehr überzeugend, vielmehr eben ideologisch wirkt. Geht man den umgekehrten Weg, dann zeigen sich folgende Vorzüge:

a) Die *verlangte Einmütigkeit im Bekenntnis* kann nicht auf den gesetzlichen Buchstaben einer Formel oder von Dogmen beschränkt werden (so wenig sie die Gemeinsamkeit auch des Sagens fürchten darf), sondern gründet in einer ursprünglichen und aktiven Darstellung von Glaube, Hoffnung und Liebe, erfüllt also einen tieferen Sinn von »Confessio«. So wird auch klar, daß man auf dem Weg gegenseitiger Bekenntnisforderungen als Voraussetzung für die Abendmahlsgemeinschaft allein (z. B. Glaube an die Gottheit Christi) faktisch kaum einen Schritt vorwärts kommen wird. Die Forderung einer »Integrität« des Bekenntnisses ist noch problematischer.

b) Die *angestrebte Einheit in der Eucharistielehre* wird auf dem Weg einer kontroverstheologischen Auseinandersetzung vermutlich – ich meine, dies läßt sich in mancher Hinsicht heute schon ablesen – zu keinem greifbaren Erfolg führen. Löst man die »Lehre« *über* die Eucharistie von der Liturgie, der Frömmigkeit und dem davon gestärkten christlichen Lebensvollzug ab, so verbleibt eine abstrakte, d. h. vom konkreten kirchlichen Leben abgezogene und durch fragwürdige Interpretamente aufgeladene Theorie, von der nicht sicher ist, ob diese in der üblichen Form überhaupt der Wirklichkeit des Sakramentes und einer umfassenderen theologischen Methode heute entsprechen kann. Man denke nur an die Auseinandersetzungen um den Opfercharakter. Dazu droht auch hier die Tendenz, daß eine »Lehre« um ihrer selbst willen von der in ihr gemeinten Sache selbst sich entfernt, jedenfalls nicht mehr auf sie hin durchlässig bleibt und dann als »Glaubensgesetz« nur noch rechthaberisch wird.

Es darf vorausgesetzt werden, daß diese Überlegungen sich nicht gegen das recht *verstandene* Dogma richten (in den verschiedenen Momenten der Eucharistielehre – Realpräsenz, Transsubstantiation, Opfercharakter –, die aber auch zusammengenommen eine bedenkliche Einschränkung der vollen eucharistischen Wirklichkeit bedeuten, vgl. die anderen Aspekte: christologischer Ursprung, Hingabemotiv, Memoria Domini, Epiklese usw.). Aber gerade die theologische Diskussion der letzten Jahre hat gezeigt, daß hier, wie mir scheint, ein Konsens zwischen der katholischen Theologie und einer größeren Zahl einzelner evangelischer Theologen durchaus möglich wäre (vgl. etwa P. Brunner, M. Seemann, M. Thurian, J. J. v. Allmen, J. Ratzinger, E. Schillebeeckx, K. Rahner u. a.). Nur steht dahinter das dann noch viel größere Problem, wie die beibehaltenen oder interpretierten Formulierungen der Tradition für heute so übersetzt werden können, daß sie auch in den Köpfen der vielen die konkret gewünschte Verdeutlichung erreichen – nicht das geringste Sachproblem im Komplex »Interkommunion«.

4. Fehlen des Weihesakramentes und der episkopal vermittelten apostolischen Sukzession

Ähnliches ergibt sich im Blick auf den von katholischer Seite immer wieder unterstrichenen »defectus ordinis« (UR Nr. 22). Der Sachverhalt selbst soll dadurch nicht bestritten werden, aber es ist heute auch für uns die Frage, wie man diesen »Ausfall« theologisch zureichend von katholischer Seite aus angehen und interpretieren soll[45]. Eine *isolierende* Heraushebung der Ordo-Problematik allein beläßt das Amt weder in seiner grundsätzlichen Dienstfunktion im Ganzen der Kirche, noch berücksichtigt sie die spezifische Einheit der Eucharistiefeier – nun in ihrer kirchenbildenden Bedeutung gesehen – mit dem amtlichen Auftrag ihrer Leitung. Damit ist aber nicht mehr so klar, ob dieser »defectus ordinis« (in der bisherigen Weise verstanden) ein eindeutiges Kriterium letzter Instanz sein kann. Darauf ist nun eine »Stichprobe« anzusetzen.

Thomas zeigt schon, daß auch hier nicht nach einer isolierten amtlichen Vollmacht gefragt werden kann (»Konsekrationsgewalt«), vielmehr sei gerade dieses Sakrament »finis omnium officiorum«[46]. Es ist auch vom Stand einer *heutigen* katholischen Dogmatik problematisch, ob man die Frage nach der »Gültigkeit« einer Eucharistiefeier *exklusiv* von der legitimen Amtsvollmacht abhängig machen darf. Dabei interessiert hier nicht primär die Ausnahmesituation einer priesterlosen Gemeinde. Dieses Thema müßte ökumenisch unter einem doppelten Gesichtspunkt verfolgt werden:

a) Ein partieller Glaubensirrtum braucht noch nicht die Grundabsicht des Amtsträgers zu zerstören, im Vollzug des Sakramentes den Stiftungswillen Jesu Christi auszurichten, *so wie dieser faktisch gemeint ist, und nicht so, wie er diesen sich vorstellt.*

b) Die Intention« (terminologisch-technisch verstanden) des *Sakramentenspenders* selbst kann nicht das einzige Maß sein, von woher sich »Gültigkeit« oder »Ungültigkeit« entscheiden. Einmal wäre zu fragen, wie die Grundabsicht des Spenders überhaupt zu eruieren ist. Zum anderen läßt sich diese eher aus dem Glauben *der Gläubigen* entnehmen, zu dem der Amtsträger, an den diese sich wenden, wenigstens implizit

[45] Vgl. dazu das *Schreiben der Bischöfe des deutschsprachigen Raumes über das priesterliche Amt. Eine biblisch-dogmatische Handreichung*, Trier 1970; W. KASPER/K. LEHMANN, *Die Träger der kirchlichen Sendung*, in: DIES., *Die Heilssendung der Kirche* = Pastorale. Handreichung für den pastoralen Dienst. Einleitungsfaszikel, Mainz ²1970, 47–68; zur grundsätzlichen Frage vgl. K. LEHMANN, *Das dogmatische Problem des theologischen Ansatzes zum Verständnis des Amtspriestertums*, in: F. HENRICH (Hrsg.), *Existenzprobleme des Priesters* = Münchener Akademie-Schriften 50, München 1969, 123–179 (mit ausführlicher Bibliographie) und den in Anm. 11 genannten Beitrag.

[46] Vgl. *S. th.* III, q. 65, a. 3, ad 2.

seine Zustimmung gibt. Das Urteil würde sich zweifellos heute mehr aus diesen Fragen nach der »Glaubensüberzeugung« der Gemeinde als allein aus der »Doktrin« des Amtsträgers ergeben müssen. Gerade bei der Eucharistiefeier – wo auch vom Neuen Testament bis heute für die traditionelle katholische Theologie die Gemeinde das Subjekt der Eucharistiefeier ist! – muß diese sozial-ekklesiale Struktur gottesdienstlichen Tuns berücksichtigt werden. Diese Konsequenz ergibt sich auch aus der neueren katholischen Diskussion über die Fragen nach der Intention des Spenders und des Empfängers der Sakramente[47].

Übrigens ist auch gerade von der zuletzt genannten Auseinandersetzung her klar geworden, daß – entgegen der gängigen Theologie – das Moment der gläubigen Intention *des Empfängers* (in ihren verschiedenen Tiefen, vgl. z. B. den Bezug zum äußeren »Ritus« oder zum Heilsmysterium selbst) einer neuen Überlegung bedarf[48].

Die traditionelle Schulform der Sakramententheologie hat in diesen Fragen eine extrem verrechtlichte Konzeption des sakramentalen Handelns bevorzugt, das die Gewährung der Gnade nur an die genaue und strenge Ausführung bestimmter minimaler Riten gebunden hat, ohne deren Verwirklichung man überhaupt nicht die Möglichkeit einer sakramentalen Wirksamkeit zu denken wagte. Es geht hier nicht darum, in der Geschichte erlernte und mühsam gefundene Einsichten[49] einfach beiseite zu legen, sondern um die dogmatisch unumgängliche Feststellung, daß die Alternative »›gültiger‹ Ritus schafft sakramentale Gnade« – »›ungültiger‹ Ritus teilt keine eigentlich sakramentale Gnade mit« in dieser Form die tiefere und umfassendere Wirklichkeit von Gnade und Sakrament nicht zureichend begreift.

Einige weitere Theologumena sollen nur kurz erwähnt werden, um die innerkatholische Problematik zu kennzeichnen: Es gibt nach der theologischen Tradition Phänomene, bei denen ebenfalls die »gültige« Ausübung des Amtes fehlt, dennoch aber die Gnade des Sakramentes mitgeteilt wird: »error communis« (CIC can. 209), das Axiom des »ecclesia supplet«, die schwierige Frage »der Laienbeichte«[50]; von ihr vertritt Thomas eine in unserem Zusammenhang interessante Deutung: »in casu necessitatis« kann der Priester durch einen Laien ersetzt werden[51]. Nicht minder aufschlußreich ist die Stellungnahme Alberts des Großen[52]. Thomas glaubt, daß in einem solchen Fall Christus selbst als

[47] Vgl. dazu das Bulletin von J. M. R. Tillard, *Zur Intention des Spenders und des Empfängers der Sakramente*, in: *Concilium* 4 (1968) 54–61. [48] Vgl. ebd., 59ff.

[49] Vgl. das Problem der Taufe im Ketzertaufstreit, die Gültigkeit der Weihe in der Frage der »Reordinationes«, die Bußgeschichte usw.

[50] Vgl. dazu die Arbeiten von A. Teetaert, P. Anciaux, Y. Congar, K. Rahner.

[51] Thomas von Aquin, *In IV Sent.*, dist. 17, q. 3, quia 2, c. et ad 1.

[52] Albertus Magnus, *In IV Sent.*, dist 17, E, a. 58 et 59: »Tanta itaque vis confessionis

»Summus Sacerdos« den fehlenden Amtspriester ersetzt und so in gewisser Weise ein Sakrament zustandekommt.

Weitere Problemansätze: Ein Priester entdeckt nach mehreren Jahren seines Dienstes, daß seine Weihe ungültig ist. Was ist mit den von ihm gespendeten Sakramenten? Die Antwort der mittelalterlichen Tradition lautet: »Sed tamen pie credi potest, quod, quantum ad ultimos effectus sacramentorum, Summus Sacerdos suppleret defectum; et quod non permitteret hoc ita latere quod Ecclesia posset periculum imminere«[53]; zu erörtern wäre auch die schwierige Frage von höheren Weihen (vor allem Priester), die durch Äbte vorgenommen wurden[54].

In diesem Zusammenhang kann nicht mehr ausführlich auf die Frage nach einem *eucharistischen Votum der Gläubigen* eingegangen werden, weil dies ein Aufrollen der ganzen Votum-Problematik bedeuten würde[55]. Es gibt – so viel kann gesagt werden – zweifellos eine gegenseitige Inklusion von »votum fidelium« und »actio ministri«[56]. So existieren also auch im innerkatholischen Bereich Phänomene, in denen »virtute totius communionis in ecclesia«[57] das Fehlen des gültigen Amtsträgers in gewisser Weise überstiegen wird, mindestens dadurch, daß – scholastisch gesprochen – die »res sacramenti« gewährt wird[58].

Ein letztes Problem im Blick auf das Fehlen des Weihesakraments bezieht sich auf die Bedeutung der »apostolischen Sukzession« für den Begriff des »gültigen« Amtes. Darüber ist hier nicht im einzelnen zu handeln. Dennoch kann zusammenfassend dazu kurz festgestellt werden:

– Das Wesen der »successio apostolica« liegt primär nicht in der Vorstellung einer formalen, mechanischen, kettenartigen Weiterreichung kirchlicher Vollmacht und Sendung;

---

est, ut si deest sacerdos confiteatur proximo... et si ille cui confitebitur non habet potestatem solvendi, fit tamen dignus venia ex sacerdotis desiderio qui crimen confitetur socio... et ultima ex unitate fidei et caritatis et haec pro necessitatis articulo descendit in omnem hominem ad proximo subveniendum: et hanc potestatem habet laicus in articulo necessitatis et mulier similiter ... minister duplex est, scilicet verus et vicarius«.

[53] *S. th.*, Suppl., q. 35, a. 3, ad 2.

[54] Literatur dazu bei J. M. R. Tillard, *Le »votum eucharistiae«* ..., 189, Anm. 100.

[55] Vgl. dazu Y. Congar, *Der Laie*, Stuttgart [3]1964, 326ff.; M. de la Taille, Mysterium fidei, Paris 1931, 327–331; J. M. R. Tillard, a.a.O., 190–192; Ders., *Zur Intention*..., 60.

[56] Zeugnisse dafür bei J. M. R. Tillard, *Le »votum eucharistiae«* ..., 191f.

[57] Ebd., Man könnte den Einwand erheben, alle genannten Fälle eines katholischen »defectus ordinis« seien Notstandssituationen, die aber *prinzipiell* die Existenz und die Gültigkeit des Amtes in der Kirche voraussetzen. Natürlich bleibt dieser Unterschied zu beachten. Aber in dem hier verhandelten Kontext ist *auch* wichtig, daß die Tradition beim Ausfall des »gültigen« Amtes einen »Ersatz« durch die unmittelbare Tat Christi oder durch eine der ganzen Kirche geschenkte »Ergänzung« zugesteht. Außerdem darf nach unseren obigen Überlegungen die »Gültigkeit« nicht *exklusiv* vom Amtsträger her gesehen werden.

[58] Y. Congar: »validation mystérieuse par le Christ maintenant dans l'Église la continuité de l'action sacerdotale«.

– sie wird zwar durch Weihen bzw. Handauflegung vermittelt, welche in einer geschichtlichen Abfolge miteinander verbunden sind, deckt sich aber nicht mit einer materiellen oder geschichtlichen Kontinuität allein;
– *formal* besteht ihr Wesen in der Selbigkeit des Auftrags, *material* beruht sie auf der Identität des Glaubens;
– apostolische Sukzession entspringt der Einheit von Wort, Sendung und Dienst, liegt also wesentlich in der Dimension der unverkürzten Vergegenwärtigung der apostolischen Wahrheit und Sendung durch Raum und Zeit, also des leibhaftigen Zeugnisses; ihr personaler Aspekt darf darum nicht übersehen werden;
– das legitime rechtliche Element darf nicht getrennt werden vom pneumatologischen Gehalt im Begriff der apostolischen Sukzession[59];
– die geschichtlich-horizontale Kontinuität stellt ein konkretes Zeichen dieser Wesensdimensionen und bis zu einem gewissen Grad ein Instrument der Vergewisserung dar.

Diese Vertiefung der apostolischen Sukzession auf ihre ursprüngliche Idee erlaubt sicher eine neue Betrachtung der Probleme, die das Fehlen amtlicher Vollmacht betreffen[60]. Es muß davon abgesehen werden, weitere Überlegungen anzustellen, z. B. legitime Wandlungen der katholischen Amtsauffassung in der Diskussion der Gegenwart[61] oder aber eine Diskussion darüber, warum z. B. die »apostolische Sukzession« und andere Dimensionen des kirchlichen Amtes, die z. B. von den Reformatoren noch angenommen wurden, später preisgegeben worden sind[62].

Ich habe bewußt und ausführlich an einem Punkt, nämlich an dem schwierigsten Problem zur Lösung der Frage der Abendmahlsgemeinschaft, eine Art von experimenteller theologischer Kasuistik versucht, um zu prüfen, wieweit im Rahmen einer solchen Betrachtungsweise Annäherungsmöglichkeiten bestehen. Zugleich wurde dabei aber m. E. offenbar, daß eine solche Art der Behandlung des Problems allein ver-

---

[59] Vgl. die Arbeiten von J. Ratzinger, in: K. Rahner/J. Ratzinger, *Episkopat und Primat* = QD 11, Freiburg 1961; Y. Congar, *Composantes et idée de la Succession Apostolique*, in: *Oecumenica 1966*, Gütersloh 1966, 61–80; Ders., *Apostolicité de ministère et apostolicité de doctrine. Réaction protestante et tradition catholique*, in: R. Bäumer/H. Dolch (Hrsg.), *Volk Gottes*. Festschrift f. J. Höfer, Freiburg 1967, 84–111, jetzt auch in Y. Congar, *Ministères et communion ecclésiale*, Paris 1971, 51–94.

[60] Vgl. vor allem eine Überprüfung der päpstlichen Entscheidung über die Gültigkeit der »anglikanischen Weihen«: Kontroverse F. Clark/J. J. Hughes, Vgl. *Concilium* 4 (1968) 54–57, 62–67, 299f., 304–308, 630–632; vgl. jetzt dazu J. J. Hughes, *Zur Frage der anglikanischen Weihen. Ein Modellfall festgefahrener Kontroverstheologie. Der priesterliche Dienst* VI = QD 59, Freiburg 1973 (Lit.).

[61] Vgl. dazu Anm. 45.

[62] Vgl. J. J. v. Allmen, *Le saint ministère selon la conviction des Réformés du XVI*e *siècle*, *Neuchâtel* 1968, 192–212; Ders., *Geistliches Amt und Laientum*, Basel 1966; Ders., *Ökumene im Herrenmahl*, Kassel 1968.

mutlich kaum zu einem Ziel führen wird. Es hat überdies keinen Sinn, eine Einigung zu versuchen über auf beiden Seiten antiquierte oder problematische Positionen. Aus zentralen Frageansätzen aber, die von Grundüberlegungen einer kritisch gesichteten »Substanz« des Überlieferten her auch den katholischen Theologen nach vorne weisen, kann unter bestimmten Voraussetzungen ein gewisses Minimum an Übereinkunft in der Amtsfrage resultieren. Ich denke bei diesem Optimismus besonders an die Verlautbarungen und Forderungen des Ökumenischen Rates über die Heilige Eucharistie[63]. Dort heißt es im Anhang »Interkommunion«: »Die Frage der Interkommunion verlangt vor allem eine Untersuchung über das Wesen wie auch die Notwendigkeit des Amtes im allgemeinen und über das Bischofsamt im besonderen. Man sollte die Kirchen drängen, eine positive Neubewertung des Amtes vorzunehmen, wie es in ihrer eigenen Ordnung und in der anderer Kirchen niedergelegt ist.« Unter den einzelnen Fragen werden an die »katholischen« und an die »protestantischen« Kirchen wesentliche und eindringliche Mahnungen formuliert[64].

IV. Strittige theologische Fragen zwischen den Konfessionen im Problembereich Kirche – Abendmahlsgemeinschaft – »Interkommunion«

So legt sich die These nahe, daß sich eher von einer vertieften Diskussion des ekklesiologischen Gehaltes der Eucharistie und des Grundbezugs Abendmahlsgemeinschaft–Kircheneinheit her eine weitere Klärung erwarten läßt. Es hat sich gezeigt, daß sonst eben als Kriterien unbefragte und unbewegliche »theologische Realitäten« übrigbleiben, die dann leicht zu unlösbaren Spitzfindigkeiten werden können. Näherhin stellen sich folgende Einzelfragen:

1. Die Zeit der pilgernden Kirche und die theologische Bedeutung der Eucharistie als Sakrament »zwischen den Zeiten«

Für das katholische Verständnis ist die Eucharistie das Sakrament der Kirche, weil die Kirche darin immer neu aktualisiert wird, weil die Eucharistie streng zurückweist auf die Heilstat im Tode Christi, weil sie hilft, die ethischen Forderungen der Gegenwart in Zeit und Geschichte zu realisieren und weil sie dennoch streng ausgerichtet bleibt auf die endgültige Erfüllung im Reich Gottes. Deshalb macht die Eucharistie den Ort der Kirche deutlich als göttliche Stiftung zwischen den Zeiten. Zugleich ist das Herrenmahl prägnantester Ausdruck für die

[63] Vgl. *Bristol 1967* = Beiheft zur Ökumenischen Rundschau 7/8, Stuttgart ³1968, 83–94.
[64] Vgl. den vollen Text, a.a.O., 93f.

wirkliche Gegenwart des Herrn bei seiner Gemeinde. Die Wirklichkeit der Eucharistie ruht in der vergangenen Stiftung und in der noch ausstehenden Vollendung. Indem die Eucharistie verhüllte Heilswirklichkeit ist, realen Anteil an Christus gewährt und doch die letzte und volle Gemeinschaft erst verheißt, macht sie katholisches Kirchenverständnis (vgl. Kirche als »Ursakrament«) und die Gegenwart des göttlichen Heils in der Geschichte manifest. Vermutlich liegen hier die tiefsten Gründe für die anderen Differenzen. Es wird eine Frage sein, wieweit evangelische Theologie hierzu sich positiv äußern kann; diese Frage ist kaum ernsthaft diskutiert[65]. Die Nähe zur Orthodoxie ist hier ungleich größer.

Das aufgezeigte Verständnis impliziert, daß die Einheit der Kirche durch den Vollzug eucharistischer Gemeinschaft sich nur vollgültig realisiert, wenn zugleich die anderen ekklesialen Dimensionen und Momente positiv in eine solche Einigung eingebracht werden. Gültige Stufen und Teilziele in einem solchen Einigungsprozeß sind damit nicht ausgeschlossen, aber sie haben bei der Eucharistie als dem dichtesten Zeichen der Einheit der Kirche immerhin eine schwer bestimmbare, jedenfalls sehr verletzliche Funktion und Aufgabe. Die eingangs zum Ausdruck gebrachte These steht so durchaus auf einer Betrachtungsebene, auf der die gängige Alternative Eucharistie als »Mittel der Einheit« oder als »Ziel der Einheit« bereits – wenn auch nur formal – überwunden ist. Aber eine genauere Analyse würde wohl auch ergeben, daß diese noch sehr allgemeine Überwindung der Gegensätze als Formel beträchtliche hermeneutische Differenzen in sich schließt.

Mit der formulierten Auffassung wird vorausgesetzt, daß sich die eucharistische »Sammlung der Zerstreuten« eben tatsächlich in einem ungefähren Gleichschritt auf dem Weg des Bekenntnisses, der tätigen Liebe, der kirchlichen Ordnung und einer bleibenden gegenseitigen Anerkennung vollziehen muß. »Phasenverzögerungen« sind selbstverständlich bis zu einem gewissen Grad möglich. Aufgrund dieser inneren Zusammengehörigkeit kann es der Ordnung der Sache nach keine Vorwegnahme der Abendmahlsgemeinschaft *ohne weitere Konsequenzen* geben[66]. Eine solche Überzeugung beruht auf der zentralen Stellung der Eucharistie in Bezug auf die ganze Wirklichkeit der konkreten Kirche. »Das geistliche Gemeinwohl der gesamten Kirche (bonum commune spirituale totius ecclesiae) ist der Substanz nach (substantialiter) im Sakrament der Eucharistie gegeben«[67].

---

[65] Leider versagt hier auch das neuere Werk von G. Maron, *Kirche und Rechtfertigung*, Göttingen 1969.

[66] Es sei hier schon gesagt, daß diese Sicht durch andere Aspekte der »Contestation« und »Provokation« ergänzt werden muß; vgl. dazu unten 262ff., 267ff.

[67] Thomas von Aquin, *S. th.* III, q. 65, a. 3, ad 1.

2. Die theologische Wertung der Antizipation ökumenischer End-Einheit

Wenn die Integration der übrigen christlichen und kirchlichen Dimensionen mit dem Verlangen und dem Vollzug der Abendmahlsgemeinschaft nicht Schritt hält, bedeutet eine solche Antizipation die Manifestation einer nur zu begreiflichen ökumenischen Ungeduld, die zwar einer echten Hoffnung und Sehnsucht entspringt, sich aber eigenmächtig – im doppelten Sinne: von einer menschlich hergestellten Gemeinschaft und von einer privatisierend konzipierten Gliedschaft an der Kirche – eine Übereinstimung schaffen möchte, die eben noch nicht tragfähig genug ist. Oder hat eine solche »prophetische« Aktion mehr Sinn in theologischer Hinsicht? Diese Frage wird später noch zu prüfen sein. Sie verliert durch das aufgestellte Prinzip nicht an Ernst. Gewiß, die Spaltung der Kirche Jesu Christi ist vielleicht ein größeres Ärgernis als Versuche einer unzeitigen Vorwegnahme der Einheit der Kirche in der »Interkommunion«. Aber es bleibt doch auch wahr: Wo die Substrukturen der Lehre, der Ordnung, des Bekenntnisses, der Sakramente und die anderen konkreten Realisationsformen kirchlichen Lebens nicht ähnlich der wirklichen Einheit zugeführt werden, ist der Ausdruck von Leibhaftigkeit christlicher Gemeinschaft, wie er in einer antizipierten Abendmahlsgemeinschaft konstituiert werden soll, zwar ein unübersehbares Zeichen für die entschlossene Sehnsucht nach der einen Kirche, aber für das *faktische* Leben der Christen und der Kirche unter Umständen effektiv unwahr. Und es ist zweifelhaft, ob man gerade die Form intensivster und letzter Verbindung und engster Zusammengehörigkeit mit Christus und in ihm mit den anderen Glaubensbrüdern zum Ausdruck und Zeichen einer faktisch eben nicht verwirklichten Einheit und Gemeinschaft machen darf. Das ist eine Frage.
Eine solche Antizipation kann in ihrem eschatologischen Vorgriff nämlich auch anders interpretiert werden. Wir werden später auf ein solches Beispiel zurückkommen, das glaubwürdiger erscheint als die üblichen Interkommunion-Versuche. Ich möchte keineswegs *jede* Möglichkeit einer solchen »prophetischen« Handlung – unter Einrechnung aller außerordentlichen Umstände – von vornherein ausschließen. Aber es läßt sich doch bei einer Vielzahl von Interkommunion-Versuchen beobachten, daß man sich durch solche vorgeblich »prophetischen« Zeichen manchmal in einem falschen »Enthusiasmus«[68] die wirklichen Schwierigkeiten des langen Marsches auf dem Weg zur Einheit verdeckt

[68] Der Begriff wird hier im Sinne des religionsgeschichtlichen Phänomens »Enthusiasmus« verstanden (vgl. die einschlägigen Lexikon-Artikel). Neutestamentlich vgl. vor allem die entsprechenden Untersuchungen von G. Bornkamm, H. Schlier, E. Schweizer, H. Conzelmann, U. Luz, O. Kuss usw. Das Phänomen bedarf freilich in vieler Hinsicht noch einer genaueren Analyse.

und das faktische Gewicht der Getrenntheit im Leben, nicht bloß die Differenz theologischer Lehrmeinungen, »idealistisch« überspringt. Wenn die Eucharistie den *Tod* des Herrn feiert, »bis daß er kommt«, dann darf sie den Schmerz und Riß der Gespaltenheit nicht leicht nehmen, die Härte der Trennung in vielem nicht verkennen und auch die Schwachheit und Hilflosigkeit der christlichen Welt nicht in einem ungeschichtlichen Irrealismus übersehen. Die Eucharistie ermöglicht es erst, das Leiden und die Schwachheit, die Schwerfälligkeit und das Versagen des amtlichen und nichtamtlichen »Ökumenismus« in der Kirche zu tragen und ernstzunehmen, mithin, die Gegenwart der Trennung nicht einfach zu leichtfertig zu transzendieren. Trennung bleibt ein Ärgernis, aber auch in solcher Schwachheit ist noch ein Ort der Gnade. Wir werden jedenfalls der genauen Rechenschaft darüber nicht entrinnen, ob es nicht auch einen falschen Drang nach »Interkommunion« und eine irreale Vorstellung von der Mühe des Weges zur Einheit unter uns gibt, die dem enthusiastischen Schwärmertum in Korinth nahekommen, dessen geschichtsflüchtiges Eucharistieverständnis Paulus bekämpft. Auch diese Kapitel sind zu unserer Gewissenserforschung und Belehrung geschrieben.

Eigentümlicherweise geht ja das Verlangen nach Interkommunion zusammen mit einem nicht unerheblichen Schwund eucharistischer Frömmigkeit in den einzelnen Kirchen. Dieses Faktum gibt in vielfacher Hinsicht zu denken. Warum flüchtet man in einer Zeit, die so empfindsam bleibt gegenüber der Grenze und Empfindlichkeit alles Sakramentalen, in eine »nur« sakramental antizipierte Einheit der Kirche(n)? Es gibt dafür sehr viele positive Gründe, auf die später zurückzukommen sein wird, aber breitet sich untergründig nicht auch die Gefahr eines ökumenischen Magismus aus, die gleicherweise weit entfernt ist von einem Sinn für die Macht des Wortes, vom wirklichen Zeichencharakter des Sakramentes, von der realen Einheit der Kirche? Es gibt viele Weisen der Gegenwart Christi[69], die in den getrennten Kirchen noch kaum empfohlen, wenig erprobt und kaum auf dem Weg der Einheit genützt werden. Was bedeutet kritisch, d. h. theologisch, das manchmal unheimliche Gefälle zur Interkommunion? Diese Fragen möchten zeigen, daß man mit den üblichen Antworten – es handle sich z. B. primär um einen Ausdruck der Ordnungs- und Gehorsamskrise in den Kirchen – *theologisch* das *Phänomen* überhaupt noch nicht trifft[70].

---

[69] Vgl. die bekannten Arbeiten von K. Rahner, G. Söhngen, H. Mühlen, B. Langemeyer u. a.

[70] Deswegen ist es m. E. eine Aufgabe für die gegenwärtige Diskussion um die »Interkommunion«, die bisher aufgetretenen Phänomene und die gegenwärtige Situation des

3. Frage nach dem inneren Gefüge der Sakramente (besonders Taufe und Eucharistie)

Ein weiterer gewichtiger und strittiger Punkt scheint mir die Frage nach dem Ort der Eucharistie innerhalb der sakramentalen Grundwirklichkeit zu sein. Dabei macht eine radikale Betonung der beiden Hauptsakramente, Taufe und Eucharistie, auf seiten der evangelischen Theologie als solche noch nicht den kritischen Punkt aus. Hier kann man sich durchaus über eine »Hierarchia sacramentorum« verständigen[71]. Es geht vielmehr um die kaum erörterte Frage, ob die Sakramente überhaupt zueinander in einer inneren Ordnung stehen. Regulationsfaktoren dieser Art gibt es bereits in der mittelalterlichen Theologie, wenn z. B. nach der Ordnung der (Heils-)Notwendigkeit oder in ganz anderer Weise nach der Ordnung der »Vollkommenheit« unter den Sakramenten gefragt wird. In wiederum anderer Konstellation kann nach dem Intensitätsgrad der zeichenhaften Bedeutung gefragt werden. Innerhalb der verschiedenen Strukturebenen des sakramentalen »Organismus« gibt es also auch verschiedene Stellenwerte und – innerhalb der jeweiligen Betrachtung – unterschiedliche Dignitätsgrade[72]. In unserem Zusammenhang interessiert nun nicht primär eine Typologie verschiedener Ordnungssysteme, sondern die wichtige Frage, ob nämlich besonders Taufe und Eucharistie ein wechselseitig sich forderndes Gefälle bezeugen, ohne daß ihre Eigentümlichkeit jeweils aufgegeben werden müßte.

Durch die früheren Ausführungen ist die Frage im Grunde schon beantwortet. Während die Taufe als Sakrament der Rechtfertigung und »Sakrament der Toten« das Zeichen der »Sündenvergebung« darstellt, dient die Eucharistie der Stärkung und Intensivierung des in der Taufe verliehenen geistlichen Lebens. Die mittelalterliche Tradition war darum bei aller Gefährlichkeit der verwendeten Schematik – übrigens anknüpfend an Ignatius von Antiochien, Justin, Irenäus und Augustinus – nicht so ganz im Unrecht, wenn sie die Taufe als den »Glauben« und die Eucharistie als die »Liebe« oder je als »Heil« und »Leben« bezeichnete[73]. Dahinter steht die Überzeugung, daß die Sakramente das bewirken, was sie symbolisch darstellen[74]. Das Zeichen ist als das »Realsymbol«[75] nicht neutral gegenüber der durch es verliehenen

---

Ökumenismus genau auf ihre Motive und Strukturen hin zu analysieren. Eine genauere theologische Beurteilung sollte erst dann behutsam unternommen werden.

[71] Vgl. dazu Y. Congar, *Die Idee der »sacramenta maiora«*, in: *Concilium* 4 (1968) 9–15.

[72] Vgl. Thomas von Aquin, *S. th.* III, q. 65, a. 3, c. et ad 4; q. 73, a. 3, c.

[73] Vgl. die Nachweise bei Y. Congar, a.a.O., 9 und Anm. 1ff.

[74] »Efficit, quod figurat«: *S. th.* III, q. 62, a. 1, ad 1.

[75] Vgl. dazu K. Rahner, *Schriften zur Theologie* IV, Einsiedeln [5]1967, 275–311.

Gnade. Die Sakramente sind nicht bloß beliebige »modi distributionis« von Gnade, deren Verschiedenheit weiter belanglos wäre. Damit wäre die spezifische Welthaftigkeit, die anthropologische Situiertheit und die Leibhaftigkeit sakramentaler Gnade und damit auch ihre eschatologische Entschiedenheit in diesen Strukturen zu sehr vernachlässigt. Dies heißt aber, daß die katholische Theologie die Sakramente nicht nur nach *einer* maßgebenden Inhaltlichkeit oder nach *einem* »Typ« beschreiben kann. Genau das ist aber eine wichtige Frage, ob nämlich die Eucharistie bei Luther und im Gefolge seiner Theologie weitgehend nach dem einzig entwickelten Grundmodell von Taufe und Rechtfertigung gedacht wird. Es scheint, daß man die Frage bejahen muß. Die sakramentale Wirkung der Eucharistie wird in ihrer *eigenen* Modalität, die offenbar durch die Anerkennung der Realpräsenz bereits gewährleistet ist, gerade *nicht* in ihrer spezifischen Weise (Stärkung des Glaubens, Art der Christusverbindung, ekklesiologische Dimension, eschatologische Bedeutung) von einer allgemeinen Gnadenwirkung unterschieden[76]. »Alle Sakramente sind [bei Luther] rechtfertigende Sakramente, denn sie sind Wirkgestalt des den rechtfertigenden Glauben schaffenden Heilswortes. Genau das aber ist *nicht* die Perspektive, unter der Thomas (primär) von der Eucharistie handelt«[77].
Die sachliche Problematik beider Aussageweisen in der evangelischen und katholischen Theologie kann hier nicht im einzelnen behandelt werden. Hier kann sicher jeder vom anderen noch genügend lernen. Wenn der katholische Partner einmal die für ihn nützliche Korrektur im Blick auf eine Theologie der Taufe und Rechtfertigung (um die es hier nicht in erster Linie geht) angesichts des Themas »Interkommunion« ausklammern darf, so bleibt die Frage an den evangelischen Partner, wieweit er – unbeschadet seiner gut paulinisch gedeckten Tauf- und Rechtfertigungstheologie – doch noch ein wahres Gefälle zur Eucharistie als einem zuinnerst mit der Taufe verbundenen, aber doch ziemlich eigengearteten Sakrament denken und nachvollziehen kann. Vielleicht verbirgt sich hinter dieser Frage doch ein bei allen einzelnen Fortschritten der letzten Jahre noch ungelöster und verborgener Rest in der Rechtfertigungsproblematik. Verbleibt die lutherische Theologie deswegen vornehmlich und (für die anderen Sakramente) »typisch« bei der Taufe, weil sie auf die zu vergebende Sündigkeit und den einmaligen Akt und Augenblick der Rechtfertigung konzentriert bleibt, ohne die volle Wirklichkeit des Gerechtfertigten[78] in ihrer

---

[76] Vgl. E. Wolf, *Peregrinatio* I, München 1954, 253.

[77] O. H. Pesch, *Die Theologie der Rechtfertigung bei Martin Luther und Thomas von Aquin*, Mainz 1967, 341; vgl. auch 329, Anm. 16; die Vermutung wird verstärkt durch R. Mau, *Der Gedanke der Heilsnotwendigkeit bei Luther*, Berlin 1969, 131ff., 134ff.

[78] Daß dieser auch nach katholischem Verständnis *in gewisser Hinsicht* »simul justus et

geschichtlichen Erstrecktheit, den Prozeß der »Rechtfertigung des Gerechtfertigten« in seinem ganzen Umfang, die Notwendigkeit der »Heiligung« genügend mit in Blick zu nehmen? Wenn es so wäre – es bleibt eine Frage –, dann könnte diese Differenz ein unterschiedliches Verständnis in der Frage der Abendmahlsgemeinschaft erklären, das bisher zumeist verborgen blieb. H. Volk hat vor Jahren in anderem Zusammenhang diese zu vermutende hermeneutische Differenz, scharf zugespitzt, so formuliert: »Eucharistie ist dann entweder auch ein rechtfertigendes Sakrament geringeren Ranges, weil ganz gewiß der Vorgang der Rechtfertigung nicht so mit der Eucharistie verbunden werden kann wie mit der Taufe. Eucharistie ist nicht primär ein sündentilgendes Sakrament wie die Taufe. Eucharistie kann darum nach dem biblischen Befund schlechthin nicht als permanente Tauferneuerung aufgefaßt werden. Bleibt der Getaufte aber als simul peccator et iustus und auch als simul iustus et peccator immer der Taufwirkung in jedem Sinne bedürftig, dann ist Sakrament wesentlich Tauferneuerung, und ›Sakramente der Lebendigen‹ sind ein schlechthin nicht zu vollziehender Begriff. Dann liegt das Pathos bleibend auf der Taufe, und die Eucharistie in unserem Sinne als Sakrament der Lebendigen droht zurückzutreten«[79].

Diese grundsätzliche Überlegung betont nicht bloß die inhaltliche, geschichtliche, den anthropologischen Grundsituationen angemessene Variation der *einen* Gnade, sondern sie betrifft vermutlich im Zentrum den Begriff von Eucharistie und von Sakrament überhaupt. Darum könnte ein weiteres Gespräch über diese Fragen durchaus prinzipielle Bedeutung erlangen.

4. Ökumenische Relevanz der vorgetragenen These

Die zurückhaltende Stellungnahme der Orthodoxie zum katholischen Angebot einer partiellen »communicatio in sacris« zeigt indirekt, daß für die orthodoxe Perspektive die Gemeinschaft im grundlegenden Bekenntnis, im Amtsverständnis und in der Eucharistieauffassung noch nicht ausreichend ist für die Aufnahme der Abendmahlsgemeinschaft. Wenn also die hier vorgetragenen Hypothesen zunächst die Differenz zu den »protestantischen« Kirchen zu verstärken scheinen, indem sie hintergründige Unterschiede in den Glaubensüberzeugungen offenlegen, dann wäre zu fragen, ob eine solche Sicht im Blick auf die Gesamtökumene nicht eher dem orthodoxen Empfinden nahekommt. Der Gang dieses Versuchs hat gezeigt, daß eine solche gemeinsame oder

---

peccator« sein kann, darf heute vorausgesetzt werden (vgl. dazu die Arbeiten von K. Rahner, O. H. Pesch, R. Kösters u. a.).

[79] H. Volk, *Gesammelte Schriften* II, Mainz 1966, 141.

ähnliche Sicht dadurch ermöglicht wird, daß auf gemeinsames biblisches und patristisches Erbe zurückgegriffen wird, das freilich in der nachmittelalterlichen katholischen Theologie zeitweise verschüttet wurde. Dies heißt aber auch, daß es sich um »urkatholisches« Gut selbst handelt und keiner strategisch-taktischen Annäherung an die Orthodoxie entspringt[80]. Ökumenische Theologie muß aber auch solche Auffassungen verstehen lernen, die von den Überzeugungen der bei uns üblichen Theologie abweichen. In einer weiteren Überlegung wird zu fragen sein, ob der Fragestand nicht durch die ekklesiologischen Grundaussagen des Zweiten Vatikanischen Konzils auch im Blick auf die »protestantischen« Kirchen erheblich verändert wurde.

V. Der Stand der Problematik nach dem Zweiten Vatikanischen Konzil

Die Information und die Diskussion um die Problematik der Aussagen des Ökumenismus-Dekrets, des Ökumenischen Direktoriums und der Erklärung des Einheits-Sekretariats vom 7. 1. 1970 können hier vorausgesetzt werden[81]. Der Schwerpunkt der folgenden Ausführungen liegt darin, gegenüber der eben erwähnten theologischen Konzeption die einschneidenden Grundorientierungen des Zweiten Vatikanischen Konzils in ihrer ökumenischen Fruchtbarkeit und Aporie nach beiden Seiten (katholische und evangelische Theologie) stichwortartig zu umreißen.

1. Die traditionelle Votum-Lehre und die Eucharistiefeier nichtkatholischer Kirchen

Bis zum Zweiten Vatikanischen Konzil konnte die geistliche Wirklichkeit der Kommunion in den nichtkatholischen, protestantischen Kirchen, wenn überhaupt positiv, dann mit der herkömmlichen Votum-Lehre erklärt werden. Dafür sind mir allerdings aus der vorkonziliaren Zeit kaum Beispiele bekannt; im übrigen findet sich in der durchschnittlichen Handbuch-Literatur und auch in Gesamtdarstellungen der Eucharistielehre kaum – im Unterschied zur Taufe – ein Hinweis auf die Anwendung der Votum-Lehre auf die Eucharistie[82]. Die Lehre vom

---

[80] Vgl. dazu den ausgezeichneten Beitrag von N. A. Nissiotis, *Gottesdienst, Eucharistie und »Interkommunion«*, in: *Die Theologie der Ostkirche im ökumenischen Dialog. Kirche und Welt in orthodoxer Sicht*, Stuttgart 1968, 105–140, bes. 134ff.

[81] Vgl. dazu J. Höfer, a.a.O. (Anm. 1); zur neueren Lage vgl. den Anhang, unten 269–272.

[82] Dies steht im Gegensatz zur mittelalterlichen Tradition. Der Begriff der »manduca-

Votum – der Begriff ist kaum zu übersetzen – wird heute z. T. unvermeidlich mißverstanden, weil sie mit einer typisch neuzeitlichen »Subjektivierung« der eucharistischen Wirklichkeit verbunden wird. Allzuleicht schleicht sich die moderne Vorstellung ein, das »Votum« bedeute nur eine subjektive Realisierung im Sinne eines fiktiven »als ob« – in Wirklichkeit *»sei«* es aber – zuletzt – nichts »Objektives«. Dies ist aber sowohl von der mittelalterlichen Tradition als auch von der Sache her[83] nicht gerechtfertigt. Man könnte sogar von der mittelalterlichen Wirklichkeitserfassung her sagen, daß die neuzeitliche Schultheologie eine eingeengte sakramentalistische, fast verdinglichende Überinterpertation des zeichenhaften »Ritus« hervorgebracht habe, letztlich zum Schaden der geistlichen Wirklichkeit der Eucharistie. Zu dieser gehört nämlich immer auch die Verwurzelung in einem Votum. Trotz dieser Überlegungen, die noch weiterzuführen wären, ist klar, daß nach den Aussagen des Zweiten Vatikanischen Konzils und auch aufgrund anderer theologischer Voraussetzungen eine solche Interpretation mit Hilfe der Votum-Lehre nicht mehr genügt.

Dafür kommen folgende Gründe in Betracht:

a) Es bleibt die Gefahr, daß die eucharistische Wirklichkeit faktisch eben doch nur auf eine subjektive Gnadenerfahrung reduziert wird (obgleich dies nicht wenig ist!).

b) Die gemeinschaftliche und besonders kirchlich verfaßte Struktur der Eucharistie als solcher, sofern überhaupt Eucharistie im christlichen Sinne sich ereignet, wird mit der traditionellen Version der Votum-Lehre nicht erreicht.

c) Die aus anthropologischen und theologischen Gründen nicht zu unterschätzende Leibhaftigkeit des Vollzugs der Eucharistie, wozu gerade auch die gemeinsame Form der Feier gehört[84], die den evangelischen Christen unabdingbar erscheint, wird als solche kaum berücksichtigt, in den Augen der anderen entwertet und mit der Konsequenz erfahren bzw. gedeutet, als ob der sakramentale Vorgang ganz in den spirituellen Bereich abgedrängt werde[85].

d) Es bleibt das Faktum bestehen – was auch für eine katholische Dog-

---

tio spiritualis« darf jedoch nicht auf den modernen Begriff der »geistlichen Kommunion« reduziert werden. Vgl. dazu auch H. R. SCHLETTE, *Kommunikation und Sakrament* = QD 8, Freiburg 1959, dort weitere Lit.; DERS., *Die Lehre von der geistlichen Kommunion bei Bonaventura, Albert dem Großen und Thomas von Aquin* = MthSt(S) 17, München 1959.

[83] Vgl. den Begriff des »votum obiectivum« bei J. M. R. TILLARD, *Le »votum eucharistiae«* (vgl. Anm. 32).

[84] Vgl. den ursprünglichen Sinn des hebräischen Leib-Begriffs, dazu bes. die in Anm. 8 und 9 genannten Arbeiten von E. SCHWEIZER und E. KÄSEMANN (dort weitere Lit.).

[85] Daß hier wohl noch Differenzen in der Fassung des Sakrament-Begriffs zwischen den Konfessionen existieren, muß übergangen werden.

matik mit ökumenischem Charakter nicht unwesentlich ist –, daß die nicht-katholischen Christen durch den Ansatz der Votum-Lehre anders verstanden werden, als sie sich selbst verstehen.
Demgegenüber muß ein Positivum eigens vermerkt werden, das gerade angesichts anderer, weitgehend noch fehlender Lösungsmöglichkeiten Beachtung verdient: Die Votum-Lehre betrachtet die Eucharistiewirklichkeit in dem grundsätzlich weiten Horizont der *einen* Kirche und versteht also die Eucharistie der Nicht-Katholiken in der »res sacramenti« nicht als eine abgeminderte Realisationsform anderer nur analog verstandener (Teil-)Kirchen.

2. *Anerkennung ekklesialer Elemente bei anderen oder deren Anerkennung als »Kirchen«*

Eine neue Wende von faktisch unübersehbarer Konsequenz liegt in dem Schritt des Konzils, erstmals die nichtkatholischen Gemeinschaften als Kirchen und kirchliche Gemeinschaften anzuerkennen[86]. Die Öffnung des Kirchenbegriffs über die katholische Kirche hinaus[87] und das Angebot der Kommuniongemeinschaft in bestimmten Notfällen (auch wo keine hierarchische »Communio« gegeben ist!) bilden einen neuen Ausgangspunkt für die theologische Diskussion. Daß diese Öffnung speziell im Fall der »Interkommunion« nicht absolut neu ist, hat W. de Vries[88] für die Orthodoxie gezeigt; außerdem wären hier einige verborgene Grenzfälle der traditionellen kasuistischen Moral aufschlußreich[89]. Nun aber sind solche Randphänomene in eine merkwürdige Nähe zu einer zentralen ekklesiologischen Problematik geraten. Dennoch darf nicht übersehen werden, daß die genannten Dokumente die einzelnen Fälle möglicher Gottesdienstgemeinschaften *partikular* und *kasuistisch* beschränken[90]. Alle stellen nur Beispiele *individueller* Not dar. Die einschränkenden Formulierungen können nicht übersehen werden[91]. Gerade der Zeichencharakter der Sakramente als »Realsymbol« für die – zwischen den getrennten Kirchen fehlende – Einheit verbietet zumeist gottesdienstliche Gemeinschaftsformen. Es ist also nach genauerem Zusehen ziemlich deutlich, daß die offiziellen Doku-

---

[86] Vgl. die Sonderstellung der Orthodoxie, für die mit Sicherheit der Begriff »Kirche« verwendet wird.
[87] Vgl. *LG* Nr. 8, Abs. 2; Nr. 15; *UR* Nr. 1; Nr. 3; Nr. 4; Nr. 22.
[88] Vgl. *Communicatio in sacris*, in: *Concilium* 1 (1965) 271–280.
[89] Vgl. dazu K. Demmer, *Die moraltheologische Lehre von der »communicatio in sacris« im Licht des Zweiten Vatikanischen Konzils*, in: *Scholastik* 40 (1965) 512–536; J. Gordon, *De communicatione in sacris sub luce Concilii Vaticani II*, in: *Periodica de re morali, canonica, liturgica* 57 (1968) 435–460.
[90] Vgl. *UR* Nr. 15; Nr. 8; Nr. 22; *Ökumenisches Direktorium* Nr. 55.
[91] Vgl. *UR* Nr. 8.

mente gerade im Fall »Interkommunion« noch nicht eine Applikation der Ausweitung des Kirchenbegriffs darstellen. Die Unumkehrbarkeit der Abendmahlsgemeinschaft besonders für die »protestantischen« Kirchen legt die Überzeugung nahe, daß die ekklesiologische Neuorientierung überhaupt nicht oder noch nicht Konsequenzen dieser Art beinhaltet. Aber ist »Interkommunion« die Konsequenz? Das ist die Frage.

Faktisch ist es dann auch die Sorge um die (stark verinnerlichte) »Gnade« und die Deutung der Sakramente *als* »Gnadenmittel«, die in manchen Fällen die Gottesdienstgemeinschaft ermöglicht. Eine gewisse, wenn auch nicht vollkommene Gemeinschaft mit der katholischen Kirche wird zwar zugestanden[92], aber diese selbst scheint nochmals abgehoben zu werden von einer *inneren* Wirklichkeit der nichtkatholischen Gemeinschaft: Eine gemeinsame *innere* Gnadenwirklichkeit auf Grund der Christuseingliederung[93] schafft noch am ehesten eine echte und unüberbietbare Gemeinsamkeit. »Obgleich bei den von uns getrennten kirchlichen Gemeinschaften die aus der Taufe hervorgehende volle Einheit mit uns fehlt und obgleich sie nach unserem Glauben vor allem wegen des Fehlens des Weihesakramentes die ursprüngliche und vollständige Wirklichkeit (substantia) des eucharistischen Mysteriums nicht bewahrt haben, bekennen sie doch bei der Gedächtnisfeier des Todes und der Auferstehung des Herrn im Heiligen Abendmahl, daß hier die lebendige Gemeinschaft mit Christus bezeichnet werde, und sie erwarten seine glorreiche Wiederkunft«[94].

3. Fragen an die römische Argumentation im Gefolge des Ökumenismus-Dekrets

Dazu stellen sich folgende Fragen und Überlegungen ein:

a) Kann man Eucharistiewirklichkeit, wie immer sie anerkannt wird, überhaupt grundsätzlich nur als »Teilnahme an den Gnadenmitteln«[95] interpretieren, also ohne den konkreten Zeichencharakter (mit allen Implikationen) und die ekklesiologische Grunddimension mitzuformulieren?

b) Wäre eine Trennung der beiden Prinzipien »unitas ecclesiae significanda« und »participatio in mediis gratiae«[96], falls sie radikal durchgeführt wird, letztlich nicht sogar ein Rückfall hinter eine vertiefte Applikation der Votum-Lehre auf die Eucharistie der protestantischen

---

[92] Vgl. *UR* Nr. 3.
[93] Vgl. *UR* Nr. 22.
[94] *UR* Nr. 22.
[95] *UR* Nr. 8.
[96] Ebd.

Kirchen, weil jede ekklesiologische Bezugsmöglichkeit im Ansatz ausgeschaltet würde?

c) Es ist zu vermuten, daß zwischen der prinzipiellen Öffnung des Kirchenbegriffs und diesem zweiten Kriterium »Gnadenmittel« eine gewisse ungeklärte Spannung besteht, die sich dadurch erklären läßt, daß die neuere scholastische und besonders die römische Schultheologie den inneren Zusammenhang von Eucharistie und Ecclesia im Grunde selbst nicht mehr richtig im Blick hat.

d) Daß die »Teilnahme an den Gnadenmitteln« kaum in Bezug gesetzt wird zur »zeichenhaften Darstellung der Einheit«, bedeutet eine problematische Interpretation des Gnadenbegriffs (ohne ekklesiale Bezüge, subjektiv-individuelle Note). Eine so angesetzte *Gnade der Eucharistie* läßt sich ja gerade von einer spezifisch ekklesiologischen Interpretation der Eucharistie her gar nicht denken, ohne daß zugleich Aufhebung der Feindschaft und der Fremdheit, Aufnahme in die Einheit und den Frieden mit Gott bzw. die Gemeinschaft der Begnadeten mitgesehen wird.

e) Die Einengung der »Interkommunion« nur auf individuelle Fälle, dazu noch verbunden mit der Handhabung eines problematischen Dispens-Verständnisses, wie in dem berühmten Assisi-Fall 1966, führt deshalb faktisch zu einer unaufhebbaren theologischen Verengung des Problems und praktisch in eine Sackgasse; außerdem ist die erwähnte Dispens-Praxis in vieler Hinsicht äußerst fragwürdig.

f) Die Tatsache, daß die Orthodoxie faktisch dem römischen Angebot weitgehend die kalte Schulter gezeigt hat, beweist, mindestens partiell, daß die getroffenen Unterscheidungen auch für das theologische Verständnis der Orthodoxie unzureichend sind.

g) Im Blick auf die Ostkirche erscheint die Gottesdienstgemeinschaft durchaus als ein Mittel »zur immer stärkeren Förderung der Einigung mit den von uns getrennten Ostkirchen«[97]. Hier wird die »communicatio in sacris« also nicht nur als (End)-Ziel, sondern als Mittel kirchlicher Einigung betrachtet. Allerdings wird dieses Zugeständnis faktisch dann doch nur wiederum aus pastoralen und sozial-caritativen Verantwortungsmomenten gegeben.

h) Eine Zulassung zum Sakrament ist implizit immer auch eine Stellungnahme nicht nur zu einer individuellen Gläubigkeit, sondern auch zur ekklesiologischen Situation des Zugelassenen. Ob dies außerhalb des Zusammenhangs mit dem Status eines Christen in seiner Heimatkirche überhaupt möglich ist, kann füglich bezweifelt werden. Deswegen ist in dieser Hinsicht – wenn schon Zulassung – die Forderung der niederländischen Bischofskonferenz vom 7. März 1968 sinnvoller, daß

---

[97] *OE* Nr. 26.

bei Trauungen konfessionsverschiedener Ehepaare der nichtkatholische Partner die Eucharistie empfangen kann, »wenn er getauft ist, sich dem Glauben der katholischen Kirche, wie dieser in der Eucharistiefeier erfahren wird, vereinigen kann, und wenn er in seiner eigenen Kirche zum Abendmahl zugelassen ist«[98]. Die Bestimmungen des Ökumenischen Direktoriums (Nr. 55) mit der Frage, ob der Bittsteller »in der rechten inneren Verfassung (rite dispositus) sei – wie wird dies denn geprüft? – und die entsprechende Erweiterung dieser Bestimmung durch die Erklärung des Einheitssekretariates vom 7.1.1970 lassen jede Frage in ekklesiologischer Hinsicht völlig ungeklärt.

Ohne eine positive Beurteilung der kirchlichen Würde und einer weitergehenden Anerkennung des echten Heilsdienstes der anderen Kirche scheint eine Zulassung zur Interkommunion theologisch fragwürdig zu sein. Das Ostkirchendekret und das Ökumenische Direktorium weisen im übrigen darauf hin, daß die Fragen der Abendmahlsgemeinschaft in Übereinstimmung mit den zuständigen Kirchenleitungen zu regeln sind[99]. Man darf annehmen, daß diese Forderung nicht nur eine ökumenische Klugheitsregel zum friedlichen Verkehr untereinander darstellt, sondern daß sie eine echte ekklesiologische Relevanz erhält – aber angedeutet ist so etwas freilich nirgends.

Dies mag genügen, um die tiefe theologische Zwiespältigkeit und die großen Aufgaben, die noch bevorstehen, sichtbar zu machen. Im Grunde ist ja nicht einmal geklärt, ob und – falls bejahend – welchen »protestantischen« Kirchen die katholische Theologie im Anschluß an das Zweite Vatikanische Konzil den spezifisch theologischen Begriff von Kirchen (im Unterschied zu »kirchlicher Gemeinschaft«) positiv zugesteht.

4. Fragen an die nicht-bischöflichen Kirchen

Anderseits muß neben den schon erwähnten Überlegungen an die »protestantischen« Kirchen die Frage herangetragen werden, ob sie überhaupt für sich selbst jenen ekklesialen Status annehmen können und wollen, der dem katholischen Theologen für eine Aufnahme der Abendmahlsgemeinschaft notwendig erscheint. Ist eine solche Zumutung ekklesialer Wirklichkeit vielleicht ein echter ökumenischer Dienst?

Nochmals sei auch von einer anderen Qelle[100] aus die Frage gestellt, was es für *konkrete* Konsequenzen hat, zu sagen: »Man sollte die Kirchen drängen, eine positive Aufwertung des Amtes vorzunehmen, wie es in

---

[98] Vgl. W. L. Boelens, *Erwägungen zur Interkommunion*, in: *Der Seelsorger* 38 (1968) 235–242, hier 242.

[99] Vgl. *OE* Nr. 29; *Ökumenisches Direktorium* Nr. 42.

[100] *Bristol 1967* (vgl. Anm. 63): *Die heilige Eucharistie*, 93.

ihrer eigenen Ordnung und in der anderer Kirchen niedergelegt ist.« Bis jetzt ist ja faktisch bei der Mehrzahl der jungen Kandidaten in den kontinentaleuropäischen reformatorischen Kirchen eher ein weiterer Trend zur Abwertung des Amtes festzustellen (bis zur Verweigerung jeder Ordination). Es soll nicht verschwiegen werden, daß sich ähnliche Entwicklungstendenzen auch in der katholischen Kirche zeigen. Hier bleiben gemeinsame Aufgaben und Nöte.
Die ekklesiologische Grundfrage ist faktisch seit der Konzilserklärung, wenn ich recht sehe, auch durch die nachfolgende Literatur in keiner Weise ernsthaft vorwärts gebracht worden. Offenbar fehlen die hermeneutisch zureichenden Begriffe und Kategorien, um hier die Phänomene differenzierter betrachten zu können. »Lumen gentium« hält ja, trotz aller Öffnung, daran fest, daß die einzige Kirche Jesu Christi, die in dieser Welt als verfaßte und geordnete Gesellschaft existiert, ihre zentrale Verwirklichung in der katholischen Kirche findet[101]. Schließlich aber erhebt sich die bekannte Frage – und ihre Not dürfte auch ein Grund sein für den geringen Fortschritt auf katholischer Seite –, wo zur Beantwortung dieser Problematik theologisch Maß und Verbindlichkeit hergenommen werden sollen: von Luther, von Calvin, von den Bekenntnisschriften, von gegenwärtigen Theologen – und von welchen?

VI. Praktische aktuelle Einzelprobleme in ihrem theologischen Hintergrund

In diesem Zusammenhang können nicht alle praktischen Einzelfragen der »Interkommunion« diskutiert werden. Sie haben selbst wiederum einen theologischen Hintergrund. Hier kann nur auf einige Themen aufmerksam gemacht werden.

1. Nochmals: Prophetischer Vorgriff auf die Einheit der Kirche?

Von ungeduldigen Vorgriffen auf die Kircheneinheit, wie sie in den »Interkommunion«-Veranstaltungen geschehen, ist schon genügend kritisch die Rede gewesen. Gerade bei Versuchen, die ohne Berücksichtigung des konkreten Lebensvollzugs und des gesamten Strukturkontextes kirchlicher Verschiedenheit »Zeichen setzen« wollen, müssen ernsthafte Bedenken angemeldet werden, so sehr solche Experimente oft auch einer tiefen Sehnsucht nach Gemeinsamkeit in der Eucharistie entspringen und eine aktive Hoffnung auf die Einheit der Kirche zum Ausdruck bringen. Die Eucharistiegemeinschaft ist aber für unser bis-

[101] »subsistit in...«: *LG* Nr. 8; *UR* Nr. 1; Nr. 3; Nr. 4; Nr. 22.

heriges Empfinden nicht der geeignete Ort zur Demonstration des guten Willens; viele sehen auch in einer gegen die Erklärung des kirchlichen Amtes stattfindenden spontanen Interkommunion keine Form, nämlich angesichts des Todesleidens des Herrn enthusiastisch prophetischen »Protest« anzumelden. Doch bedürfen diese Phänomene erst noch einer unvoreingenommenen Analyse. Jede voreilige Beurteilung, aber auch jede unbedachte Zustimmung ist vermutlich verfrüht. Eine Anleitung zur Säumigkeit oder eine Beruhigung darf darunter freilich nicht verstanden werden.

Jede Interkommunion, welche die Kommunizierenden nach der Feier wieder getrennt entläßt, steht bei aller Intensität des gemeinsamen Erlebens, vielleicht sogar bei der Gewißheit der Einheit der Kirche, in der Gefahr, nicht nur der Wahrheit, sondern faktisch auch der Unwahrheit nahe zu kommen: Durch das Auseinandergehen wird die Alltagspraxis der getrennten Christen und Kirchen wieder bestätigt, und die ersehnte Einheit wird dementiert[102].

Wenn es eine Form des Zusammentretens in der Eucharistie gäbe, wo ohne Ausgliederung aus der eigenen »Konfession« in unaufkündbarer Treue zum Mitkommunizierenden die Authentizität des anderen Christentums trotz der andersartigen Prägung Anerkennung finden könnte, wäre vermutlich ein gangbarer Weg gefunden. Aber ich sehe bis jetzt kaum institutionelle Möglichkeiten, die einer solchen Vorstellung entsprechen.

Vielleicht hat sich der Trend zur Interkommunion vor allem deswegen so verstärkt, weil die ökumenische Dynamik zu wenig Formen vorgefunden hat, in denen sich eine vielfach gestufte Gemeinsamkeit realisieren ließe. So muß vermutlich die »Interkommunion« Bedürfnisse und Funktionen in sich aufnehmen, die zu ihrer Erfüllung zunächst überhaupt keiner sakramentalen Ermächtigung bedürfen. Dazu kommt, daß der heutige Mensch, vor allem in den Großstädten, bei der zunehmenden Privatisierung der nachbarschaftlichen Lebensverhältnisse und bei der wachsenden Anonymität der größeren Öffentlichkeit die Sehnsucht nach überschaubaren und anregenden Weisen menschlichen Zusammenseins (außerhalb der Familie, die zur Kleinstfamilie wurde, oder des Verwandtenklans) auch im profanen Bereich kaum erfüllt bekommt. Da auch die Kirche kaum ein größeres Reservoir solcher »Zwischenformen« anbietet, ist der überschnelle Sprung in die letzte, weil naheliegendste und gewohnteste Form gemeinschaftlicher Ver-

---

[102] Der Einwand, daß sich auch in den Kirchen die Christen nach der Abendmahlsfeier wieder – und oft sehr unchristlich – trennen, verkennt das Gesamtgefälle der hier vorgetragenen Argumentation, die sich vor allem auch auf die Schrifttexte über »Leib Christi« bezieht (vgl. Teil II). Es kommt entscheidend darauf an, ob man die Kirche als eine den einzelnen »vorgegebene« Größe anerkennt oder nicht.

sammlung begreiflich. Die tiefe Solidarität, die hier zum Ausdruck kommt, sollte nicht durch ein undifferenziertes Abqualifizieren der Sehnsucht nach der Abendmahlsgemeinschaft unbeachtet gelassen werden.

2. *Theologisches Experiment: »Interkommunion« und bekenntnisverschiedene Ideal-Ehe*

Mit den voranstehenden Ausführungen ist nicht gesagt, daß es überhaupt keine verantwortlichen Formen einer heute unter bestimmten Bedingungen möglichen »Interkommunion« geben könnte. Im folgenden soll auf Grund der bisher entwickelten Gedanken ein *theologisches Experiment* skizziert werden, das den Sinn hat, den Spielraum der in diesem Referat vorgetragenen theologischen Perspektiven an einem konkreten Beispiel modellartig sichtbar zu machen. Diese theologische Überlegung bringt ein Exempel, das, wie ich meine, unter den bisher genannten Voraussetzungen und den noch zu nennenden Bedingungen auch dann verantwortet werden könnte, wenn das kirchliche Amt eine solche Form der Abendmahlsgemeinschaft nicht ausdrücklich empfehlen, als Einzelfall wohl aber dulden könnte. Ein theologisches Experiment als solches bietet noch einen weiteren Vorteil: Man kann die Bedingungen und Erfordernisse dafür in »Reinkultur« vorformulieren. Nicht jeder praktische »Fall« entspricht schon selbstverständlich diesen Anforderungen.

Nirgends wird die Not der Spaltung nüchterner und schmerzlicher erfahren als in einer bekenntnisverschiedenen Ehe, in diesem Fall zwischen einem katholischen und einem evangelischen Christen. Sofern beide vom Grund ihres gemeinsamen Lebens her sich überhaupt aktiv *christlich* entscheiden, ist bei dem indifferentistischen Druck der Umgebung und bei der sich vergrößernden »Diaspora«-Situation für ein entschiedenes Christentum ein sehr hohes Maß an Verantwortung füreinander in die Hände dieser beiden Menschen gelegt. Wenn es sich wirklich um einen Fall handelt, wo beide trotz der Trennung das Gemeinsame des Christlichen entschieden leben und doch keine Konversion des einen zur Konfession des anderen stattfindet, werden beide sich intensiv um ein ökumenisches Mit- und Zueinander sorgen. In einer Ehe- und Familiengemeinschaft ist es dann auch naheliegend, daß viele Strukturen des christlichen Lebensvollzugs (Gebet, Kindererziehung, Religionsunterricht der Kinder, religiös bestimmte Gewohnheiten in der Familienordnung usw.) von einem gemeinsamen ökumenischen Streben gezeichnet sind. Jeder positive Schritt nach vorne kennt dann auch die Leiden der Getrenntheit, das Geschenk partiell gefundener Einheit und die Zerbrechlichkeit der erreichten Einmütigkeit. Die Ge-

fahr des »Enthusiasmus« im erwähnten Sinne ist in einem solchen Fall zweifellos weniger gegeben.
Unter Voraussetzung solcher konkret realistischer Bedingungen erhält die Frage nach der »Interkommunion« andere Aspekte. Es ist ja sehr leicht, abstrakt vom »Notstand« der Spaltung zu reden, solange man nicht selbst in der tiefsten menschlichen Bindung unmittelbar davon betroffen ist oder gar nur, bei aller Sorge und allem Interesse, aus einer distanzierten Sicht »ökumenische *Theologie*« treibt. Gerade unter den bedrängenden Bedingungen der Gegenwart kann dieser existentiell erfahrene Notstand der Spaltung von der schwer erlittenen und in vielen Einzelheiten positiv erfahrenen Sehnsucht in Richtung einer Überwindung der Getrenntheit her nach gemeinsamer Anteilnahme an der Passion des Herrn und so nach der gemeinsamen Feier seines Todes und seiner Auferstehung rufen. Die engste, sogar sakramental verbundene Lebensform der Ehe sucht die ihr in Christus verheißene Einheit auch in der Form der Abendmahlsgemeinschaft. Sieht man dazu noch, daß das Zweite Vatikanische Konzil die Gemeinschaft von Ehe und Familie als »ecclesiola«, »Hauskirche« und kleinste Gemeinschaft kirchlicher Prägung versteht, dann ist es wohl nicht ganz unmöglich, daß eine solche Repräsentation der einzigen Kirche Jesu Christi[103], unheilvoll und ohne Schuld der Beteiligten gespalten, die beständige Suche nach ihrer menschlichen und religiösen Gemeinsamkeit durch die Abendmahlsgemeinschaft gleichsam befestigt und darin sich über alle kirchentrennenden Hindernisse hinweg von Christus dem Herrn helfend gesegnet erfährt.
Vielleicht gibt es gerade sehr gute bekenntnisverschiedene Ehen, die diesen letzten Schritt nicht gehen wollen. Aber selbst wenn dies unumwunden zugegeben wird und jemand eine solche Entscheidung grundsätzlich für besser hielte, könnte er m. E. theologisch (was nicht identisch zu sein braucht mit kirchenamtlich) eine nach reiflicher Gewissensprüfung in dieser Richtung getroffene Entscheidung und ernsthaft übernommene Verantwortung nicht schlechthin verurteilen.
Es handelt sich in diesem Zusammenhang, um es nochmals zu wiederholen, um ein theologisches Experiment. Wer traut es sich zu, eine solche »ideale« bekenntisverschiedene Ehe ethisch und glaubensmäßig so mit Bedingungen zu belasten und konkret zu realisieren? Eine Utopie schafft noch kein praktisches Modell, aber sie kann Möglichkeiten andeuten, die jedenfalls theologisch nicht undenkbar sind. Schließlich muß man sich fragen, wie so viele bekenntnisverschiedene Ehen faktisch christlich anders leben sollten, solange und insoweit sie dazu entschiedenen Willen haben. Die Eucharistie ist ja nicht nur eine reine Gabe der

[103] Vgl. die übliche Berufung auf Eph 5!

Endzeit, sie ist vielmehr gerade dem geschichtlichen Weg und der konkreten Not des Menschen als Heilmittel geschenkt. Eine solchermaßen zustandegekommene Abendmahlsgemeinschaft tritt ja auch nach der Feier nicht auseinander, sondern ist sich gerade in einer christlichen Ehe unaufkündbar aufgegeben und anvertraut. Und ich sehe eigentlich nicht ein, warum Verfolgung, Gefängnis und selbst Todesgefahr zwar Ausnahmesituationen und positive Maßnahmen in Richtung einer »Interkommunion« legitimieren, nicht aber eine schuldlose, an der Spaltung selbst auch fast unerträglich leidende oder gar tödliche Situation mitten in einem gemeinsamen Leben[104]. Wo ist hier mehr Notstand und wo überwiegt das Gewicht einer pastoralen Betrachtung[105]?

Wenn so etwas geschieht, dann könnte man eine aus dem Leid geborene und um die Schwierigkeiten des nächsten Schritts wissende Abendmahlsgemeinschaft, die für diese »ecclesiola« Mittel und Ziel der Einheit ihrer selbst *und* der gespaltenen Kirche ist, charismatisch oder prophetisch nennen, wenn diese Worte nicht in einem so hohen Ausmaß leer geworden wären.

Wie man die bekenntnisverschiedenen Ehen auch *konkret* vielleicht zu einer solchen Abendmahlsgemeinschaft vorbereiten und zulassen soll, ist eine Frage der praktischen Seelsorge an bekenntnisverschiedenen Ehen und der kirchlichen Ordnung. Augenblicklich kann man zunächst nur auf das christliche Gewissen der Eheleute verweisen, das eigens hilfreich zur Fällung solcher Entscheidungen gebildet werden sollte. Jede rechtliche Erlaubnis und äußere Ordnung gelangen hier ohnehin an eine innere Grenze. Eine »reine« Gewissensentscheidung ist auf die Dauer aber nicht zumutbar.

3. Beurteilung anderer Situationen

Andere Situationen (Gefängnis, Todesgefahr, Verfolgung) sind vom kirchlichen Gesetzgeber selbst vorgesehen. Ähnliche Fälle (Katastrophen usw.) lassen sich ebenso regeln. Das Beispiel, das sonst auch angeführt wird, nämlich Interkommunion aus Anlaß ökumenischer Tagungen, scheint mir nicht eine ähnliche Evidenz zu haben wie das Exempel der bekenntnisverschiedenen Ehe. In jedem Fall müssen diese einzelnen Beispiele jeweils eigens auf ihre ekklesiologische Bedeutung

---

[104] Dies müßte in einer eindringlichen anthropologischen Analyse dargestellt werden, was hier allerdings nicht geleistet werden kann.

[105] Die Bischofskonferenzen haben nach der Erklärung des Einheitssekretariates vom 7. Januar 1970 hier noch eine gewisse Möglichkeit, weitere Einzelbestimmungen zu erlassen. Die von Rom angebotenen Möglichkeiten weiterer Entscheidungen sind im deutschen Sprachraum bis jetzt wohl kaum in Angriff genommen worden. Dazu bedarf es intensiver theologischer Vorüberlegungen. – Vgl. jedoch u. 269–272.

hin bedacht werden, was bis jetzt ja genauer kaum unternommen worden ist, nicht einmal am Beispiel der konfessionsverschiedenen Ehe.
Die versuchte, genauere Analyse der bekenntnisverschiedenen Ehe hatte im Rahmen dieses Referates noch eine wichtige Funktion: Die hier versuchte Grundsicht des Problems »Interkommunion« konnte durch dieses theologische Experiment ihre innere Reichweite und auch ihre positive Funktionstüchtigkeit unter Beweis stellen. Ein theologischer Entwurf, der sich nicht auch durch konkrete menschliche Situationen befragen lassen und auf solche eine Antwort geben kann, verfehlt seine eigene Absicht. Es muß allerdings darauf verzichtet werden, die früheren Darlegungen als am genannten konkreten Modell verifiziert nachzuweisen. Es ist z. B. klarer geworden, daß eine Antwort auf die Möglichkeiten einer Abendmahlsgemeinschaft einer solchen einzigartigen Situation wie einer konfessionsverschiedenen Ehe nicht *ausschließlich* von der isolierten »Gültigkeit« des Weihepriestertums abhängig gemacht werden kann. Die Ausweitung des theologischen Blickfeldes erschwert zwar die Orientierungsmöglichkeit, aber sie schafft vielleicht auch unvermutet offene Wege ins Freie.

VII. Ausblick

Der Titel »Dogmatische *Vorüberlegungen zum Problem* der ›Interkommunion‹« wurde gewählt, weil ich der Überzeugung bin, daß wir im gegenwärtigen Augenblick keine befriedigende theologische Antwort geben können. Die Vorüberlegungen sollten den zureichenden Fragehorizont abstecken, innerhalb dessen die künftige Arbeit sich wird bewegen müssen. Ein Hauptziel bestand darin, aus zu vereinfachten »Positionen« *für* oder *gegen* »Interkommunion« herauszukommen und überhaupt erst einmal die notwendige theologische Problembasis zu erreichen. Innerhalb der so versuchten Topologie des ökumenischen Gesprächs über die Frage »Interkommunion« bildeten sich auch jene Problemfelder heraus, die unter bestimmten Bedingungen positive Lösungsmöglichkeiten nach vorne versprechen.
Indessen genügt das theologische »Abwarten« allein nicht, selbst wenn in Zukunft viel mehr und viel besser um die Problematik gerungen wird. Die bereits erfolgten Aktionen einer »Interkommunion« zwischen einzelnen Pfarreien und Gruppen sind ein Zeichen dafür, daß die ökumenische »Praxis«, wie immer diese sich selbst versteht und beurteilt wird, der Theorie und dem kirchlichen Amt davonläuft. Die »Provokationen« mögen die Kirchenleitungen, und die theologisch oft recht kurzsichtigen Rechtfertigungen den Fachmann ärgern. Dennoch sind für die Amtskirche und die Theologie unübersehbare Signale gesetzt,

sich um die konkrete Frage gezielter Schritte zur kirchlichen Einheit, sowohl in Rom als auch in Genf, in der Deutschen Bischofskonferenz und im Rat der EKD, mehr zu kümmern als bisher. Das Streben nach »Interkommunion« entspringt in vielen Fällen zuletzt doch einer berechtigten, wenn auch vielleicht im Augenblick manchmal zweideutig erscheinenden Sehnsucht nach einer auch sichtbaren Einheit der Kirche Jesu Christi. Wird nichts Entschiedeneres getan als bisher auf dem ökumenischen Weg, dann droht beiden Seiten die Gefahr von »Untergrundkirchen« (vom Amt her so gesehen). Das verantwortliche kirchliche Amt darf sich ja auch nicht wundern, daß der Ökumenismus seine eigene und in gewisser Weise konsequente Dynamik einschlägt, nachdem das Amt ihn selbst offiziell und prinzipiell gebilligt hat[106]. Vermutlich wurden die amtlichen Steuerungsmöglichkeiten hierfür überschätzt. Außerdem hat man gerade von offizieller Seite (von Wortgottesdiensten abgesehen) wenig dafür getan, solche konkreten Schritte zwischenkirchlichen Zusammenwirkens auf dem Weg zur Einheit zu unternehmen, die noch keinen Trend unmittelbar zur *letzten* und *tiefsten* Einheit in der »Interkommunion« darstellen. Es wird vermutlich auch nicht genügen, wenn jetzt beide Kirchenleitungen in selten schöner Einmütigkeit zusammen vor der »Interkommunion« warnen.
Dieses Faktum ist nicht als Vorwurf gemeint, sondern gehört zu einer nüchternen Situationsanalyse. Auch die Theologie hat keinen Grund, in diesen Fragen Steine nur auf das kirchliche Amt zu werfen und sich von der eigenen Verantwortung und Schuld freizusprechen. Allein schon die Frage, wie die wichtigsten theologischen Problemzusammenhänge verständlich und einleuchtend dem Nichtfachmann mitgeteilt werden können, ist eine kaum überschätzbare kommunikationssoziologische und theologie-»politische« Aufgabe, die so gut wie nicht in Angriff genommen worden ist. Wie will man einer größeren Öffentlichkeit und der »Basis« die theologischen Gründe dafür »plausibel« machen, daß die Zeit für die »Interkommunion« nicht reif ist?
Allein schon die großen Nöte der bekenntnisverschiedenen Ehe im Spannungsfeld der getrennten Kirchen, die vielleicht vorausweisende Etappe zu anderen Entfaltungen sein könnte, können nochmals zeigen, daß die Überwindung der Spaltung nicht allein von den Menschen der

[106] Man sollte dabei klar die Situation vor Augen haben: In manchen Gebieten, wo das katholische und das evangelische Christentum in einer Diasporasituation und in einer ziemlich säkularisierten Umwelt stehen, dabei aber in fast allen wesentlichen Fragen des christlichen Lebens zusammenarbeiten (z. B. bis an den konkreten Ort caritativ-diakonischer Dienste), fragt sich der gute Christ ja nicht ganz umsonst, warum ihm denn bei einem so hohen Maß an Kooperation und Einigung unter den Christen nicht die »Abendmahlsgemeinschaft« gestattet werden könne. Die Kirchenleitungen sind sich vielleicht nicht ganz des faktischen Gewichts dieser Einigungsprozesse »von unten« bewußt, die im gemeinsam gelebten christlichen Alltag sich vollziehen.

Kirche her zu leisten ist, sondern daß sie ein Geschenk Gottes darstellt. Aber diesen schwierigen Satz dürfte man vielleicht erst dann formulieren, wenn man alles aus dem Weg geräumt hat, was von uns Menschen der Gnade einer gottgewirkten Einheit entgegengestellt wird.

Wer differenzierter denkt, tut sich an diesem Problem besonders schwer: Er kann deshalb den »klaren« und »eindeutigen« Weg der *mutigen Tat* zur »Interkommunion« zwar verstehen, aber nicht gutheißen; er hat es schwerer, begreiflich zu machen, was die Kirche als eine den einzelnen Gliedern »vorgegebene« Größe bedeutet, ohne diesem theologischen Grunddatum einen mythologischen oder ideologischen Anschein zu geben. Eine unaufhaltsame Dynamik, die sich theologische Einzelfragen in ihrem Schwung eher zu überspringen getraut, tut sich entschieden leichter. Doch sollte man demjenigen, der in der gegenwärtigen Situation und unter den geltenden Bedingungen in der Frage der »Interkommunion« mit einem Ja zögert, nicht ökumenischen Boykott oder gar theologische Rückständigkeit vorwerfen. Es ist nicht einfach zu entscheiden, wer mehr am Ungenügen des »Ökumenismus« leidet – Befürworter oder Gegner der Abendmahlsgemeinschaft. Ich möchte deshalb gerade an dieser Stelle mit der Stimme eines so unverdächtigen Zeugen wie W. A. Visser't Hooft schließen: »Wir haben auch noch nicht entschlossen genug mit dem Problem der Interkommunion gerungen, das denen so schwer zu schaffen macht, die für die Ökumene am aufgeschlossensten sind. Wir sind weit davon entfernt, alle die Dinge gemeinsam zu tun, die wir guten Gewissens gemeinsam tun können«[107].

Anhang

Anhangsweise soll nun noch in thesenhafter Kürze zur »Instruktion für besondere Fälle eine Zulassung anderer Christen zur eucharistischen Kommunion in der katholischen Kirche«[108] des römischen Einheitssekretariats und zu der darauf bezogenen Erklärung der Deutschen Bischofskonferenz[109] Stellung genommen werden, da diese Dokumente kirchenamtlich den Rahmen für die Interkommunion-Praxis in Deutschland

[107] Aus einem Bericht des Generalsekretärs des Ökumenischen Rates in Neu-Delhi 1961, in: *Ökumenischer Aufbruch. Hauptschriften* II, Stuttgart 1967, 125–135, Zitat 127.

[108] Vgl. *Secretariatus ad Christianorum unitatem fovendam, Instructio de peculiaribus casibus admittendi alios Christianos ad communionem eucharisticam in Ecclesia Catholica*, Vatikan 1972.

[109] *Erklärung der Deutschen Bischofskonferenz zur Instruktion des Einheitssekretariates über die Zulassung zur Heiligen Kommunion in besonderen Fällen*, in: *Amtsblatt der Erzdiözese Freiburg*, Nr. 25, v. 12. 10. 1972, 132.

abstecken. U. E. ist bei der Interpretation dieser Dokumente folgendes festzuhalten:

1. Die römische »Instruktion« muß – bei allen Einwänden im einzelnen – als ein weiterer, im Prinzip positiv entfaltbarer Schritt in der Abfolge der verschiedenen Stellungnahmen zum Problem Interkommunion seit 1964 (Ökumenismus-Dekret) gewertet werden. Daß in dieser Frage überhaupt ein »Fortschritt« stattfindet, sollte man auch dann nicht für »selbstverständlich« annehmen, wenn man gegen einzelne Aussagen Bedenken hat. In dieser Frage sind von Rom nur kleine, jeweils voll verantwortbare Schritte zu erwarten.
2. Die theologische Bedeutung der »Instruktion« liegt darin, daß Rom zum erstenmal die eucharistische Gemeinschaft *und* die Einheit der Kirche für die Frage der Interkommunion in einen fundamentalen Bezug setzt (vgl. Nr. 2). Die Darstellung selbst zielt allerdings m. E. zu rasch auf die Stellung der Amtsträger in diesem Verhältnis und erschöpft sich weitgehend darin.
3. Zum erstenmal wird auch die Eucharistie als »geistliche Nahrung« (vgl. Nr. 3) im Zusammenhang des Interkommunionsproblems so deutlich hervorgehoben. Eindeutig wird dieser Gesichtspunkt jedoch dem umfassenderen Grundbezug von Eucharistie und Kirche untergeordnet (vgl. Nr. 3, b, c). Das angesprochene Verhältnis von Taufe-Eucharistie ist nicht genügend geklärt (vgl. Anmerkung 6, Nr. 3).
4. Die konkrete Anwendung wird über eine Vertiefung der beiden Prinzipien, die schon im Ökumenismus-Dekret Nr. 8 genannt sind (Integritas communionis ecclesialis – Bonum animarum), vorgenommen (vgl. Nr. 4): Das enge Verhältnis zwischen dem Geheimnis der Kirche und dem Mysterium der Eucharistie darf zwar nie verdunkelt werden, jedoch ist eine Zulassung in Einzelfällen möglich. Zum erstenmal wird dabei der Katalog über die bisher zugestandenen Einzelfälle (Todesgefahr, Gefängnis und Verfolgung) hinaus erweitert.
5. Voraussetzungen für die Zulassung zur Eucharistie sind:
   a) ein eucharistischer Glaube in Übereinstimmung mit der katholischen Kirche,
   b) die Erfahrung einer geistlichen Notwendigkeit im Verlangen nach der Eucharistie,
   c) die Unmöglichkeit, über längere Zeit hinweg sich an einen Diener der eigenen kirchlichen Gemeinschaft wenden zu können,
   d) die Bitte um das Sakrament aus freiem Antrieb,
   e) entsprechende Vorbereitung auf das Sakrament,
   f) ein dem Christen würdiger Lebenswandel. – Dies ist die bisher ausführlichste Darstellung der Voraussetzungen; a) und b) sind dabei offenbar Grundbedingungen.

6. Die Öffnung dieser Einzelsituationen über die Beispiele unmittelbarer *physischer Bedrängnis* (vgl. These 4) hinaus in Richtung *auch geistlicher Notlagen* ist ein kaum zu überschätzender Schritt, dessen Tragweite vielleicht nicht einmal den Verfassern der »Instruktion« selbst genügend bewußt war. Denn faktisch wird damit grundsätzlich auch eine Situation des »inneren (Gewissens-)Notstandes« (sofern er spiritueller Natur ist) in seiner Dringlichkeit anerkannt. Bisher war nicht deutlich, ob ein Überschreiten dieser Grenzlinie möglich ist und erlaubt wird.
7. In dieser Hinsicht bleibt der Text freilich unklar. Einerseits scheint der Fall der Diaspora-Situation, in welcher der Nichtkatholik keinen eigenen Amtsträger finden kann (vgl. Nr. Einleitung zu 4, 4 b, Nr. 6), das einzig zulässige Modell für die in These 5 aufgezeigte Erweiterung zu sein; anderseits wird ohne völlige Klarheit in Nr. 4 (Einleitung) auch von »anderen Gründen« gesprochen. Gleichzeitig wird in Nr. 6 nicht deutlich, ob und wie die Möglichkeit anderer geistlicher Notsituationen zu verstehen ist (vgl. den Satz: »Namque ... nequeunt«, darin das undeutliche »qui.. quique«). Die Diasporasituation wird aber in diesem Zusammenhang »nur« als »Exempel« für die »gravis necessitas spiritualis« angeführt. Also gibt es doch wohl noch andere Notsituationen (z. B. die bekenntnisverschiedene Ehe)? Auf diese entscheidenden Fragen gibt die »Instruktion« keine Antwort.
8. Es ist wohl pastoral unrealistisch, sogar die *konkrete Überprüfung von Einzelfällen* nur in die Vollmacht der bischöflichen Autorität zu legen (vgl. Nr. 6). Natürlich liegt darin unter Umständen auch eine Chance, weil offenbar nach der jeweiligen Situation in der Weltkirche entschieden werden kann; die Bischofskonferenzen treten gegenüber den Ortsbischöfen merklich in den Hintergrund.
9. Die Behandlung der verschiedenen nicht-christlichen Konfessionen ist unbefriedigend (vgl. Nr. 5). Im Blick auf die Orientalen wird zu wenig gesehen, daß die Ostkirchen gegenüber jeder römischen Einladung zur Interkommunion bis jetzt sehr zurückhaltend geblieben sind. Die altkatholische Kirche wird überhaupt nicht genannt. Die Kirchen der Reformation werden nicht als kirchliche Gemeinschaften, d. h. in ihrem vom Vatikanum II – wenigstens partiell – anerkannten ekklesialen Charakter betrachtet. Vielmehr sind nur die einzelnen Christen dieser Kirche individuell im Blick. Der individuelle Aspekt, allein betrachtet, widerspricht aber dem Eucharistieverständnis der »Instruktion«, weil es den Grundbezug zur kirchlichen Gemeinschaft hervorhebt.
10. Gerade weil auch der konkret-leibhaftige Eucharistie-Glaube der evangelischen Christen (mit seinem kirchlichen Kontext) nicht in

Erscheinung tritt, ist eine Manifestation dieses Glaubens (vgl. Nr. 5) sowohl theoretisch als auch praktisch nur schwer vollziehbar.

11. Der »Fortschritt« der »Instruktion« ist, auf das Ganze gesehen, in *einer* Hinsicht sehr relativ: Auch bisher konnte ein katholischer Priester aus der *überlieferten Moraltheologie* (wenn er sie kennt!) die Gründe finden, um einem Nicht-Katholiken unter bestimmten Voraussetzungen die Eucharistie reichen zu dürfen.
12. Die auf diese Weise gestattete »offene Kommunion« *einseitiger Richtung* bleibt ökumenisch mißverständlich und kann zu neuen Schwierigkeiten führen. Es entspricht nicht der ökumenischen Zielsetzung und dem theologischen Diskussionsstand, daß nicht einmal die Frage oder künftige Möglichkeit nach einer Öffnung auch in umgekehrter Richtung erwähnt wird. Mindestens müßte dieses schmerzliche Problem doch genannt werden.
13. Die »Erklärung der Deutschen Bischofskonferenz zur »Instruktion« tendiert offenbar dahin, die aufgezeigten Probleme der »Instruktion« zurückzustellen. Jedenfalls wird an keiner einzigen Stelle des relativ umfangreichen Begleittextes etwas von den obengenannten Fragen bewußt gemacht. So wirkt die »Erklärung« deutlich restriktiv. Einige Bestimmungen sind angereichert (vgl. Nr. 1, c und d). Die Alleinzuständigkeit des Ortsbischofs ist stark unterstrichen. Nr. 6 formuliert im Schlußsatz zu hart, weil auch nach dem Ökumenismusdekret (Nr. 8) die Abendmahlsgemeinschaft manchmal ein »Mittel« zur Kircheneinheit werden kann.
14. Die »Erklärung der Deutschen Bischofskonferenz« geht vermutlich auch deshalb hinter manche Ansätze des römischen Dokumentes zurück, weil dieses die grundlegenden Fragen nur im Sinne von pastoralen und kasuistischen Einzelfällen zu lösen versucht und letztlich einer gründlichen theologischen Beschäftigung mit der Sache ausweicht. Mit einer theologisch zu wenig geklärten Verlautbarung ist aber auch kein verläßliches Fundament für eine gute Pastoral gegeben.

Nachtrag

Eine 1102 Titel umfassende, durch Register gut erschlossene internationale Bibliographie der neueren Literatur zur Frage der Interkommunion haben J. B. Brantschen / P. Selvatico, in: H. Stirnimann (Hrsg.), *Interkommunion. Hoffnungen – zu bedenken* = Ökumenische Beihefte zur FZThPh 5, Freiburg i. Ue. 1971, 77–149 vorgelegt. Das gleiche Heft enthält Beiträge zum Thema von H. Helbling, O. K. Kaufmann, J.-L. Leuba, P. Vogelsanger, H. Vorgrimler, D. Wie-

DERKEHR. – Außerdem vgl. vor allem: J. ZIZIOULAS / J. M. R. TILLARD / J.-J. v. ALLMEN, *L'Eucharistie* = Églises en dialogue 12, Paris 1970; H. BACHT u. a., *Christen wollen das eine Abendmahl,* Mainz 1971; H. FRIES, *Ein Glaube. Eine Taufe. Getrennt beim Abendmahl?* Graz 1971; H. FRIES / W. PANNENBERG, *Abendmahl und Abendmahlsgemeinschaft,* in: *Una Sancta* 26 (1971) 68–88; A. PÜTZ, *Interkommunion und Einheit. Dokumente aus England* = Studia Anglicana 3, Trier 1971; *Groupe des Dombes, Vers une même foi eucharistique? Accord entre catholiques et protestants,* Taizé 1972; W. BEINERT, *Amt und Eucharistiegemeinschaft,* in: *Catholica* 26 (1972) 154–171; L. SCHEFFCZYK, *Dogmatische Erwägungen zur Frage der Grenzen der »Offenen Komunion«,* in: *Catholica* 26 (1972) 126–145; *Eucharistische Gastbereitschaft. Stellungnahme des Instituts für Ökumenische Forschung, Straßburg, zur Frage lutherisch-katholischer Abendmahlsgemeinschaft,* in: *Una Sancta* 28 (1973) 102–109; *L'hospitalité eucharistique pour les foyers mixtes. Directives de Mgr. Elchinger aux fidèles du diocèse de Strasbourg,* in: *La documentation catholique* n° 1626, 18. 2. 1973, 161–169, vgl. auch ebd. n° 1629, 1. 4. 1973, 347; *Modern Eucharist Agreement* [Dokumente], London 1973; *Richtlinien der katholischen Bischöfe der Niederlande für Feiern »offener Kommunion«,* in: *Una Sancta* 28 (1973) 21–35; P. BLÄSER u. a., *Amt und Eucharistie* = Konfessionskundliche Schriften des Johann-Adam-Möhler-Instituts 10, Paderborn 1973; A. DULLES, *Ministry and Intercommunion. Recent Ecumenical Statements and Debates,* in: *Theological Studies* 34 (1973) 643–678; J. KENT / R. MURRAY (Hrsg.), *Intercommunion and Church Membership. 10th Downside Symposium,* London, 1973; A. KRÄMER, *Gegenwärtige Abendmahlsordnung in der evangelischen Kirche in Deutschland. Die Abendmahlsfrage in ihrer theologischen, historischen und ekklesiologischen Bedeutung im Blick auf Abendmahlsgemeinschaft zwischen lutherischen, unierten und reformierten Landeskirchen* = Jus ecclesiasticum 16, München 1973; F. MAX, DE TAIZÉ [= M. THURIAN], *Une seule eucharistie. Le pain unique,* Taizé 1973, bes. 93–139; G. GASSMANN u. a. (Hrsg.), *Um Amt und Herrenmahl. Dokumente zum evangelisch/römisch-katholischen Gespräch* = Ökumenische Dokumentation 1, Essen 1974; R. MUMM (Hrsg.), *Eucharistische Gastfreundschaft. Neue ökumenische Dokumente* = Kirche zwischen Planen und Hoffen 11, Kassel 1974; J. PRUISKEN, *Interkommunion im Prozeß* = Koinonia 13, Essen 1974; K. RAHNER, *Über Interkommunion,* in: DERS., *Vorfragen zu einem ökumenischen Amtsverständnis* = QD 65, Freiburg 1974, 79–92.

UNAUFLÖSLICHKEIT DER EHE UND PASTORAL FÜR WIEDERVERHEIRATETE GESCHIEDENE

I. Die gegenwärtige Lage und die Notwendigkeit einer vertieften Problemerörterung

Jeder Seelsorger und viele Katholiken kennen das dornenreiche Problem: Gegenüber wiederverheirateten Geschiedenen gelangt die pastorale Sorge rasch in eine fast unausweichliche Sackgasse. Selbst wo solche Menschen angesichts der konkreten Umstände die bestmögliche Bereitschaft zu einer christlich gelebten Existenz bezeugen, ist der offiziell mögliche Kontakt des Seelsorgers äußerst eingeschränkt. Zwar sind wiederverheiratete Geschiedene nicht von selbst mit der Strafe der Exkommunikation belegt (vgl. CIC, can. 2356), wie man oft annimmt, aber praktisch sind sie von der kirchlichen Gemeinschaft ausgeschlossen[1], was am deutlichsten in der Verweigerung der Zulassung zu den Sakramenten der Buße und der Eucharistie zum Ausdruck kommt. Sie gelten kirchenrechtlich als Bigamisten und ziehen sich automatisch den rechtlichen Ehrverlust (infamia iuris) zu. Nun ist die Frage der sakramentalen Praxis sicher nicht das einzige Problem, das sich wiederverheirateten Geschiedenen stellt. Selbst wenn die Scheidung als Befreiung empfunden wird, bringt sie doch schwer zu tragende Folgen mit sich. Einsamkeit, die Erfahrung der Fremdheit, das Gefühl des Scheiterns, der Streit um das eigene Recht, die Zukunft der Kinder, Wohnungsfragen und finanziell-ökonomische Belastungen sind nur einige Stichworte. Gerade in dieser Situation bedeutet der Ausschluß von den Sakramenten auch eine Entfremdung von der christlichen Gemeinde, welche die in einer Zweitehe Lebenden oft hartherzig und verständnislos menschliche Distanzierung und soziale Isolation fühlen läßt. Sollte nicht die kirchliche Gemeinschaft für solche verletzte Menschen eine Atmosphäre schaffen, in der sie Geborgenheit und Halt finden könnten?

Die Pastoral hat in dieser Not immer schon nach – manchmal verzweifelten – Auswegen gesucht, z. B. Absage an die zweite eheliche Gemeinschaft und dadurch ermöglichte Versöhnung erst auf dem Sterbebett, Reichen der Eucharistie unter Ausschluß der kirchlichen Öffentlichkeit

[1] Vgl. dazu J. G. Gerhartz, *Exkommuniziert – ein Leben lang?* In: *Signum* 41 (1969) 44–50; H. Heimerl, *Ungeordnete Ehen vor dem Kirchenrecht*, in: *Der Seelsorger* 35 (1965) 116–123.

usw. Nicht nur im deutschen Sprachraum, sondern auch in unseren Nachbarländern[2] und anderswo zeigt sich in immer stärkerem Maß die Tendenz, unter gewissen Bedingungen wiederverheiratete Geschiedene zu den Sakramenten zuzulassen. Während früher der einzelne Seelsorger in einem individuellen Gewissenkonflikt eine solche positive Entscheidung traf oder die bischöflichen Ordinariate in Einzelfällen (z. B. anläßlich der Erstkommunion der Kinder) Ausnahmeregelungen vornahmen, führt das faktisch heute oft geübte Verhalten auf die Dauer zu einer schwer erträglichen »gesetzeswidrigen Pastoration«, die den Betroffenen, den Seelsorgern und der kirchlichen Ordnung abträglich ist und vielen Bischöfen schwere Sorgen bereitet. Es erscheint darum als ein Gebot der Stunde, sich nicht nur disziplinär mit dem »Wildwuchs«, sondern zuerst in aufrichtiger und offener Weise sich mit dem aufgegebenen Problem ernsthaft zu beschäftigen. Angesichts dieser Lage mußte man es auch erwarten, daß die verschiedenen Synoden, z. B. in der BRD und in der Schweiz, das drängende, aber unerledigte Problem aufgreifen[3]. Manche wollen in dieser Aufgabe sogar einen »Testfall«

---

[2] Außer der später noch (vgl. Anm. 5) zu nennenden Literatur vgl. den französischen Sammelband *Divorce et indissolubilité du mariage*. Congrès de l'Association de théologiens pour l'étude de la morale (Chevilly-la-Rue, 18–20 septembre 1970), Paris 1971, 127–152 (F. du Plessis, A. Petitcolas, P. de Locht).

[3] Die gemeinsame Synode der Bistümer in der BRD hat bei zahlenmäßig geringer, aber »harter Opposition« (F. Böckle, Kommissionsvorsitzender) in ihrer Sachkommission IV »Richtlinien zur pastoralen Hilfe für Geschiedene, die wiederverheiratet sind und am sakramentalen Leben der Kirche teilnehmen wollen« vorbereitet. Kommissionsintern wurde die Vorlage (5 Seiten) verabschiedet. Aus formalen und sachlichen Gründen hat die Zentralkommission der Synode der Vollversammlung vorgeschlagen, dieses Thema in den größeren Zusammenhang von Grundaussagen über die christlich gelebte Ehe einzubeziehen, ohne daß damit das Gewicht dieser pastoralen Not als ein Randproblem unter vielen anderen entschärft zu werden brauchte. Bei der Genehmigung der Beratungsgegenstände (die nicht unbedingt mit »Vorlagen« identisch zu sein brauchen) hat die Bischofskonferenz an ihr Einverständnis die Bedingung geknüpft, »daß die Frage der Richtlinien zur pastoralen Hilfe für Geschiedene im Gesamtzusammenhang *einer* Vorlage ›Christlich gelebte Ehe‹ behandelt wird«. Die Begründung dafür lautet: »Die Bischofskonferenz ist sich durchaus bewußt, daß es eine pastoral wichtige und dringliche Aufgabe ist, Geschiedenen und Wiederverheirateten Formen eines religiösen Lebens innerhalb der Kirche aufzuzeigen. Sie ist jedoch der Ansicht, daß es in unserer Zeit eine noch umfassendere und pastoral nicht weniger dringliche Aufgabe der Synode ist, den Gläubigen für das christliche Verständnis der Ehe, für Treue und für die Sakramentalität der Ehe Hilfen zu bieten. Die Bischöfe sind daher der Meinung, daß ohne waches Bewußtsein von der Unauflöslichkeit und der Sakramentalität der Ehe keine gangbaren Wege aufgewiesen werden können, wie den geschiedenen Wiederverheirateten zu einem religiösen Leben geholfen werden kann«. Die Vollversammlung der Synode billigte ihrerseits den Vorschlag der Zentralkommission am 14. 5. 1972. Zur Sache vgl. auch ein Interview mit dem Kommissionsvorsitzenden Prof. Dr. F. Böckle, in: *HerKorr* 26 (1972) 69–73. – Inzwischen hat die Sachkommission *Ehe und Familie im Wandel der Gesellchaft* der Schweizerischen Synode 1972 unter dem Titel *Die Ehe im Werden und in der Krise* unter den Abschnitten 24/25

für diese Synoden erblicken. Es ist also aus verschiedenen Gründen unumgänglich, daß sich die Verantwortlichen in der Kirche auf die Situation und die Sache besinnen. Jede Kurzschlußreaktion wäre fatal. Im folgenden sollen zu dem gestellten Problem nur einige Anmerkungen gemacht werden. Dies ist deswegen nicht ungefährlich, weil viele Stellungnahmen zu dieser strittigen Sache letztlich daran scheitern, daß sie das Problem zu isoliert, also ohne umfassendere anthropologische und theologische Zusammenhänge, behandeln. Der Horizont, in dem die Frage selbst verhandelt wird, ist in vielen Fällen nur auf einige moraltheologisch-kasuistische oder kirchenrechtliche Einzelgesichtspunkte oder auf eingängige pastorale Appelle beschränkt. Andere tun die Problematik schon mit dem bloßen Hinweis auf das Dogma der Unauflöslichkeit der Ehe ab. Wenn es gelingt, den sachgerechten Ort dieses Problems sichtbar zu machen und die angemessene Fragestellung zu eröffnen, ist das Ziel dieses Beitrages mehr als erreicht[4].

II. Begründung und Bestreitung der bisherigen Lehre und Praxis

1. Die Hauptargumente für die jetzige Haltung der Kirche

Zunächst muß die Begründung der bis jetzt gültigen Lehre und Praxis der Kirche betrachtet werden[5]. Nach dem Urteil der Kirche leben wiederverheiratete Geschiedene in einer geschlechtlichen Gemeinschaft die keine gültige Ehe, gegen den Willen Gottes und darum Sünde ist. Solange sie diesen Zustand nicht ändern und ihren sündigen Willen nicht aufgeben wollen, fehlt ihnen die notwendige Voraussetzung für eine sakramentale Vergebung der Sünden und folgerichtig auch für den

---

die hier behandelten Fragen in einem ersten Entwurf zur Diskussion gestellt (vgl. *Schweizerische Kirchenzeitung*, Nr. 15/1972, auch als Sonderdruck). Diese Ausführungen decken sich weitgehend mit den Vorschlägen von R. Gall, *Fragwürdige Unauflöslichkeit der Ehe?* Zürich/Würzburg 1970, 198ff., 200ff. Vgl. auch u. 304f., Anm. 24.

[4] Viele grundlegende Probleme einer Theologie der Ehe können in diesem kritischen Bericht nicht mitbehandelt werden, z. B. das Problem des ›Ehebandes‹ usw. Vgl. dazu einige Hinweise bei K. Lehmann, *Zur Sakramentalität der Ehe*, in: F. Henrich/V. Eid (Hrsg.), *Ehe und Ehescheidung* = Münchner Akademie-Schriften 59, München 1972, 57–72, bes. 61f. Zur Orientierung vgl. die umfangreiche Bibliographie in H. Stirnimann (Hrsg.), *Christliche Ehe und getrennte Kirchen* = Ökumenische Beihefte zur FZThPh 1, Freiburg (Schweiz) 1968, 95–124 und E. Christen, *Ehe als Sakrament – neue Gesichtspunkte aus Exegese und Dogmatik*, in: J. Pfammatter/F. Furger (Hrsg.), *Theologische Berichte* I, Zürich 1972, 11–68.

[5] Die folgende Skizze darf darum kurz sein, weil ich auf einen ausführlichen Literaturbericht von W. Löser SJ, *Die Kirche zwischen Gesetz und Widerspruch. Für und wider eine Zulassung wiederverheirateter Geschiedener zu den Sakramenten*, in: *HerKorr* 26 (1972) 243–248 verweisen kann. Auf die dort gesammelten Belege sei eigens aufmerksam gemacht. – Die Literatur von 1970–1972 verzeichnet die Bibliographie von R. Metz/J. Schlick, *Marriage and divorce* = RIC Supplement 1, Straßburg 1973.

Zutritt zur Eucharistie. Wenn sie die neugewählte Lebensgemeinschaft aus gewichtigen Gründen nicht aufgeben können und gleichzeitig bereit sind, die geschlechtlichen Beziehungen aufzugeben, wie Bruder und Schwester zusammenzuleben und die nächste Gefahr zur Sünde zu meiden, können sie öffentlich zu den Sakramenten zugelassen werden. Dies ist allerdings nur dort möglich, wo ihre Situation nicht öffentlich bekannt ist und kein Ärgernis zu befürchten ist. Eine Zulassung zu den Sakramenten erfolgt demnach meist nur in einer fremden Pfarrei.
Die Substanz dieser Haltung läßt sich theologisch noch deutlicher machen: Wiederverheiratete Geschiedene leben nach dem katholischen Verständnis der Unauflöslichkeit der Ehe in einer ungültigen Ehe; da ihre ehelichen Beziehungen der klaren Forderung Christi widersprechen, bleiben sie in einem sündhaften Zustand (wie alle außerehelichen Geschlechtsbeziehungen). Aus ihrer objektiv ungültigen Ehe kann und muß – so wird meist ganz selbstverständlich gefolgert – auf ihren persönlich-subjektiv sündigen Willen geschlossen werden[6]. Wer aber öffentlich und auf Dauer in diesem Zustand verharren will, stellt sich einerseits bei der Zulassung zur Eucharistie durch sein ehebrecherisches Leben öffentlich gegen das Gebot des Herrn, anderseits legt er durch die Teilnahme am Herrenmahl zugleich ein Bekenntnis für Jesus Christus ab. Dieser unerträgliche, öffentlich zur Schau gestellte Zwiespalt widerspricht dem Sinn des Glaubens, der kirchlichen Gemeinschaft und der realsymbolischen Zeichenfunktion der Sakramente. Es ist darum besser, solche Menschen bekennen sich in Würde und Achtung zur Übertretung des Gebotes Jesu Christi und zur Übernahme aller daraus folgenden Verantwortung[7]. Sonst bleibt die Gefahr betrügerischer Manöver, die einen völlig unvereinbaren Widerspruch im Leben bedeuten würden.

2. *Bedenken gegen die Begründung der faktischen Praxis*

Die Stärke dieser Argumentation ist ihre Eindeutigkeit und Stringenz. Die Bestreiter einer weiteren Gültigkeit der bisherigen Lehre und Praxis haben es naturgemäß schwer. Sie diskutieren oft auch andere Probleme,

---

[6] Hier scheint eine der wirklich problematischen Voraussetzungen der traditionellen Begründung zu liegen. Dazu bes. H. B. Meyer, *Können wiederverheiratete Geschiedene zu den Sakramenten zugelassen werden?* In: J. David/F. Schmalz (Hrsg.), *Wie unauflöslich ist die Ehe?* Aschaffenburg 1969, 268–306, bes. 284ff.; außer der dort genannten Literatur vgl. auch A. Röper, *Objektive und subjektive Moral – Ein Gespräch mit Karl Rahner*, Freiburg 1971.

[7] Auf diese und andere Überlegungen hat I. F. Görres, *Was Ehe auf immer bindet* = Ehe in Geschichte und Gegenwart 1, Berlin 1971, energisch aufmerksam gemacht, vgl. bes. 74–89. Doch sollten auch die unbequemeren Reformaufrufe in diesem Buch nicht überhört werden, z. B. 69–74.

z. B. ob nicht die Nichtigkeitsgründe überhaupt ausgeweitet werden müßten, ob neben der geschlechtlich-»physischen« Vollendung des ehelichen Vollzugs nicht stärker die personal-dynamische und »existentielle« Ausreifung und Vollendung des Ehewillens berücksichtigt werden müsse, ob nicht auch eine gültige sakramentale und vollzogene Ehe durch die Kirche gelöst werden könnte, ob nicht eine zweite eheliche Gemeinschaft von Geschiedenen auch sakramental geschlossen werden könnte usw.[8]. Weil eine Lösung dieser Fragen aber unabsehbare Zeit in Anspruch nimmt, beschränken die Gegner der bisherigen Lehre und Praxis sich zunächst auf eine kritische Überprüfung der traditionellen Argumente, die gegen eine Zulassung zu den Sakramenten verwendet werden. Dabei geht es weniger um die formale Schlüssigkeit des Gedankenganges als um eine kritische Diskussion der leitenden, oft selbstverständlich angenommenen Voraussetzungen.

Zunächst beruft man sich auf die grenzenlose Vergebungsbereitschaft Gottes, die auch nicht vor schwerer Schuld durch Scheidung und Wiederverheiratung Halt mache, zumal wenn das damit verbundene Scheitern anerkannt sei und eine Mitschuld nach Kräften gutgemacht werde. Wo sich ein Christ entschlossen und reumütig zu seiner Schuld bekenne, dürfe er auch fest und zuversichtlich auf die vergebende Barmherzigkeit Gottes hoffen. Eine totale »Wiedergutmachung« ist oft, z. B. bei einer auf beiden Seiten unheilbar zerrütteten Ehe[9], nicht zu erreichen. Dies gilt vor allem dann, wenn der oder die Partner eine neue Verbindung eingegangen sind, deren Trennung aus äußeren und inneren Gründen nicht durchgeführt werden kann und auch z. B. wegen der Kinder aus dieser ehelichen Gemeinschaft sittlich nicht gerechtfertigt werden könnte. Anerkennung von Schuld, Reue und Bußgesinnung schließen also nicht in jedem Falle und unbedingt ein Aufgeben der neuen ehelichen Gemeinschaft und eine Rückkehr zum ersten Partner ein. Die Betroffenen haben außerdem in vielen Fällen nicht das Bewußtsein, schuldig zu sein. Das Fehlen eines solchen Schuldbewußtseins kann verschiedene Ursachen haben und darf nur sehr vorsichtig beurteilt werden[10], so daß in konkreten Einzelsituationen nicht automatisch vom Zustand schwerer Sünde gesprochen werden darf.

Zwei Einzelüberlegungen spielen bei dieser Argumentation eine besondere Rolle:

1. Es kann Fälle geben, in denen wiederverheiratete Geschiedene sittlich

---

[8] Vgl. zu diesen Fragen die umsichtigen und literaturreichen Ausführungen des Zürcher Ehrichters R. Gall, a.a.O. (Anm. 3).

[9] Es ist erstaunlich, wie leichtfertig der Begriff der »unheilbaren Zerrüttung« von den Problemen des staatlichen Scheidungsrechtes in theologische Erläuterungen übernommen wird; vgl. dazu kritisch meinen in Anm. 4 genannten Aufsatz, bes. 67f., 70f.

[10] Vgl. W. Löser, a.a.O., 246ff.

erlaubterweise ihre ungültige Ehe auch durch eheliche Hingabe fortsetzen dürfen, wenn nämlich eine konkrete Güterabwägung ergibt, daß die Situation und der Umkreis ihrer jetzigen Pflichten nicht *in sich* schlecht sind, obgleich gegen das Gesetz der Einheit und Unauflöslichkeit der Ehe verstoßen wird[11].

2. Das zweite Argument bezieht sich auf die Wertung der geschlechtlichen Begegnung innerhalb der neugewählten ehelichen Gemeinschaft. Der Grund für die Sündhaftigkeit des Zusammenlebens wird fast ausschließlich in der Unerlaubtheit der geschlechtlichen Begegnung gesehen. Man setzt eine solche Lage einem vorehelichen Geschlechtsverkehr gleich (was jetzt übergangen werden soll). Ob die Wertung der menschlichen Geschlechtlichkeit, die in einer solchen Beurteilung aufscheint, sich heute noch sachlich überzeugend vertreten läßt, wird bezweifelt: Die geschlechtliche Hingabe in der Zweitehe, die ja oft der Ausdruck einer neu gewachsenen, irreversiblen und ernsthaften zwischenmenschlichen Realität ist, kann nicht ohne weiteres und von vornherein als *in sich* schlecht verurteilt werden. Da die Einzelmomente und Entscheidungsmomente bei der Beurteilung der Gesamtsituation wiederverheirateter Geschiedener schwerlich nur mit vorgegebenen moralischen Kategorien adäquat beurteilt werden können, muß die wache und selbstkritische Gewissensüberzeugung der Partner sehr viel mehr befragt und respektiert werden. Eine solche Achtung vor der Gewissensüberzeugung bedeutet weder eine kirchliche Anerkennung der Scheidung als solcher noch irgendeine Form der Gleichsetzung einer »Zivilehe« mit einer sakramentalen Ehe.

3. Auf der Suche nach einem Ausweg und nach einer »dritten Kraft«

Dies sind in kurzem Aufriß die Argumente der Befürworter oder Gegner der bisherigen Lehre und Praxis. Es ist keine Frage, daß sich die Gründe beider Seiten jeweils theologisch noch erheblich vertiefen ließen. Es scheint mir auch – unabhängig von der Position, die man selbst einnimmt – unbestreitbar zu sein, daß die bisherige Begründung in der üblichen Form unzureichend ist, so keine unanfechtbare Gewißheit und damit auch nicht für jeden Fall absolute Gültigkeit beanspruchen kann. Eine simple Reaffirmation der bisherigen Haltung und Lehre kann ohne eine ausdrückliche Auseinandersetzung mit ihren Bestreitungen weder Wahrheitswert noch wirkliche pastorale Folgerichtigkeit für sich reklamieren. Im übrigen stehen sich beide Positionen meist unversöhnlich gegenüber. Gibt es einen Ausweg?

---

[11] Vgl. dazu genauer H. Heimerl, *Sakramentenempfang für Wiederverheiratete*, in: *ThQ* 151 (1971) 61–65.

Am meisten fällt auf, daß in der durchschnittlichen Beweisführung letztlich nur »sekundäre« Argumente[12] eine Rolle spielen. Dogmatisch grundlegende Ausführungen werden z. B. kaum benutzt. Es wird mehr oder weniger deutlich vorausgesetzt, daß aufgrund der lehramtlich festzuhaltenden, global gesehenen Unauflöslichkeit der christlichen Ehe ohnehin keine Modifikation der bestehenden Lehre und Praxis zu erwarten sei[13]. Deshalb finden sich auch kaum Stellungnahmen dogmatischer Theologen zu unserer Frage[14]. Ob nicht aber doch vom Zentrum des christlichen Eheverständnisses aus Wege zur Lösung dieses notvollen pastoralen Problems gefunden werden können, soll nun überprüft werden.

III. Das wirkliche Zeugnis von Schrift und kirchlicher Überlieferung

1. Eindeutige und doppelpolige Aussagen im Neuen Testament

Die Frage der Ehescheidung wird an fünf Stellen des Neuen Testaments[15] behandelt (Mt 5, 32 / Lk 16, 18; Mk 10, 2–12 / Mt 19, 3–9; 1 Kor 7, 10–16), wobei eine eigentümliche Differenzierung in der Stellungnahme auffällt. Nach Mk 10, 2 ff. und Lk 16, 18 gilt das Verbot der Ehescheidung ohne Einschränkung. Die matthäischen »Unzuchtsklauseln« (Mt 5, 32; 19, 9) und die paulinische »Konzession« (1 Kor 7, 10 f.; 7, 15) bezeugen die bedingte Möglichkeit einer Trennung der Partner. Dies gilt ganz unabhängig von der auch heute noch nicht aus-

---

[12] »Sekundär«, weil die theologischen Grundfragen kaum behandelt werden, bzw. nur gestreift sind. Selbstverständlich behalten diese »sekundären Argumente« ihren Rang und ihre Bedeutung.

[13] Sofern auf diese Probleme in manchen Publikationen eingegangen wird, geschieht es oft – von der Dogmatik her gesehen – dilettantisch, so daß mit Recht widersprochen werden muß.

[14] Eine Ausnahme stellt jetzt dar J. Ratzinger, *Zur Frage nach der Unauflöslichkeit der Ehe*, in: F. Henrich/V. Eid (Hrsg.), *Ehe und Ehescheidung* = Münchener Akademie-Schriften 59, München 1972, 35–56, bes. 54ff.

[15] Die neuere Literatur dazu ist fast unübersehbar geworden; darum seien nur einige jüngere Beiträge genannt (dort weitere Lit.): R. Schnackenburg, *Die Ehe nach der Weisung Jesu und dem Verständnis der Urkirche*, in: F. Henrich/V. Eid (Hrsg.), a.a.O., 11–34; G. Schneider, *Jesu Wort über die Ehescheidung in der Überlieferung des Neuen Testaments*, in: *TThZ* 80 (1971) 65–87; R. Pesch, *Freie Treue. Die Christen und die Ehescheidung*, Freiburg 1971; B. Schaller, *Die Sprüche über Ehescheidung und Wiederheirat in der synoptischen Überlieferung*, in: E. Lohse (Hrsg.), *Der Ruf Jesu und die Antwort der Gemeinde.* Festschrift f. J. Jeremias, Göttingen 1970, 226–246 (dort vor allem ausländische Literatur).

reichend beantworteten Frage, ob die matthäischen Unzuchtsklauseln[16] bei schwerer sexueller Verfehlung des Partners (dies ist wohl der Grundsinn des Wortes »Unzucht« bzw. »Ehebruch«: porneia) eine eigentliche Scheidung erlauben. Bei Paulus wird der fast widerspruchsvoll erscheinende Sachverhalt noch deutlicher: Jesu Wort zur Ehescheidung steht in uneingeschränkter Fassung und als absolute Forderung neben der durch die Vollmacht des Paulus interpretierten »Einschränkung«: Es kann eine Situation geben, in der sich der Christ der Ehescheidung nicht widersetzen soll, dann nämlich, wenn von den in einer »Mischehe« lebenden Ehepartnern der heidnische Teil die Scheidung fordert und vollzieht. Aus diesem Grundbefund folgt im Zusammenhang unserer Fragestellung:

1. Besonders 1 Kor 7, 10–16 beweist, daß die Weisung des Paulus sich mit dem unverkürzt geltenden Verbot der Ehescheidung durch Jesus verbindet. Jesu Wort wird durch das Verhalten des Paulus nicht eigentlich als depotenziert erfahren oder als aufgelockert verstanden.
2. In allen diesen Fällen geschieht eine Konkretisierung des ursprünglich richtungweisenden Wortes Jesu. Gerade die »Konzessionen« bezeugen indirekt, daß man das Jesuswort als bindendes und in dieser Zeit realisierbares Gebot verstanden hat[17].
3. Der Apostel Paulus und die »matthäische« Gemeinde hielten sich für bevollmächtigt, gegenüber der absoluten Forderung im Worte Jesu in gewissen Fällen die Möglichkeit der Ehescheidung einzuräumen.
4. Eine Trennung wird in keinem Fall geboten (wie später in nachneutestamentlicher Zeit, z. B. bei Hermas). Auch wird nirgends die Wiederverheiratung empfohlen. Darum ist es historisch und auch von der Sache des Neuen Testaments her sinnlos, von einem »Recht« auf Ehescheidung und Wiederverheiratung in der Schrift zu sprechen.

2. *Das spannungsvolle Ringen in der Geschichte der Kirche*

Für uns heute ist es schwer, in dem Ineinander und Nebeneinander von grundsätzlich festgehaltener, absoluter Forderung Jesu und der »Konzession« in einzelnen Fällen mehr als einen Widerspruch zu entdecken[18].

---

[16] Außer der eben genannten Lit. vgl. A. Sand, *Die Unzuchtsklausel in Mt 5, 31. 32 und 19, 3–9*, in: *MThZ* 20 (1969) 118–129.

[17] Damit ist in Übereinstimmung vieler Exegeten eine Deutung im Sinne eines »Zielgebotes« oder eines »Verkündigungsideals« nicht möglich. Überraschenderweise bringt auch die Schweizerische Synodenvorlage (vgl. Anm. 3) unter der Nr. 24.2 eine solche Auslegung. Vgl. dazu auch Anm. 18.

[18] Die folgenden Überlegungen sind ein erster Versuch, dogmatisch diese Doppelseitigkeit auf einen Begriff zu bringen. Doch ist damit die umfassendere Aufgabe einer grundsätzlichen hermeneutischen Besinnung noch nicht geleistet, die sich auch auf das Problem des Verhältnisses von Allgemeinem und Besonderem, auf den Sinn von

Entweder sieht man in der Duldung einer Wiederheirat einen Verzicht auf den Grundsatz der Unauflöslichkeit der Ehe oder man kommt zu einem beziehungs- und spannungslosen Nebeneinander zweier Aussagen, die sich gegenseitig nicht viel bedeuten[19]. Wir müssen wieder das Auge für die Tatsache schärfen, daß in bestimmten Situationen die reale Möglichkeit der Ehescheidung und Wiederheirat eingeräumt wird, ohne daß dies grundsätzlich im Sinne einer Aufweichung und Lockerung der uneingeschränkten Forderung Jesu verstanden wird.
Diese zwiefache Sicht ist auch nachneutestamentlich bezeugt. Nirgends wird diese äußerste Spannung deutlicher als an einer Stelle im Matthäuskommentar des Origenes: »Schon haben auch einige der Vorsteher der Kirche gegen das Geschriebene gestattet, daß eine Frau zu Lebzeiten des Mannes heiraten kann. Sie handeln damit allerdings gegen das Schriftwort, wo es heißt: ›Die Frau ist gebunden, solange der Mann lebt‹ (1 Kor 7, 39) und: ›Darum würde sie als Ehebrecherin gelten, wollte sie, solange ihr Mann noch lebte, einem anderen zu eigen werden‹ (Röm 7, 3). Und doch war dieses Verhalten nicht gänzlich ohne Grund. Man darf nämlich annehmen, daß sie diese Handlungsweise zur Vermeidung von Schlimmerem zugestanden haben, allerdings im Widerspruch zu dem von Anfang an gesetzten Recht und zum Schriftwort«[20]. Zeugnisse dieser Art könnten leicht vermehrt werden[21]. Die immer wieder sich ereignenden Dramen menschlicher Ehewirklichkeit verlangten eine Antwort: Ehebruch eines Mannes mit der Schwester seiner Frau, die Untreue der zur »Hure« gewordenen Gattin, das künftige Schicksal eines bei Nacht und Nebel (auf immer?) von seinem Lebensgefährten verlassenen Ehepartners, gewaltsame Trennung von Ehen und Familien durch Krieg, Gefangenschaft, Willkür von Mächti-

---

»Gebot« (Jesu) usw. konzentrieren muß. Ebenso muß kritisch der Sprachgebrauch von »absolut« in diesem Zusammenhang untersucht werden. In einer scharfsinnigen Studie hat dies B. Schüller, *Zur Rede von der radikalen sittlichen Forderung*, in: *ThPh* 46 (1971) 321–341 im Blick auf »radikal« unternommen. Doch läßt sich diese Frage in unserem Zusammenhang nicht ohne umfangreichere exegetische Arbeit bewältigen.

[19] Dies gilt auch für manche exegetische Erklärungsversuche, die durch das Herausarbeiten verschiedener traditionsgeschichtlicher Schichten (etwa bei Mt 5 und 19) oder durch Hypothesen anderer Art (notwendige Änderung des Jesusgebotes durch die Parusieverzögerung) sich nicht mehr nach dem Sinn des Zueinanders der heutigen Textaussagen fragen – eine Bemühung, um die der systematische Theologe nicht herumkommt.

[20] *In Matth.*, 14, 23 = PG 13, 1245.

[21] Für die Antike vgl. B. Kötting, *Digamus*, in: *RAC* III, 1016–1024; J. Moingt, *Ehescheidung »aufgrund von Unzucht« (Matth 5,32 / 19, 9)*, in: J. David/F. Schmalz (Hrsg.), a.a.O., (Anm. 6) 178–222; P. Stockmeier, *Scheidung und Wiederverheiratung in der alten Kirche*, in: *ThQ* 151 (1971) 39–51; jetzt durch Materialfülle entscheidend: H. Crouzel, *L'Église primitive face au divorce* = Théologie historique 13, Paris 1971. Die Kontroverse J. Moingt/H. Crouzel bedürfte noch der kritischen Überprüfung durch weitere Fachleute. – Vgl. dazu auch unten 300 mit Anm. 7.

gen, Verschleppung usw. Die Kirche hat in einer langen Tradition für solche Notfälle Auswege im Sinne einer milderen Praxis gefunden. Manche Entscheidungen sind sogar durch qualifizierte päpstliche Dekrete (z. B. Leo des Großen, Gregor II. usw.) vollzogen worden[22]. Dabei war man sich allerdings stets des Widerspruchs zur Schrift bewußt und erblickte in diesem Verhalten die Möglichkeit, noch Schlimmeres zu vermeiden (also in Anwendung des Prinzips der Güterabwägung). Vor der Duldung einer zweiten Ehe wurde darum auch eine Kirchenbuße verordnet[23].

3. *Theologische Klärung des Überlieferungsbefundes*

Die übliche dogmengeschichtliche Sicht des Ehesakramentes und seiner Unauflöslichkeit hat dieser anderen und zweiten Linie kirchlichen Verhaltens, die immer mit der absoluten Forderung unbedingter Treue in der Ehe zusammengesehen werden muß, nicht genügend Aufmerksamkeit geschenkt. Solche Fälle galten eher als archaische Spuren dogmatisch noch nicht auf den normativen Stand gebrachter rückläufiger Tendenzen und als Ausdruck einer fragwürdigen pastoralen Nachsicht. Diesen Zeugnissen wurde unter der Herrschaft einer bestimmten Denkform keine wirklich theologische Relevanz zugebilligt. Richtig daran ist, daß man die beschriebene Praxis im einzelnen nicht unbesehen theologisch aufwerten darf: Dahinter stecken z. B. theologisch ungeklärte Vorstellungen, problematische pastorale Praktiken, Zufälligkeiten usw. Seit der Wende zum 13. Jahrhundert setzte sich in den Entscheidungen der Päpste und in der Kanonistik das Prinzip der Unauflöslichkeit der Ehe ganz entschieden durch (auch im Blick auf nichtvollzogene christliche Ehen, außer im Falle des Klostereintritts). Ein systematisiertes Eherecht, das die Bedingungen für das Zustandekommen einer Ehe und mögliche Nichtigkeitsgründe aufgrund der gemachten Erfahrungen »apriorisch« zu erfassen und logisch zu ordnen sucht[24], wollte damit

---

[22] Vgl. dazu B. Primetshofer, *Zerbrochene Ehe und Ehescheidung*, in: *ThPQ* 119 (1971) 117–130; P. Manns, *Die Unauflösbarkeit der Ehe im Verständnis der frühmittelalterlichen Bußbücher*, in: N. Wetzel (Hrsg.), *Die öffentlichen Sünder oder Soll die Kirche Ehen scheiden?*, Mainz 1970, 42–75, 275–302; E. Schillebeeckx, *Le mariage* I = Cogitatio fidei 20, Paris 1966; die Beiträge von J. Gaudemet und G. Fransen, in: R. Metz/J Schlick (Hrsg.), *Le lien matrimonial* = Hommes et Église 1, Straßburg 1970, 81–105, 106–126; R. Weigand, *Das Scheidungsproblem in der mittelalterlichen Kanonistik*, in: *ThQ* 151 (1971) 52–60 (Lit.).

[23] Beispiele bei H. Crouzel, a.a.O., 148ff. (Basilius berichtet von mehrjährigen Kirchenbußen); für das Frühmittelalter vgl. P. Manns, a.a.O., 60ff.

[24] Diese Struktur ist m. W. noch wenig erforscht, vgl. jedoch J. Dauvillier, *Le mariage dans le droit classique de l'Église*, Paris 1933; G. H. Joyce, *Die christliche Ehe*, Leipzig 1934; H. Portmann, *Wesen und Unauflöslichkeit der Ehe in der kirchlichen Wissenschaft und Gesetzgebung des 11. und 12. Jahrhunderts*, Emsdetten 1938.

ein nachträgliches Scheitern unbedacht geschlossener Ehen vermeiden bzw. ihre Ungültigkeit besser erweisen helfen. Der menschliche und religiöse Rang dieses Sieges des konkret zu realisierenden Grundsatzes von der unbedingten Treue in der Ehe ist kaum zu überschätzen. Und dennoch ist das Ringen der Tradition mit den konkreten Nöten und Einzelschicksalen bei ungebrochener Gewißheit und bleibender Überzeugung von der Unauflöslichkeit der Ehe ein eindrucksvolles Zeugnis, das nicht nur mit theologischem Entwicklungsrückstand, »Laxismus« und noch nicht genügend geläutertem sittlichem Bewußtsein gleichgesetzt oder dadurch erklärt werden kann. Dieses mutige Aushalten der Spannung zwischen der keinen Augenblick angezweifelten Grundforderung Jesu *und* der pastoralen Sorge für Gescheiterte in umgrenzten Notfällen – abgesehen von der zugestandenen Problematik in Einzelfällen – hat exemplarische und wegweisende Bedeutung auch für die heutige Kirche.

Die spätere Beschränkung nur auf den gerichtlichen Weg, die ausschließlich prozessuale Fragestellung und das Übergewicht formaler Gesichtspunkte (z. B. Formfehler usw.) beinhalten bei allen unaufgebbaren Vorzügen einer auch rechtlichen Klärung gegenüber der früheren Praxis der Kirche eine Einengung, die in dieser ausschließlich und einzig gewordenen Form weder durch die Schrift selbst noch durch die Breite des kirchlichen Traditionszeugnisses für immer gerechtfertigt ist. Hier wird sichtbar, wie auch in Theologie und Kirche jeder »Fortschritt« in einer Sache – oft nach langer »Inkubationszeit« und ohne wichtige reformerische Erfolge zu bestreiten – seinen Schatten wirft. Die innere Not mancher Verantwortlicher für die kirchliche Ehegerichtsbarkeit ist deutlich geworden[25], die Fragen sind klar gestellt[26], und überdies sind selbst untergründige Veränderungen im Eherecht und im Eheprozeßwesen nicht zu leugnen[27]. Es erhebt sich die Frage, ob das prozessuale Verfahren der einzige Weg bleiben muß, auf dem »Gerechtigkeit« in einem ursprünglichen Sinne zum Sieg gebracht werden kann.

4. Der Sinn des Dogmas von Trient

Nun scheinen alle Versuche einer Neuorientierung der Praxis an den glasklaren Worten des Konzils von Trient zu scheitern: »Wer sagt, die Kirche irre, wenn sie gelehrt hat und lehrt: Nach evangelischer und apostolischer Lehre ... könne wegen eines Ehebruchs des einen Ehegatten das eheliche Band nicht gelöst werden und beide, auch der un-

[25] Vgl. dazu R. Gall, a.a.O. (Anm. 3), 197f. (Lit.).

[26] Vgl. z. B. R. Schnackenburg, a.a.O. (Anm. 15), 24ff., 27ff., 32ff.

[27] Belege bei P. Huizing, *Das kanonische Ehescheidungsrecht seit dem Konzil von Trient*, in: N. Wetzel (Hrsg.), a.a.O. (Anm. 22), 76–93.

schuldige Teil, der keinen Anlaß zum Ehebruch gegeben hat, könne zu Lebzeiten des anderen Ehegatten keine andere Ehe eingehen; und der Mann begehe einen Ehebruch, der nach Entlassung der ehebrecherischen Frau eine andere heiratet, ebenso die Frau, die nach Entlassung des ehebrecherischen Mannes sich mit einem anderen vermähle, der sei ausgeschlossen«[28]. Die Forschungen von P. Fransen über diesen Text haben gezeigt, daß auch dieses Konzil noch um die in der kirchlichen Überlieferung dokumentierte Spannung weiß, auch wenn dies im unmittelbaren Text nicht sofort sichtbar ist. So ist erwiesen, daß durch diese Entscheidung die Praxis der Ostkirchen nicht negativ betroffen wird, welche im Sinne des Origenes und Basilius eine mildere Praxis kennt. (Eine gültige sakramentale Ehe zu Lebzeiten des ersten Gatten gibt es auch im Osten nicht; die zweite Ehe wird zwar toleriert, erhält aber keineswegs eine der ersten Ehe vergleichbare kirchliche Anerkennung. Der Sakramentenempfang wird auf dem Weg der »Ökonomie« gewährt.) Die Ostkirchen halten freilich lehrmäßig ganz eindeutig an der Unauflöslichkeit der Ehe fest[29]. Nur die Praxis der Tolerierung einer zweiten Ehe hat einen anderen Stellenwert[30]. Das Konzil von Trient hat diese östliche Seelsorgspraxis *bewußt* nicht verurteilt, sie vielmehr als Bestandteil einer partikularkirchlichen »Lebensform« (Ritus) gelten lassen.

Die Väter in Trient wollten vor allen Dingen die Bestreitung der Vollmacht der Kirche zu einer lehramtlichen und moralischen Gestaltung der christlichen Ehe zurückweisen, wobei besonders Luther der Theorie und Praxis der römisch-katholischen Kirche schriftwidriges Verhalten vorgeworfen hatte. Demgegenüber stellt das Konzil klar: Lehre und Praxis der abendländischen Kirche geschehen »gemäß (iuxta) der Lehre des Evangeliums«. P. Fransen[31] hat den genaueren Sinn dieser präzisen Formulierung herausgearbeitet: Die abendländische Praxis, so wie sie sich immer stärker durchgesetzt hat, *ist* nicht *schlechthin die* Lehre des Evangeliums; damit wird in gewisser Weise offengelassen, ob es andere

---

[28] *DS* 1807 = *NR* 657 (7. can. der Entscheidungen des Konzils von Trient über die Ehe). Vgl. – die eigenen Forschungen zusammenfassend – P. FRANSEN, *Das Thema »Ehescheidung nach Ehebruch« auf dem Konzil von Trient* (1563), in: *Concilium* 6 (1970) 343–348 (Lit.); H. JEDIN, *Die Unauflöslichkeit der Ehe nach dem Konzil von Trient*, in: K. REINHARDT/H. JEDIN, *Ehe – Sakrament in der Kirche des Herrn* = Ehe in Geschichte und Gegenwart 2, Berlin 1971, 61–135 (Lit.).

[29] Vgl. J. MEYENDORFF, *Marriage: An Orthodox Perspective*, St. Vladimir's Seminary 1970, 11 ff., 21 ff., 32 ff., 35 ff. und 42 ff.; E. MÉLIA, *Le lien matrimonial à la lumière de la théologie sacramentaire et de la théologie morale de l'Église orthodoxe*, in: R. METZ/J. SCHLICK (Hrsg.), a.a.O. (Anm. 22), 180–197.

[30] Dazu auch J. KOTSONIS, *Problèmes de l'économie ecclésiastique* = Recherches et synthèses, dogme 2, Gembloux 1971, 187 ff.

[31] P. FRANSEN, a.a.O. (Anm. 28), 345 f., 347 und J. RATZINGER, a.a.O. (Anm. 14), 49 f.

schriftgemäße Verhaltensweisen gibt, die sich auch auf die Schrift berufen können; die eigene Lehre und Praxis werden aber insofern geschützt und verteidigt, als sie *positiv* für »*gemäß* der Lehre des Evangeliums« erklärt werden. Theorie und Praxis der katholischen Kirche sind also ungeachtet anderer Auslegungsmöglichkeiten von der Offenbarung inspiriert, entsprechen der Richtung des Evangeliums und konkretisieren dieses. Im übrigen wurde der Text – was nicht unterschätzt werden darf – nicht nur im Blick auf die Ostkirchen, sondern auch mit Rücksicht auf anderslautende katholische Lehrmeinungen zur Auslegung der Unzuchtsklauseln (Cajetan) und zur Duldung einer zweiten Ehe (Ambrosius, in Wirklichkeit aber Ambrosiaster) so behutsam formuliert.

5. Konsequenzen für eine dogmatisch begründete Pastoral geschiedener Ehen

Das Konzil von Trient hat damit auch die unzweifelhaft gegebene Linie einer milderen Praxis in bestimmten Notsituationen, wie diese in der antiken und mittelalterlichen Tradition des Abendlandes bezeugt wird, nicht verurteilt. Damit wird aber für eine heute so dringend notwendige und wirklich verantwortungsbewußte Pastoral für gescheiterte Ehen unter gewissen Bedingungen (von denen später die Rede sein wird) auch lehramtlich ein echter, offener Spielraum sichtbar. Mit dieser These ist noch nicht behauptet, die abendländische Kirche müsse die ostkirchliche Praxis übernehmen. Sie wird deren Fehler sogar sorgsam vermeiden müssen. Wer die Möglichkeit einer neuorientierten Praxis aber nicht real als solche anerkennt, nimmt dogmengeschichtlich gesicherte Erkenntnistatbestände nicht an und verteidigt nur in sehr unscharfer Weise die wirklich verbindliche Lehre der Kirche[32]. Für die Frage der Zulassung wiederverheirateter Geschiedener zu den Sakramenten ist damit ein verläßliches dogmatisches Fundament gefunden, von dem aus die pastorale Aufgabe behutsam geklärt werden kann. Das umstrittene Problem braucht somit nicht länger im dogmatischen Niemandsland, mit pseudo-dogmatischen Ansprüchen oder nur im Bereich moralkasuistischer und kanonistischer Einzelbestimmungen verhandelt zu werden, sondern findet in diesem Zusammenhang einen tragenden Boden und verläßlichen Grund. Das Problem selbst wird dadurch freilich nicht einfacher, wie gleich zu zeigen sein wird.

[32] Die Anerkennung solcher gesicherter dogmenhistorischer Untersuchungen ist allerdings die Voraussetzung für die oben entwickelten Überlegungen. Wer eine solche Fruchtbarmachung historisch-kritischer Forschungsergebnisse der dogmatischen Methode verwehrt, kann allerdings Theologie heute nicht mehr wissenschaftlich betreiben. Das Mißtrauen des Nichtfachmanns, hier würde das Dogma umfunktioniert und manipuliert, ist zwar verständlich, aber dennoch unbegründet.

IV. Absolute Forderung Jesu und pastorale Milde in ihrer Zuordnung

1. Pastorale Neuordnung – in welchem Sinne?

Bisher haben wir die beiden Linien einer ungebrochenen Gewißheit von der Gültigkeit der absoluten Forderung Jesu und einer tolerierenden Praxis nur in ihrem spannungsvollen Beieinander gesehen. Jetzt ist genauer nach der Zuordnung beider zu fragen. In beiden Linien steckt *jeweils* eine Lehre für die Praxis *und* ein praktisches Verhaltensmoment, das der aufschließenden dogmatischen Reflexion bedarf. Bei genauerem Zusehen zeigt sich allerdings, daß die beiden Überlieferungsstränge nicht in einem parallelen und gleichberechtigten Nebeneinander stehen, weil nämlich der Grundsatz der Unauflöslichkeit der Ehe eine vergleichsweise höhere und ganz anders gerichtete, normierende Kraft für sich beansprucht als die von Fall zu Fall gegebene Einräumung einer milderen Praxis. Die Spannung in der Überlieferung bringt ja gerade die fast widersprüchliche Gegenläufigkeit zum Ausdruck, daß das Herrenwort zwar »an sich« das einzig Richtige und Rechte darstellt, ein davon in der Einzelsituation abweichendes Verhalten aber »nicht gänzlich ohne Grund« ist. Die »Konzessionen« haben also in gewisser Weise gerade die Funktion, auf den verbindlichen Rang der grundsätzlichen Weisung Jesu aufmerksam zu machen und für ihre prinzipielle und reale Aufrechterhaltung nach Kräften zu sorgen.

Die Einräumung einer milderen Praxis darf nicht zu einem eigenen, gegenüber dem Grundsatz der Unauflöslichkeit relativ oder jedenfalls faktisch gleichgültigen Ordnungskomplex werden. Dieser liegt diesseits der Schwelle des unzweifelhaft im Glauben Gesollten, hat also *für sich allein* prinzipiell keinen »Ort«. Es gibt darum im Grunde auch kein »Recht« eigener Art auf Trennung, Wiederverheiratung und eventuell folgender Zulassung zu den Sakramenten. Wohl kann und muß die Kirche für die pastorale Regelung solcher Notsituationen eine verantwortliche und bis zu einem gewissen Grad auch rechtlich praktikable Ordung schaffen. Aber vom Zentrum der Lehre von der unbedingten Treue in der Ehe her kann es keinen Rechts*anspruch* im erwähnten Sinne geben.

2. Jesu Beispiel: keine rechtfertigende »Erlaubnis«

Bereits Mk 10,2 ff. verwehrt ein solches Denken, wie es im Streitgespräch mit den Pharisäern zum Ausdruck kommt. Die Pharisäer fragen nach einer »Erlaubnis«, nach einer gesetzlichen Bestimmung, die einen Bereich von Handlungsfreiheit einräumt, der schließlich auf den eigenen

Vorteil zielt. Jesus geht aber auf die Fragestellung »Erlaubnis« überhaupt nicht ein, sondern betont mit der Gegenfrage: »Was hat Mose euch *geboten*?« den ursprünglichen Willen Gottes. Die Gegner zielen auf Ausnahmesituationen, die durch allgemeine gesetzliche Dispensen legitimiert werden sollen. »Jesus fragt nach Gottes Willen, die anderen nach dem, was ihnen zukommt. Durch diese Fragestellung aber, wie man innerhalb des Erlaubten möglichst viel für sich herausschlagen könne, ist die Ehe schon zerstört bevor sie eingegangen ist«[33]. Gerade weil der ursprüngliche Gotteswille in eindeutiger Klarheit bei Jesus wieder zum Vorschein kommt, ist die Möglichkeit abgewehrt, sich durch Berufung auf ein fragliches »Recht« von selbst vor Gott gerechtfertigt zu wissen. »Jesus durchbricht damit wie in den Antithesen der Bergpredigt auch sonst die Sphäre des Rechtes, das seine Gegner mit dem Gotteswillen gleichgesetzt und zur letzten Autorität gemacht haben, um hinter einer formalen Legalität das Unrecht ihres Lebens zu verbergen. Indem Jesus den Willen Gottes gegen das Recht stellt, deckt er das hinter der geltenden Ordnung sich in Unordnung befindliche Leben auf«[34]. Der Anspruch Jesu ist also größer und mehr als nur ein äußerlich verstandenes »Gesetz«, was freilich den verbindlichen Charakter seiner Forderung nur noch steigert.

3. Zur theologischen und praktischen Logik einer Ausnahmesituation

Jesu Verhalten mahnt auch uns, in einer pastoralen Regelung für gescheiterte Ehen kein falsches »Recht« zu sehen. Wenn dennoch in der Schrift und in der Tradition für bestimmte und begrenzte Situationen die Ehescheidung zugestanden wird, dann ist ja unübersehbar deutlich gemacht, daß ein Spielraum eröffnet wird, der »an sich« nicht sein sollte und den man im Blick auf die sündige Wirklichkeit des Menschen doch »nicht gänzlich ohne Grund« ausschließen kann[35]. Was also in diesem Bereich »rechtlich geordnet« wird – hier gerät auch unsere Sprache in die Nähe gefährlicher Doppelzüngigkeit und Verkehrung –, ist im Grunde nur in seiner Relativität auf die menschliche »Herzenshärte« möglich und erweist sich auch in der Schrift als eine »Notordnung des alten Äon«[36]. Das Geheimnis des Bösen liegt in einer Regelung, in der Nicht-Sein-Sollendes zu einem normierenden Faktor werden kann. Die Kirche kann hier nicht *in gleicher Weise* ein »Recht« zur Trennung,

---

[33] E. SCHWEIZER, *Das Evangelium nach Markus* = NTD 1, Göttingen 1967, 115.
[34] G. BORNKAMM, *Ehescheidung und Wiederverheiratung im Neuen Testament*, in: DERS., *Glaube und Geschichte* I. *Gesammelte Aufsätze* III, München 1968, 56–59, Zitat 57f.
[35] Im Grunde gilt dies schon für die »Trennung von Tisch und Bett«, die nach dem kanonischen Recht relativ leicht möglich ist (vgl. *CIC* can. 1128, 1129, 1131).
[36] G. BORNKAMM, a.a.O., 58.

Scheidung und Wiederverheiratung zulassen, wie sie ihre an das Herrenwort gebundene Lehre und Praxis ordnen muß. Sie hält ja nicht willkürlich an diesem unzweifelhaften Auftrag Jesu fest, und es ist eine tiefe theologische Ermessensfrage, in welchem Grad sie die eingeräumten Möglichkeiten zur Tolerierung einer zweiten Ehe auch zu einer (immer fragwürdigen) »Ordnung« ihrer Praxis umsetzen darf. In den Ostkirchen sind es ja, wie leicht nachzuweisen ist[37], nicht nur im strengen Sinne pastorale Gründe gewesen, die jene Praxis befördert haben. Die Mißstände sind auch heute noch offenkundig. Was im Sinne einer äußersten Möglichkeit am Rande als »Konzession« sichtbar wird, darf in keinem Fall so zur Regel werden, daß die bald überwiegende Praxis des alltäglichen Lebens den ursprünglichen Sinn und die Forderung des Jesuswortes verdeckt. Sonst wird auch der in der Theorie aufrechterhaltene Grundsatz der Unauflöslichkeit der Ehe unglaubwürdig und faktisch doch durchgreifend verletzt[38].
Auf diesem Hintergrund kann man erahnen, warum die abendländische Kirche in Trient für sich und die Wahrheit des christlichen Glaubens mit aller Entschiedenheit daran festhielt, in ihrer – zugegebenermaßen strengeren und härteren – Praxis getreu der Lehre des Evangeliums vorzugehen. Darum hat J. Ratzinger[39] völlig Recht, wenn er im Grunde gar nicht von einer »Doppelseitigkeit des Sachverhalts«, nämlich Unauflöslichkeit der Ehe und Ehescheidungspraxis, sprechen möchte, sondern nur von *einer* in sich klaren Realität, die freilich gleichsam am Rande Einbrüche und Unschärfen aufweist. »Die Kirche kann gar nicht beides. Sie kann *an sich* nur eines: ›Gemäß der Lehre des Evangeliums und des Apostels‹ leben und lehren. Aber sie kann die Grenzfälle nicht völlig ausschließen, in denen sie zur Verhütung von Schlimmerem unterhalb dessen verbleiben muß, was sie *eigentlich* sollte«[40].

4. Größere Entschiedenheit für die unbedingte Treue und die Form einer Ausnahmeregelung

Pastorale Hilfen, die wiederverheirateten Geschiedenen in der Kirche helfen sollen, können – wenn sie den unerläßlichen theologischen Kon-

---

[37] Vgl. N. van der Wal, *Aspekte der geschichtlichen Entwicklung in Recht und Lehre. Einfluß des profanen Rechts auf die kirchliche Eheauffassung im Osten*, in: *Concilium* 6 (1970) 337–339; P. von Chersones, *Ehescheidung in der Theologie und im Kirchenrecht der Orthodoxen Kirche*, in: J. David/F. Schmalz (Hrsg.), a.a.O. (Anm. 6), 337–351, bes. 343ff., 349ff. und die in Anm. 29 genannte Literatur.
[38] Vgl. J. Ratzinger, a.a.O. (Anm. 14), 49–51.
[39] Vgl. auch ähnlich J. Ratzinger, *Zur Theologie der Ehe*, in: H. Greeven u. a., *Theologie der Ehe*, Regensburg/Göttingen 1969, 81–115, bes. 111–113; H. U. v. Balthasar, *Christ auf Zeit*, in: Ders., *Klarstellungen*, Freiburg 1971, 178f.
[40] J. Ratzinger, *Zur Frage nach der Unauflöslichkeit...*, 51.

text wahren wollen – von der Natur der Sache her keine in sich geschlossene Ordnung oder eine separate Zusammenstellung von Richtlinien darstellen. Sonst entsteht nur allzuleicht eine neue »Gesetzlichkeit«, wie Paulus sie drastisch genug beschrieben hat. Man kann also nicht durch einige stereotype traditionelle Formulierungen die Lehre von der Unauflöslichkeit der Ehe einfach »voraussetzen« und dann eine ausführliche Neuregelung der Pastoral gescheiterter Ehen vorlegen. Wer nicht gleichzeitig mit noch größerer Entschiedenheit und Leidenschaft das Bewußtsein für die unbedingte Treue in der Ehe weckt, verwirkt sich theologisch das Recht, ernsthaft und verantwortlich pastorale Hilfe für wiederverheiratete Geschiedene zu schaffen. Darum wird unsere Frage eben nicht nur mit moraltheologischen Erwägungen zu einer differenzierten Beurteilung konkreter Notsituation zureichend geklärt, vielmehr lauert auch hier die Gefahr einer neuen und um nichts besseren Kasuistik.
Von den dargelegten Überlegungen her stellt sich die Frage, ob die Kirche hier überhaupt eine *allgemeine Norm* aufstellen kann. Viel mehr als auf eine immer problematisch bleibende papierene Ordnung, die ewig in dem schwierigen Dilemma bleibt, »an sich« Unmögliches doch allgemein möglich zu machen, wird es auf die Ausbildung, geistliche Befähigung, Diskretion und Klugheit jener Christen und besonders der Seelsorger ankommen, die in einem offen geführten Gespräch mit wiederverheirateten Geschiedenen die jeweilige Situation ermessen und daraus verantwortungsvolle Hilfen geben können. Dieser Gesichtspunkt scheint mir in der Diskussion ziemlich übersehen worden zu sein.

V. Konkrete Bedingungen einer neuorientierten Pastoral

Veränderungen der kirchlichen Eheordnung werden offenbar vor allem dann deutlich wirksam, wenn eine missionarische Übergangssituation Antworten auf neue Fragen verlangt. Dies läßt sich in neutestamentlicher Zeit besonders für Paulus (1 Kor 7, 10 ff.)[41], für den Überschritt des antiken Christentums in die germanische Welt[42] und im 16. Jahrhundert für neu auftauchende Fragen in den Missionsländern[43] feststellen. Dies sind Grenzsituationen von einem kollektiven Ausmaß, und es stellt sich die Frage, ob und wie weit solche Entscheidungen auf das traditionelle Rechtsgefüge zurückwirken.

[41] Vgl. dazu H. Greeven, *Ehe nach dem Neuen Testament*, in: H. Greeven u. a., a.a.O. (Anm. 39) 73–77; R. Schnackenburg, ebd., 21 ff.
[42] Vgl. die in Anm. 22 genannte Literatur.
[43] Dazu P. Huizing, a.a.O. (Anm. 27), 81–87 (die dort vorgetragene minimalistische Interpretation des Konzils von Trient muß freilich bestritten werden).

1. Wider die Rede von der »billigen Gnade«

Unsere Lage heute ist anders, aber doch nicht ohne Zusammenhang mit dieser Erfahrung der Kirche. Von vielen pastoral-theologischen Einzelerwägungen her wird die Frage unausweichlich, wie weit sich die Kirche heute auf eine andere Verhaltensweise zu den wiederverheirateten Geschiedenen besinnen muß. Jedenfalls kann die Kirche in klaren Notsituationen deutlich umgrenzte Ausnahmen zur Verhütung von noch Schlimmerem grundsätzlich zulassen. Man wird sich bei einer solchen Stellungnahme freilich der unvermeidlichen Gefahr bewußt werden müssen, daß die Einräumung solcher Ausnahmen im Sinne einer Erweichung des ursprünglichen Gotteswillens und also auch einer laxistischen Auffassung von Ehe und Ehescheidung mißbraucht wird. Wer auch nur einen kurzen und schüchternen Blick aus der Ferne in die Sprechzimmer unserer Scheidungsanwälte und in die gerichtliche Scheidungspraxis werfen kann, wird sich klarer werden, daß so vieler »Herzenshärte« gegenüber manche wenig bedachte Rede von der »Pflicht« zur Barmherzigkeit naiv klingt. In der heutigen Diskussion um die Erneuerung der Pastoral für wiederverheiratete Geschiedene werden die großen und ohnehin leicht verletzbaren Worte von der Vergebung, der Nachsicht und dem Frieden nicht selten leer und ausgelaugt gebraucht. Sicher kann manche gutgemeinte und aus der Erfahrung der Not kommende Äußerung nur aus dem verständlichen Protest gegen manche Enge, Zwielichtigkeit[44] und Härte des geltenden Eherechts und der Ehegerichtsbarkeit erklärt werden. Dennoch hört sich die Rede von Barmherzigkeit und Vergebung manchmal so an, daß einem dabei M. Luthers Wort von der »billigen Gnade« in den Sinn kommt, als ob wirkliche Nachsicht und ein ernsthafter Neuanfang ohne Umkehr und einschneidenden Gesinnungswandel möglich wären. Wer Barmherzigkeit ohne Gericht und Liebe ohne Gerechtigkeit postuliert (und umgekehrt) oder aus dieser menschlich unauflösbaren Spannung durch eine einseitige Parole herauszukommen glaubt, muß sich nach der Gültigkeit seines Gottesbildes fragen lassen.

2. Bedingungen einer Zulassung

Wenn die Kirchenväter und das Mittelalter im Zusammenhang der Tolerierung einer zweiten Ehe ernste Kirchenbußen auferlegten, dann sind wir heute unter anderen Voraussetzungen gehalten, in aller Be-

---

[44] Um nur ein Beispiel zu nennen: Die kirchliche Anerkennung und Trauung einer zweiten bürgerlichen Ehe nach einer nur zivil geschlossenen ersten Ehe (die z. B. nach längerer Zeit und mutwillig aufgegeben wird). Vgl. zu den Problemen auch J. NEUMANN, *Unauflösliches Eheband?* In: *ThQ* 151 (1971) 1–22 (Lit.).

hutsamkeit Bedingungen einer solchen Zulassung von wiederverheirateten Geschiedenen zum vollen kirchlichen Leben zu formulieren. Zur Klärung der Situation sind drei Fragenbereiche zu überprüfen: die Verantwortung für die erste Ehe, die Verfaßtheit der neu eingegangenen Ehe, die Bitte um Teilnahme am sakramentalen Leben der Gemeinde. Soweit ich sehe, haben sich die meisten Autoren – ergänzt durch einige eigene Gesichtspunkte – auf folgende Kriterien eines solchen Handelns geeinigt:

1. Die Tolerierung einer Zweitehe und die damit verbundene Zulassung zu den Sakramenten darf in keiner Weise die verbindliche Grundform der unauflöslichen Ehe in Frage stellen. Eine entsprechende Pastoral muß bei den Betroffenen und in der christlichen Gemeinde das Bewußtsein einer Ausnahmesituation und einer Hilfe in klar umgrenzten Notfällen wecken und stärken.

2. Wo beim Scheitern der ersten Ehe schweres Versagen mit im Spiel war, müssen die übernommene Verantwortung und die begangene Schuld anerkannt und bereut werden. Etwaiges Unrecht und ein angerichteter Schaden müssen nach Kräften gutgemacht werden, was unter gewissen Umständen eine Rückkehr zum ersten Partner nicht ausschließt.

3. Wenn eine Rückkehr zum ersten Partner nicht möglich ist, muß glaubhaft gemacht werden, daß die erste Ehe beim besten Willen praktisch nicht wiederherstellbar ist. Dabei wird besonders darauf zu achten sein, ob die erste Ehe in einer für *beide* Partner irreparablen Weise zerbrochen ist[45].

4. Eine hernach eingegangene zweite Ehe muß sich über einen längeren Zeitraum hinweg im Sinne eines entschiedenen Willens[46] zum dauerhaften Zusammenleben nach der Ordnung der Ehe und als sittliche Realität bewährt haben[47]. Es muß auch geprüft werden, ob das Festhalten an dieser Bindung gegenüber dem Partner und den Kindern der gegenwärtigen Ehe eine neue sittliche Verpflichtung geworden ist. Beide Partner sollten außerdem bekunden, daß sie aus dem christlichen Glauben zu leben versuchen und aus religiösen Gründen und nach ernsthafter Gewissensprüfung die Teilnahme am sakramentalen Leben der Kirche erbitten.

---

[45] Vgl. dazu R. Gall, a.a.O., 200ff.

[46] Die Sittlichkeit der geschlechtlichen Beziehungen in einer Ehe hängt nicht nur von der rechtlichen Anerkennung ihrer Gültigkeit ab; wie das Kirchenrecht ausdrücklich anerkennt (vgl. *CIC*, can. 1085), kann auch in einer ungültigen Ehe ein echter Ehewille bestehen, sonst könnte es auch keine *sanatio in radice* geben. Bei der Frage der Zulassung zur Eucharistiegemeinschaft ist diese Überlegung außerordentlich wichtig.

[47] Manche Autoren fragen jedoch, ob im Einzelfall nicht ein Zusammenleben wie Bruder und Schwester (ohne geschlechtliche Beziehungen) als sinnvoll und zumutbar gefordert werden könnte.

5. Beide Partner und der verantwortliche Seelsorger tragen Sorge dafür, daß kein berechtigtes Ärgernis in der Gemeinde entsteht oder sich der Eindruck nahelegt, die Kirche nehme die Unauflöslichkeit der Ehe nicht mehr ernst.
Unter solchen Voraussetzungen und Bedingungen könnte m. E. wiederverheirateten Geschiedenen die Zulassung zum Bußsakrament und zur Kommuniongemeinschaft gewährt werden. Entscheidend bleibt jedoch die Voraussetzung: Nur vom Rang des ursprünglich von Jesus Gebotenen her läßt sich das Nicht-Gesollte »regeln«. »Wird der Grenzfall zum Normalfall, so ist es mit dem Wesen von Christ und Kirche vorbei«[48].

3. Keine Sonderpastoral – Aufgabe der ganzen Gemeinde

Mit der Herausstellung eines dogmatisch offenen Spielraums ist freilich noch längst nicht die pastorale Situation bewältigt. Hier sollten nur die fundamentalen theologischen Voraussetzungen zur Sprache kommen. Es ist klar, daß eine Fixierung auf einen Katalog von Bedingungen und moraltheologischen Kriterien bedenklich wäre. Nur darf man nicht von vornherein erklären, eine Neuorientierung der pastoralen Praxis sei völlig unmöglich und unzumutbar. Man kann die Sorgen eines Bischofs und Seelsorgers in dieser Richtung von ihrer Verantwortung her wohl verstehen[49]. Aber sollen unsere Gemeinden so unfähig sein, Ausnahmesituationen der beschriebenen Art zu verstehen und als solche anzunehmen? Steckt nicht auch hinter mancher Weigerung, die Dinge einmal neu zu sehen zu versuchen, eine nicht minder entsetzliche »Herzenshärte«? Es wird viel Zeit und Arbeit notwendig sein, damit die Christen fähig werden, die Not ihrer Brüder und Schwestern zu verstehen, ihre Gewissensentscheidung zu achten und ihnen wirklich brüderliche Gemeinschaft zu gewähren. Die ganze Gemeinde muß der Ehenot schon vor Trennung und Wiederverheiratung durch eine gründliche ehevorbereitende und ehebegleitende Hilfe begegnen[50]. Unterlassungssünden auf diesem Feld machen die Unauflöslichkeit der Ehe in unserer heutigen Welt noch viel anfälliger. Was geschieht auf der Ebene unserer Gemeinden in dieser Sache?

---

[48] H. U. v. BALTHASAR, *Klarstellungen*, 179.

[49] Ob die Einrichtung einer »pastoralen Ehekommission« (so jetzt auch das Schweizerische Synodendokument unter Nr. 24; vgl. R. GALL, a.a.O., 198f.) die Entscheidungen genügend objektiviert und erleichtert, müßte erst noch geklärt werden. Der diesbezügliche Optimismus ist jedenfalls nicht gerechtfertigt.

[50] Vgl. dazu das umfangreiche Werk von G. STRUCK/L. LÖFFLER (Hrsg.), *Einführung in die Eheberatung*, Mainz/Zürich 1971, sowie F. HENRICH/V. EID (Hrsg.), a.a.O. (Anm. 4), 84–108, 109–118 (Beiträge von K. H. MANDEL und G. STRUCK).

Eine wirkliche Pastoral für gescheiterte Ehen bezieht sich auf die ganze Gemeinde und verlangt jedem eine Sinnesänderung ab. Täuschen wir uns nicht, wo Jesus bereits »Ehebruch« verwirklicht sieht: »Jeder, der eine Frau mit begehrlichen Augen ansieht, ist in seinem Herzen bereits in ihre Ehe eingebrochen« (Mt 5, 28). Solange wir ein solches Wort nicht todernst nehmen, wird der erboste Fingerzeig auf wiederverheiratete Geschiedene leicht zu einer pharisäischen Lüge. Eine »Sonderpastoral« für gescheiterte Ehen kann sich leicht ins Gegenteil ihrer guten Absicht verkehren.
Worauf es in einer neuorientierten Pastoral für gescheiterte Ehen ankommt, ist – bei Licht besehen – nicht so verschieden von dem, worum sich die Christen überhaupt mühen und die verantwortlichen »Hirten« der Kirche sorgen sollen. Nur in einem größeren Kontext ist die Gewähr dafür gegeben, daß eine neuorientierte Pastoral nicht Trennung und Scheidungswilligkeit begünstigt, sondern den Scheidungsverzicht fördert, den Jesus geboten hat. Erst dann ist uns auch jene Einheit von Barmherzigkeit und Gerechtigkeit verheißen, die wir uns nicht selbst verschaffen können und nach der wir doch ständig suchen. Nur in Langmut und in der Gelassenheit des eifernden, gerechten und liebenden Gottes läßt sich jene Haltung als Geschenk gewinnen, die das Fundament jeder wirklichen pastoralen Sorge ist: »Nicht durch Strenge übertreiben, nicht durch schwächliche Nachgiebigkeit revoltieren«[51].

---

[51] GREGOR VON NAZIANZ, zit. bei KOTSONIS, a.a.O. (Anm. 30), der diesen Satz seinem Buch als Motto voranstellt. – Zur Sache vgl. noch F. BÖCKLE, *Die gescheiterte Ehe. Thesen und Vorschläge aus moraltheologischer Sicht*, in: F. HENRICH/V. EID (Hrsg.), a.a.O., 121–132; H. HEIMERL (Hrsg.), *Verheiratet und doch nicht verheiratet*, Wien 1970, bes. die Beiträge von P. ALONSO, CH. MUNIER, B. HÄRING und den Schlußbeitrag des Hrsg.

NOCHMALS: WIEDERVERHEIRATETE GESCHIEDENE

In den zwei Jahren seit der Erstveröffentlichung des vorausgehenden Beitrags[1] wurde das Thema der »Zulassung wiederverheirateter Geschiedener zu den Sakramenten« im deutschsprachigen Bereich und im internationalen Raum so oft aufgegriffen, daß eine wirkliche Übersicht der erscheinenden Literatur kaum mehr möglich ist[2]. Es kann daher auch nicht die Aufgabe dieses Nachtrags sein, die Fülle der inzwischen veröffentlichten Arbeiten lückenlos zu dokumentieren, vielmehr soll im Lichte des gegenwärtigen Diskussionsstandes nochmals die Eigenart der eingeschlagenen Fragerichtung verdeutlicht werden.

I.

Das Ziel der vorgetragenen Überlegungen bestand vornehmlich darin, zu den zahlreichen moraltheologischen, kanonistischen und pastoralen Erörterungen auch die systematisch-dogmatischen Voraussetzungen aller Bemühungen um die Stellung wiederverheirateter Geschiedener zu klären. Dabei sollte das Verhältnis zwischen der Unauflöslichkeit der Ehe und einer neuen Pastoral für wiederverheiratete Geschiedene über die üblichen Antithesen hinaus differenziert aufgeschlüsselt werden. Diese Aufgabe schien umso dringlicher zu sein, je mehr die traditionellen Positionen im Namen des Dogmas der Kirche ein unüberwindliches Nein zu allen Reformversuchen verkündeten und gleichzeitig die neuen pastoralen Überlegungen die Vermittlung mit den

---

[1] Vgl. in diesem Band 274–294. Eine englische Übersetzung erschien unter dem Titel *Indissolubility of marriage and pastoral care of the divorced who remarry*, in: *International catholic review* 1 (1972) 238–250. Der Artikel wurde auch als Sonderdruck im Communio-Verlag (1972) veröffentlicht und nachgedruckt in: *Pastoraltheologie – Praktische Pastoral.* Beiheft zu: *Theologisches Bulletin* 5 (Leipzig 1973) 149–169. Eine gekürzte Fassung *Kirchliches Eheverständnis und Wiederheirat Geschiedener* erschien in: *Signum* 44 (1972) 102–105.

[2] Außer der schon oben 276, Anm. 5 genannten Literatur vgl. jetzt vor allem die umfangreichen Analysen in Heft 4 der *Recherches de science religieuse* 61 (1973) 487–624, wo von R. Simon, W. Breuning und Ch. Curran ausführliche Berichte über *Morale et divorce* in Frankreich, im deutschsprachigen Bereich und in den Vereinigten Staaten gegeben werden. Für umfassende Literaturnachweise sei nachdrücklich auf diese Dokumentation hingewiesen.

dogmatischen Grundfragen weitgehend unterließen. Die vorgeschlagenen pastoralen Notlösungen bekundeten zwar ein prinzipielles Ja zur Unauflöslichkeit der Ehe, kamen aber bei der faktischen Dringlichkeit des Problems nicht selten in die Gefahr, theoretisch-rhetorisch an der unbedingten Treue in der Ehe festzuhalten, sie jedoch durch den eigenen Lösungsvorschlag ungewollt zu unterlaufen. Darum erschien es besonders notwendig, von den dogmatischen Grundlagen her das pastorale Problem anzugehen. Auf der Basis des wirklich verbindlichen Glaubens der Kirche sollten zwei der gängigsten Lösungsrichtungen des Problems infragegestellt werden, nämlich einerseits die prinzipielle Ablehnung jeglicher pastoralen Hilfe mit Berufung auf die Schrift und die Überlieferung der Kirche, anderseits aber eine wenig reflektierte Pastoral(theologie), die mit Berufung auf die Barmherzigkeit Gottes großzügig allgemeine Regelungen entwirft, ohne die Auswirkungen einer zu wenig bedachten neuen Praxis ausreichend zu überlegen. Zugleich sollte der Abneigung gegen eine solide theologische Reflexion, wie sie in manchen pastoralen Lösungsvorschlägen sichtbar wird, entschieden begegnet werden, ohne durch die aufgezeigte Notwendigkeit und das Gewicht der theologischen Theorie die pastorale Not der aufgeworfenen Frage zu verkennen und ihre Lösung *ad calendas graecas* aufzuschieben.

Dabei wurden – zusammenfassend formuliert – folgende Prinzipien aufgestellt:

1. Der Grundsatz der Unauflöslichkeit der Ehe muß einen uneingeschränkten Vorrang behalten. Irgendeine Regelung von Konzessionen einer von diesem Prinzip abweichenden Praxis – auch wenn sie kirchlich erlaubt ist – hat *für sich allein* keinen legitimen theologischen Ort. Es gibt in keiner Weise irgendein »Recht« eigener Art oder einen »Anspruch« auf Trennung, auf Wiederverheiratung und auf eine eventuell folgende Zulassung zu den Sakramenten. Wer nicht gleichzeitig mit noch größerer Entschiedenheit und Überzeugungskraft das Bewußtsein für die unbedingte Treue in der Ehe weckt, verwirkt sich theologisch und praktisch das Recht, ernsthaft und verantwortlich pastorale Hilfen für wiederverheiratete Geschiedene zu schaffen.

2. Dieser von der Kirche stets festgehaltene Grundsatz der Unauflöslichkeit der Ehe weist schon vom Neuen Testament an und durch die Geschichte der Kirche hindurch »am Rand« menschlich offenbar fast unvermeidliche Einbrüche und notgedrungene »Konzessionen« auf. Ohne die absolute Forderung Jesu preiszugeben, wird für einzelne und begrenzte Notfälle ein »Ausweg« gefunden, um noch Schlimmeres zu vermeiden. Solche Situationen sind möglich, weil der Mensch auch nach der Erlösung in Jesus Christus ein fehlbares, versagendes, in Schuld und Sünde verstricktes Wesen bleibt. Darum ist man sich in allen

»Ausnahmen« und »Konzessionen« durchaus des Widerspruchs zu den Worten Jesu bewußt.

3. Von daher erscheint es ausgeschlossen, daß die Kirche *allgemeine Normen* für die Stellung von wiederverheirateten Geschiedenen in der Kirche *neben* eine nur abstrakt »vorausgesetzte« Unauflöslichkeit der Ehe stellen kann. Jede »Konzession« und alle »Barmherzigkeit« können nicht verdunkeln, daß bei jeder Erstellung von »Richtlinien« oder »Hilfen« dieser Art von der Forderung Jesu und von der Aufgabe der Kirche her ein uneinlösbarer *Grundwiderspruch* gegeben ist und bleibt: Der Sache nach soll nämlich durch eine solche Regelung etwas »geordnet« werden, was von der Mitte des christlichen Glaubens her »an sich« *unmöglich* ist, daß nämlich *nicht* nach dem Gebot des Evangeliums gelebt wird. Diese Tatsache bildet auch den inneren Grund dafür, warum es letztlich in dieser Sache nie eine wirklich »befriedigende« oder gar »gute« Lösung geben kann.

Jede Erstellung von Richtlinien und jede pastorale Praxis, die sich dieser unaufhebbaren Spannung nicht stets bewußt bleibt, würde unverantwortlich handeln. Darum darf man nie außerachtlassen, daß solche »Hilfen« eine in sich fragwürdige »Notordnung« sind, um eine weitere Auflösung zu verhüten, vor Schlimmerem zu bewahren und um bedrängten Menschen zu helfen, damit sie voll am Gemeindeleben teilnehmen können.

4. Dabei darf man nicht vergessen, daß die katholische Kirche auch hier eine ökumenische Aufgabe hat, nämlich in der heutigen Welt und gegenüber manchen anderen Tendenzen in der Christenheit ein *konkret glaubwürdiges* Zeugnis von der unbedingten und unwiderruflichen Treue in der Ehe abzulegen[3]. Die »buchstäbliche« Treue zur Forderung Jesu kann eine außerordentlich harte Kreuzeslast werden, aber sie gehört – soweit nur möglich – zur »Fülle« gelebten christlichen Glaubens. Die Glaubwürdigkeit kirchlichen Redens und Handelns würde notleiden, wenn man in der Frage der »Zulassung« so verfahren würde, als wäre – nicht in allen, aber in vielen Fällen – Gottes Gebot nicht tief verletzt worden. Auch darf nie der Eindruck erweckt werden, als ob die Kirche amtlich mit solchen Regelungen eine Ehescheidung mit Wiederheirat legitimieren würde.

Die Diskussion der letzten Jahre führte außerdem zu der Einsicht, daß das Problem einer Pastoral für wiederverheiratete Geschiedene aufgrund eben dieser Prinzipien *nicht bloß punktuell* behandelt werden

---

[3] Während auf katholischer Seite diese Dimension wenig erörtert worden ist, vgl. aus evangelischer Sicht besonders P. Brunner, *Theologie der Ehe als ökumenische Aufgabe*, in: *KD* 19 (1973) 157–185; H. Oppenheimer, *Die Kirchen und die Ehe*, in: *Concilium* 9 (1973) 505–511 (vgl. auch ebd. 511, Anm. 14).

darf, sondern – wie immer es gelöst werden wird – in einem erweiterten Kontext und in umfassenderen Dimensionen erörtert werden muß. Dabei ergeben sich folgende Richtpunkte:

1. Die Kirche muß heute das Sakrament der Ehe und das Familienleben mit Vorrang behandeln. Dies gilt auch für die Theologie der Ehe. Tragende Grundbegriffe der Ehewirklichkeit (z. B. Treue, Liebe, »Eheband«, Sakramentalität, Ja-Wort usw.) müssen tiefer und überzeugender begründet werden. »Die Herausforderung ist massiv, denn die bürgerliche Ehe ist gerade jetzt auf dem Höhepunkt einer totalen Umformung, und die Theologie der Ehe ist durch fünfhundert Jahre vernachlässigt worden«[4].

2. In pastoraler Hinsicht muß die Kirche noch weit mehr durch eine gute Verkündigung und eine gründliche Unterweisung über die christliche Ehe, durch eine viel umfassendere und tiefere Befähigung der Priester zur Hilfe und durch einen qualifizierten Beratungsdienst der immer größer werdenden Not entgegenkommen. Vielleicht wird die Ehe eines der wichtigsten Sakramente künftigen kirchlichen Lebens.

3. Eine gründliche Reform des kirchlichen Eherechtes könnte viele heutige Forderungen nach Zulassung geschiedener Wiederverheirateter zu den Sakramenten usw. verhindern. Einige Stichworte hierfür: starke Rechtspräsumption zugunsten der rechtlich geschlossenen Ehe; relativ geringe Anforderungen an das Mindestwissen über den Sinngehalt der Ehe; förmlicher Prozeß als einziger Weg der Feststellung der Nullität usw. Es muß genauer und umfassender geprüft werden, worin die Konsummation der Ehe besteht (vgl. den nur biologisch gefaßten Begriff der *copula perfecta*). Wenn diese Reform nicht bald ernsthaft durchgeführt wird, könnte es zu spät sein. Das Unbehagen sogar vieler kirchlicher Eherichter ist sehr groß. Die gerichtliche Praxis ist nicht mehr überall einheitlich. Dem Vernehmen nach hat die entsprechende »Arbeitsgruppe« (*Coetus*) für die Reform des CIC ihre Arbeit abgeschlossen. Es entsteht jetzt die Frage, ob die Bischofskonferenzen ausreichend an den Beratungen zur endgültigen Fassung des jetzigen Entwurfs beteiligt werden.

Wenn nicht gleichzeitig mehr getan wird, um gute christliche Ehen zu ermöglichen und Fehler bzw. Ungerechtigkeiten zu vermeiden, bleiben einzelne und isolierte Hilfen für wiederverheiratete Geschiedene in jeder Hinsicht eine fragwürdige Sondermaßnahme, so sehr sie auch einzelnen betroffenen Menschen helfen mögen.

Sind die theologischen und praktischen Voraussetzungen angenommen, so muß man sich klar sein, welche zentralen Probleme weiterhin Brennpunkte der Auseinandersetzung sind. Nach der bisherigen Diskussion

---

[4] J. Dominian, *Das Scheitern von Ehen*, in: *Concilium* 9 (1973) 511–519, hier 519.

und nach eigenen Erfahrungen stehen dabei drei zentrale moraltheologische Probleme im Mittelpunkt der Erörterung:
1. Es gibt Menschen, die bei bestem Willen subjektiv schuldlos in objektiv unrechte Verhältnisse geraten, zumal in der Ehe. Der objektive Schuldtatbestand bedeutet nicht in jedem Fall und von selbst schon eine schwere sittliche Verfehlung mit schwerer persönlicher Schuld.
2. In bestimmten Fällen kann das Zusammenleben der Partner eine neu gewachsene, irreversible und ernsthafte zwischenmenschliche Realität werden, so daß diese faktisch unauflöslich und sittlich verpflichtend werden kann. Man darf nicht vergessen, daß auch in einer ungültigen Ehe ein echter Ehewille bestehen kann (vgl. CIC, can. 1085).
3. Wenn die geschlechtliche Hingabe Ausdruck einer solchen Grundsituation ist, kann sie nicht von vornherein und in jedem Fall als *in sich* schlecht verurteilt werden. In diesem Zusammenhang muß der »Stellenwert« des Geschlechtlichen in der Ehe unbefangen und nüchtern überprüft werden.
Die Gültigkeit oder Ungültigkeit dieser drei Voraussetzungen entscheidet weitgehend über die Zulassung geschiedener Wiederverheirateter zu den Sakramenten und über die Bewertung der Wiederheirat. Die bisherige Diskussion hat wohl erbracht, daß die traditionellen Positionen in diesen Fragen – wenigstens ohne eine radikale Vertiefung – nicht mehr hieb- und stichfest sind.

II.

An der Grundthese des vorausgehenden Beitrags braucht sich nichts zu ändern, auch wenn durch die Vielzahl neu erschienener historischer, dogmatischer, moraltheologischer, kanonistischer und pastoraltheologischer Publikationen Einzelheiten ergänzt und vertieft werden könnten. In der Zwischenzeit ist noch viel deutlicher geworden, daß fast alle Stellungnahmen zur Sache auf eine Überprüfung der bisherigen Praxis hinauslaufen[5]. Die Diskussion um Jesu Wort vom Scheidungs-

[5] Vgl. nach Erscheinen meines früheren Beitrages vor allem G. Ermecke, *Kann die unauflösliche Ehe doch aufgelöst werden? Ein Diskussionsbeitrag zur Stellung wiederverheirateter Geschiedener in der Kirche*, in: *Rheinischer Merkur* v. 15. 9. 1972, Nr. 37, S. 21; J. Fuchs, *Die Unauflöslichkeit der Ehe in Diskussion*, in: K. Rahner/O. Semmelroth (Hrsg.), *Theologische Akademie* IX, Frankfurt 1972, 85–107, bes. 102ff.; Sonderheft *Pastorale Hilfen für Ehe und Familie* der Zeitschrift *Signum* 44 (1972) Nr. 4 (Oktober); R. Hauser, *Die Unauflöslichkeit der Ehe als pastorale Sorge*, in: H. Lubsczyk/G. Schneider/R. Hauser, *Ehe unlösbar? Fragen an Bibel und Pastoral*, Berlin 1972, 77–120, bes. 109ff.; für den weiteren Umkreis ist außerdem bedeutsam Y. Congar, *Propos en vue d'une théologie de l',,économie" dans la tradition latine*, in: *Irénikon* 45 (1972) 155–206. Vgl. auch die in den Anm. 2, 9, 10, 14, 18, 22 verzeichnete Literatur.

verbot ist in der Exegese – rein quantitativ gesehen – in den letzten zwei Jahren zwar etwas abgeklungen[6], sachlich ist jedoch z. B. über die »Unzuchtsklauseln« keineswegs ein Konsens erzielt. Vielleicht kann die Sachfrage vor allem durch eine Analyse der Gattung und der Form der Jesusworte weitergebracht werden. – Es schien eine Zeitlang, daß durch das große Werk von H. Crouzel, *L'Église primitive face au divorce* (= Théologie historique 13, Paris 1971) das vorläufig letzte Wort zur patristischen Sicht dieses Problems gesprochen worden sei. Es ist jedoch in besonderer Weise für die gegenwärtige Gesprächslage kennzeichnend, daß in jüngster Zeit gerade für die lateinische Tradition erhebliche Korrekturen an H. Crouzels Interpretationen vorgenommen werden mußten[7]. – Die bisher erschienenen dogmen- und konzilsgeschichtlichen Arbeiten geben keinen Anlaß, die Einschätzung des mehrdimensionalen und differenzierten Traditionsstromes und der Entscheidungen des Konzils von Trient in Zweifel zu ziehen[8]. Die moraltheologische Diskussion ist vor allem durch K. Hörmann[9] zusammengefaßt worden; dadurch daß die Österreichische Theologische Kommission diese Arbeit zustimmend zur Kenntnis genommen hat und weil diese Abhandlung offensichtlich deutlich die Meinungsbildung und die Marschroute der Österreichischen Bischofskonferenz in dieser Frage bestimmt, kommt dieser Veröffentlichung über die Meinung des Autors hinaus eine erhöhte Bedeutung zu.

---

[6] Aus der neuesten Literatur vgl. G. Lohfink, *Jesus und die Ehescheidung* und A. Kretzer, *Die Frage: Ehe auf Dauer und ihre mögliche Trennung nach Mt 19, 3–12*, in: H. Merklein/J. Lange (Hrsg.), *Biblische Randbemerkungen*. Schülerfestschrift für R. Schnackenburg, Würzburg 1974, 207–217 und 218–230 (Lit.).

[7] Vgl. besonders P. Nautin, *Le canon du concile d'Arles de 314 sur le remariage après divorce*, in: *RSR* 61 (1973) 353–362; Ders., *Divorce et remariage dans la tradition de l'Église latine*, in: *RSR* 62 (1974) 7–54 (weitere Literaturhinweise).

[8] Die Ergebnisse von P. Fransen sind grundsätzlich bestätigt durch L. Bressan, *Il canone tridentino sul divorzio per adulterio e l'interpretazione degli autori* = Analecta Gregoriana 194, Rom 1973. Ob die Untersuchung von B. Bruns, *Ehescheidung und Wiederheirat im Fall von Ehebruch. Eine rechts- und dogmengeschichtliche Untersuchung zu Kanon 7 der 24. Sitzung des Konzils von Trient* (eingereicht als Diss. theol. an der Theologischen Fakultät Freiburg 1974, XVII–263 S.) im Ernst diese Ergebnisse umstürzen kann, muß der weiteren Diskussion überlassen werden, erscheint mir jedoch wenig wahrscheinlich. – Zur weiteren dogmengeschichtlichen Forschung vgl. auch J. T. Noonan, *Power to dissolve: Lawyers and marriage in the courts of the Roman curia*, Cambridge/Mass. 1972; H. Zeimentz, *Ehe nach der Lehre der Frühscholastik* = Moraltheologische Studien 1, Düsseldorf 1973. – Zur systematischen Weiterführung der Diskussion vgl. W. Beinert, *Das Verständnis der Ehe als Sakrament der Kirche*, in: *Lebendiges Zeugnis*, H. 3 (Oktober 1973) 19–31; J. Moingt, *Le mariage des chrétiens. Autonomie et mission*, in: *RSR* 62 (1974) 81–116 (Lit.); *Die Zukunft der Ehe in der Kirche*, Sonderheft der Zeitschrift *Concilium* 9 (1973) H. 8/9.

[9] *Kirche und zweite Ehe. Um die Zulassung wiederverheirateter Geschiedener zu den Sakramenten*, Innsbruck 1973.

Auch die kirchenrechtliche Diskussion ist fortgeschritten[10]. Dabei spielen besonders folgende Probleme eine Rolle:
Wie ist das *manifesto infames* von CIC, can. 855, § 1, genauer zu interpretieren? Wann ist die Ehrlosigkeit eines wiederverheirateten Geschiedenen manifest? Sind nach heutigen Gesichtspunkten die Kriterien dafür eindeutig? Sind nicht die meisten ungültig Verehelichten de facto heute *occulti peccatores* (die der Geistliche gemäß can. 855, § 2, zum Kommunionempfang zulassen muß, sofern sie öffentlich darum bitten)?
Nach CIC, can. 855 und can. 886 ist es Sache des zuständigen Seelsorgers, von Fall zu Fall unter Berücksichtigung aller Umstände und der jeweiligen Situation zu entscheiden, ob ein in unheilbar nichtiger Ehe Lebender für die sakramentale Lossprechung und den Eucharistieempfang disponiert ist. Die Bußbereitschaft spielt dabei eine entscheidende Rolle. Dieser vom allgemeinen Kirchenrecht den Seelsorgern zugestandene Ermessensspielraum zum verantwortlichen Abwägen der jeweiligen Situationen ist seit dem Jahr 1947 in den meisten deutschen Diözesen in dem Sinne beseitigt worden, daß die Erlaubnis zum Sakramentenempfang für wiederverheiratete Geschiedene allein den Diözesanbischöfen vorbehalten ist[11]. Wie weit einige deutsche Generalvikariate den Beichtvätern diese Entscheidungsbefugnis in der Zwischenzeit wieder zugestanden haben und sich dadurch – mehr oder weniger diskret – da und dort eine andere Praxis durchzusetzen beginnt oder sich schon durchgesetzt hat, läßt sich schwer ermitteln. Jedenfalls dürfte es an der Zeit sein, diese diözesanrechtlichen Bestimmungen – die übrigens immer wieder ernsten rechtlichen Einsprüchen begegneten[12] – nach ihrer inhaltlichen Begründung und nach ihrer pastoralen Zielsetzung zu überprüfen. Der Entzug dieser Kompetenz der Pfarrer und Beichtväter durch die bischöflichen Behörden wird auch nach einer möglichen Neuregelung noch seine Wirkung haben: Nicht zuletzt durch diese Regelung ist im deutschen Sprachraum bis heute der Seelsorger wenig in die konkrete Beurteilung einzelner Fälle eingeübt. Wenn

[10] Dazu H. Socha, *Kirchenrechtliche Überlegungen zum Kommunionempfang ungültig Verheirateter*, in: *TThZ* 81 (1972) 298–309; A. H. Eysink, *Is de huwelijksliefde rechtstheologisch relevant?* In: *Bijdragen* 35 (1974) 65–81; zur Sache vgl. auch die unveröffentlichte wissenschaftliche Zulassungsarbeit von M. Runge, *Die Diskussion um die Zulassung wiederverheirateter Geschiedener zu den Sakramenten. Eine kanonistische Untersuchung* (Ruhr-Universität Bochum 1973, 67 S.), die mir der Verfasser freundlich zur Verfügung stellte. Zum Thema heranzuziehen sind auch die nun gesammelten Abhandlungen von H. Dombois, *Kirche und Eherecht*, Stuttgart 1974. Vgl. auch Anm. 14 und 22.
[11] Zur ersten Information vgl. den Bericht von A. Scheuermann, *Sakramentenempfang ungültig Verheirateter*, in: *Klerusblatt* 41 (1961) 156–158. Die Frage bedürfte jedoch einer neuen Darstellung, die weniger apologetisch bestimmt wäre.
[12] Vgl. z. B. K. Mörsdorf, *Lehrbuch des Kirchenrechts* II, München [11]1967, 294.

heute Willkür und fehlendes Augenmaß beklagt werden, dann sollte man sich selbstkritisch fragen, warum die bischöflichen Behörden den Seelsorgern das konkrete Abwägen und die Unterscheidung der Geister in einzelnen Situationen nicht zutrauten.
Zwei römische Verlautbarungen haben zusätzlich die kirchenrechtliche Diskussion beschäftigt. Die Kongregation für die Glaubenslehre hat am 11. 4. 1973 einen Brief an alle Bischöfe verschickt[13], in dem zur Wachsamkeit im Blick auf die kirchliche Lehre von der Unauflöslichkeit der Ehe angehalten wird, und zwar sowohl in der Glaubensunterweisung aller Ebenen als auch bei den kirchlichen Ehegerichten. Für die Zulassung wiederverheirateter Geschiedener zu den Sakramenten gibt die Kongregation unter anderem den Rat, man solle bei der Lösung solcher Fälle die *probata Ecclesiae praxis in foro interno* anwenden. Dieses Stichwort hat zu verschiedenen Auslegungen geführt: Während die Vertreter der klassischen Moraltheologie und Kanonistik unter *probata Ecclesiae praxis in foro interno* ein Zusammenleben wie Bruder und Schwester (*cohabitatio fraterna*) verstehen, möchten die vorwärtsdrängenden Kräfte damit eine Praxis bezeichnet sehen, die sich mit einer Disposition begnügt, für die nicht das Versprechen der *cohabitatio fraterna* erforderlich ist[14]. Man wird gegenüber manchen an die Grenze der Manipulation stoßenden Interpretationen der ersten Deutung den Vorrang geben müssen. Jedoch bleibt das römische Dokument in der Undeutlichkeit seiner Redeweise bemerkenswert. Es ist kein Geheimnis, daß es immer wieder private Hinweise römischer Stellen gibt, man könne den durch diese Formulierung eröffneten »Spalt« in der Türe wahrnehmen. In diesen Zusammenhang gehört auch ein Brief der Glaubenskongregation vom 29. 5. 1973, in dem im Gegensatz zum CIC, can. 1240, solchen wiederverheirateten Geschiedenen, die ihre Zugehörigkeit zur Kirche deutlich bekunden, das kirchliche Begräbnis eingeräumt wird[15]. Die Sache selbst bedeutet nicht mehr als einen Tropfen auf einen heißen Stein, zumal in vielen Diözesen seit längerem so verfahren wurde. Man kann sich jedoch fragen, ob diese Neuregelung nicht langfristig ihre Konsequenzen haben wird im Blick auf die Stellung wiederverheirateter Geschiedener in der Kirche (sind sie z. B. noch *peccatores publici et manifesti?*).

---

[13] Das Schreiben ist unter der Prot.-Nr. 1284/66 – 139/69 bekannt geworden. Zu seinem Inhalt vgl. die in der folgenden Anmerkung genannten Abhandlungen.

[14] Zur Interpretation vgl. R. SCHWAGER, *Zum römischen Mahnschreiben*, in: *Orientierung* 37 (1973) 138–139; A. ZIRKEL, „*Probata Ecclesiae praxis in foro interno*", in: *Klerusblatt* 54 (1974) 62–67, 85–90 (weitere Literaturhinweise); dazu die kritische Antwort von H. FLATTEN, „*Probata Ecclesiae praxis in foro interno*", ebd. 54 (1974) 134f. Vgl. auch den Anm. 22 genannten Beitrag von J. GRÜNDEL.

[15] Zum Text und zu den näheren Umständen dieses Briefes vgl. R. SIMON, *Questions débattues en France au sujet du divorce*, in: *RSR* 61 (1973) 491–542, hier 510f.

Gewichtiger als diese begrenzten Probleme sind dagegen zwei grundlegende Studien von K. Demmer[16] und H. Kramer[17] zur Absolutheit der Lebensentscheidung und zu den unwiderruflichen Entscheidungen im Leben des Christen. Diese wichtigen Untersuchungen haben bisher jedoch noch keine genauere Anwendung auf das hier verhandelte Problem gefunden.

Man kann bedauern, daß die Verfechter der klassischen Antworten auf unsere Frage sich verhältnismäßig wenig zu Wort melden und in der öffentlichen Diskussion eine relativ geringe Rolle spielen. Dies hängt nicht nur damit zusammen, daß die öffentliche Meinung und die Massenmedien – was unbestreitbar ist – »progressive« Thesen entschieden begünstigen, sondern beruht nicht minder auf der Tatsache, daß sehr oft die früheren Positionen – ungeachtet aller vielfältigen Problematik – bloß repetiert werden. Nur ganz selten finden solche Vertiefungen statt, welche die Vertreter anderer Meinungen im Ernst wirklich herausfordern. Unter dieser Rücksicht kommt den Arbeiten von F. Reckinger[18] ein besonderes Verdienst zu. Der Autor sieht durchaus die pastoralen Probleme, er macht auch eine Reihe bemerkenswerter Reformvorschläge. Um so enttäuschter ist man jedoch von der Art seiner eigenen Argumentation: Die wirkliche exegetische Problematik der Schriftaussagen wird keineswegs ausreichend zur Kenntnis genommen[19]; die historischen Ausführungen zur Praxis der Ostkirchen und zur nachtridentinischen Entwicklung der katholischen Eheauffassung sind allzu sehr durch apologetische Vor-Urteile geprägt[20]; die systematische Beweisführung arbeitet in vielem zu apriorisch-deduktiv, preßt differenzierte Sachverhalte in vorgefaßte Schemata oder in ein zu einfaches Entweder-Oder[21]; schließlich führt der Verfasser die Auseinandersetzung mit anderen Autoren sehr oft wenig genau[22], dafür

---

[16] *Die Lebensentscheidung. Ihre moraltheologischen Grundlagen*, München 1974.

[17] *Unwiderrufliche Entscheidungen im Leben des Christen. Ihre moralanthropologischen und moraltheologischen Voraussetzungen*, München 1974. In diesem Zusammenhang muß auch Erwähnung finden B. SCHÜLLER, *Zur Problematik allgemein verbindlicher ethischer Grundsätze*, in: *ThPh* 45 (1970) 1–23.

[18] *Wiederverheiratete Geschiedene eucharistiefähig?* In: *MThZ* 24 (1973) 36–54 und *„Verjährung" der ungültigen Ehe?* Ebd. 115–138.

[19] Vgl. ebd. 40 mit Anm. 7–9, wo der Autor sich faktisch nur auf die Abhandlung von A. HUMBERT (vgl. Anm. 7) stützt, vgl. auch 124.

[20] Vgl. ebd. z. B. 38ff., 122f., 124f., 126.

[21] Vgl. z. B. ebd. 39–41, 49, 122 u. ö.

[22] Als Beispiele muß ich auswahlweise auch auf mich bezogene Interpretationen anführen. Die auf S. 128 (10. 4.) vorgetragene Deutung, bezogen auf S. 367 mit Anm. 35 der Erstveröffentlichung meines Beitrags, zitiert z. B. ungenau und verwischt den Begründungsgang. Die S. 127–128 vorgelegte Gegenargumentation verkennt grundsätzlich den Gedankengang und das Ziel meines Beitrags. Leider verbietet sich hier eine ausführlichere Auseinandersetzung. Kritisch zu Reckinger vgl. auch J. GRÜNDEL, *Mög-*

aber nicht selten unnötig polemisch und penetrant belehrend. Schade, daß dadurch die dringliche kritische Anfrage an die heute vertretenen Positionen weithin wirkungslos bleiben muß und eine gute Gelegenheit verpaßt wurde.

III.

Für die Zulassung wiederverheirateter Geschiedener zu den Sakramenten haben verschiedene Autoren einen gewissen Konsens erreicht, wie bereits im ersten Beitrag festgestellt wurde[23]. Drei Fragebereiche sind zur Klärung der Situation wichtig: die Verantwortung für die erste Ehe, die Verfaßtheit der neu eingegangenen Ehe, die Bitte um Teilnahme am sakramentalen Leben der Kirche. Die früher dargelegten Kriterien brauchen hier nicht mehr wiederholt zu werden. Vielleicht könnten aber zwei Überlegungen diese Ausführungen ergänzen:

1. Sucht man nach christlichen Maßstäben für das kirchliche Handeln an wiederverheirateten Geschiedenen, dann darf niemals der Auftrag vergessen werden, den Weg zur Wiederversöhnung und Wiedergutmachung offen zu halten. Eine Pastoral, welche diese vom Zentrum des Christlichen her gebotene Versöhnung nicht bis zum Äußersten freihält, verstößt gegen das Evangelium und verkennt den Ernst der Wiederverheiratung, die faktisch den letzten Schritt zur definitiven Absage an eine Wiederversöhnung darstellt. Das seelsorgliche Gespräch muß sich darum auch zuerst der Frage zuwenden, ob wirklich keine Möglichkeit der Wiederversöhnung und der Rückkehr zum ersten Partner gegeben ist.
2. Die unterschiedliche Situation der wiederverheirateten Geschiedenen, die um Zulassung zu den Sakramenten bitten, muß sorgfältig beachtet werden. Solche Eheleute, die in ihrem Gewissen von der Nichtigkeit einer ersten Ehe überzeugt sind, aber es ehegerichtlich nicht belegen können, und diejenigen Partner, die in einer ersten Ehe und bei deren Scheidung ein ungerechtes Schicksal erfahren haben, sind in einer erheblich anderen Lage als solche, die ihre erste Ehe leichtfertig eingegangen sind, sie fahrlässig gefährdeten oder gar mutwillig zerstörten. Auf jeden Fall müssen diese differenzierten Situationen beachtet werden. Sie können zugleich zu konkreten Kriterien und auch zu einer Grenze der Zulassung werden.

In den verschiedenen Vorschlägen einzelner Autoren sowie in den Synoden-Vorlagen[24] bleibt *die Rolle des Seelsorgers* bei den pastoralen

---

lichkeiten einer Zulassung wiederverheirateter Geschiedener zu den Sakramenten? In: *ThPQ* 121 (1973) 335–346.

[23] Vgl. in diesem Band 292f.

[24] Der vorläufige Text der Vorlage *Christlich gelebte Ehe und Familie* der *Gemeinsamen*

Gesprächen weithin ungeklärt. Weil gerade die Sakramente eine öffentlich-soziale *und* damit auch ekklesiale Dimension haben, kann man die Entscheidung über die »Zulassung« wohl nicht ausschließlich der Gewissensentscheidung der Betroffenen anheimgeben. Selbstverständlich bleibt bei jeder Entscheidung dieser Art das Gewissen der Eheleute die elementare und wohl auch ausschlaggebende Instanz. Der Rat des Seelsorgers darf jedoch nicht nur »äußerlich« oder legalistisch aufgefaßt werden. Sein unabhängiger und im Namen des Evangeliums gegebener Rat sollte zunächst ein Höchstmaß an »Objektivierung« bei der Selbstprüfung der Betroffenen ermöglichen. Faktisch wird in dieser Beratung aber auch die kirchliche Gemeinschaft durch das Amt zur Klärung der entstandenen Situation in Anspruch genommen. Dies gilt mindestens in dem Sinne, daß das Vorliegen einer Situation festgestellt wird, die von der objektiven und allgemeinen Gesetzeslage und von der subjektiven Gewissenssituation her »ausweglos« erscheint. Der Gewissensentscheid spielt auch deshalb eine ausschlaggebende Rolle, weil die Kirche selbst amtlich in einer solchen Situation nicht mehr unmittelbar und eindeutig wirksam werden kann. Der Gewissensentscheid markiert darum auch eine Grenze der Möglichkeiten kirchenamtlicher Verfahren. Die Ernsthaftigkeit einer pastoralen Neuordnung hängt jedoch nicht zuletzt davon ab, welche Funktion der Seelsorger darin einnimmt. Nur im Zusammenwirken von seelsorglicher Beratung und personaler Gewissensentscheidung kann die »Lösung« eines subjektiv und objektiv sehr komplexen Sachverhaltes liegen, der weder

---

Synode der Bistümer in der Bundesrepublik Deutschland erschien in: *Synode*, H. 8 (1973) 49–70 (einschließlich des „Berichts"). Die endgültige Stellungnahme der Deutschen Bischofskonferenz wurde in einer überarbeiteten Fassung veröffentlicht in *SYN*, Nr. 3/74 v. 20. 3. 1974, S. 5–10 (vgl. die erste Fassung in *Synode*, H. 8 [1973] 71f.). Die ausführliche Diskussion der Vorlage vom 24. Mai 1974 ist im *Protokoll* der 5. Vollversammlung wiedergegeben, hrsg. v. Sekretär der Gemeinsamen Synode, Bonn 1974, 79–135. Zur Diskussion auf der Vollversammlung vgl. auch *Testfall oder Bewährungsprobe?* In: *HerKorr* 28 (1974) 426–434, bes. 432ff. Das künftige Schicksal dieser Vorlage wird weitgehend davon abhängen, in welcher Form der Text zur zweiten Lesung im Verlauf des Jahres 1975 vorgelegt werden wird. – Auch die Schweizer Synoden und die Schweizerische Bischofskonferenz haben zum gegenwärtigen Zeitpunkt noch keine definitive Regelung verabschiedet. Wohl haben einige Diözesan-Synoden (z. B. Chur, Basel) Richtlinien zur pastoralen Hilfe für Geschiedene, die wiederverheiratet sind und am sakramentalen Leben der Kirche teilnehmen wollen, zugestimmt und sie als Empfehlung an die zuständigen Bischöfe weitergeleitet. – In diesem Zusammenhang braucht die Frage nicht erörtert zu werden, wieweit pastorale Richtlinien dieser Art die Form eines „Votums" an den Heiligen Stuhl haben müssen oder aber von den Synoden mit Zustimmung der Bischofskonferenzen oder von diesen selbst rechtsgültig verabschiedet werden können. Jedoch setzt sich die Meinung durch, daß in dieser wichtigen Frage ein Einvernehmen der Teilkirchen mit der Gesamtkirche angemessen oder gar notwendig ist. Dies setzt aber wiederum voraus, daß man in Rom die eingereichten Voten und ihre Argumente mit größtem Ernst prüft.

von einer für sich allein isolierten und privatisierten Gewissensentscheidung noch von einem rein »von außen« erfolgenden, autoritären Urteil erreicht werden kann. – Neben den Vorschlägen, dem einzelnen Seelsorger oder einem bischöflichen Poenitentiar den Entscheid über die Zulassung zu den Sakramenten anzuvertrauen, wird gelegentlich der Vorschlag gemacht, daß eheberatende Gremien die genannten Personen dabei unterstützen oder gar an ihre Stelle treten sollten. Schwierigere und zweifelhafte Fälle sollten dabei an eine vom zuständigen Bischof ernannte Kommission weitergeleitet werden, die den Bischof berät, der schließlich die Entscheidung fällt. Auch wenn man die Nützlichkeit solcher Pastoralkommissionen nicht aus dem Auge verliert, wird man nüchtern ihre Grenzen erkennen müssen. Die Problematik dieser Gremien liegt u. a. in der Verwischung zwischen *forum internum* und *forum externum* und schließlich in der Gefährdung der Diskretion. Vielleicht ist gerade hier der einzelne Seelsorger mit der ihm eigenen Einsicht und pastoralen Verantwortung unersetzbar.
Im Verlauf der Diskussion um die Zulassung wiederverheirateter Geschiedener zu den Sakramenten mußte eine weitere wichtige Erfahrung gemacht werden: Zwar ist eine Klärung der anstehenden Problematik auf der Ebene der theologischen Disziplinen unbedingt notwendig, jedoch kann daraus allein noch *nicht unmittelbar* eine Entscheidung abgeleitet werden. Hier gibt es keinen stufenlosen Übergang von der Theorie zur Praxis. In dieser Frage hat nämlich die rechtverstandene Opportunität des pastoralen Kairos ein entscheidendes Gewicht. Nur im Kontext einer umfassenden pastoralen Verantwortung kann eine Entscheidung darüber fallen, *ob* man *jetzt* und *in welcher Form* die bisherige Praxis verändern kann und soll. Hier stehen sich heute oft zwei Erfahrungen gegenüber, die miteinander im Streit stehen: Einerseits eine immer größer werdende Not, die mit der bisherigen Praxis offensichtlich nicht mehr ausreichend bewältigt werden kann; darum entsteht auch eine gelegentlich willkürliche Praxis einzelner Seelsorger, aber auch ein unterschiedliches Verhalten diözesaner Amtsstellen; viele Christen in ihren Schwierigkeiten werden an der Kirche irre. Anderseits könnten manche bittere Erfahrungen der letzten Jahre, wo die persönliche Gewissensverantwortung und das Bewußtsein der Grenzen eines allgemeinen Gesetzes geschärft wurden, auch den Schluß nahelegen, daß der Mißbrauch einer solchen Öffnung unvermeidlich sei, daß eine Bewußtseinsverschiebung um die Gültigkeit der Unauflöslichkeit der Ehe innerhalb und außerhalb der Kirche nicht abzuwenden sei, daß der einzelne Gewissens- oder auch Instanzenentscheid zum Eindruck allgemeiner Erlaubtheit und Rechtmäßigkeit führen würde.
Nicht zuletzt diese unterschiedlichen Einschätzungen der Situation und die verschiedene pastorale Strategie haben zu den Polarisierungen in

dieser Frage geführt. Vielleicht läßt sich folgendes dazu anmerken: Pastorale Ratschläge und Lösungen in ganz konkreten, besonders gelagerten und genau geprüften Einzelfällen können keinesfalls im Sinne von allgemein anzuwendenden Normen proklamiert werden. So könnten z. B. Scheidungswillige durch eine allgemeine Regelung begünstigt werden. Man kann darum bis zu einem gewissen Grad die Sorge derer verstehen, die zwar in dieser Sache behutsame und diskrete Richtlinien für die verantwortliche und gewissenhafte Seelsorge bei der Behandlung schwieriger Grenzfälle für nützlich halten, jedoch eine allgemeine und öffentliche Ordnung dieses Problems ablehnen. Wer unbedacht von allgemeinen »pastoralen Regelungen« spricht und nicht zugleich die konkrete Gefahr ernstnimmt, daß diese die verbindliche Eheordnung faktisch aushöhlen können, denkt in Wahrheit nicht »pastoral« verantwortlich. Deshalb genügen auch nicht abstrakte und rhetorische Bekenntnisse zum Prinzip unbedingter Treue in der Ehe. Hier ist nochmals in aller Klarheit zu sagen: Wer der echten Not vieler wiederverheirateter Geschiedener entgegenkommen will und nicht gleichzeitig mit noch größerer Entschiedenheit das christliche Bewußtsein für die unwiderrufliche Treue in der Ehe fördert – nicht nur in der Theorie –, verwirkt sich theologisch und pastoral das Recht zur Aufstellung und Propagierung wirklich verantwortlicher Hilfen. »Wird der Grenzfall zum Normalfall, so ist es mit dem Wesen von Christ und Kirche vorbei«[25]. Viele Abhandlungen und sogar manche Äußerungen von Amtsträgern verkennen das Gewicht und die Schwierigkeiten einer neuen pastoralen Praxis. Priester und Gemeinden müssen in einer ganz anderen Weise als bei vielen bisherigen Reformvorhaben für eine neue Praxis erst noch befähigt werden. Das Ausmaß einer solchen Hinführung zu einem neuen und vertieften Verständnis unbedingter Treue in der Ehe, von woher sich allein auch die »Grenzfälle« verstehen und »regeln« lassen, wird zumeist unterschätzt.

Das Problem ist zu ernst, um als kirchenpolitisches Brecheisen oder als »Testfall« öffentlichen Druck ausüben zu dürfen. Diese Frage ist für alle, die sich mit ihr beschäftigen, eine Bewährung für die gemeinsame Verantwortung von Laien und Amtsträgern. Es ist auch unvermeidlich, daß in den angebotenen Lösungsvorschlägen mannigfache Tendenzen und Trends unserer Gegenwart erscheinen, wo Spreu und Weizen noch ungeschieden und schwer scheidbar nebeneinander bzw. ineinander liegen. Die selbstkritische Frage, welchem Geist die Bemühungen um eine Reform dienen, darf an keiner Stelle außeracht gelassen werden. Nur in dieser beständigen Unterscheidung der Geister kann die Christenheit im Verständnis und in der Realisierung der Ehe

---

[25] H. U. v. Balthasar, *Klarstellungen*, Freiburg 1971, 179.

Salz der Erde und Licht der Welt sein. Wenn die Christen sich klar, unzweideutig und mutig – nicht verzagt – unter das Maß unbedingter Treue in der Ehe stellen, dann können sie auch von dieser gläubig gelebten Forderung ihres Herrn her Hilfe für Notsituationen schaffen. Der Christ lebt freilich auch seine Ehe nicht für sich allein. Einer Gesellschaft, in der auch heute Menschen unter der Herzenshärte, der Unfähigkeit zur Umkehr und der Brutalität – nicht selten unbemerkt – leiden, könnte der Christ durch die Einheit von Liebe und Gerechtigkeit, Treue und Barmherzigkeit in seiner Ehe ein wegweisendes und prophetisches Zeugnis geben und dadurch zugleich dieser Zeit einen großen Dienst erweisen.

QUELLENNACHWEISE

CHRISTLICHER GLAUBE UND MODERNE GESELLSCHAFT
Einzelne Teile dieses Beitrags wurden in den Jahren 1972/73 in mehreren Fassungen und verschiedenen Zusammenhängen vorgetragen. Erstveröffentlichung unter dem Titel *Die Zukunft des Christentums in einer säkularisierten Welt*, in: U. HOMMES (Hrsg.), *Gesellschaft ohne Christentum? Zum Beitrag der Christen für die Erhaltung der Freiheit*, Düsseldorf 1974.

DIE DOGMATISCHE DENKFORM ALS HERMENEUTISCHES PROBLEM. PROLEGOMENA ZU EINER KRITIK DER DOGMATISCHEN VERNUNFT
Antrittsvorlesung anläßlich der Übernahme eines Lehrstuhls für Dogmatik an der kath.-theol. Fakultät der Johannes Gutenberg-Universität Mainz, gehalten am 12. 6. 1969, erstmals erschienen in: *Evangelische Theologie* 30 (1970) 469–487.

DER HERMENEUTISCHE HORIZONT DER HISTORISCH-KRITISCHEN EXEGESE
Erstmals erschienen in: J. SCHREINER (Hrsg.), *Einführung in die Methoden der biblischen Exegese*, Würzburg 1971, 40–80.

PROLEGOMENA ZUR THEOLOGISCHEN BEWÄLTIGUNG DER SÄKULARISIERUNGS-PROBLEMATIK
Teildruck eines Referats, das auf der Jahrestagung 1971 der Arbeitsgemeinschaft katholischer Liturgiker im deutschen Sprachgebiet, am 20.–24. 9. 1971, in Dulliken (Schweiz) gehalten wurde. Erstveröffentlicht in: *Liturgisches Jahrbuch* 22 (1972) 70–84.

BEDARF DAS GLAUBENSBEKENNTNIS EINER NEUFASSUNG?
Referat auf der gemeinsamen Tagung der Evangelischen Akademie Tutzing und der Katholischen Akademie in Bayern im März 1968 in München. Erstveröffentlichung in: P. BRUNNER u. a., *Veraltetes Glaubensbekenntnis?* Regensburg 1968, 125–186.

ZUM PROBLEM EINER KONZENTRATION DER GLAUBENSAUSSAGEN
Erstmals erschienen in: *Lebendiges Zeugnis*, H. 3/4 (1970) 15–44.

KURZFORMELN DES CHRISTLICHEN GLAUBENS
Erstveröffentlichung in: B. DREHER/N. GREINACHER/F. KLOSTERMANN (Hrsg.), *Handbuch der Verkündigung* I, Freiburg 1970, 274–295; neu redigiert unter Verwendung des (anonym erschienenen) Artikels *Bemühungen um eine „Kurzformel" des Glaubens*, in: *Herder-Korrespondenz* 23 (1969) 32–38.

DAS VERHÄLTNIS VON GLAUBE UND SAKRAMENT IN DER KATHOLISCHEN TAUFTHEOLOGIE. ERWACHSENEN- UND KINDERTAUFE
Referat auf einer Tagung der Katholischen Akademie in Berlin am 13./14. 6. 1970; erstmals veröffentlicht in: W. MOLINSKI (Hrsg.), *Diskussion um die Taufe. Mit Arbeitshilfen für eine erneuerte Praxis der Kindertaufe*, München 1971, 104–137.

DOGMATISCHE VORÜBERLEGUNGEN ZUM PROBLEM DER „INTERKOMMUNION"
Referat auf der 31. Tagung des Ökumenischen Arbeitskreises evangelischer und katholischer Theologen in Tutzing, März 1970; zum erstenmal erschienen in: G. KREMS/

R. MUMM (Hrsg.), *Evangelisch-katholische Abendmahlsgemeinschaft?* Regensburg/Göttingen 1971, 77–141. Der Anhang ist bisher unveröffentlicht.

UNAUFLÖSLICHKEIT DER EHE UND PASTORAL FÜR WIEDERVERHEIRATETE GESCHIEDENE
Erstmals erschienen in: *Internationale katholische Zeitschrift „Communio"* 1 (1972) 355–372.

NOCHMALS: WIEDERVERHEIRATETE GESCHIEDENE
Bisher unveröffentlicht.